개정판

품질검사론

-KS/ISO 샘플링검사를 중심으로-

고복수 지음

KyoWooSa

教友社

Preface

머리말

검사는 제품의 품질보증 수단으로 이용하며 다음 공정이나 고객에게 부적합품이 넘겨지지 않도록 하기 위하여 수행한다. 이 과정에서 얻은 품질정보는 제품의 설계 및 개선에 반영된다. 이러한 검사과정은 제조공정에 있어 반드시 필요하다. 그러나 제조현장에서는 검사 이론을 정확히 이해하고 경제성을 검토하여 검사업무를 실행하는 곳은 많지 않은 듯하다.

선별형 샘플링 검사가 1928년 Dodge와 Romig에 의거 고안된 이후 검사 분야에 있어서 계속적인 발전과 개선이 이루어지고 있다.

본서는 KS가 개정된 A 3103, KS A 3104, KS A 2859-1, 2, 3 등을 중심으로 하였기 때문에 제조현장에서의 검사 업무에 수행하는 데 있어서 검사의 효율성과 경제성을 검토하여 그에 적합한 검사방법을 선정하여 사용할 수 있도록 하였다. 또한 대학에서 강의용 교재, 품질경영 산업기사 및 기사시험에 대한 수험생 교재로 쉽게 읽고 이해할 수 있도록 하였으며, 품질검사 업무와 샘플링 검사에 관한 이론을 충실하게 다루었다.

첫째, 검사의 개요에서 검사와 품질관리의 차이에 대한 설명과 검사방식에 있어서 경제성에 대하여 기술하였다.
둘째, 검사의 정확도와 정밀도에 대하여 수리적인 예를 들어 설명하고 있다.
셋째, 최근에 개정된 계량 규준형 샘플링 검사와 규준형 축차 샘플링 검사, 계수값 검사를 위한 KS A 2859-1, 2, 3에 대하여 상세하게 기술하였다.

이 책의 원고가 완성될 때까지 김백환 박사님의 협조와 기업체의 품질경영 및 검사분야에서 수고하고 계시는 분들의 자문과 격려에 고마움을 전하며, 이 분야에 보다 알기 쉽고 체계적인 참고도서가 부족한 시점에서 이 교재를 출판하게 됨을 기쁘게 생각한다.

끝으로 본서의 내용이 미비한 곳이 있거나 보완할 사항이 있으면 독자 여러분의 이해와 지도 편달하여 주시면 다음에 수정 보완할 것을 약속드리며 보다 더 좋은 책이 되도록 노력하겠다.

2008년 12월
계룡산 자락의 덕명골 연구실에서
저자 씀

Content

차 례

Introduction

학습목표와 검사용어

1. 학습목표

A. 검사의 개요

1. 검사의 목적과 적용에 대하여 설명한다.
   1.1 검사를 정의하고 필요성을 설명할 수 있어야 한다.
   1.2 검사의 종류에 대하여 설명한다.
      1.2.1 검사가 행하여지는 공정에 의한 분류
      1.2.2 검사가 행하여지는 장소에 의한 분류
      1.2.3 검사의 성질에 의한 분류
      1.2.4 판정의 대상에 의한 분류
   1.3 검사의 계획과 납기에 대하여 설명할 수 있어야 한다.

B. 오차와 샘플링

2. 샘플링 방법과 샘플링 오차에 대하여 이해한다.
   2.1 측정 오차의 개념을 이해하고 정밀도와 정확도를 계산할 수 있어야 한다.
   2.2 샘플링 오차와 측정오차의 관계를 설명하고 분산을 계산할 수 있어야 한다.
   2.3 각종 샘플링 방법을 이해하고 적용할 수 있어야 한다.
      2.3.1 랜덤샘플링
      2.3.2 2단계 샘플링
      2.3.3 층별 샘플링
      2.3.4 취락 샘플링

C. 샘플링 검사

3. 샘플링 검사의 특징과 조건에 대하여 설명한다.
   3.1 전수검사와 샘플링 검사의 특징을 비교할 수 있어야 한다.
   3.2 샘플링 검사의 실시조건을 기술할 수 있어야 한다.
   3.3 샘플링 검사의 형식에 대하여 이해하고 적용할 수 있어야 한다.
      3.3.1 1회 샘플링 검사
      3.3.2 2회 샘플링 검사
      3.3.3 다회 샘플링 검사
      3.3.4 축차 샘플링 검사
   3.4 샘플링 검사의 형태를 알고 활용할 수 있어야 한다.

D. 각종 샘플링 검사법

4. 계수 규준형 샘플링 검사의 기초와 검사 방법에 대하여 설명한다.
   4.1 샘플링 검사 방법과 OC곡선의 관계를 알고 설명할 수 있어야 한다.
   4.2 로트의 크기 N, 시료의 크기 n, 합격판정개수 c의 여러 가지 조합에 대한 OC 곡선을 그릴 수 있어야 한다.
   4.3 로트가 합격하는 확률 P_a을 구하는 방법과 누적확률곡선의 사용법을 익힌다.
   4.4 계수 규준형 1회 샘플링 검사에서 α, β, p_o, p_1이 제시되면 시료의 수와 합격판정개수를 구할 수 있어야 한다.
   4.5 계수 규준형 샘플링 검사표의 구성과 검사절차에 대하여 설계할 수 있어야 한다.

5. 계량 규준형 샘플링 검사의 기초와 검사방법에 대하여 설명한다.
   5.1 계량 샘플링 검사의 요점을 기술할 수 있어야 한다.
   5.2 로트의 표준편차 σ를 알고 있을 경우와 σ를 모르고 있을 경우, 계량 샘플링 검사의 근거를 이해하고 비교할 수 있어야 한다.
   5.3 축차 샘플링 검사의 적용범위 및 검사절차를 인식한다.
   5.4 계수 규준형 축차 샘플링 검사의 용어 및 기호를 정의하고 검사절차를 설명할 수 있어야 한다.
   5.5 계량 규준형 축차 샘플링 검사의 용어 및 기호를 정의하고 검사절차를 기술할 수 있어야 한다.

6. 계수값 샘플링 검사의 개요를 이해한다.
   6.1 KSA 2859-1의 샘플링조사표의 특징을 이해하고 샘플링 방식을 구할 수 있어야 한다.
   6.2 KSA 2859-2의 샘플링조사표의 특징을 이해하고 샘플링 방식을 구할 수 있어야 한다.
   6.3 KSA 2859-3의 샘플링조사표의 특징을 이해하고 샘플링 방식을 구할 수 있어야 한다.
   6.4 KSA 2859-1, 2, 3 검사의 절차를 기술할 수 있어야 한다.
   6.5 검사를 실시할 때 주의사항을 설명할 수 있어야 한다.
   6.6 계수값 샘플링 검사에서 사용되는 용어를 이해하여야 한다.
      6.6.1 결점 및 부적합품의 계급구분
      6.6.2 합격품질수준의 결정방법
      6.6.3 검사수준
      6.6.4 샘플링 방법
      6.6.5 까다로운 검사 및 수월한 검사
      6.6.6 검사의 엄격도 조정
      6.6.7 불합격 로트 및 불합격품의 처리
      6.6.8 검사이력 기록
   6.7 특별검사 수준의 사용에 대하여 설명할 수 있어야 한다.

E. 검사의 실시

7. 합리적인 검사를 실시하기 위하여 검사규격과 검사실시를 지시하는 표준에 관하여 설명한다.
   7.1 검사규격의 작성방법
   7.2 검사실시절차의 작성방법

2. 검사 용어

(1) 기본용어

① **검사(inspection)**: 물품을 어떠한 방법으로 시험한 결과를 판정기준과 비교하여 개개 물품에 대하여는 적합품·부적합품으로 판정하며, 로트에 대하여는 판정기준과 비교하여 로트의 합격·불합격의 판정을 하는 것.

② **시험(test)**: 샘플 또는 시험품(시험편) 등에 대하여 그 특성을 조사하는 것.

③ **시험편(test piece)**: 샘플로부터 시험을 하기 위하여 특정한 모양으로 만든 일부분.

④ **측정(measurement)**: 어떠한 시험방법에 따라 어떤 성질을 수량적으로 나타내는 조작.

⑤ **검사단위(inspection unit)**: 검사의 목적을 위하여 선택한 단위체 또는 단위량 1개 또는 1조일 경우도 있고 또는 일정한 길이, 일정한 면적, 일정한 체적일 경우도 있다.

⑥ **검사로트(inspection lot)**: 검사의 대상으로 하는 로트 즉 로트는 같은 조건에서 생산하였거나 또는 생산하였다고 생각되는 물품의 집합이다. 이 책에서는 오해할 우려가 없는 경우에는 검사로트를 간단히 로트라고 부른다.

⑦ **로트의 품질(quality of lot)**: 로트의 좋은 정도이며, 로트의 품질은 평균값, 표준편차, 부적합품률, 단위마다의 부적합수 등으로 나타낸다.

⑧ **로트의 크기(lot size)**: 로트 검사단위의 총수

⑨ **컨사인먼트(consignment)**: 동시에 주고 받는 어떠한 종류의 물품의 집합. 이것은 1로트 또는 여러 개의 로트로부터 성립되는 수도 있지만, 로트의 일부일 수도 있다.

⑩ **시료(sample)**: 로트에서 샘플링된 검사단위의 총수

⑪ **시료의 크기(sample size)**: 시료 중에 검사단위의 수

⑫ **검사항목(characteristics to be inspected)**: 검사 대상이 되는 특성

⑬ **전수검사(100% inspection)**: 제품 또는 서비스의 모든 아이템에 대하여 행하는 검사. 로트의 모든 검사단위에 대해서 실시하는 검사. 개개의 검사단위를 적합품과 부적합품으로 분류하는 경우, 이를 전수 선별이라고도 한다.

⑭ **샘플링 검사(sampling inspection)**: 로트로부터 사전에 정하여진 샘플링 검사방식에 따라 시료를 샘플링하여 시험하고, 그 결과를 로트판정 기준과 비교하여

그 로트의 합격·불합격을 판정하는 검사.

⑮ 무시험 검사(inspection without testing) : 품질정보·기술정보 등에 따라서 시료의 시험을 생략하는 검사.

(2) 검사의 종류

① 수입검사(acceptance inspection) : 제출된 로트를 받아 들여도 좋은가를 판정하기 위한 검사.

② 구입검사(receiving inspection) : 제출된 로트를 구입하여도 좋은가를 판정하기 위한 검사.

③ 공정간검사(intermediate inspection) : 공장 내에서 반제품을 어느 한 공정에서 다음 공정으로 이동해도 좋은가를 판정하기 위한 검사.

④ 최종검사(final inspection) : 완성된 물품이 제품으로서 요구사항을 만족하고 있는가를 판정하기 위한 검사.

⑤ 출하검사(delivery inspection) : 제품 출하 시에 행하는 검사.

⑥ 계수 샘플링 검사(sampling inspection by attributes) : 시료를 시험하여 검사단위를 적합품과 부적합품으로 나누거나, 부적합수를 파악하여, 이에 따라서 로트의 합격과 불합격을 판정하는 샘플링 검사.

⑦ 계량 샘플링 검사(sampling inspection by variables) : 시료를 시험하여 특정의 검사항목을 계량치로 하여 얻은 측정결과를 연산하고, 그 결과를 사전에 구한 기준치와 비교하여 로트의 합격·불합격을 판정하는 샘플링 검사.

⑧ 규준형 샘플링 검사(sampling inspection based on operating characteristics) : 출하하는 쪽에 대한 보호와 받는 쪽에 대한 보호의 두 가지를 규정하여 양자의 요구를 만족시키도록 설계된 샘플링 검사. 즉 출하하는 쪽에 대하여는 생산자위험을, 받는 쪽에 대하여는 소비자위험을 각각 일정한 작은 값을 정한다.

⑨ 선별형 샘플링 검사(sampling inspection with screening, rectifying inspection) : 시료를 시험한 결과 불합격이라고 판정한 로트는 전수를 선별하는 샘플링 검사.

⑩ 조정형 샘플링 검사(sampling inspection with adjustments) : 로트를 계속하여 주고받을 경우, 과거의 검사에 대한 이력 등의 품질 정보에 의하여 검사 방식을 조정하는 샘플링 검사이며 정형 샘플링 검사에는 보통검사, 까다로운 검사 및 수월한 검사로 분류하는 것과 전수검사, 무시험검사 또는 샘플링 검사로 분류하

는 것 등이 있다.

⑪ **연속 생산형 샘플링 검사**(sampling inspection for continuous production): 연속생산으로 잇달아 흘러나오는 제품에 적용하는 샘플링 검사. 예를 들면 최초에는 개별검사를 하고, 적합품이 일정 개수 계속되면 샘플링 검사로 옮기고, 부적합품이 나오면 다시 개별검사로 되돌아가는 방식 등이 있다.

⑫ **1회 샘플링 검사**(single sampling inspection): 로트로부터 시료를 단 1회 뽑아내어, 그 시험결과에 의하여 로트를 합격·불합격으로 판정하는 샘플링 검사.

⑬ **2회 샘플링 검사**(double sampling inspection): 제 1회로서 지정한 크기의 시료의 시험결과에 의하여, 로트의 합격·불합격·검사 속행 중의 어느 쪽인가의 판정을 내리고, 만일 검사 속행이 필요하다면 제 2회째로서 지정된 시료 크기의 시험결과와 제 1회 결과와 누계성적에 의하여 로트의 합격, 불합격을 판정하는 샘플링 검사.

⑭ **다회 샘플링 검사**(multiple sampling inspection): 매회 정해진 크기의 시료를 시험하여 정해진 횟수까지의 누계성적을 로트판정 기준과 비교하여 합격·불합격·검사 속행 중 어느 쪽인가의 판정을 내리고 일정 횟수까지 실시하여 합격 불합격 판정을 내리는 샘플링 검사.

⑮ **축차 샘플링 검사**(sequential sampling inspection): 1개씩 또는 일정 개수씩의 시료를 시험하면서, 그 누계성적의 그때마다 로트판정 기준과 비교함으로써 합격·불합격·검사 속행 중 어느 쪽인가의 판정을 하는 샘플링 검사.

1개씩의 경우를 각개 축차 샘플링 검사, 일정 개수씩의 경우를 군축차 샘플링 검사라고 부른다.

⑯ **보통검사**(normal inspection): 조정형 샘플링 검사에서 공정평균이 AQL에 거의 같다고 인정될 때 행하는 검사.

⑰ **까다로운 검사**(tightened inspection): 조정형 샘플링 검사에서 공정이 잘 관리되어 있고, 공정 평균이 AQL보다는 훨씬 좋다고 인정될 때 시료의 크기를 줄여서 하는 검사.

⑱ **수월한 검사**: 조정형 샘플링 검사에서 공정이 잘 관리되어 있고, 공정평균이 AQL보다는 훨씬 좋다고 인정될 때 시료의 크기를 중요시 하는 검사.

⑲ **체크검사**(check inspection): 공정이 잘 관리되어, 품질수준이 충분히 양호하다고 인정될 때 실시하는 간략화 된 검사.

⑳ **간접검사**(indirect inspection): 수입검사에서 공급자 측의 로트마다 검사성적을 필요에 따라 확인함으로써 수입자 측의 시험을 생략하는 검사

㉑ 파괴검사(destructive inspection) : 파괴시험을 수반하는 검사, 파괴시험이란 물품을 파괴하거나 상품의 가치를 떨어뜨리는 방법으로 하는 시험을 말한다.

㉒ 비파괴검사(non-destructive inspection) : 파괴시험을 수반하지 않은 검사.

(3) 검사의 실시

① 품질판정기준(quality criteria) : 검사단위를 시험한 결과에 대하여 결점을 판정하기 위한 기준 또는 적합품·부적합품으로 구별하기 위한 기준.

② 로트의 판정기준(acceptable criteria, acceptable and rejection criteria) : 샘플링 검사에서 로트의 합격·불합격 또는 검사 속행의 판정을 내리기 위한 기준. 즉, 합격판정개수, 불합격 판정개수 등.

③ 결점(defect) : 검사 단위가 규격, 시방, 도면 등의 요구사항으로부터 벗어나 있는 개소

④ 부적합(nonconformity) : 규정 요구사항을 만족하지 않은 것.

⑤ 부적합품(defective item) : 품질의 판정기준에 적합하지 않은 검사단위. 즉, 부적합이 1개 이상이 있는 아이템.

* 계급분류(결점 또는 부적합품위) : 결점을 치명결점, 중결점, 경결점, 등의 계급으로 분류하고 또는 부적합품의 치명부적합품, 중부적합품, 경부적합품 등의 계급으로 분류하는 것.

⑥ 치명부적합품(critical defective) : 치명결점이 1개 이상 있는 검사단위. 치명 부적합품은 중결점이나 경결점을 포함하는 경우도 있다.

⑦ 중부적합품(major defective) : 중결점이 1개 이상 있는 검사단위. 단. 중부적합품은 경결점을 포함하는 경우가 있으나, 치명결점은 포함하지 않는 것으로 한다.

⑧ 경부적합품(minor defective) : 경결점이 1개 이상이 있는 검사단위. 단, 경부적합품은 치명결점이나 중결점을 포함하지 않는 것으로 한다.

⑨ 치명결점(critical defect) : 그 제품을 사용, 유지 혹은 보관하는 사람에게 위험이 미치거나, 안전하지 않은 상황을 초래하거나 초래할 것처럼 예상되는 결점 및 주요 최종제품의 기본적인 기능에 중대한 영향을 미친다고 예상되는 결점.

⑩ 중결점(major defect) : 치명결점은 아니지만 검사단위의 실용성을 실질적으로 저하시켜 소기의 목적을 달성하기가 곤란하다고 예상되는 결점.

⑪ 경결점(minor defect) : 검사단위의 실용성 또는 유효한 사용조작 등에는 거의 지장이 없다고 예상되는 결점

⑫ 부적합품률(proportion of nonconforming item) : 물품의 총수(검사단위의 총수)에 대한 부적합품 수의 비율, 예를 들면 로트의 부적합품률은 로트의 크기에 대한 로트 중의 부적합품수 비율이며, 백분율로 나타낸 부적합품률을 부적합백분율이라고 한다.

⑬ 단위당 부적합수(nonconformities per unit) : 물품 1단위당 부적합수. 예를 들면 로트의 단위당 부적합수는 로트의 크기에 대한 로트 중의 결점 총수의 비율이며 단위당 부적합수를 100배 한 값을 100단위당 부적합수라 한다.

⑭ 공정평균(process average) : 공정의 평균품질. 최초 검사에 제출한 제품의 검사결과에서 추정한 공정평균의 추정치(추정 공정평균)를 단순히 공정평균이라 부르는 경우가 많다. 품질을 부적합품률로 나타내는 경우에는 공정평균부적합품률이라고도 한다.

⑮ 합격판정개수(acceptance number) : 계수 샘플링 검사에서 로트합격의 판정을 내리는 최대의 부적합품수 또는 부적합수

⑯ 불합격판정개수(rejection number) : 계수 샘플링 검사에서 로트 불합격의 판정을 내리는 최소의 부적합품수 또는 부적합수

⑰ 합격 판정계수(acceptability constant) : 계량 샘플링 검사에서 합격판정값를 결정하는 데 필요한 계수

⑱ 합격판정값(acceptance value) : 계량 샘플링 검사에서 로트의 합격판정을 내리는 한계값

⑲ 불량합격판정값(rejection number) : 계량 샘플링 검사에서 로트의 불합격판정을 내리는 한계값.

⑳ 상한합격판정값(upper acceptance value) : 계량 샘플링 검사에서 시료의 평균이 합격 판정값 X_U 이하이면 로트를 합격으로 할 때 $\overline{X}_U$의 값.

㉑ 하한합격판정값(lower acceptance value) : 계량 샘플링 검사에서 시료의 평균이 합격 판정값 $\overline{X}_L$ 이상이면 로트를 합격으로 할 때 $\overline{X}_L$의 값.

㉒ 합격(acceptance) : 시료의 시험결과가 로트의 판정기준을 만족시킨다고 판정한 상태.

㉓ 불합격(rejection) : 시료의 시험결과가 로트의 판정기준을 만족시키지 못한다고 판정한 상태.

㉔ 최초검사(original inspection) : 특정량의 제품에 대해서 행하는 최초의 검사로서 재검사와는 다르다.

㉕ 재검사(re-inspection) : 일단 불합격이 되어 다시 제출된 제품에 대하여 실시

하는 검사.

㉖ 로트의 조치(disposal of lot) : 합격 또는 불합격이 된 로트에 대하여 사전에 정한 방법으로 하는 조치로서 예를 들면 합격로트는 그대로 받고 불합격 로트는 반환한다. 그러나 선별형 샘플링 검사에서 불합격된 로트는 전수 선별하여 부적합품은 전부 적합품으로 교체한다.

㉗ 샘플링 검사 방식(sampling inspection plan, acceptance sampling plan) : 샘플링 검사에서 로트로부터 샘플링 하는 시료의 크기와 로트의 판정기준과의 조합이다. 예를 들면 계수 샘플링 검사의 경우에는 시료의 크기 n과 합격판정개수 c와의 조합이며, 계량 샘플링 검사의 경우에는 시료의 크기 n과 합격판정값과의 조합이다.

㉘ 샘플링 검사표(sampling scheme) : 일련의 샘플링 검사 방식을 포함하는 주 샘플링표와 그것에서 샘플링 검사 방식 선발하여 실시하기 위한 순서를 나타낸 것. 샘플링표라고도 한다.

㉙ 검사수준(inspection level) : 로트의 크기와 시료의 크기와의 관계를 결정하는 것. 검사수준을 높이면 로트에서 뽑아내는 시료의 크기가 상대적으로 커진다.

㉚ 검사 도중의 끝내기(curtailment)

ⓐ 검사 도중에 로트의 합격·불합격의 판정이 내려졌을 때, 남은 일부의 시료나 일부의 검사항목의 시험을 생략하는 검사.

ⓑ 축차 샘플링 검사에서 로트의 합격·불합격의 판정이 내려지지 않아도 사전에 결정한 규칙에 따라서 시료의 시험을 중지하거나 또는 사전에 결정한 기준에 따라 로트의 합격·불합격을 판정하는 것.

(4) 품질 지표와 기타

① 품질지표(quality index) : 샘플링 검사를 설계할 때에 사용하는 품질의 지표. 예를 들면 규준형 샘플링 검사에 있어서의 p_0, p_1 또는 조정형 샘플링 검사에 있어서의 임계 부적합품률 등

② 생산자 위험(producer's risk) : 합격으로 하고 싶은 어떤 특정된 좋은 품질(예를 들면 p_o)의 로트가 샘플링 검사에서 불합격이 되는 확률이다. 이것은 보통 α로 나타낸다.

③ 소비자 위험(consumer's risk) : 불합격으로 하고 싶은 어떤 특정된 나쁜 품질(예를 들면 p_1)의 로트가 샘플링 검사에서 합격하는 확률이다. 이것을 보통 β로

나타낸다.

④ 합격확률(probability of acceptance) : 특정 품질의 로트 또는 특정 공정평균의 공정에서 생산된 로트가 샘플링 검사에서 합격이 되는 확률

⑤ OC곡선(operation characteristic curve) : 샘플링 검사에서 로트의 품질과 그 합격의 확률과의 관계를 나타낸 곡선으로 검사특성곡선이라고도 한다.

⑥ AQL(acceptable quality level) : 샘플링 검사에서 합격으로 하여도 되는 공정평균의 상한치로서 합격품질수준이라고도 한다. 부적합품률(%) 또는 100단위당 결점수로 나타낸다.

AQL보다 좋은 품질의 로트는 샘플링 검사에 있어서 큰 확률로 합격한다.

⑦ LQL(limiting quality level) : 일련의 계속적 로트를 고려할 때, 샘플링검사에서 불만족한 공정평균의 한계라고 생각되어지는 품질수준

⑧ LQ(limiting quality) : 합격의 확률이 어떤 특정의 작은 값이 되는 로트의 품질로서 부적합품(%) 또는 100단위당 결점수로 나타낸다. 합격의 확률은 0.10일 때가 많다. 한도품질이라고도 한다.

⑨ LTPD(lot tolerance percent defective) : 로트의 품질을 부적합품률로 나타낼 때의 LQ. 로트허용부적합품률이라고도 한다.

⑩ AOQ(average outgoing quality)

가. 선별형 샘플링 검사에서 특정 부적합품률의 로트를 다수 검사를 할 때, 합격하여 받아들인 로트와 불합격된 로트를 전수 선별하여 부적합품률이 0으로 된 로트의 평균부적합품률.

나. 연속 생산형 샘플링 검사에서 특정 부적합품률의 물품을 다수 검사하는 경우, 검사의 결과 합격하여 받아들여진 물품의 장기간의 평균 부적합품률. 평균출검품질이라고도 한다.

⑪ AOQL(average outgoing quality limit) : AOQ의 최대치. 평균출검품질한계라고도 한다.

⑫ 임계부적합품률(break even point) : 일명 손익분기점으로서 부적합품률이 임계부적합품률 이하의 로트는 그대로 합격으로 하고 임계부적합품률을 초과하는 부적합품률의 로트는 불합격으로 조치하는 편이 경제적으로 유리한 경우 임계의 부적합품률을 말한다.

⑬ 평균검사개수(ASS, ASN, average sampling size, average sample number) : 어떤 샘플링 검사 방식을 채용하였을 때, 일정한 품질의 로트에서 샘플링하여

검사를 하는 시료크기의 평균값, 축차 샘플링 검사의 경우에는 ASN이라고도 한다.

⑭ 평균검사량[ATI, average total inspection(미), average amount of inspection (영)] : 선별형 샘플링 검사에서 어떤 샘플링 검사 방식으로 특정 부적합품률의 로트를 다수 검사할 때, 시료의 크기와 불합격되어 전수 선별하는 개수와의 합계이다. 즉, 로트당의 평균검사개수

Chapter

01 검사의 개요

1.1 검사의 정의

1.1.1 검사란

검사란 다음 공정이나 고객에 대한 품질보증을 목적으로 물품을 어떠한 방법으로 측정하고 그 결과를 사전에 설정한 표준과 비교해서, 개개의 물품에 대하여 적합·부적합 또는 로트의 합격·불합격을 판정하여 제품을 처리하고 품질정보를 제공하는 것을 말한다.

미국군용규격 MIL-STD-105에 의하면 검사란 측정, 점검, 시험, 기타의 방법으로 제품의 단위를 요구조건과 비교하는 것을 말한다. 또한 쥬란(Juran) 박사의 정의에 의하면 검사란 제품이 계속되는 다음의 공정에 적합한가, 또 최종제품의 경우에는 구매자에게 발송하여도 좋은가를 결정하는 활동을 말한다.

한국산업규격 KS A 3001-2 통계적 품질관리 용어에 의하면 검사(inspection)란 "제품 또는 서비스 1개 이상의 특성치에 대하여 측정, 시험, 검정, 게이지 맞춤하여 규정요구사항과 비교하여 적합한지를 판정하는 활동"이라고 정의하고 있다.

1.1.2 검사와 시험

검사와 같은 의미로 쓰이는 용어로 시험이 있다. 예를 들면 열화시험, 수명시험, 내압시험, 관능시험 등이 있지만, 일반적으로 시험을 다음과 같이 정의하고 검사와 구별하여 사용한다.

시험이란 샘플(sample) 또는 시험편(sample piece)에 대하여 그 특성을 조사해서 데이터를 얻는 것이다. 그러므로 시험은 측정해서 데이터를 얻는 단계까지이고, 합격·불합격의 판정을 내리는 것은 아니다. 그에 비하여 검사는 시험결과의 데이터를 판정기준과 비교하여 합격·불합격의 판정을 내리는 과정까지를 말한다.

예를 들면, 강재의 경도나 인장강도를 측정만 하였다면 그것은 재료시험이고, 그 데이터를 판정기준과 비교해서 합격·불합격의 판정을 내렸다면 재료검사가 된다.

1.2 검사의 목적

검사란 품질을 통해서 고객에게 봉사하는 것을 목적으로 하는 관리수법의 하나이다. 이것을 구체적으로 설명하면 다음과 같다.

(1) 다음의 공정이나 고객에게 부적합품이 넘겨지는 것을 방지하는 것

외부에서 구입 또는 수입되는 재료나 부품, 혹은 공정에서 제조된 부품이나 제품이 정해진 품질을 유지하고 있는가에 대하여 각각의 단계에서 조사하여 좋은 제품을 다음 공정 또는 고객에게 제공하는 것이다. 이것이 검사의 주목적이다.

(2) 품질정보를 제공하는 것

상기 (1)의 선별작업만으로는 정하여진 품질을 경제적으로 확보할 수는 없지만, 그때에 얻어진 품질정보를 제조공정에 피드백(feedback)하여 시정함으로써 비로소 안정된 품질을 보증하는 것이다. 그러므로 품질정보의 제공은 현재에는 검사의 주목적의 하나로 되어 있다. 예를 들면 검사에서 얻어진 정보에 따라서;

① 제조공정에 있어서 품질의 변동상태를 파악할 수 있다. 그러므로 어떤 결점을 발견하면 즉시 제조 현장에 피드백하여 시정활동을 할 수 있다.
② 공정능력(process capability)을 측정할 수 있어 공정능력과 규칙치 또는 공차와의 관계를 알게 된다.
③ 작업원의 표준류나 지시사항을 지키고 있는 정도를 체크할 수 있다.
④ 검사원의 정확성을 평가하기도 하고, 측정기의 정밀도를 확인하는 것이 가능하다.

⑤ 제품, 원재료 또는 제조방법 등을 개선하기 위해 필요한 데이터를 설계나 제조부문에 제공할 수 있다.

(3) 작업자의 품질 의욕을 자극하기도 하고 고객의 품질에 대한 신뢰성을 주는 것

검사는 작업자나 외주공장에 대해서 좋은 품질을 제공하여야 되기 때문에 품질 의욕을 자극한다. 또 검사에 합격된 제품이면 사용자나 다음 공정에 종사하는 작업자에게 신뢰감을 줄 수 있다. 가정의 전기제품이나 의료품 등에 검사합격인이 찍혀 있으면 고객은 안심하고 그 제품을 살 수 있는 것이다.

1.3 검사의 절차

검사의 절차는 기본적으로 다음의 단계에 의해 이루어진다.

① 검사표준의 설정
개개의 물품의 적합·부적합과 로트의 합격·불합격을 판정하기 위하여 표준을 설정한다.

② 제품의 측정과 데이터의 작성
개개의 물품 또는 로트로부터 샘플링한 시료를 측정기나 시험장치 혹은 인간의 감각 등의 방법으로 측정 또는 시험하고 데이터를 취한다.

③ 표준과 측정결과의 비교
측정 또는 시험한 결과의 데이터를 종합하여 판정기준과 비교한다.

④ 적합·부적합 또는 합격·불합격의 판정
판정기준을 기본으로 하여 개개 물품의 적합·부적합 또는 로트의 합격·불합격의 판정을 내린다.

⑤ 제품의 처리
적합품과 부적합품의 처리 및 합격과 불합격품의 처리를 한다.

⑥ 품질정보의 제공
검사결과를 기록한 데이터를 기초로 하여 그 정보를 관계부문에 피드백 한다.

1.4 검사와 품질관리

품질관리란 소비자가 만족하는 제품·서비스를 경제적으로 생산하기 위한 활동이다. 그러므로 품질관리는 기업 활동으로 연구, 기술, 구매, 제조, 검사, 판매 등과 밀접한 관계가 있다.

이 품질관리를 성공시키려면 최고경영간부에서부터 작업자에 이르기까지 품질을 중시하는 의식이 필요하다. 합리적인 조직에 의해서 활발한 활동을 하여야 한다.

품질관리의 기능을 대별하면 공정해석, 공정관리, 검사의 3항목으로 분류할 수 있다.

품질관리의 직접적인 활동은 제조 품질에 영향을 주는 원인을 확실히 하고, 제품의 산포를 관리한계로 관리하는 것이다.

이와 같은 활동과 평행하게 제조된 제품이 규격에 일치하고 있는가, 다시 말하면 소비자의 요구에 합치하고 있는가를 조사하는 품질검사 활동이 필요하다. 이 활동은 설계품질 및 제조품질에 밀접한 관계가 있다.

검사는 좋은 재료를 수입하고, 다음 공정에 좋은 물품을 인도하고, 더욱이 고객에게 좋은 물품을 제공하기 위하여 옛날부터 시행되어 왔다. 그러나 물품을 엄밀하게 검사하여 고객이나 다음 공정에 좋은 물품을 제공한다면 부적합품이 증가되어 결국 원가(cost)는 상승한다.

원가상승을 방지하기 위해서는 부적합품이 나오지 않도록 공정을 계획대로 관리하는 수밖에 없다. 이것이 품질관리의 기본이다. 따라서 품질관리는 품질에 영향을 미치는 큰 요소인 재료(material), 기계설비(machine), 작업방법(method), 작업원(man)이 관리의 대상이다. 즉, 공정을 대상으로 그 범위는 생산의 기능으로서 회사의 방침결정에서부터 설계·조정·제조·출하·판매·사용 등 모든 단계에 영향을 미친다.

또한 경영자 이하 전 종업원이 협조하고, 조직적으로 활동하며 품질을 통해서 생산성의 향상을 가져오는 데 그 특색이 있다.

예를 들면, 로트에 대하여 어떤 품질특성치의 분포가 그림 1.1의 (A), (C)와 같다고 한다. 사선부분이 부적합품이다. 이 로트에 대해서 전수검사를 정확하게 행하면, 그 결과는 (B), (D)와 같이 된다. 선별을 통한 물품은 모두 적합품이지만 (B)와 (D)에서 알 수 있는 바와 같이 규격한계에 가까운 특성치가 다수 있기 때문에 좋은 품질이라고는 말할 수 없다.

그러나 품질관리는 공정을 관리함으로써 (A_1)과 (C_1) 같은 분포를 (B_1)과 (D_1) 같은 분포의 품질로 만드는 것이다. 또한 (B)와 (D)는 선별을 정확하게 하였을 경우이고, 실제로는 규격한계에 가까운 물품에 대해서는 (E)에 나타낸 것과 같은 적합품이 부적합품으로 된다든지 부적합품을 적합품으로 고객에게 넘겨지는 경우가 자주 있고, 더욱 더 고객에게 좋은 물품을 제공하는 것이 어렵게 된다. 이와 같은 이유로 품질관리가 널리 보급된 근거가 있다.

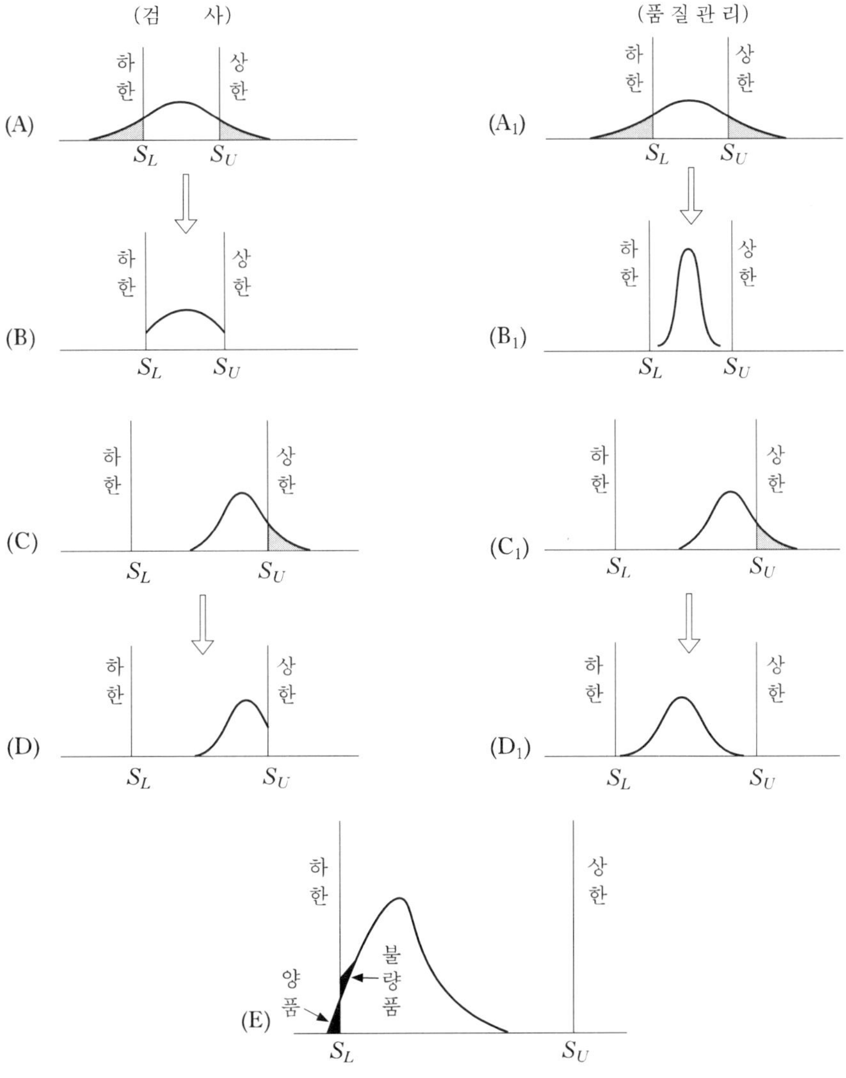

그림 1.1 검사와 품질관리

기타 여러 가지의 점에서 검사와 품질관리를 비교해 보면 표 1.1과 같이 된다.

표 1.1 품질관리와 검사

	검 사	품 질 관 리
목 적	품질의 보증(고객)	생산성의 향상(회사)
정 의	물품을 어떠한 방법으로 측정한 결과를 판정기준과 비교하여 개개 물품의 적합·부적합 또는 로트의 합격·불합격의 판정을 내리는 것	소비자가 요구하는 품질의 제품을 경제적으로 만들어 내기 위한 수단의 체계
일의 내용	만들어진 제품의 품질에 대해서 판정기준과 비교해서 합격·불합격, 적합·부적합을 판정하는 것	제품이 만들어지는 과정에서 좋은 물품이 되도록 재료, 설비·기계, 작업원 작업방법 등 여러 가지를 관리하는 것
대 상	만들어진 제품 (부품·반제품을 포함한다)	물품을 만들어 내는 제조공정
일을 하는 사람	검사원	작업자
사용하는 중요한 표준	검사규격	작업표준
사고방식	부적합품 제거 현상의 제거(임상의학)	재발방지·조기발견·조기치료 원인의 제거(예방의학)
효과	적합품과 부적합품의 선별	부적합품의 감소
샘플링 검사	고객에게 좋은 물품을 제공한다.	생산자에게 좋은 물품을 만들도록 자극을 줄 수 있다.
특수공정	용접·열처리 기타 파괴시험을 요하는 품질보증은 검사에서는 어렵다.	공정을 보증함에 따라 품질을 어느 정도 보증할 수 있다.
조처 대상의 모집단	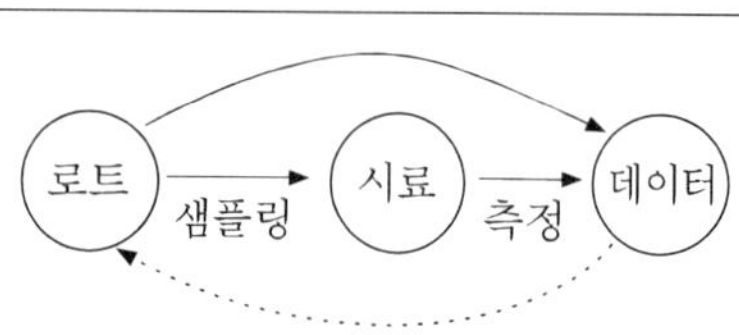	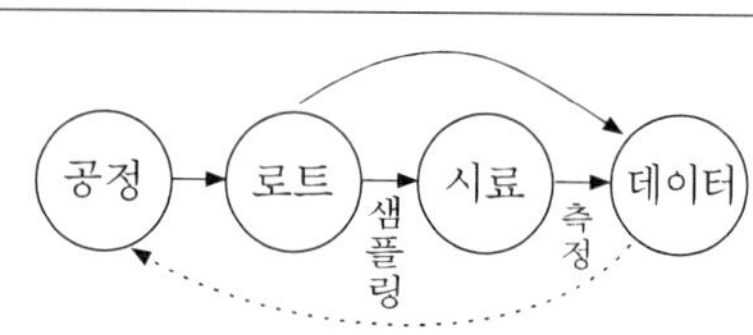

1.5 검사 방식의 경제성

검사의 최종 목적은 기업이 적정한 이윤을 올리고 회사에 봉사하는 것이므로 검사를 하는 경우 그 비용을 경영의 입장에서 검토할 필요가 있다.

하나의 검사항목에 대하여 전수검사, 샘플링 검사 및 무검사 중 어느 것을 선택하는가는 검사의 경제성을 검토한 다음 결정하여야 한다.

우선 각각에 대해서 검사에 소요되는 비용을 생각해 보자.

① 검사시료 1개당 검사비용 ······ a
② 합격로트 중에 남아 있는 부적합품 때문에 발생하는 1개당 손실비용 ······ b
③ 불합격로트를 처리하기 위한 부적합품 1개당 비용 ······ T
④ 로트의 크기 ······ N
⑤ 로트의 수 ······ S
⑥ 시료의 크기 ······ n
⑦ 로트의 평균부적합품률 ······ p
⑧ 부적합품률 p의 로트가 합격하는 확률 ······ L(p)

로 하면, 검사비용은 표 1.2와 같다.

표 1.2 검사비용

	검사비용	부적합품으로 인한 손실비용	불합격로트를 처리하기 위한 비용	검사비용의 합계
전수검사 C_{100}	aNS	0	0	aNS
무 검 사 C_0	0	$pbNS$	0	$pbNS$
샘플링검사 C_S	anS	$pb(N-n)L_{(P)}S$	$T(N-n)(1-L_{(P)})S$	$anS+pb(N-n)$ $L(p)S+T(N-n)$ $(1-L_{(P)})S$

이 3가지 검사비용의 로트의 부적합품률에 따라 어떻게 변화하는가를 나타내기 위하여 그래프화한 것이 그림 1.2이다.

1.5.1 전수검사(C_{100}) 비용

만약 검사가 완전하면 부적합품으로 인한 비용 및 불합격로트로의 처리가 필요 없으므로 모든 시료를 검사하는 비용은 다음과 같다.

$$C_{100} = aNS$$

그러므로 검사비용은 로트의 부적합품률과 관계가 없다. 그림 ABT와 같이 수평선이다.

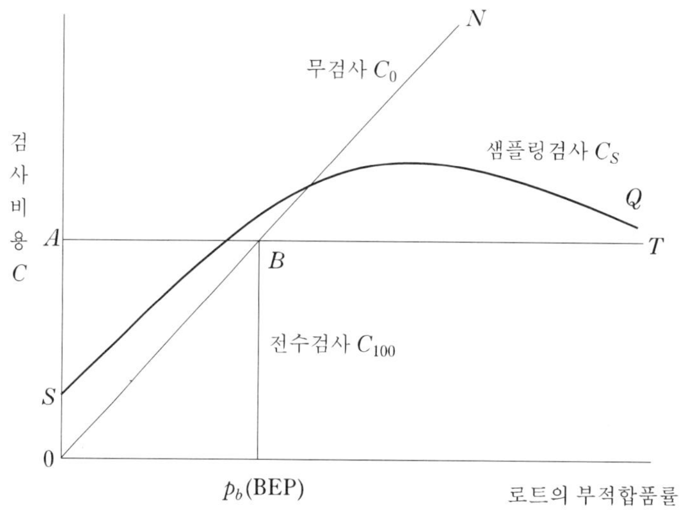

그림 1.2 검사비용 곡선

1.5.2 무검사(C_0) 비용

무검사이므로 검사에 드는 비용은 없다. 그러나 로트에는 부적합품이 모두 포함되기 때문에 발생하는 손실비용은

$$C_0 = b \times pNS$$

이고, 측정비용과 불합격로트의 처리를 위한 비용은 없다. 그러므로 검사비용은 로트의 부적합품률 p에 비례해서 그림 OBN를 지나는 직선이 된다. 두 직선은 ABT와 OBN의 교점 p_b에서는 전수검사와 무검사의 비용이 같다.

$$C_{100} = C_0$$
$$aNS = pbNS$$
$$P_b = \frac{aNS}{bNS} = \frac{a}{b}$$

즉, 로트의 부적합품률 p가 $\frac{a}{b}$와 같을 때 전수검사의 비용과 무검사의 비용은 같다. 이때 로트의 부적합품률을 p라 하면, p가 p_b보다 클 때 $(p > p_b)$는 전수검사가 좋고, p가 p_b보다 작을 때 $(p < p_b)$는 무검사가 좋다. 이 분기점을 손익분기점(break even point : BEP) 또는 임계부적합품률이라 한다.

예를 들면 $a = 20$원, $b = 1000$원이면,

$$P_b = \frac{a}{b} = \frac{20}{1000} \times 100\% = 2\%$$

이므로, 로트의 부적합품률이 2% 미만이면 무검사 쪽이 좋다. a는 쉽게 알 수 있지만, b의 추정은 제품의 종류에 따라서 그다지 간단하지는 않다.

1.5.3 샘플링 검사비용

손익분기점 BEP에 있어서 샘플링 검사비용(C_s)과 전수검사비용(C_{100})을 비교하여 보자.

양자의 차를 계산하면 샘플링 검사비용은

$$C_s = anS + pb(N-n)L_{(P)}S + T(N-n)(1-L_{(P)})S$$

이므로

$$C_s - C_{100} = anS + pb(N-n)L_{(P)}S + T(N-n)(1-L_{(P)})S - aNS$$

여기서 $p = \frac{a}{b}$를 대입해서 정리하면

$$C_s - C_{100} = (1-L_{(P)})(N-n)(T-a)S$$

가 된다. 여기에서 $1 - L_{(P)} \geq 0$, $N - n > 0$이므로, 위 식의 관계는

a) $T-a>0$이면 $C_s-C_{100}>0$

b) $T-a=0$이면 $C_s-C_{100}=0$

c) $T-a<0$이면 $C_s-C_{100}<0$

기술적, 상식적으로 c)의 경우는 생각할 수 없고, b)의 경우도 일반적으로 성립되지 않는다. 결국 a)의 경우가 성립된다.

BEP 부근에 있어서는 $C_s > C_{100}$으로 샘플링 검사 비용은 전수검사비용보다 약간 크다. 그러나 로트의 부적합품률이 크게 되면, 샘플링 검사비용(SQ)은 전수검사비용(ABT)에 점진적으로 접근한다. 그림 1.2에 그 관계를 개략적으로 나타낸다.

이상을 정리하면

① 로트의 부적합품률이 BEP보다 현저하게 크면, 전수검사가 좋다.

② 로트의 부적합품률이 BEP보다 작으면, 전수검사비용은 손해이므로 샘플링 검사를 하는 쪽이 좋다.

③ 로트의 부적합품률이 BEP보다 현저하게 작고, 제조공정이 안정되어 있다는 확증이 있으면 무검사를 하여도 좋다.

주 1 전수검사를 하는 경우 로트 중에 포함되어 있는 부적합품의 재가공비를 고려하는 경우

제품당 재가공비를 c로 표기하면 $pbN=aN+cpN,\ p_b=\dfrac{a}{b-c}$

주 2 로트 중에 포함되어 있는 부적합품의 폐기비용을 고려하는 경우

제품당 폐기비용을 d로 나타내면 $pbN=aN+dpN,\ p_b=\dfrac{a}{b-d}$

1.6 검사의 조직과 업무

1.6.1 검사의 조직

조직이란 모든 사원이 경영의 목적을 달성하기 위하여 더욱더 효과적으로 일을 할 수 있도록 계획하는 것을 말한다. 즉 각자의 일의 분담과 상호관계를 명확하게 정하는 것이다. 그래서 검사의 조직도 검사원이 책임을 갖고 각자에게 주어진 검사 업무를 수행하고, 타의 부문과도 원활하고 효과적으로 일을 할 수 있도록 편성할 필요가 있다.

공장에서 제조부문을 라인(line), 기타 부문을 스탭(staff)이라고 부르면 검사의 조직은 일반적으로 그림 1.3과 같이 나타나며, 3가지 방식으로 분류가 가능하다.

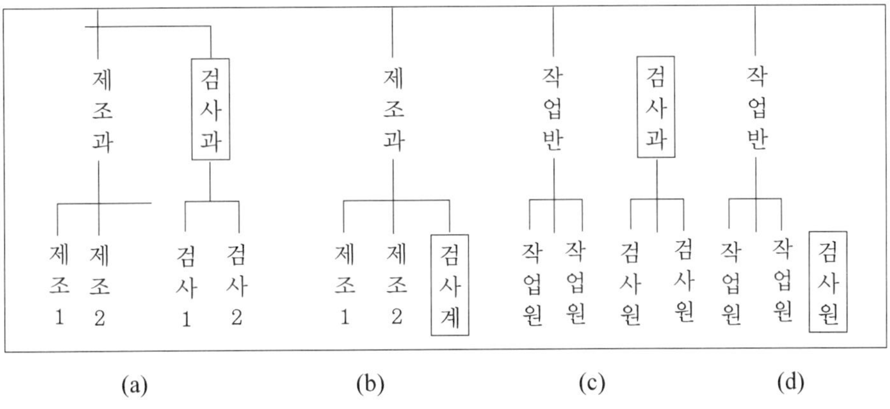

그림 1.3 조직도

① 검사를 스탭부문에 넣는 방식

그림 1.3의 (a) 및 (c)와 같이 검사를 스탭부문에 놓으면 검사부문은 품질을 만든 라인의 압력을 받지 않아 엄정하게 측정·시험해서 합격·불합격을 판정할 수 있다. 그러나 이 경우는 부문이 다르기 때문에 검사결과의 정보전달과 그 피드백에 난점이 있다. 스탭부문으로서 검사과를 설치하고 있는 공장이 많지만 회사의 규모나 성격에 따라서는 기술과나 관리과에 소속해 있는 곳도 있다.

② 검사를 라인부문에 넣는 방식

그림 1.3의 (b) 및 (d)와 같이 검사부문을 라인에 넣으면 검사결과의 정보는 즉시

관계자에게 알려져서 신속한 대책 및 시정이 가능하나 라인의 인간관계에서 판정이 좋아지는 경향이 있다.

③ 검사를 라인부문과 스탭부문으로 나누는 방식

상기에서 기술한 각각의 이점을 살리기 위하여 공정검사를 라인부문에 넣고 제품검사 외에 수입검사를 스탭부문에 놓은 조직이 최근 자동차나 전기 등의 조립공장에 많이 사용되고 있다. 예를 들면 공정검사 결과의 정보를 신속하게 라인에 피드백하여, 시정활동을 효과적으로 하고 제품조사는 사용자의 입장에 서서 공정하게 실시하는 것을 목표로 하고 있다.

다음에 조직도의 사례를 그림 1.4, 그림 1.5 및 그림 1.6으로 나타낸다.

종업원 수 : 250명
자본금 : 50억
업종 : 기계제조업

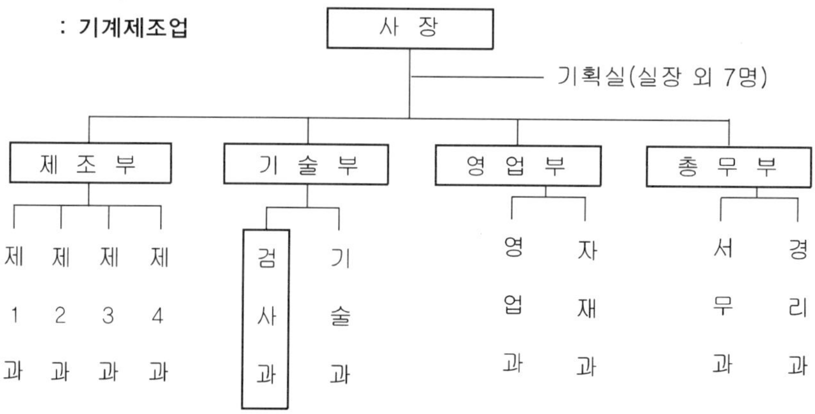

그림 1.4 A사의 조직도 (검사를 스탭부문에 넣는 방식)

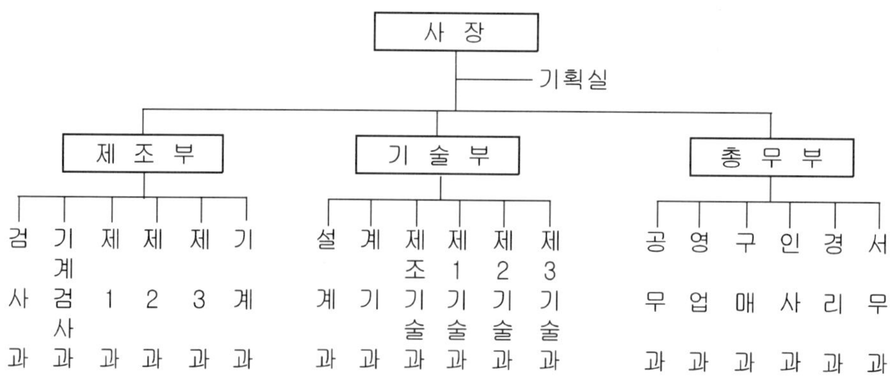

그림 1.5 B사의 조직도(검사를 라인부문에 넣는 방식)

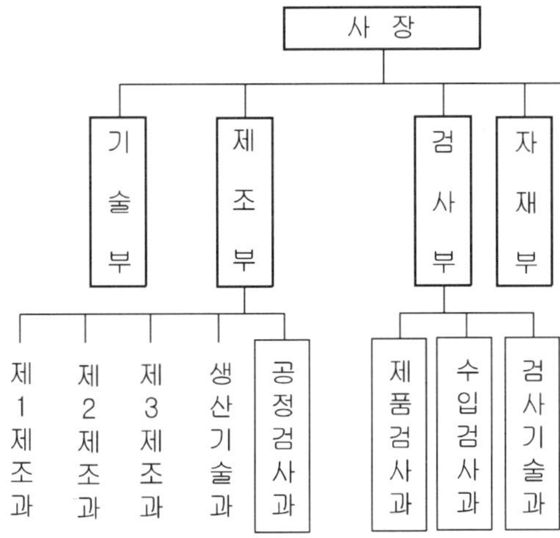

그림 1.6 C사의 조직도

1.6.2 검사업무와 검사과 업무

검사에 필요한 일과 그것을 어느 부문에서 실시하는가는 별도의 문제이다. 예를 들면 검사에 필요한 일 중에서 검사치구(治具)의 설계가 있다. 회사에 따라서는 설계과 혹은 생산기술과에서 설계하는 경우는 있지만 검사과에서 하는 경우도 있다. 그러므로 검사에 관한 모든 업무를 항상 검사과가 담당하는 것이 아니다.

검사에 필요한 일 즉, 검사업무란 일반적으로 다음의 일을 가리킨다.

(1) 검사기능의 실시

검사의 기능을 수행하는 것, 즉 측정작업과 판정작업을 행하는 것이다.

(2) 검사기능의 관리

이것은 검사기능을 계획대로 수행할 수 있도록 관리하는 것, 예를 들면 검사 방식, 검사의 설비, 검사의 등에 대해서 계획하고, 준비하고, 그대로 실시하여 그 결과를 확인·시정하는 것, 즉 통제·관리하는 것이다. 더욱 더 이것을 구체적으로 설명하면 다음과 같다.

① 제품별 또는 작업장별 검사계획

② 검사규격의 작성·유지 및 보관

③ 검사설비·검사용 측정기구의 사용계획·정비와 그 정밀도 유지

④ 검사방법·샘플링 방식의 선정
⑤ 검사원의 교육·훈련
⑥ 검사 데이터의 정리와 보관 및 그 활용
⑦ 도면·사양서의 정리와 보관
⑧ 검사기술의 연구

(3) 검사정보의 제공

검사정보는 설계부문, 제조현장, 조달부문에 피드백하여 품질의 유지개선에 쓰이도록 하는 것이 검사의 중요한 업무이다. 구체적으로 설명하면

① 공정능력이나 신뢰성에 대해서 데이터를 설계부문에 제공한다.
② 도면이나 규격에 잘못이 있으면 이를 기술부문에 피드백한다.
③ 제조품질에 대해서 데이터를 제조부문에 보고한다.
④ 외주관리에 필요한 데이터를 조달부문에 제공한다.
⑤ 특채나 클레임(claim)처리 등에 대하여 조사자료를 관계부문에 제공한다.
⑥ 품질의 감사를 위하여 정보를 관리부문에도 제공한다.

(4) K사에 의한 검사과 업무규정의 예

① 자재, 부자재 및 가공외주품의 수입검사
② 측정기기의 검수 및 정기검사
③ 측정기기의 교정검사
④ 재료시험 및 검사
⑤ 공정검사
⑥ 제품검사
⑦ 출하검사
⑧ 검사설비계획의 입안 및 검사설비의 관리
⑨ 구입 불합격품에 대한 처치
⑩ 검사일지 및 통계의 작성 및 각종 검사데이터의 집계, 해석 및 관리
⑪ 부적합품의 처치 및 원인조사에 관한 사항
⑫ 외주품의 수입검사

⑬ 검사방법의 연구
⑭ 검사일보, 월보, 연보의 발행
⑮ 검사장의 관리
⑯ 검사원의 적성조사 및 교육, 훈련
⑰ 외주과의 의뢰에 의한 외주공장의 검사기술지도
⑱ 특히 성형공장의 검사기술협력

1.7 검사의 종류

검사는 제조공정의 단계, 장소, 성질 혹은 방법 등에 따라서 여러 가지의 종류로 나눌 수 있다. 이를 정리하면 표 1.3과 같이 된다.

표 1.3 검사의 종류

검사가 실시되는 목적에 의한 분류	수입검사(구입검사) 공정검사(중간검사) 제품검사(최종검사) 출하검사 입고검사 출고검사 수도(受渡) 검사	검사항목에 의한 분류	수량검사 표시검사 외관검사 치수검사 중량검사 성능검사 구조검사
검사가 실시되는 장소에 의한 분류	정위치검사 순회검사 출장검사	발생자에 의한 검사	입회검사 영수검사 증거검사 원천검사
검사의 성질에 의한 분류	파괴검사 비파과검사 환경검사 수명검사 신뢰성검사	시작단계 검사	시작품검사 형식검사 기술검사 최초검사

검사하는 방법에 의한 분류	전수검사(개별검사) 로트별 샘플링검사 관리 샘플링검사 전수선별검사 무검사 자주검사	피검사품의 성격에 의한 분류	재료검사 부품검사 반제품검사 특수공정검사 치공구검사 제조설비검사 계측기 시험기검사

1.7.1 검사가 행하여지는 목적에 의한 분류

(1) 수입검사(구입검사)

공장에서는 제조에 필요한 원재료, 부품, 기타의 부자재 등을 시장에서 구입한다. 또 원자재나 부품에는 없지만, 반제품이나 제조공정의 일부를 외부의 공장에 발주하여 제조시킨 경우(외주)도 있다.

외부에서 제조시킨 제품은 제조공정에 투입하기 전에 요구한 품질을 만족하는가를 확인해서 다음 공정에 보증할 필요가 있다. 이 경우에 행하는 검사가 수입검사이다.

그러므로 구입품의 검사에 대해서는 구입검사라고도 한다.

(2) 공정검사(중간검사)

공정검사란 전의 제조공정이 끝나고 다음의 제조공정으로 이동하는 사이에 행하여지는 검사로서 중간검사라고도 한다. 이것은 부적합품의 다음 공정 또는 최종검사에 투입되는 것을 방지하기위하여 행하는 것이다.

생산의 공정이 진행됨에 따라서 결점이 보이지 않게 될 우려가 있는 것은 반드시 사전에 체크할 필요가 있으므로 공정검사를 생략해서는 안 된다.

≫ 공정검사의 목적 ≪

① 다음 공정에 대하여 품질을 보증하는 것
② 그 공정에서 검사하지 않으면 그 다음 제품의 품질을 보증할 수 없거나 부적합품에 의한 손실이 큰 경우 유리하다.
③ 공정의 품질정보를 신속히 파악하여 그 정보를 관계부문에 제공하고 품질의 유지 개선을 협력 하는 것
④ 각 공정에 대한 품질의 책임을 명확히 할 수 있다.

(3) 제품검사(완성검사)

제품검사는 만들어진 물품이 제품으로서 요구사항을 만족하고 있는가를 판정하기 위한 검사이다. 이 검사는 제조공정의 최종단계에서 실시함으로써 최종검사라고도 하며, 완성한 제품에 대하여 실시하므로 완성검사라고도 말한다.

출하품질을 보증하기 위하여 제품을 출하할 때의 검사를 출하검사라고 하지만, 이것은 간단한 재 체크이기 때문에 제품검사에 합격한 제품은 출하되어 고객에게 인도된다. 그러므로 제조검사는 공장에서의 품질보증의 최후의 기회이며 고객이 요구하는 품질도 여기에서 확인한다. 제품검사의 목적은 다음과 같다.

≫ 제품검사의 목적 ≪

① 소비자에 대한 품질보증
② 총합품질의 파악
③ 고객의 요구와 일치하는가를 확인
④ 품질자료를 기록정리

(4) 출하검사

제품검사에서 합격 판정을 받은 제품은 일단 보관되고 고객의 요구에 따라서 출하되는 것이 보통이다. 그러므로 이들의 제품 중에는 상당히 장기간에 걸쳐서 저장되어 있었기 때문에 출하할 때 그 사이에 질적 변화(예: 녹, 변색, 변질), 인위적인 부적합품(파손)의 유무를 재검사할 필요가 있다. 이것을 출하검사라고 하고, 제품검사보다도 간단하게 하는 것이 보통이다.

(5) 기 타

입고검사, 출고검사, 인수·인계검사 등이 있다.

1.7.2 검사가 실시되는 장소에 의한 분류

(1) 정위치 검사

검사장소를 일정한 위치에 정하고 물품을 정위치에서 검사하는 경우에 적용한다. 이 검사는 정위치에서 검사하는 쪽이 유리한 경우나 시험에 특수한 장치가 필요하기 때문에 시험실 등에 물품을 운반해서 검사하는 경우에 실시하는 검사이다.

이 검사는 집중방식과 공정간방식으로 나눌 수 있다.

1) 집중방식

각 제조공정에서 1로트의 가공작업이 끝나면 그 때마다 검사장소로 가공품을 운반해서 검사하는 방식이다. 이 방식은 주로 다품종 소량생산의 업종에서 채용한다. 이것을 그림으로 나타내면 그림 1.7과 같이 된다.

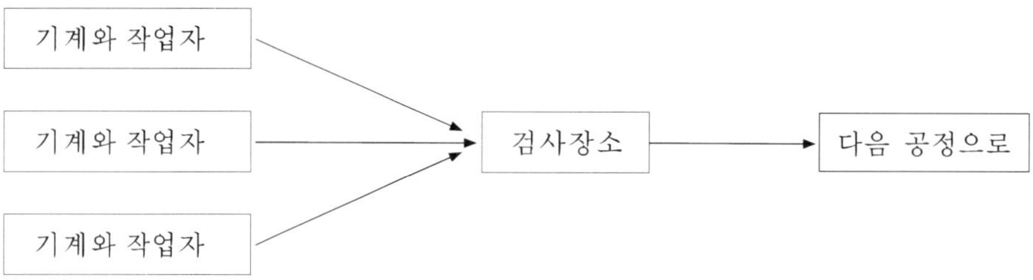

그림 1.7 집중방식에 의한 정위치검사

2) 공정간방식

다량생산, 특히 흐름에 있어서 연속공정의 중간에서 검사를 행하는 경우 제품을 도중에 꺼내어 검사장으로 운반하는 것은 불편하기 때문에 작업공정의 사이에 검사공정을 설정하는 것이다. 그리고 검사를 가공작업의 하나의 공정으로 생각하여 제품은 반드시 이곳을 통과하도록 한다. 이 경우 제품의 흐름을 원활하게 하기 위하여 검사시간과 작업시간과의 균형(balance)을 이루어야 한다.

(2) 순회검사

공정간에서 검사하는 경우, 검사장에 모아 놓고 검사원이 적당한 시간에 현장을 순회하여 만든 물품을 검사하는 방식이다. 이것은 일정한 간격으로 순회하면서 제조된 조품의 로트가 규격에 만족하고 있는가를 점검하는 것으로 기계나 공구가 바른 상태에 있는가 또는 제조공정의 관리상태를 체크하기 위하여 필요하다. 이것을 그림으로 나타내면 다음 그림 1.8과 같이 된다.

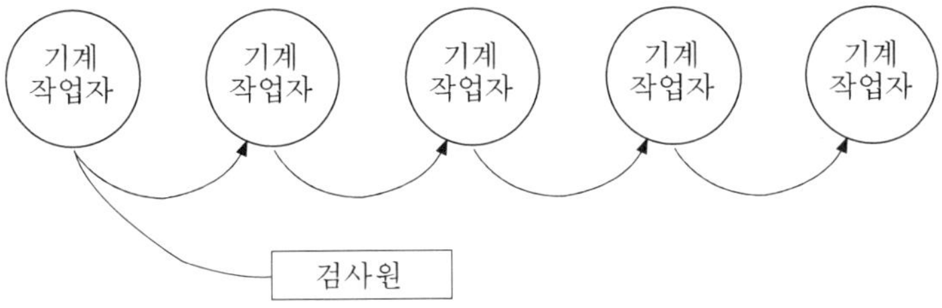

그림 1.8 순회검사

순회시간은 공정의 관리상태, 생산량의 관계로부터 결정된다. 예를 들면 프레스(press)가 1시간에 100개, 선반이 2시간에 100개라면 순회시간의 간격은 프레스 1시간, 선반 2시간, 공정이 안정되면 프레스 2시간, 선반 4시간으로 한다. 순회순서는 랜덤하게 하는 경우도 있다.

참고 정위치 검사와 순회검사의 이해득실

정위치 검사와 순회검사에는 각각 다음과 같은 이해득실이 있기 때문에 충분히 검토하여 선택해야 한다.

≫ 1) 정위치 검사의 이점과 결점 ≪

이점

① 검사작업이 제조작업에 방해되지 않는다.
② 정밀검사의 측정기 등을 현장에 투입할 필요가 없다.
③ 검사감독자의 눈이 두루 미친다.
④ 검사원의 준비상태가 좋을 때에는 종합해서 실시할 수 있다.
그러므로 검사작업으로서는 능률적이다.

결점

① 검사공정이 다른 기회에 다시 필요하다.
② 1로트의 작업이 완전히 종료되면 검사하는 경우가 가장 많기 때문에 잘못이 있으면 거의 모두 부적합품이 될 가능성이 있고 손실이 크다.

≫ 2) 순회검사의 이점과 결점 ≪

이점

① 실수에 의한 부적합품이 조기에 발견될 수 있기 때문에 대부분 큰 로트의 제품이 부적합품이 되는 것을 방지할 수 있다.

② 검사를 받기 위하여 제품을 운반할 필요가 없다.

③ 검사원이 순회할 때 제조공정에서 발생하는 여러 가지 문제에 대하여 상담할 수 있다.

결점

① 검사작업을 제조작업과 평행하게 하기 때문에 충분한 검사를 할 수 없다. 예를 들면 적합품과 부적합품의 수를 파악하는 일이나 정밀측정을 할 수 없다.

② 검사성적의 기록이나 데이터의 집계가 전자에 비해서 어렵다.

③ 검사 때문에 노력이 많이 든다.

---

(3) 출장검사

출장검사란 발주선의 공장 검사원이 발주선의 공장(이주공장)에 출장을 가서 수입검사를 하는 방법이다. 이것은 보통 외주선의 책임자의 입회 하에서 실시하기 때문에 입회검사라고도 말한다.

출장검사는 다음과 같은 경우 실시한다.

① 그 제품을 검사하기 위하여 측정기기, 시험장치 등 검사설비 때문에 외주공장을 이용하여야 하는 경우

② 지참검사에 의존하는 경우 반품에 대한 재가공 등의 사후처리가 번거롭고 납기에 문제가 있는 경우

③ 다음 공정이 다른 외주공장에서 실시되는 경우 모(母)공장에 가져오기보다는 출장검사로 검사를 마치고 다른 공장으로 보내는 것이 일정상 또는 사무처리상 합리적인 경우

④ 조립품 등의 경우로서 조립을 끝내버리면 검사가 곤란한 경우 또는 포장을 외주공장에서 하기 때문에 검사를 그 전에 하는 것이 좋은 경우

⑤ 거래량이 많아서 출장검사의 쪽이 합리적인 경우, 예를 들면 검사결과가 합격일 때 보관 장소가 없는 경우

⑥ 외주공장의 육성·지도를 겸한 경우

1.7.3 검사의 성질에 의한 분류

(1) 파괴검사

파괴검사란 물품을 파괴하지 않고는 검사의 목적을 달성할 수 없는 것, 혹은 시험에 따라서 상품가치가 파손되는 검사를 말한다.

예를 들면 재료의 인장강도는 인장시험을 하여 파괴하여 보지 않으면 알 수 없다. 따라서 모든 부품이나 재료에 인장검사를 하면 그 부품이나 재료는 그 목적을 위하여 사용할 수 없다. 그러므로 이와 같은 검사에는 전수검사를 할 수 없기 때문에 샘플링 검사를 적용한다.

또 검사비용이 고가인 경우는 검사수를 적게 하기 위해서는 샘플링 검사 방법이 유리하다.

(2) 비파괴검사

비파괴검사란 물품을 시험하여도 그 상품가치가 변하지 않는 것을 말한다. X선, 자기탐상, 형광탐상, 초음파 등으로 제품을 파괴하지 않고서 검사하는 경우를 말한다.

(3) 환경시험

제품이 사용되는 단계에서 예상되는 가장 가혹한 상태에서의 시험을 말한다. 즉 진동, 내압, 고온, 저온 먼지 등의 시험이다.

(4) 수명시험(내구시험)

그 제품의 평상시 사용 상태에 대하여 어느 정도의 수명이 있는가를 조사하는 시험이다.

(5) 관능시험

관능시험이란 인간의 감각을 계기로 사용해서 물품의 품질특성을 검사하는 것을 말한다.

1.7.4 검사하는 방법에 의한 분류

(1) 전수검사(개별검사)

전수검사는 개개의 제품에 대하여 그 전수를 검사하는 것으로서 치명적인 결점 또는 검사개수가 적은 경우 특히, 중요한 물품의 경우에 실시한다. 이를 개별검사라고도 한다.

(2) 로트별 샘플링 검사

이것은 로트별로 시료를 샘플링하고 샘플링한 물품을 조사하여 로트의 합격·불합격을 결정하는 검사로 샘플링 검사의 대부분은 로트별 샘플링 검사이다.

(3) 관리 샘플링 검사

관리 샘플링 검사는 제조공정의 관리, 공정검사의 조정 또는 검사를 체크할 목적으로 하는 검사이다. 로트별 샘플링 검사의 경우보다도 적은 샘플링 개수로 한다.

(4) 전수선별검사

이것은 단순한 검사를 하여 적합품·부적합품을 선별하는 검사를 말한다. 흐름작업이나 간단한 물품의 검사에 적용한다.

(5) 체크검사

샘플링 검사와 같이 로트 크기의 대소에 따라 확률기준에 구애 받지 않고 적당한 시료의 크기를 샘플링하여 행하는 검사이다. 품질이 대단히 안정되어 있거나 또는 중요하지 않은 물품을 대상으로 하는 경우가 많다.

(6) 자주검사

최근 새로운 품질관리가 보급됨으로써 품질은 검사에서 만들어지는 것이 아니라 제조 공정에서 만들어진다는 생각이 확실해졌다. 그리고 자기 자신이 만든 제품에 대하여는 자기가 보증하여야 한다는 생각을 기본으로 검사원에 의한 검사가 아니라 작업자가 자기 자신이 만든 물품에 대하여는 품질을 확인한다는 방식이 적용되고 있다. 이것을 자주점검 또는 자주검사라 한다.

이것은 작업원의 품질의식의 향상에도 도움이 되며 잘못을 조기 발견함으로써 신속한 시정조치, 재발방지의 조처(action)를 하여 큰 효과를 올리고 있다. 그러나 자주검사를 실시한다고 검사원이 필요치 않은 것은 아니다.

자주점검 제도의 구성은 일반적으로 작업자에 의한 점검과 점검원에 의한 검사로 되어 있다.

생산공정의 경우 작업자의 점검항목과 점검원의 점검항목을 동일인이 하는 경우가 있기 때문에 이들 중에서 적당하게 조합하여 선발하여도 좋다.

① 작업자 자신에 의한 점검

작업자는 표준작업 이외에 작업자가 아니면 점검이 불가능한 것, 작업자가 점검하는 것이 경제적으로 유리한 것 등에 대하여 점검한다.

② 점검원에 의한 점검

제조공정의 반 또는 계를 단위로서 반장 도는 계장의 아래에 점검원을 두고, 반 또는 계의 작업범위 내의 품질특성에 대하여 점검한다. 점검내용은 작업자 점검 이외의 것으로 치수·외관 등의 비교적 간단한 검사·계측기술로서 점검되는 항목에 대하여 점검한다.

③ 검사원에 의한 검사

제조공정별로 배치하여 작업자 및 점검원이 실시하고 있는 이외의 것에 대하여도 검사계측의 복잡한 외관, 치수나 내구품질, 기능검사, 중요 보안특성 등을 검사한다.

④ 품질감사

품질감사는 공정의 제조작업, 검사작업 등이 표준으로 실행되고 있는가를 품질감사 담당원에 의하여 실시된다. 일반적으로 감사담당원은 품질관리 부문에 소속되어 있고 사외에서 클레임을 받았을 때도 품질감사를 행한다.

1.7.5 검사항목에 의한 분류

(1) 수량검사

규정의 수량이 있는가를 검사하는 것이다.

(2) 표시검사

재료마다 규정표시가 되어 있는가를 검사하는 것이다.

(3) 외관검사

외관(색, 흠, 균일 등)이 한도견본 등의 기준과 합치하고 있는가를 확인하는 검사이다.

(4) 치수검사

치수, 각도, 평행도 등 길이의 단위로 표시하는 검사를 말한다.

(5) 중량검사

제품의 중량이 규정의 중량으로 있는가를 확인하는 검사이다.

(6) 성능검사(기능검사)

기계적인 것, 전기적인 것, 광학적인 것, 물리적인 것 등 그 제품의 사용목적을 만족시키는 성능(기능)을 조사하는 것으로 기능검사라고도 말한다.

(7) 구조검사

2개 이상의 개체가 조합되어 만들어진 경우에 규정대로 구조되었는가를 조사하는 검사이다.

1.7.6 발주자에 의한 분류

(1) 입회검사(入會檢査)

발주자 또는 그 대행자가 파견한 검사원 입회 하에서 하는 검사이다.

(2) 영수검사(領收檢査)

발주품을 영수 목적으로 하는 검사로서 관청용어이다.

(3) 증거검사(證據檢査)

품질관리의 순서, 품질증거기록 등을 근거로 하여 실행하는 검사로서 제품이 적합품이라도 품질관리순서가 나쁜 경우에는 불합격으로 되는 경우가 있다.

(4) 원천검사(源泉檢査)

미국 군 규격 MIL-Q-5923에 있는 검사 방식으로 특정품목에 대하여는 「군」의 검사관이 군과의 계약자를 대신하여 검사한다. 즉 특정품목에 대하여는 군의 계약자는 무검사로 그 품목을 구입할 수 있다. 여기서 영수검사, 증거검사, 원천검사는 미국군이나 국방성에서 실시하는 검사이다.

1.7.7 시작단계(始作段階)에 의한 분류

(1) 시작품검사

시작품이 규정의 품질을 만족하고 있는가, 어떤가를 확인하기 위하여 실행하는 것으로 검사라기보다는 시험이라고 할 수 있다.

(2) 형식시험 또는 인정시험

발주자가 요구한 품질사용에 그 제품이 합치하고 있는가, 어떤가를 양산에 앞서 실행하는 검사이다.

(3) 기술검사

요구한 품질사양에 합치하고 있는가 만을 검사하는 것이 아니라, 기술상의 문제까지 검토한다.

(4) 최초검사

시작단계 또는 시작단계를 지나 처음으로 양산에 들어간 경우 최초의 로트에 대해서 하는 검사이다.

1.7.8 검사대상 제품의 성격에 의한 분류

(1) 재료검사

원재료, 주단조품(鑄鍛造品), 부자재를 대상으로 한 검사이다.

(2) 부품검사

기계부품, 전기부품, 기타 부품을 대상으로 한 검사이다.

(3) 제품검사

제품을 대상으로 한 검사를 말한다.

(4) 특수 공정검사

도금, 열처리, 용접, 도장, 납땜 등의 특수공정의 제품을 대상으로 한 경우를 말한다.

(5) 치공구검사

치구 또는 공구류를 대상으로 하는 경우를 말한다.

(6) 제조설비검사

공작기계 등의 제조설비를 대상으로 간이 또는 정밀하게 검사하는 경우를 말한다. 내용으로는 정밀도검사와 운전검사가 있다.

(7) 계측기·시험기검사

여러 가지의 계측기나 시험기의 수입검사 또는 정기적인 검사를 말한다.

연/습/문/제

1. 검사의 정의에 대해 기술하시오.

2. 검사의 목적을 설명하시오.

3. 검사와 품질관리의 차이점을 설명하시오.

4. 검사의 비용에 대해 설명하시오.

5. 검사의 조직과 업무에 대해 설명하시오.

6. 다음 검사의 종류에 대해 간단히 요약하시오.
   ① 검사가 행하여지는 목적에 의한 분류
   ② 검사가 행하여지는 장소에 의한 분류
   ③ 검사의 성질에 의한 분류
   ④ 검사하는 방법에 의한 분류
   ⑤ 검사항목에 의한 분류

7. 크기가 1,000개인 로트에 대하여 전수검사를 한다면 개당 검사비용이 15원이고, 무검사로 통과시킨다면 부적합품 발생으로 인한 손실비용이 개당 300원이다. 이 경우 임계부적합품률을 구하시오.

8. 어느 공정의 임계부적합품률이 10%로 알려져 있다. 이 공정에서 부적합품으로 인한 1개당 손실비용은 1,200원인 경우, 제품 한 개당 검사비용은 얼마인가?

9. 검사가 실시되는 목적에 의한 분류가 아닌 것은?
   ① 공정검사　② 최종검사　③ 출하검사　④ 출장검사

Chapter

02 오차와 샘플링

2.1 오차의 분류

측정오차와 샘플링오차에 대하여는 종래부터 여러 가지가 논의되어 왔으며, 가우스(Gauss)의 오차곡선 등이 기술되어 있지만, 일반적으로 그 의미는 막연하게 오차라는 말로 이용되어 왔다. 특히 오차를 줄이기 위하여 조처(action)를 취한다는 면에 중점을 두면 신뢰성, 정밀도, 정확도라는 3가지 개념으로 나누어 생각할 수 있다.

여기서 오차에 관하여 간단히 정의한다.

① 오차(error) : 목적으로 하는 모집단의 참값 μ와 측정 데이터 x와의 차

② 신뢰성(reliability) : 데이터를 신뢰할 수 있는가 없는가의 문제, 즉 조작에 있어서 실수나 과오로 이상원인(assignable cause)이 없는가의 문제이다. 이것은 정밀도의 신뢰성과 정확도의 신뢰성을 얻기 위하여는 샘플링과 측정작업의 관리가 문제이다.

③ 정밀도(precision) : 어떤 측정법으로 동일 시료를 무한 회 측정한 경우 또는 어떤 샘플링법으로 동일 로트로부터 무한 회 샘플링한 경우에 데이터는 반드시 산포하는 데 그 분포의 폭, 즉 그 데이터의 폭의 크기(σ_M)를 정밀도라고 한다.

④ 정확도(accuracy) : 어떤 측정법으로 동일 시료를 무한회 측정한 경우 또는 어떤 샘플링법으로 동일 로트로부터 무한 회 측정할 경우에 얻어지는 데이터 분포의 평균값(μ_M)과 참값(μ)과의 차

정밀도와 정확도를 확보하는 데는 주로 측정 및 샘플링 기술 등 통계적 연구에 달려 있다.

이상의 관계를 그림으로 나타내면 그림 2.1과 같다.

그림에는 정밀도, 치우침, 오차의 관계가 여러 가지 경우에 대하여 나타나 있다. 그림 2.1의 기호를 설명하면 μ는 참값을 표시하고, μ_M은 어떤 측정법으로 동일 시료를 반복하여 엄밀하게 무한 회 측정한 경우의 평균값을 표시하고, x는 실제로 얻어진 개개의 데이터이다.

σ_M은 그 데이터의 흩어짐의 정도를 표시한다. 그러므로 분포의 폭이 좁은 것은 정밀도가 좋은 것을 나타내고, 폭이 넓은 것은 정밀도가 나쁜 것을 나타내고 있다. 환언하면 σ_M은 정밀도, μ_M과 μ와의 차가 치우침, μ과 x의 차가 오차이다.

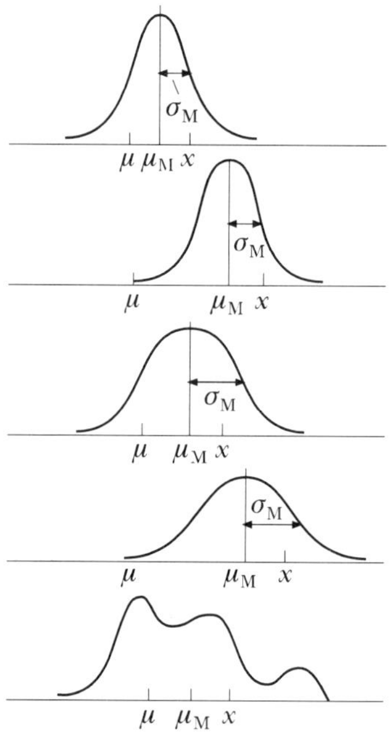

	정밀도	치우침	오 차
(a)	좋 다	작 다	작 다
(b)	좋 다	크 다	크 다
(c)	나쁘다	작 다	크 다
(d)	나쁘다	크 다	크 다
(e)	데이터를 믿을 수 없다.		크 다

그림 2.1 오차의 분류

(a) 그림은 정밀도도 좋고, 치우침도 작으며 오차가 작은 것을 나타내고 있다.

측정데이터의 평균값 x에 따라서 μ와 μ_M과의 차가 있다고 말할 수 있는가, 어떤가를 검토하기 위해서는 통계적 검정을 해 보아야 알 수 있다.

그림 중 (b)의 정밀도는 좋고 치우침과 오차는 크다. 이것은 통계적인 검정을 할 필요도 없이 치우침을 나타내고 있다. 이 경우에 오차를 작게 하기 위해서는 측정의 치우침이 일어나는 원인, 즉 작업자에 의한 버릇, 계기의 고장 등을 찾아서 그 원인을 제거할 필요가 있다.

그림 중 (c)의 정밀도는 나쁘지만 치우침은 작고, 오차는 크다. 이 경우는 μ와 μ_M이 차가 조금 있지만 측정데이터로부터 통계적 검정을 하여도 그 차를 인정할 수 없을 것이다. 현재의 단계에서는 오히려 우선 정밀도를 나쁘게 하는 원인을 찾아서 그 원인을 제거하고 분포의 폭을 좁게 하는 것이다. 다시 말하면 정밀도를 어느 정도 좋게 하고 나서 치우침을 문제로 한다.

그림 2.1의 (d)는 정밀도도 나쁘고 치우침과 오차도 크다. 이 경우에는 양자의 원인을 찾아 조처를 강구할 필요가 있다.

이상 그림 (a)~(d)는 어느 것이나 신뢰성이 있는 데이터의 그림이고 분포형도 정규분포를 나타낸다. 그림 중 (e)는 측정이나 샘플링이 관리되어 있지 않은 상태로 신뢰성이 없다고 할 수 있다.

따라서 이것에서는 정밀도나 치우침도 논할 필요가 없으므로 우선 작업을 관리하여 1개의 산봉우리와 같은 분포가 되도록 조처를 취할 필요가 있다.

2.1.1 측정 정밀도

측정오차의 분포를 규정하는 조건으로 그 치우침, 정밀도의 기술적 의미가 변한다는 것에 주의하여야 한다.

예를 들면 동일 시료를

① 같은 실험실에서 같은 사람이 같은 날 반복하여 평행하게 측정한 경우의 정밀도 σ_{M1}

② 같은 실험실에서 같은 사람이 다른 날에 측정한 경우의 정밀도 σ_{M2}
같은 실험실에서 다른 사람이 다른 날에 다른 장치로 측정한 경우의 정밀도 σ_{M2}

③ 다른 실험실에서 다른 사람이 다른 날에 다른 장치로 측정한 경우의 정밀도 σ_{M3}

일반적으로 ①과 같이 비교적 동일한 조건에서 행한 경우의 정밀도를 **평행정밀도 또는 반복 정밀도** ②와 같이 동일 실험실 내의 다른 조건에서 행한 경우의 정밀도를 **같은 실험실 내의 재현 정밀도** ③과 같은 조건에서의 정밀도를 **다른 실험실 간의 재현정밀도**라고 한다.

화학분석에서는 σ_{M1}, σ_{M2}, σ_{M3}의 크기는 대단히 다른 경우가 많다.

σ_{M2}는 σ_{M1}의 1.5 ~ 5배
σ_{M3}는 σ_{M1}의 2 ~ 10배
(경우에 따라서는 50배에 가까울 때도 있다)

예제 / 2.1 A, B 2대의 천칭의 정밀도를 검토하기 위하여 같은 물건의 순서를 랜덤하게 하여 측정하였더니 그 데이터가 다음과 같았다. 2대의 천칭의 정밀도에 차가 있다고 말할 수 있는가 검토하여라.

데이터 천칭 A 148.0, 148.2, 148.0, 148.0, 148.1, 148.2 단위 mg
천칭 B 148.7, 148.4, 148.7, 148.3, 148.6, 148.1, 148.4, 148.3

순서…❶ A, B의 편차제곱합 S_A, S_B를 구한다.

$$S_A = \sum x_A^2 - \frac{(\sum x_A)^2}{n_A} = 131572.09 - \frac{(888.5)^2}{6} = 0.0483$$

$$S_B = \sum x_B^2 - \frac{(\sum x_A)^2}{n_B} = 176269.85 - \frac{(1187.5)^2}{8} = 0.3188$$

순서…❷ A, B의 불편분산 V_A, V_B를 구한다.

$$V_A = \frac{S_A}{n_A - 1} = \frac{0.0483}{6-1} = 0.00966$$

$$V_B = \frac{S_B}{n_B - 1} = \frac{0.3188}{8-1} = 0.04554$$

순서…❸ V_A, V_B 중에서 큰 값을 분자, 작은 값을 분모로 하여 분산비 F_0를 구한다.

$$F_0 = \frac{V_B}{V_A} = \frac{0.04554}{0.00966} = 4.7143$$

순서…❹ 이 F_0의 값을 ν_1(자유도) = $n_B - 1$, ν_2(자유도) = $n_A - 1$의 (부표 3) F 분

포표의 값 $F_{1-\alpha/2}(\nu_1, \nu_2)$와 비교한다. $F_o \geq F_{1-\alpha/2}(\nu_1, \nu_2)$이면 α% 유의수준(위험률)의 차가 있다고 말할 수 있다.

단, n_B는 분자로 취한 불편분산을 구한 데이터의 수
n_A는 분모로 취한 불편분산을 구한 데이터의 수

이 예에서는

$$\nu_1 = 8-1=7, \qquad \nu_2 = 6-1=5$$

F 분포표에서

$$F_{0.975}(7, 5) = 6.85, \qquad \therefore\ F_o < F_{0.975}(7, 5)$$

순서…❺ 판정 $F_0 < F$이므로 2대의 천칭의 정밀도에 차가 있다고 할 수 없다. 단, 이 판정은 양자에 차가 없기 때문에 차가 있다고 인정할 확률(유의수준)을 5%로 취한 경우의 판정이다.

2.1.2 치우침의 유무

어떤 샘플링법이나 측정에 치우침이 있는가 없는가는 통계적으로 검정을 하지 않고서는 모르는 경우가 많다.

이것에는 보통 평균값의 차의 검정, 예를 들면 관리도에 의한 검정, 정규분포, t 분포, 또는 F 분포를 이용하는 방법 등 여러 가지 방법이 있다. 이를 간단하게 몇 가지 예로 들어본다.

예제 / 2.2 참의 값을 알고 있고 지금까지 많은 실험(예를 들면 $n \geq 30$ 또는 50)으로부터 정밀도 σ_M이 알려져 있는 경우로써 표준시료의 어떤 성분의 참값이 $\mu = 25.04$임이 알려져 있다. 또 과거의 표준시료에 의한 64회의 분석에서 현행분석법의 평균값 $\bar{x} = 25.18\%$, $s_m = 0.56\% \fallingdotseq \sigma_M$으로 되었다. 이 분석법은 치우침이 있다고 할 수 있는가?

순서…❶ 다음 식에 각 값을 대입해서 u_o의 값을 구한다.

$$u_o = \frac{\bar{x} - \mu}{\sigma_M / \sqrt{n}} = \frac{25.18 - 25.04}{0.56\,/\,\sqrt{64}} = \frac{0.14}{0.56\,/\,8} = 2.0$$

(순서)…❷ u_o의 절대값을 (부표 1)정규분포표의 상측값 $u_{(1-\alpha/2)}$와 비교한다. 지금 $\alpha = 5\%$(유의수준)라 하면

$$u_{(0.975)} = 1.960 \qquad u_o > u(0.975)$$

(순서)…❸ 판정 $u_o \geq 1.960$이면 5%의 유의수준으로 양자에 차가 있다고 말할 수 있다. 그러므로 이 예에서는 현행분석법은 치우침이 있다고 판정하였을 때 틀릴 수 있는 확률은 5% 이하이다.

주 1 이 예와 같이 상당히 정밀도가 나쁠 때 ($\sigma_M \fallingdotseq 0.56$), 0.14%의 치우침이 실제상 문제가 되는가는 별개의 문제이다.

주 2 이 방법은 분석데이터가 30~50개 이상일 경우에 이용한다. 데이터의 수가 이것 이하인 경우에는 예제 2.3의 방법으로 해석한다.

예제 / 2.3 참의 값은 알고 있지만 σ를 모르는 경우 1로트가 100개인 온도계를 구입하였을 때 이 로트의 평균 지시온도에 치우침이 있는가, 없는가를 검토하기 위하여 로트로부터 랜덤하게 8개의 온도계를 샘플링하여 표준온도계와 비교하였다. 표준온도계를 100.0℃로 하여 측정한 결과 다음과 같은 데이터를 얻었다. 이 로트의 100℃에 의한 지시온도에는 치우침이 있다고 할 수 있는가?

100.2, 99.5, 100.9, 99.1, 99.5, 100.3, 99.8, 100.0℃

(순서)…❶ 평균값 $\bar{x}$를 구한다.

$$\bar{x} = \frac{\sum x_i}{n} = \frac{799.3}{8} = 99.9125$$

(순서)…❷ 편차제곱합 S를 구한다.

$$S = \sum x_i^2 - \frac{(\sum x_i)^2}{n} = 79862.29 - \frac{(799.3)^2}{8} = 2.2288$$

순서…❸ 불편분산 V를 구한다.

$$V = \frac{S}{n-1} = \frac{2.2288}{7} = 0.3184 \qquad \therefore \sqrt{V} = 0.5643$$

순서…❹ 다음 식에 각각의 값을 대입해서 t_o의 값을 구한다.

$$t_o = \frac{|\bar{x} - \mu|}{\sqrt{V/n}} = \frac{|99.9125 - 100.0|}{\sqrt{0.3184/8}} = \frac{0.0875}{0.1995} = 0.4386$$

순서…❺ t_o의 값을(부표 2) t 분포표에서 구한 $t_{1-\alpha/2}(\nu)$와 비교한다. 여기서 $\alpha = 1\%$ 및 5%의 t의 값을 구하면 다음과 같다.

단, $\nu = n-1 = 8-1 = 7$

$t_{0.995}(7) = 3.499$, $t_{0.975}(7) = 2.365$

$t_o < t_{0.975}(7)$

순서…❻ $t_o > t_{1-\alpha/2}(\nu)$이면 $\alpha\%$ 유의수준으로 양자에 차가 있다고 할 수 있다. 그러나 이 온도계 로트는 100℃에 있어서 치우침이 있다고 할 수 없다.

예제 / 2.4 표준시료에 대해서 표준시험법과 간이시험법의 비교

표준시험법으로는 시간이 걸리므로 간이 시험법을 고안했다. 양자를 비교하기 위하여 수일 간에 걸쳐 동일 시료에 대해서 이 2가지 방법으로 시험을 하여 다음과 같은 데이터를 얻었다. 양자에 차가 있다고 할 수 있는가?

표준시험법(x_A)%	간이시험법(x_B)%	표준시험법(x_A)%	간이시험법(x_B)%
50.70	50.74	50.72	50.74
50.72	50.77	50.70	50.73
50.70	50.73		50.77
50.71	50.76		50.71

순서…❶ 양자의 평균값 $\bar{x}_A$, $\bar{x}_B$를 구한다. 계산을 간단하게 하기 위하여 50.70을 빼고 100배 하여 수치변환법을 사용하여 계산한다.

$$\bar{x}_A = 50.70 + \frac{5}{6} \times \frac{1}{100} = 50.7083$$

$$\bar{x}_B = 50.70 + \frac{35}{8} \times \frac{1}{100} = 50.7438$$

$X_A = (x_A - 50.70) \times 100$	X_A^2	$X_B = (x_B - 50.70) \times 100$	X_B^2
0	0	4	16
2	4	7	49
0	0	3	9
1	1	6	36
2	4	4	16
0	0	3	9
–	–	7	49
–	–	1	1
5	9	35	185

순서 … ❷ 편차제곱합 S_A, S_B를 구한다.

$$S_A = \left(9 - \frac{5^2}{6}\right) \times \frac{1}{100^2} = 4.83 \times 10^{-4}$$

$$S_B = \left(185 - \frac{35^2}{8}\right) \times \frac{1}{100^2} = 31.88 \times 10^{-4}$$

순서 … ❸ 불편분산 V_A, V_B을 구한다.

$$V_A = \frac{S_A}{n_A - 1} = \frac{4.83 \times 10^{-4}}{5} = 9.66 \times 10^{-4}$$

$$V_B = \frac{S_B}{n_B - 1} = \frac{31.88 \times 10^{-4}}{7} = 45.54 \times 10^{-5}$$

순서 … ❹ 분산비 F_0를 구한다.

$$F_0 = \frac{V_B}{V_A} = \frac{45.54 \times 10^{-5}}{9.66 \times 10^{-4}} = 4.714$$

순서 … ❺ 산포에 차가 있는가를 검정한다.

$$F_{0.975}(7, 5) = 6.85$$

그러므로 $F_o < F_{0.975}(7, 5)$ 양자의 정밀도에는 차가 있다고 할 수 없다(위험률 5%).

순서…❻ 다음 식으로 치우침의 유무를 검정한다.

$$t_o = \frac{|\overline{x}_A - \overline{x}_B|}{\sqrt{\left(\frac{S_A + S_B}{n_A + n_B - 2}\right)\left(\frac{1}{n_A} + \frac{1}{n_B}\right)}}$$

그러므로

$$t_o = \frac{|50.7083 - 50.7438|}{\sqrt{\left(\frac{4.83 \times 10^{-4} + 31.88 \times 10^{-4}}{6+8-2}\right)\left(\frac{1}{6} + \frac{1}{8}\right)}} = 3.758$$

$t_{1-\alpha/2}(\nu)$를 구한다. $\alpha = 0.01$로 하면

$$\nu = n_A + n_B - 2 = 6 - 8 - 2 = 12$$
$$t_{0.995}(12) = 3.055$$
$$t_o > t_{0.995}(12)$$

$|t_o| > t_{1-\alpha/2}(\nu)$이면 양자의 유의수준 α%로 차가 있다고 할 수 있다.

그러므로 표준시험법과 간이시험법은 치우침에 확실히 차가 있다고 할 수 있다.(위험률 1%). 결론적으로 표준시험법과 간이시험법은

1. 정밀도에는 차가 있다고 할 수 없다.
2. 간이시험법은 치우침을 갖고 있다. 그 크기는 약 −0.036%이다.

예제 / 2.5 컨베이어 위에서 랜덤 샘플링한 경우와 화차 위에서 랜덤 샘플링한 경우에 치우침이 있는가를 조사하기 위하여 입하된 10로트에 대하여 2가지 방법으로 각 1인크리먼트를 취하여 분석하였다. 양자에 차가 있다고 할 수 있는가? (단, 분석은 동일인에게 매일 평행하게 분석토록 하였다. 컨베이어 위에서의 샘플링은 지금까지 체크 실험에서 치우침이 없는 것으로 알고 있다)

No	화차	컨베이어	D=차(差) $d\times 10$	$D2=(d\times 10)2$
1	19.2	19.4	−2	4
2	18.5	18.0	5	25
3	19.1	18.6	5	25
4	19.0	18.2	8	64
5	20.3	19.7	6	36
6	21.4	20.6	8	64
7	18.2	18.5	−3	9
8	19.5	19.1	4	16
9	20.6	19.7	9	81
10	21.4	21.0	4	16
		계	44	340

순서…❶ 이 예에서는 어느 것이나 동일 로트에서 얻은 데이터이므로 1조의 데이터에 대응이 있다고 한다. 이와 같은 경우에는 양자의 차 d를 구한다. 계산을 간단하게 하기 위하여 데이터를 $10(h)$배하여 계산한다.

순서…❷ 차의 평균값 $\bar{d}$를 구한다.

$$\bar{d}=(44/10)\times 10^{-1}=0.44$$

순서…❸ d의 편차제곱합 S_d를 구한다.

$$S_d=\sum(d_i-d)^2=\sum d_i^2-\frac{(\sum d_i)^2}{n}$$

여기서는 수치변환하였기 때문에

$$S_d=(\sum D_i^2-\frac{(\sum D_i)^2}{n})\frac{1}{h^2}$$

여기서 h는 수치변환에서 수치를 간단히 하기 위한 곱수

$$=(340-\frac{(44)^2}{10})\frac{1}{10^2}=1.464$$

순서…❹ d의 불편분산 V_d를 구한다.

$$V_d = \frac{S_d}{n-1} = \frac{1.464}{9} = 0.1627$$

(순서)…❺ 다음 식으로 t_o를 구하고, 이것을 ν(자유도) = $n-1$의 t 분포표의 값 $t_{1-\alpha/2}(\nu)$와 비교한다. 그래서 $t_o > t_{1-\alpha/2}(\nu)$이면 차가 있다고 할 수 있다.

$$t_o = \frac{\bar{d}}{\sqrt{V_d/n}} = \frac{0.44}{\sqrt{\frac{0.1627}{10}}} \fallingdotseq 3.45$$

t 분포표에서 $\nu = 10-1 = 9$, $\alpha = 1\%$로 하면 $t_{0.995}(9)$이다.

$$|t_o| > t_{0.995}(9)$$

(순서)…❻ $t_o > t_{0.995}(9)$이므로 화차 위에서의 샘플링은 컨베이어 위에서의 샘플링에 비하여 확실하게 (위험률 1% 이하로) 차가 있다고 할 수 있다. 환언하면 컨베이어 위에서의 샘플링에 비하여 화차 위의 쪽이 높은 값을 나타내고 있다.

※ 비고 1 이 실험에서 정밀도를 비교하고 싶으면 동일 로트에 대하여 2가지 방법으로 각 2개씩 대시료를 채취해 놓으면 좋다.

※ 비고 2 이와 같은 데이터는 이원배치법의 형으로 되어 있으므로 일반적으로 이원배치의 분산분석법으로 해석한다.

2.1.3 치우침의 추정과 보정

치우침의 유무를 검정하여 치우침이 있다고 인정된 경우에는 그 치우침이 없도록 원인을 조사하여 조처를 취할 필요가 있다. 그러나 실제로는 치우침이 0이 아닐 때 그 치우침의 크기를 추정해서 그 값만큼 보정하여도 좋다. 그러나 우리는 치우침 그 자체가 각 데이터마다 산포하는 참의 치우침을 추정할 수 없다. 따라서 각 로트에 대하여 그 추정의 정밀도가 나쁘게 되는 경우가 많은 것에 주의한다.

일반적으로 위험률 5% 정도의 차가 있다고 인정될 때 보정을 한다. 그러나 우리가 치우침을 추정할 때에는 시료의 값을 이용하므로 역시 오차가 따른다.

그러므로 오차를 고려해서, 치우침의 크기를 추정하여야 한다.

예제 / 2.6 예제 2.2에서의 64회의 평균값 $\bar{x} = 25.18\%$의 참값에 대한 치우침을 추정하여 보자.

(순서)…❶ 치우침의 크기 d를 점추정(point estimation)이라 하며,

$$\hat{d} = \bar{x} - \mu = 25.18 - 25.04 = 0.14\%$$

이 치우침의 추정에서 오차가 있으므로 그것을 고려하면

> **주** $\hat{d}$는 d의 추정치를 나타내며 참의 d는 아니다.

(순서)…❷ 최소 어느 정도에서 최대 어느 정도까지 치우침이 있을 수 있다. 이것을 신뢰구간(confidence limits)이라 한다. 일반적으로는 $100\alpha\%$의 확률로 이 구간을 추정하는 데는 다음 식에 따른다.

$$u(\alpha)\frac{\sigma_M}{\sqrt{n}} = 1.96\frac{0.56}{\sqrt{64}} \fallingdotseq 0.137\%$$

$u(\alpha)$는 정규분포표의 $2P_r$의 난(欄)의 $\alpha = 5\%$ 값을 이용한다.

$$\hat{d} - u(\alpha)\frac{\sigma_M}{\sqrt{n}} < d < \hat{d} + u(\alpha)\frac{\sigma_M}{\sqrt{n}}$$

$$0.14 - 0.137 < d < 0.14 + 0.137$$

$$0\% < \hat{d} < 0.277\%$$

즉, 신뢰구간의 차는 0%와 0.277% 사이에 있다고 할 수 있다(신뢰율 95%).

예제 / 2.7 예제 2.3 온도계의 예는 차가 있다고 말할 수는 없지만 이와 같은 경우 추정하면 어떻게 되는가 보자.

(순서)…❶ 치우침의 크기 d를 추정한다.

$$\hat{d} = \bar{x} - \mu = 99.9125 - 100.0 = -0.0875$$

(순서)…❷ 신뢰구간을 구한다. 신뢰율 95%로 하면 다음 식으로 구할 수 있다.

$$d - t_{\alpha/2}(\nu)\sqrt{V_d/n} < \hat{d} < d < + t_{1-\alpha/2}(\nu)\sqrt{V_d/n}$$

$$-0.0875 - t_{0.025}(7)\sqrt{\frac{0.318}{8}} < \hat{d} \leftarrow 0.0875 + t_{0.975}(7)\sqrt{\frac{0.318}{8}}$$

t분포표는 좌우대칭이므로 부표 2에서 상측확률을 구하여 하측과 상측을 모두 이용한다. 즉 $t_{0.975}(7) = 2.365$이다.

$$t_{0.975}(7)\sqrt{\frac{0.318}{8}} = 2.365\sqrt{\frac{0.318}{8}} = 0.4609$$

$$\therefore -0.0875 - 0.4609 < d \leftarrow 0.0875 + 0.4609$$

$$-0.55℃ < d < 0.37℃$$

예제 / 2.8 예제 2.4의 간편법과 표준법과의 치우침을 신뢰율 95%로 추정해 보자.

(순서)…❶ 차 d를 추정한다.

$$\hat{d} = \bar{x}_A - \bar{x}_B = 50.7083 - 50.7438 = -0.0355\%$$

(순서)…❷ $(100-\alpha)\%$의 신뢰구간을 다음 식으로 구한다.

$$\hat{d} - t_{\alpha/2}(\nu_A+\nu_B)\sqrt{\left(\frac{S_A+S_B}{\nu_A+\nu_B}\right)\left(\frac{1}{n_A}+\frac{1}{n_B}\right)} < d$$

$$< \hat{d} + t_{1-\alpha/2}(\nu_A+\nu_B)\sqrt{\left(\frac{S_A+S_B}{\nu_A+\nu_B}\right)\left(\frac{1}{n_A}+\frac{1}{n_B}\right)}$$

상기와 같이 t분포표는 좌우대칭이므로 부표 2에서 상측확률을 구하여 하측과 상측을 모두 이용한다. 즉 $t_{0.975}(12) = 2.179$ 이다.

$$t_{\alpha/2}(\nu_A+\nu_B)\sqrt{\left(\frac{S_A+S_B}{\nu_A+\nu_B}\right)\left(\frac{1}{n_A}+\frac{1}{n_B}\right)}$$

$$2.179\sqrt{\left(\frac{4.83\times10^{-4}+31.88\times10^{-4}}{5+7}\right)\left(\frac{1}{6}+\frac{1}{8}\right)} = 0.0206$$

$$\therefore -0.0355 - 0.0206 < d < -0.0355 + 0.0203$$

$$-0.056\% < d < -0.015\%$$

예제 / 2.9 예제 2.5 화차 위에서의 샘플링의 치우침을 신뢰율 99%로 추정하여 보자.

순서 ···❶ 차(差)를 추정한다.

$$\hat{d} = d = 0.44\% \text{ (화차 > 컨베이어)}$$

순서 ···❷ 차의 신뢰구간을 구해보자. $(100-\alpha)\%$의 신뢰의 신뢰구간은

$$d - t_{1-\alpha/2}(\nu)\sqrt{V_d/n} < d < d + t_{1-\alpha/2}(\nu)\sqrt{V_d/n}$$

99%의 신뢰구간을 구하면 $\alpha = 100 - 99 = 1\%$

$$t_{0.995}(9)\sqrt{\frac{0.1627}{10}} = 2.350\sqrt{\frac{0.1627}{10}} = 0.41\%$$

$$\therefore 0.44 - 0.41 < d < 0.44 + 0.41$$

$$0.03\% < d < 0.85\%$$

즉, 참값은 99%의 확률로 0.03에서 0.85 사이에 있다고 할 수 있다.

2.1.4 샘플링 오차와 측정오차의 관계

(1) 단위체의 경우 (축분을 하지 않는 경우)

샘플링오차(정밀도)를 σ_S^2이라 하고, 측정오차(정밀도)를 σ_M^2이라 하면 다음과 같이 된다.

$$\sigma^2 = \sigma_S^2 + \sigma_M^2$$

① 1회 샘플링하여 1회 측정하였을 경우, 또는 1개의 시료를 1회 측정한 경우

$$\sigma^2 = \sigma_S^2 + \sigma_M^2$$

② 동일 시료를 2회 측정한 경우

$$\sigma^2 = \sigma_S^2 + \frac{1}{2}\sigma_M^2$$

③ m개의 시료를 각각 n회 측정하였을 경우

$$\sigma^2 = \frac{1}{m}\sigma_S^2 + \frac{1}{m}\sigma_M^2 \times \frac{1}{n}$$

예제 / 2.10 $\sigma_S^2 = 5\%$, $\sigma_M^2 = 1\%$인 경우 만약 동일 시료를 2회 측정하였을 경우의 분산은 얼마인가?

풀이 $\sigma^2 = 0.05^2 + \frac{1}{2}(0.01)^2 = 0.00255$

(2) 집합체인 경우(축분을 하는 경우)

축분오차를 σ_R^2이라 하면 데이터의 구조식은 다음과 같다.

$$\sigma^2 = \sigma_S^2 + \sigma_M^2 + \sigma_R^2$$

① m개를 샘플링하여 각 1회 축분하여 분석한 경우

$$\sigma^2 = \frac{1}{m}(\sigma_S^2 + \sigma_M^2 + \sigma_R^2)$$

② m개를 샘플링하여 1회 축분하여 n회 분석한 경우

$$\sigma^2 = \frac{1}{m}\left(\sigma_S^2 + \sigma_R^2 + \frac{\sigma_M^2}{n}\right)$$

③ m개를 샘플링하여 각 시료를 n회 축분하여 1회씩 분석한 경우

$$\sigma^2 = \frac{1}{m}\left(\sigma_S^2 + \frac{1}{n}(\sigma_R^2 + \sigma_M^2)\right)$$

2.2 각종 샘플링 방법

2.2.1 랜덤 샘플링 방법(KS A 3151)

우리들이 데이터를 취하는 목적은 그 시료에서 정보를 얻어 공정이나 로트와 같은 모집단에 대하여 조처를 하고자 하기 위함이다. 따라서 시료가 모집단을 대표할

수 있도록 샘플링하여야 된다. 즉 시료를 뽑는데 치우침이 없도록 하기 위하여 랜덤 샘플링(random sampling methods)을 하여야 한다.

(1) 랜덤 수열 만들기

1) 난수표 사용 방법

KS A 3151 난수표를 써서 랜덤수열을 만드는 방법은 다음과 같다.

난수표는 0에서 9까지의 숫자를 랜덤하게 늘어놓는 것이다. KS A 3151 난수표 이외에도 합리적으로 만들어졌거나, 그 검정 결과가 명확한 것은 어느 것이나 사용할 수가 있다. 이런 경우는 여기서 말하는 방법을 준용할 수가 있다.

① 출발점을 랜덤하게 정한다.

난수표의 아무 면이나 펴서, 눈을 감고 연필을 세워서 떨어 뜨려, 맞은 점에 가까운 숫자를 첫머리로 한 연속 3개의 숫자를 읽고, 이것으로 행(가로줄)의 번호를 삼는다(이 경우 000은 1000으로 간주한다).

다음에 다시 한 번 연필을 떨어뜨려서, 맞은 점에 가장 가까운 숫자로서 열(세로줄)의 번호를 정한다. 4개씩의 숫자가 1행에 10열씩 들어 있으므로 이것을 왼쪽으로부터 차례로 1 ~ 9와 0(10번으로 간주한다.)의 정해진 번호 열의 왼쪽 끝을 출발점으로 삼는다.

보기 …❶ 난수표를 펴 보았더니 난수표는 3이었다. 이 위에 눈을 감고 연필을 떨어뜨렸더니 어중간하였기에 다시 하였다. 이번에는 가장 가까운 숫자가 1이고 그것을 첫머리로 한 연속 3개의 숫자는 166이었으므로 166행으로 정하였다. 다음에 다시 한 번 연필을 떨어뜨렸더니 숫자 4에 맞았으므로 제 4열을 택하였다. 다시 말해서 숫자 7의 제 166행, 제 4열 4877의 왼쪽 끝을 출발점으로 삼았다.

② 원 랜덤 수열을 읽는다.

1위의 원 랜덤 수열 또는 2위의 원 랜덤수열이 필요한 경우에는, 오른쪽으로 읽어 나간다. 오른쪽 끝에 이르면 다음 행의 왼쪽 끝으로 옮긴다. 3위 이상의 원 랜덤수열이 필요한 경우에는, 아래쪽으로 읽어 나간다. 아래쪽 끝에 이르면, 같은 면의 다음 열로 옮긴다. 3위의 경우에는, 아래쪽으로 읽어 나간다. 아래쪽 끝에 이르면, 같은 면의 다음 열로 옮긴다. 3위의 경우 한 벌 4개의 숫자 중 최후의 1개를 버린다. 면의 오른쪽 아래 끝에 이르면 다음 면의 왼쪽 위 끝으로 옮긴다. 최후면의 경우에는 최초의 면으로 옮긴다.

보기 …❷ 2위의 원 랜덤수열을 얻고 싶은 경우 ①의 보기에 따라 제 166행, 제 4열의 왼쪽 끝으로부터 출발하면 48, 77, 67, 49, 29, 12, 75, 79, 21, 75, 06, 70, 27, 56(다음 행으로 옮겨서) 52, 95, ……로 나아간다.

③ 지정된 범위의 랜덤수열로 변환시킨다.

필요한 랜덤수의 범위가 1 ~ N일 때, N의 값에 따라 다음의 방법으로 변환을 시킨다.

ⓐ N≦10일 경우
1위의 원 랜덤수열을 얻어서 N 이상인 것을 버리고 읽어 나간다. 0은 10으로 간주한다.

ⓑ 11≦N≦20일 경우
2위의 원 랜덤수열을 얻어서, 20으로 나눈 나머지로 바꾸어 놓고, N 이상인 것을 버리고 읽어 나간다. 0은 50으로 간주한다.

ⓒ 21≦N≦50일 경우
2위의 원 랜덤수열을 얻어서, 50으로 나눈 나머지로 바꾸어 놓고, N 이상인 것을 버리고 읽어 나간다. 0은 50으로 간주한다.

ⓓ 51≦N≦100일 경우
2위의 원 랜덤수열을 얻어서, N 이상인 것을 버리고 읽어 나간다. 00은 100으로 간주한다.

ⓔ N이 100 이상인 경우도 위에 준한다.
보기를 들면 100≦N≦200이면 3위의 원 랜덤수열을 얻어서, 200으로 나눈 나머지로 바꾸어 놓고, 201≦N≦500이면 500으로 나눈 나머지로 바꾸어 놓고, 또 501≦N≦1000이면 변환하지 않고 사용하며 000은 1000으로 간주한다.

※비고 >> 같은 랜덤수가 2개 이상 필요하지 않은 경우에는 최초의 것만을 남긴다.

보기 …❸ 1 ~ 30범위의 랜덤수열을 만드는 데 보기를 들면 ②의 보기 1에서 2위 원 랜덤 수열 48, 77, 67, 49, 29, 12, 75, 06, 70, 27, 56, 52, 95, 37, ……을 얻어 이것을 50으로 나눈 나머지로 바꾸어 놓은 수열 48, 27, 17, 49, 29, 12, 25, 06, 20, 27, 06,

02, 45, 37, …… 중에서 30 이상인 것은 버리고, −, 27, 17, −, 29, 12, 25, 06, 20, −, −, ……으로 읽어나간다.

이와 같이 하여 랜덤수열 27, 17, 29, 12, 25, 29, 21, 25, 06, …… 등으로 얻어진다. 중복된 랜덤수를 버린다면 27, 17, 29, 12, 25, 21, 06, ……으로 얻어진다.

보기…❹ 1~155 범위의 랜덤수열을 만드는 데는 보기를 들면 ②의 보기 2에서 3위의 원 랜덤수열 487, 545, 755, 167, 412, 971, ……를 얻어 이것을 200으로 나눈 나머지로 바꾸어 놓은 수열 87, 145, 155, 167, 12, 171, 160, 54, 109, 180, ……중에서 155를 넘는 것은 버리고, 87, 145, 155, −, 12, − −, 54, 109, −, ……라 읽어 나간다.

이와 같이 하여 랜덤수열 87, 145, 155, 12, 54, 109, ……가 얻어진다.

2) 난수표를 쓰지 않는 방법

원 랜덤수열을 만드는 데는 난수표 이외에 주사위, 숫자를 써 넣은 룰렛(roulette), 제비뽑기, 칩 등의 랜덤기구를 써서 만든 랜덤수를 쓸 수도 있다. 이 경우에도 1) ③의 처리방법은 그대로 쓰일 수가 있다.

(2) 랜덤 샘플링

1) 단순 샘플링

크기 N의 로트로부터 크기 n의 시료를 랜덤하게 뽑는 데는 경우에 따라 다음의 제 1 법 또는 제 2 법의 절차대로 한다.

[제1법] 이 방법은 모든 경우에 쓸 수 있다.

① N개의 물품에 1에서 N까지의 번호를 매긴다.

보기…❺ 이때 실제로 물품에 번호를 붙이지 않더라도, 그 번호를 알 수 있도록 되어 있기만 하면 된다. 보기를 들면 N개의 물품을 한 줄로 늘어놓아서, 몇 번째라는 것을 쉽게 알아볼 수 있으면 된다.

② (1)의 1)에 의하면 1~N 범위의 랜덤수열을 만들고, 중복된 것을 버리고 첫머리에 n개의 랜덤수를 뽑는다.

③ 뽑힌 수가 상당하는 번호의 것을 뽑아낸다.

(보기)…❻ 30개의 물품 중에서 6개의 물품을 뽑아내는 데는 (1)의 ③과 같이 하여 1~30 범위의 랜덤수열을 만들고 중복을 피하여 첫머리의 6개의 랜덤수를 뽑는다. 그것이 (1)의 ③의 보기 1과 같이 27, 17, 29, 12, 25, 21이라면 27번, 17번, 29번, 12번, 25번 및 21번째의 물품을 뽑아낸다.

※비고 >> 통에 든 못이나 한 무더기의 광석과 같은 것도, 그것을 옮겨 놓을 때는 1열로 나열되는 셈이므로, 이때를 이용하여 적당한 샘플링 단위를 정하여 이 방법을 적용할 수 있다.

[제2법] 이 방법은 상자 등에 N개의 물품이 일정한 양식으로 들어 있고, 그것으로부터 n개의 물품을 뽑아내는 작업이 반복된 경우에 쓸 수 있다.

① 샘플링 카드를 미리 준비한다. 다시 말해서 상자 속 물품의 배열 양식과 같이 칸을 마련하고 그 속에 번호를 적어 넣은 카드를 여러 장 준비하여 이 카드에 다음 중 한 가지 방법으로 ○표를 한다.

ⓐ 조합의 수

$$_{N}C_{n}=\frac{N(N-1)(N-2)\cdots\cdots(N-n+1)}{1\cdot 2\cdot 3\cdots\cdots\cdots n}$$

가 작은 경우에는 장 카드의 각각에 그 모든 조합을 나타내는 ○표를 한다.

ⓑ 조합의 수가 클 경우에는 1)에 의하여 1~N 범위의 랜덤수열을 만들고, 중복된 것을 버린 후 처음 n개의 랜덤수를 뽑아서 카드에 ○ 한다. 이와 같은 일을 반복하여, 100장 이상의 카드를 준비한다.

(보기)…❼ 그림 2.2와 같이 배열된 $n=20$개의 물품 중에서 $n=2$개를 뽑는 방법에 대한 경우의 수는 190가지이다.

$$_{20}C_{2}=\frac{20\times 19}{1\times 2}=190$$

경우의 수는 다음과 같다.

(1,2) (1,3) (1,4)……………………………(1, 2)
(2,3) (2,4)……………………………(2,20)
………(19, 20)

그림 2.3과 같은 상자에 번호를 정한 후 모양이 같은 190장의 카드를 다음과 같이 준비하여 그림 2.4와 같이 해당된 번호에 ○표를 한다.

◎	◎	◎	◎	◎
◎	◎	◎	◎	◎
◎	◎	◎	◎	◎
◎	◎	◎	◎	◎

그림 2.2 물품

1	2	3	4	5
6	7	8	9	10
11	12	13	14	15
16	17	18	19	20

그림 2.3 번호매김

①	②	3	4	5
6	7	8	9	10
11	12	13	14	15
16	17	18	19	20

①	2	③	4	5
6	7	8	9	10
11	12	13	14	15
16	17	18	19	20

1	2	3	④	5
6	7	8	9	10
11	⑫	13	14	15
16	17	18	19	20

1	2	3	4	5
6	7	8	9	10
11	12	13	14	15
16	17	18	⑲	⑳

그림 2.4 2개로 조합된 카드 번호

보기 … ❽ 그림 2.2와 같이 배열한 N=20개의 물품 중에서 n=3개를 뽑는 방법은 아래 식으로 구하면 1,140가지이다.

$$_{20}C_3 = \frac{20 \times 19 \times 18}{1 \times 2 \times 3} = 1140$$

조합의 수가 너무 크므로 ⓑ의 방법을 사용한다. 그림 2.3과 같은 카드 100장을 준비하고, 랜덤샘플링에 의하여 1～20 범위의 랜덤수열을 만들고 중복을 피하여 최초의 3개의 랜덤수를 골라내기를 되풀이 하여, 그림 2.5와 같은 카드를 만든다.

① 이와 같이 미리 준비된 샘플링용 카드로부터 랜덤하여 한 장을 뽑아낸다.

② 뽑아낸 카드의 ○표에 해당되는 물품을 뽑아낸다.

1	2	3	4	5
6	7	⑧	9	10
⑪	12	13	14	15
16	17	18	19	20

1	2	③	4	5
6	7	8	9	⑩
11	12	13	14	15
16	⑰	18	19	20

1	2	3	4	5
⑥	7	⑧	9	10
⑪	12	13	14	15
16	17	18	19	20

그림 2.5 3개로 조합된 카드

※비고 >> 이 방법은 일정한 크기의 철판이나 종이로부터 그 일부를 시료로서 잘라 내는 데에도 응용할 수 있다.

2) 계통 샘플링

N개의 물품이 1열로 나열되었을 때, 그로부터 일정한 간격으로 n개의 물품을 샘플링하는 경우 다음의 절차에 따른다.

① 물품에 1에서 N까지의 번호를 매긴다.
② N을 n으로써 나누어 얻어지는 값의 정수부분을 샘플링 간격 k로 한다.
③ 1 ~ k 중에서 랜덤하게 1개의 번호를 선정한다.
④ 선정된 번호의 물품을 기점으로 하여 이하 k번마다 물품을 뽑아 나간다. 그러면 뽑힌 물품의 개수가 n개로 되는 경우와, (n+1)개로 되는 경우가 있다. (n+1)개에서 꼭 n개로 해야만 한다면, 그 중에서 1개를 랜덤하게 버린다.

보기 … ⑨ 128개의 물품으로부터 10개를 계통 샘플링하는 경우 128/10=12.8이므로 샘플링 간격 k=12로 한다. 첫 번째 출발점이 6이 선정되었다면

$$
\begin{aligned}
6 + 0 &= 6 \\
6 + 12 &= 18 \\
18 + 12 &= 30 \\
30 + 12 &= 42 \\
&\cdots\cdots \\
114 + 12 &= 126
\end{aligned}
$$

에 상당한 물품을 뽑아낸다. 이 경우 11개의 물품이 뽑히게 된다. 꼭 10개로 만들어야 하는 조건이라면, 다시 1 ~ 11중에서 임의로 한 개의 번호를 골라내어, 그것이 2였다면 18번째 물품을 버린다.

※비고 1 >> 통에 든 못이나 한 무더기의 광석과 같은 것도 그것을 옮겨 놓을 때는 일렬로 나열되는 셈인데, 이때를 이용하여 적당한 샘플링단위를 정하여 이 방법을 적용할 수가 있다.

※비고 2 >> 계통 샘플링은 주기적인 변동이 예상되는 경우에는 권장할 수가 없다.

3) 랜덤배치

N개의 물품의 순서를 랜덤하게 놓는 경우에는 다음 제1법, 제2법 또는 제3법

의 절차대로 한다.

왼쪽으로부터 제1열, 제2열, ……, 제 10열이라는 번호를 매긴다. 이것은 행내의 숫자 군의 간격을 읽기 쉽게 하기 위한 것으로서 별 다른 뜻은 없다.

[제1법]

N개의 물품에 대해 1에서 N까지의 번호를 매긴다.
충분한 자릿수의 랜덤수열을 만들어 중복을 피하여 처음 N개를 놓는다.

$N \leqq 20$이면 2자리
$21 \leqq N \leqq 100$이면 3자리
$101 \leqq N \leqq 1000$이면 4자리

이면 충분하다.

랜덤수의 크기 순서대로 번호를 매기고, 그 번호의 차례에 따라 물품을 나열한다.

보기…⑩ N=12개의 물품을 랜덤하게 배열하고 싶을 때에는 우선 물품에 1～12의 번호를 매기고, 다음에 2자리의 원 랜덤수열 48, 77, 67, 49, 29, 12, 75, 79, 21(75), 06, 70, 27, 56, 52, 95, 37, 04, 68, 28, ……에서 중복을 피한 12를 뽑고, 뽑힌 랜덤수의 크기 순서대로 물품을 나열한다.

[제2법]

N개 중에서 랜덤하게 1개를 뽑고 이것을 제1번으로 삼는다.
나머지(N-1)개로부터, 랜덤하게 1개를 뽑아내고, 이것을 제2번으로 삼는다.
이런 방법으로 하여 차례로 뽑아서 나열한다.

[제3법]

N개의 물품에 대해 1에서 N까지의 번호를 매긴다.
1～N 범위의 랜덤수열을 1의 방법으로 만들고, 중복을 피하면서 1에서 N까지의 번호가 빠짐없이 한 번씩 나오게 될 때까지 계속한다.

KS A 3151 난수표(1 ~ 40)

숫자(1 ~ 40)는 난수표의 면 번호를 가리킨다. 이 표는 총계 40000개의 숫자를 다음과 같이 배치하였다.

면 수	40	1면 내의 숫자	1000개
총행수	1000	1행 내의 숫자	40개

행 번호는 1에서 1000까지의 일련번호를 주고, 왼쪽 끝에 이것을 붙였다. 각 면에는 25행씩 들어 있다. 각 행의 4개씩의 숫자는 10조로 되고, 따라서 각 면에는 25행 10열로 되어 있다.

4) 지그재그 샘플링(zigzag sampling)

어떤 공정의 품질특성이 생산수량이나 시간에 따라 주기적으로 변하는 경우에서의 계통 샘플링방법은 치우침이 발생될 위험이 따른다. 이때 적합한 샘플링법이 지그재그 샘플링이다.

지그재그 샘플링은 처음에는 랜덤하게 출발해서 1개씩 걸려 일정한 간격으로 샘플링하는 것이다. 예를 들면

3, 7, 13, 17, 23, 27, 33, 37, 43 ……

이와 같이 함으로써 일정한 간격으로 이루어지는 계통 샘플링과 다르게 된다.

5) 유한모집단에서의 샘플링

부품 100개에서 랜덤하게 10개의 부품을 샘플링하여 그 치수를 측정하였을 때, 평균 $\overline{x}$의 기대치 $E(\overline{x}) = \mu$, $D(\overline{x}) = \dfrac{\sigma}{\sqrt{n}}$가 된다. 그러나 이 경우는 100개의 부품이 대상의 모집단에서 그 10%를 샘플링하였기 때문에 그 비율에 따라서 모평균의 추정의 정밀도가 변할 것이 예상된다.

실제 유한모집단에서 샘플링하는 경우 샘플링비율이 크게 되면 $D(\overline{x})$는 작은 값이 된다.

무한모집단에서 샘플링하는 경우 $D(\overline{x})$의 식은 $\dfrac{\sigma}{\sqrt{n}}$인데 비하여 유한 모집단인 경우는 다음과 같다.

$$
\begin{aligned}
D(\bar{x}) &= \sqrt{\frac{N-n}{N-1}} \cdot \frac{\sigma}{\sqrt{n}} && (2.1) \\
&= \sqrt{1-\frac{n}{N}} \cdot \frac{\sigma}{\sqrt{n}}\ N \gg 1\text{일 때} \\
&= \frac{\sigma}{\sqrt{n}} && \left(\frac{n}{N} < 0.1\text{일 때}\right)
\end{aligned}
$$

이때 $\sqrt{\frac{N-n}{N-1}}$ 및 $\sqrt{1-\frac{n}{N}}$의 계수를 유한수정(finite population correction)이라 부른다.

예제 / 2.11 부품 100개에서 샘플링 비율을 10%, 20%, 30%, 50%라고 할 때 $D(\overline{X})$를 구하여 보아라.

① 10%의 경우 $\sqrt{1-0.10} \times \frac{\sigma}{\sqrt{10}} = 0.949 \times \frac{\sigma}{3.16} = 0.300\sigma$

② 20%의 경우 $\sqrt{1-0.20} \times \frac{\sigma}{\sqrt{20}} = 0.894 \times \frac{\sigma}{4.47} = 0.200\sigma$

③ 30%의 경우 $\sqrt{1-0.30} \times \frac{\sigma}{\sqrt{30}} = 0.837 \times \frac{\sigma}{5.48} = 0.153\sigma$

④ 40%의 경우 $\sqrt{1-0.40} \times \frac{\sigma}{\sqrt{50}} = 0.707 \times \frac{\sigma}{7.07} = 0.100\sigma$

위의 예제에서 보는 바와 같이 샘플링비율이 크게 되면 반대로 계수의 값은 작게 된다. 여기에서 특히 주의할 것은 샘플링비율의 크기와 시료의 크기 n 자신도 크기 때문에 샘플링비율보다도 오히려 n이 큰 쪽이 $D(\bar{x})$를 작게 할 수 있다.

더구나 $\frac{n}{N}$이 작은 경우에는 $\sqrt{1-\frac{n}{N}} \fallingdotseq 1$이 되고, 근사적으로 무한모집단으로 취급할 수도 있다.

예제 / 2.12 같은 형의 동판이 200장 있다. 이것에서 10개의 동판을 샘플링하여 중량을 측정하였더니 다음과 같은 데이터를 얻었다. 200장의 동판 전부의 중량은 어느 정도라고 추정할 수 있을까?

또 모집단편차를 0.01kg이라고 하면, 추정의 정밀도는 어느 정도인가?

데이터 : 1.088, 1.081, 1.078, 1.085, 1066
1.091, 1.062, 1.079, 1.076, 1.089(kg)

$$D(\overline{x}) = \sqrt{1-\frac{10}{200}} \cdot \frac{0.01}{\sqrt{10}} = 0.975 \times 0.00316 = 0.00308(kg)$$

따라서 200x의 표준편차는 200×0.00308 = 0.616kg이 된다.

주 전체의 중량에 대한 95% 신뢰한계는 215.90 ± 1.96×0.616=215.90 ± 1.21 = 217.11, 214.69(kg)가 된다.

예제 / 2.13 모집단의 크기 N=10000, 표준편차 $\sigma = 100$일 때, 표준편차를 2로 하기 위해서는 시료의 크기 n을 어느 정도로 할 것인가?

풀이 $D(\overline{x}) = \sqrt{1-\frac{n}{10000}} \cdot \frac{100}{\sqrt{n}} = 2$

n에 대하여 계산하면 $n = 2000$이 된다.

주 이때의 유한수정계수는 $\sqrt{1-\frac{2000}{10000}} = \sqrt{0.8} = 0.894$가 된다.

유한수정계수가 1보다 작기 때문에 정밀도는 무한모집단일 경우 $\frac{\sigma}{\sqrt{n}}$로 구한 것보다 잘된 것이다.

만약 무한모집단으로 간주하면 $D(\overline{x}) = \frac{100}{\sqrt{n}} = 2$이므로, $n = 2500$이 된다.

2.2.2 2단계 샘플링

모집단이 다수의 부분집단(1차 샘플링단위)으로 나누어져 있을 경우 먼저 제 1단계로서 몇 개의 1차 샘플링 단위를 1차 시료로 샘플링하고, 다음에 그 중에서 몇 개의 단위체(2차 샘플링 단위)를 2차 시료로 샘플링하는 것을 2단계 샘플링(two stage sampling)이라 한다.

예를 들면 그림 2.6과 같이 $N = 50$개씩 들어있는 사과 상자가 $M = 100$상자 납입되었다. 사과의 중량이나 외관 등을 검사하기 위하여 그 중에서 $m=5$상자를 랜덤하게 샘플링한 다음 각 상자 속에서 각각 $n=3$개의 사과를 샘플링하기로 했다.

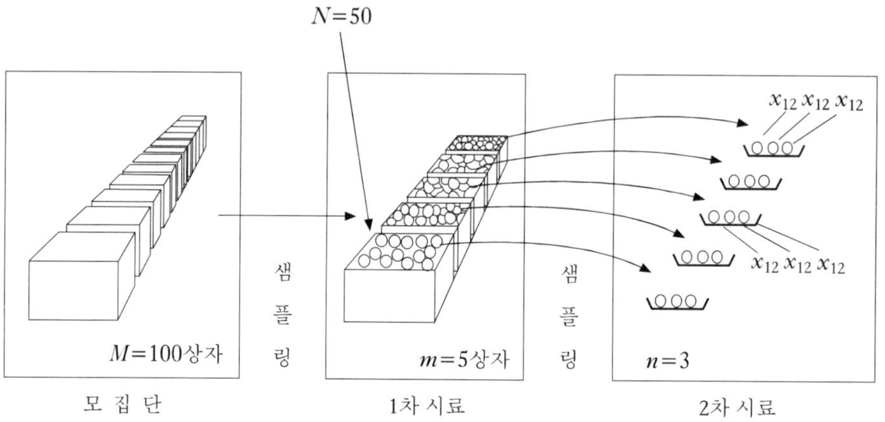

그림 2.6 2단계 샘플링

이 샘플링은 1차 샘플링단위를 상자로 하고, 2차 샘플링단위를 사과로 하여 2단계 샘플링이 된다.

모평균의 추정치 $\overline{x}$의 기대치와 표준편차는 다음과 같다.

2단계 샘플링	
모평균의 추정치 : $\overline{x}=\frac{1}{mn}\sum_{i=1}^{m}\sum_{j=1}^{n}x_{ij}=\frac{1}{m}\sum_{i-1}^{m}\overline{x_i}$	(2.2)
기대치 : $E(\overline{x})=\mu$	(2.3)
표준편차 : $D(\overline{x})=\sqrt{\left(1-\frac{m}{M}\right)\frac{\sigma_b^2}{m}+\left(1-\frac{\overline{n}}{N}\right)\frac{\sigma_w^2}{m\overline{n}}}$	(2.4)

여기에서 σ_b^2, σ_w^2은 각각 다음의 식과 같다.

1차 샘플링단위 간의 분산 $\sigma_b^2=\frac{1}{M-1}\sum_{i=1}^{M}(\mu_i-\mu)^2$ (2.5)

1차 샘플링단위 내의 분산 $\sigma_w^2=\frac{1}{M}\sum_{i=1}^{M}\sigma^2=\frac{1}{M}\cdot\frac{1}{N-1}\sum_{i=1}^{M}\sum_{j=1}^{N}(x_{ij}-\mu_i)$ (2.6)

여기에서 만약 샘플링비율 $\frac{m}{M}$, $\frac{\overline{n}}{N}$이 작으면 다음 식으로 계산할 수 있다.

$$D(\overline{x}) = \sqrt{\frac{\sigma_b^2}{m} + \frac{\sigma_w^2}{m\overline{n}}} \tag{2.7}$$

예제 / 2.14 어떤 공업약품 1000자루를 화차로 입하했다. 이 약품의 평균 순도를 조사할 목적으로 화차에서 창고까지 운반되는 사이에서 랜덤하게 30자루를 샘플링하고 그 자루에서 2인크리먼트 씩 취해서 각각 분석한 결과 다음과 같은 데이터를 얻었다. 이것으로 평균 순도에 대한 95% 신뢰구간을 구하여라. (단, 표준편차는 종래의 데이터에서 자루 간 표준편차 $\sigma_b = 0.73(\%)$이고 자루 내 표준편차 $\sigma_w = 1.41(\%)$임을 알고 있다.)

	자 루 별					평 균
인크리먼트별	63.1 65.5	63.9 65.8	65.6 64.8	…………………… ……………………	65.4 63.7	64.72

풀이 식 (2.4)를 사용하여 $D(\overline{x})$를 구하면 $M = 1000$, $m = 30$이지만 n/N은 무시할 수 있기 때문에

$$D(\overline{x}) = \sqrt{\left(1 - \frac{30}{1000}\right)\frac{0.73^2}{30} + \frac{1.41^2}{30 \times 2}} = \sqrt{0.97 \times \frac{0.53^2}{30} + \frac{1.99}{60}}$$

$$= \sqrt{0.017 + 0.0331} = \sqrt{0.0502} = 0.224(\%)$$

가 된다. 여기서 평균 순도에 대한 95% 신뢰한계는 다음과 같다.

$$64.72 \pm 1.960 \times 0.224 = 64.72 \pm 0.44$$

$$64.28 \le \mu \le 65.16(\%)$$

주 이 경우 만약 분석비용의 관계로 60회의 분석 밖에 할 수 없을 때 σ_b, σ_w을 알고 있는 것을 이용하여 1차 시료의 자루의 수와 2차 시료의 인크리먼트의 수를, $D(\overline{x})$가 가장 작게 되도록 하여 가장 정밀도가 좋은 평균 순도를 추정할 수 있도록 정하기 위해서는 $m\overline{n} = 60$의 조건 하에서

$$D(\bar{x}) = \sqrt{\left(1-\frac{m}{M}\right)\frac{\sigma_b^2}{m}+\frac{\sigma_w^2}{m\bar{n}}}$$

을 최소로 하는 $m, \bar{n}$을 구하면 좋다. 이 경우에는 분명히 $\bar{n}=1$로 $n=60$으로 하면 좋은 것을 알 수 있다.

2단계 샘플링 대신 단순랜덤 샘플링을 실시하였다면 로트분산을 σ_b^2와 σ_w^2의 합성 $\sigma_b^2 + \sigma_w^2$로 생각하면 $D(\bar{x})$는 다음과 같다.

$$D(\bar{x}) = \sqrt{\left(1-\frac{m\bar{n}}{MN}\right)\frac{\sigma_b^2+\sigma_w^2}{m\bar{n}}}$$

$m\bar{n}/MN$의 값이 작으면 다음 식으로 계산할 수 있다.

$$D(\bar{x}) \fallingdotseq \sqrt{\frac{\sigma_b^2+\sigma_w^2}{m\bar{n}}}$$

이것을 식 (2.7)과 비교하면 $\bar{n}=1$의 경우에는 같은 값이 되지만, $\bar{n}>1$ 경우에는 단순 랜덤 샘플링의 쪽이 $D(\bar{x})$의 값이 작게 된다. 따라서 모평균의 추정의 정밀도가 좋다. 그러나 1차 단위의 샘플링 비용이 크지 않을 때에는 일반적으로 2단계 샘플링 쪽이 유리하게 된다.

또 1차 단위, 2차 단위의 샘플링의 비용을 사전에 알고 있을 경우에는 그것을 고려하여 최적인 n을 정할 수 있다.

지금 샘플링에 따라 고정비용이 C_0원, 1차 단위 1개당 샘플링비용이 C_1원, 2차 단위 1개당 샘플링비용이 C_2원, 샘플링의 총 비용이 $T=C_0+C_1m+C_2m\bar{n}$으로 표시하면, T가 일정하에서 모평균 추정의 정밀도를 가장 좋게 하는 n은, 유한수정계수를 무시하면 다음 식과 같이 된다.

$$n = \sqrt{\frac{C_1}{C_2}\cdot\frac{\sigma_w}{\sigma_b}} \tag{2.8}$$

예제 / 2.15 100개씩 격납된 부품상자가 1000상자 납입되었다. 이것에서 2단계 샘플링으로 부품을 샘플링하고 싶다. 샘플링의 비용을 10,000원 정도로 하고 싶을 때 모평균 추정의 정밀도를 가장 좋게 하는 m 및 $\bar{n}$을 구하여라.

풀이 식 (2.8)에서

$$n = \sqrt{\frac{400}{10} \cdot \frac{0.01}{0.04}} = 3.16 = 3$$

$T = C_0 + C_1 m + C_2 m\bar{n}$ 에서

$$m = \frac{T - C_0}{C_1 + C_2 n} = \frac{10000 - 3000}{400 - 30} = 16.2 \fallingdotseq 16$$

즉, 16상자를 랜덤하게 샘플링하고 각 상자 중에서 각각 랜덤하게 3개씩 샘플링하면 좋다.

이 경우의 비용은 T = 3000 + 400 × 16 + 10 × 16 × 3 = 9,880원

$\bar{x}$의 표준편차는 다음과 같다.

$$D(\bar{x}) \fallingdotseq \sqrt{\frac{0.04}{16} + \frac{0.01}{16 \times 3}} = 0.0520(mm)$$

2.2.3 층별 샘플링

모집단이 이질성분으로 구성되어 있을 때 사전에 모집단을 성분에 따라 부분 모집단, 계층으로 나누고 그 각층에서 각각 샘플링을 함으로써 앞에서 설명한 단순샘플링에 비하여 정밀도를 향상시킬 수 있다. 이와 같은 방법으로 실시하는 샘플링을 층별 샘플링(stratified sampling)이라 한다.

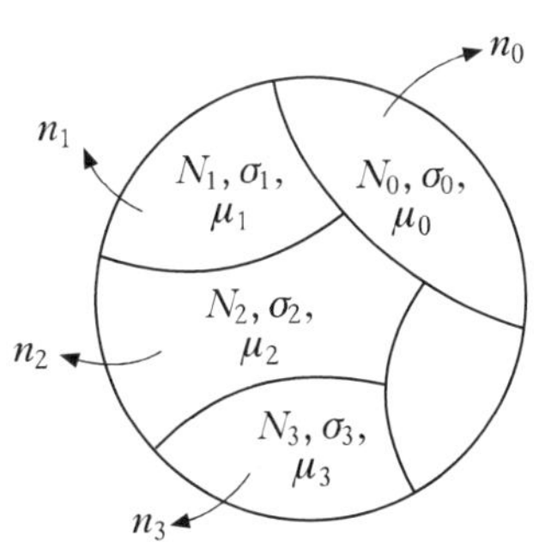

그림 2.7 층별 샘플링

크기 N의 모집단을 k개의 계층으로 나누면 각 층의 크기가 N_i, 평균이 μ_i, 표준편차가 σ_i라고 한다(그림 2.7). n_i의 분배 원칙으로 비례 샘플링, 네이만 샘플링, 데밍 샘플링 등이 있다.

[예] 금속, 기계 등 9업종의 제조공장을 대상으로 품질관리의 실시상황을 조사하였다. 조사에서는 이 9업종의 각각을 1개의 층으로서 다음의 표와 같이 1040개의 공장을 선택하여 질문을 하였다.

업종 (층)	금속	기계	전기	화학	섬유	목공	식료품	출판	일용품	계
N_i	18800	20300	7900	16500	12000	7000	8500	3600	9400	104000(N)
n_i	188	203	79	165	120	70	85	36	94	1040(n)

주 실제에는 이 외에 규모별, 자본금별 등으로 더욱 세분하여 층별하는 것이 많다. 이 예에서는 전체의 샘플링 비율 $n/N = 1040/104000 = 0.01$로, 각 층에서도 $n/N = 0.01$이 되도록 시료를 샘플링하고 있다.

이와 같은 층별 샘플링의 방법을 층별 비례 샘플링이라 한다. 층별 비례 샘플링을 실시하는 경우 각 층의 시료의 평균을 $\overline{x}_i = (1, 2 \cdots\cdots, k)$라고 하면 총평균를 $\overline{x}$를 구하는 방법 및 그 성질은 다음과 같다.

층별 비례 샘플링

모평균의 추정치 : $$\overline{x} = \sum_{i=1}^{k} \frac{n_i \overline{x_i}}{n} \tag{2.9}$$

기대치 : $$E(\overline{x}) = \mu \tag{2.10}$$

표준편차 : $$D(\overline{x}) = \sqrt{\sum_{i=i}^{k} (\frac{N_i}{N})^2 (1 - \frac{n_i}{N_i}) \frac{\sigma_i^2}{n_i}}$$

$$= \sqrt{\frac{1}{nN} (1 - \frac{n}{N}) \sum_{i=1}^{k} N_i \sigma_i^2} \tag{2.11}$$

예제 / 2.16 제지원료의 재목이 쌓여있다. 이것을 나누어 운반할 때 유효재적을 조사하고 싶다. 1더미 중의 각 재목의 유효재적의 분산은 거의 일정하여, $\sigma_w^2 = 0.3(m^3)^2$으로 생각할 수 있기 때문에 층별 비례 샘플링을 하여 전체의 유효재적을 추정하기로 하였다.

더미마다의 본수(本數)는 200, 200, 200, 300, 300, 400, 500, 500, 500, 500이다. 이 총계는 3600본(本)으로 표 2.1과 같이 180본을 샘플링해서 조사하였다. 더미마다 1본당의 평균유효재적은 다음과 같다. 이때 전체의 평균유효재적에 대한 95% 신뢰구간은 어느 정도인가?

표 2.1 평균유효재적

더미의 번호	N_i	n_i	$n_i\overline{x_i}$	$\overline{x_i}$
1	200	10	20.4	2.04
2	200	10	24.8	2.48
3	200	10	36.6	3.66
4	300	15	50.6	3.37
5	300	15	42.4	2.83
6	400	20	64.0	3.20
7	500	25	90.4	3.62
8	500	25	94.6	3.78
9	500	25	96.4	3.86
10	500	25	63.6	2.54
계	3600	180	583.8	−

풀이 평균 $\overline{x}$를 구하면

$$\overline{x} = \frac{583.8}{180} = 3.243(m^3)$$

식 (2-11)에 의하여 $\overline{x}$의 표준편차를 구하면 다음과 같다.

$$D(\overline{x}) = \sqrt{\frac{1}{180\times 3600}(1-\frac{180}{3600})\times 3600\times 0.3}$$

$$= \sqrt{\frac{1026}{648000}} = 0.0398(m^3)$$

그러므로 모평균의 95% 신뢰한계는

$$\overline{x} \pm 1.960\,D(\overline{x})$$

$$=3.243 \pm 1.96\times 0.0398$$

$$=3.243 \pm 0.078(m^2)$$

즉, 신뢰구간은

$$3.165 \le \mu \le 3.321(m^2)$$

여기서

$$\sigma_1^2 = \sigma_2^2 = \cdots\cdots\cdots\cdots = \sigma_u^2, \ N_1 = N_2 = \cdots\cdots\cdots\cdots = N_k = N_O, \ \sum_{i=1}^{k} N = kN_O$$

로 하면 식 (2.11)은 다음과 같이 된다.

$$D(\bar{x}) = \sqrt{\frac{1}{nN}(1-\frac{n}{N})\sum_{i=1}^{k} N_i \sigma_i^2} = \sqrt{(1-\frac{n}{N}) \cdot \frac{\sigma_w^2}{n}} \quad (2.12)$$

한편 단순 랜덤샘플링을 하여 n개의 시료를 샘플링하면 모집단의 분산은 근사적으로 다음 식과 같다.

$$D(\bar{x}) = \sqrt{(1-\frac{n}{N}) \cdot \frac{\sigma_b^2 + \sigma_w^2}{n}}$$

이 식에서 알 수 있는 바와 같이 $\sigma_b^2 > 0$의 경우에 층별샘플링은 단순랜덤샘플링에 비하여 모평균 추정의 정밀도가 좋다. 즉 각 층 내의 분산이 작고, 각 층간의 분산이 클 때에는 층별 샘플링이 유효하다. 또 이 방법에서는 각 층마다 모평균의 추정을 계획적으로 하는 것도 가능하다.

전체의 시료개수 n을 일정하게 하였을 때 모평균 추정의 정밀도가 가장 좋게 되도록 각 층에서 시료의 크기 n_i를 정해서 실행하는 것을 네이만 샘플링이라 한다. 이 경우에는 n_i를 계층의 크기와 표준편차를 비례시키는 것이 된다. 즉

$$n_i = \frac{N_i \sigma_i}{\sum_{i=1}^{k} N_i \sigma_i} \cdot n \quad (2.13)$$

로 하면 좋다.

각 층의 조사 비용이 다른 것을 고려하여 일정한 정밀도를 얻기 위하여 비용을 최소로 하도록 n_i를 정해서 실행하는 것을 데밍 샘플링이라 한다. 이 경우는 n_i는 다음과 같다.

$$n_i = \frac{\sum N_i \sqrt{c_i \sigma_i}}{N^2 V_0 + \sum N_i \sigma_i} \cdot \frac{N_i \sigma_i}{\sqrt{c_i}} \quad (2.14)$$

여기서 V_0는 지정된 정밀도, c는 i번째 층의 1개당 조사비용이다.

2.2.4 취락 샘플링

넓은 지역에 걸쳐서 사회조사를 하는 경우 도시, 시, 읍, 면(취락)을 하나의 샘플링 단위로 생각하여 랜덤하게 몇 개의 취락을 선택하여 그 취락전체를 조사하는 방법을 취한다. 이렇게 하는 것이 조사원에 의한 조사비용을 적게 할 수 있기 때문이다.

이와 같은 방법으로 실행하는 샘플링을 취락샘플링(cluster sampling)이라 한다(그림 2.8).

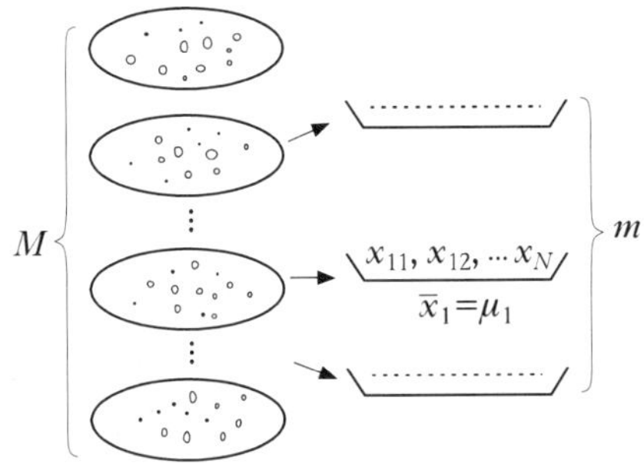

그림 2.8 취락샘플링

취락샘플링에서는 시료로 선택된 취락 내를 전부 조사를 하기 때문에, 취락마다의 시료의 평균값은 모평균 μ와 같게 된다.

취락의 크기가 모두 같은 N으로 되어 있는 경우 모평균의 추정치 $\bar{x}$ 및 그 기대치와 표준편차는 다음과 같다.

취락 샘플링

모평균 추정치 : $\bar{x} = \dfrac{1}{mN} \displaystyle\sum_{i=1}^{m} \sum_{j=1}^{N} x_{ij}$ (2.15)

기대치 : $E(\bar{x}) = \mu$ (2.16)

표준편차 : $D(\bar{x}) = \sqrt{(1 - \dfrac{m}{M}) \dfrac{\sigma_b^2}{m}}$ (2.17)

$D(\bar{x})$의 식에서 σ_w^2의 항이 제거되어 있는 것은 각 취락 내를 전부 조사하고 있기 때문이다. 그러므로 취락샘플링에서는 각 취락 내에 가능한 한 모집단의 여러 가지

성질이 포함되도록(σ_w^2을 크게) 하고, 각 취락 간의 차이를 가급적 작게(σ_b^2을 작게) 하도록 하는 것이 좋다. 이것은 층별 샘플링에 있어서, 각 층 내의 분산을 작게 하고, 층 간의 분산을 크게 하는 것과 반대로 되어 있다.

층별샘플링과 취락샘플링의 어느 쪽을 선택할 것인가는 모집단의 상황에 따라서 판단할 수 있을 것이다. 예를 들면 취락 간의 분산이 0이면 하나의 취락을 잘 조사하면 모집단 전체의 형태를 충분히 알 수 있고, 층 내의 분산이 0이면 층별샘플링으로 모집단 전체의 모양을 충분히 알 수 있다.

예를 들면 그림 2.9와 같이 화차에서 5개소를 상부에서 하부까지 보링(boring)하여 그 속에 든 광석을 분석하여 성분 함유량을 체크(check)하고 있다.

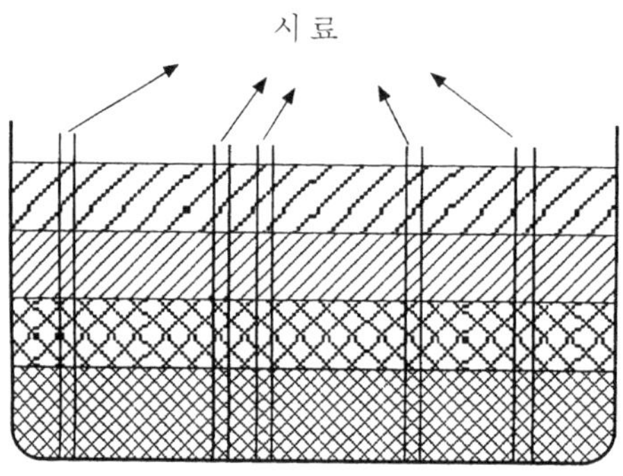

그림 2.9 화차에서의 취락샘플링

보링의 1개분을 1개의 취락으로 생각하면 이것은 많은 취락에서 5개의 취락을 샘플링하여 취락 전체를 측정한 것이 되기 때문에 일종의 취락샘플링을 실행한 것이 된다.

한편, 다르게 생각하면 비중이나 입도에서 층별되어 있는 어느 층에서 시료를 샘플링하고 있으므로 층별샘플링이라고도 생각할 수 있다.

연/습/문/제

1. 15kg이 들어있는 화학약품이 30상자 입하되었다. 약품의 순도를 조사하기 위하여 5상자를 랜덤하게 선정하여 각각의 상자에서 6인크리먼트씩 랜덤하게 샘플링하였다(단, 1인크리먼트는 15g이다).

   ① 약품의 순도는 종래의 실적에서 상자 간의 산포 $\sigma_b = 0.20\%$, 상자 내의 산포 $\sigma_w = 0.35\%$임을 알고 있을 때 샘플링의 정밀도($\alpha = 0.05$)를 구하시오.

   ② 각각의 상자에서 채취한 인크리먼트는 다음에 혼합 축분하고, 반복 2회의 분석을 하였다면 이 경우 순도에 대한 모평균의 추정정밀도($\alpha = 0.05$)를 구하시오. (단 축분의 산포 $\sigma_R = 0.10\%$, 분석의 산포 $\sigma_M = 0.15\%$로 알려지고 있다)

   ③ 금후에도 같은 약품이 입하되었을 때 인크리먼트 총수 30을 유지하고, 같은 모양의 축분, 분석을 계속할 경우 가장 정밀도가 좋은 샘플링은 무엇인가, 그 경우 모평균의 추정정밀도($\alpha = 0.05$)는 어느 정도 될 것인가?

2. 계측기 조립용 부품을 매월 1000조(組)를 구입할 때, 1상자에 100조(組)를 넣어서 10상자를 보내오고 있다. 종래 이 부품의 특성치는 상자간의 산포는 $\sigma_b = 0.74(db)$, 상자내의 산포 $\sigma_w = 0.48(db)$로 안정되고 있다. 다음에 이 부품의 수입은 샘플링 정밀도 $\beta_{\bar{x}} = \pm 0.25(db)$, $\alpha = 0.05$로 로트의 평균값을 추정하고 싶다.

   이 경우

   ① 랜덤 샘플링

   ② 층별비례샘플링

   ③ 취락샘플링

   에 따른 샘플링을 설계하고, 가장 유리한 샘플링과 그 시료를 구하시오.

3. 음향기기의 조립공정이 있다. 조립능력은 100대/1인 이다. 20인이 1반(班)으로 1일 제작수를 1로트로 하고 있다. 최근의 공정능력을 조사하기 위하여 6인을 랜덤하게 선발하여 조립된 것으로부터 5대씩 샘플링하여 다음의 데이터를 얻었다. 다음 질문에 답하여라. 단, 1일을 군(群)으로 하여 $n = 5$의 $\bar{x} - R$ 관리도는 과거 1개월 이상 관리상태에 있으며, 관리도 계수표에서 $n = 5$일 때 $d_2 = 2.326$, $d_3 = 0.864$이고, $n = 2$일 때 $d_2 = 1.128$이다.

[데이터]

인 수	데	이		터	
1	51.0	49.7	49.9	50.8	50.5
2	51.1	50.8	50.2	51.5	51.4
3	51.9	51.6	51.1	51.5	51.4
4	52.0	51.8	50.8	51.4	51.0
5	50.0	51.4	50.5	49.8	50.7
6	50.8	49.6	49.9	50.4	50.3

① 사람에 따라 분산은 같다고 할 수 있는가?

② 조립공원내의 산포 σ_w와 공원간의 산포 σ_b 하루 내의 산포(로트내의 산포) σ를 추정하시오.

③ 동일 제품의 특성을 매일 반복하여 측정하여 다음의 데이터를 얻었다. 측정정밀도를 추정하시오.

[데이터]

50.3	50.7	50.8	50.5	50.6	50.2	50.4	50.5

④ 측정정밀도를 제외한 제조에 의한 산포를 구하시오.

Chapter

03 샘플링 검사

3.1 전수검사와 샘플링 검사

샘플링 검사는 로트의 일부만을 샘플링하여 검사하므로, 일반적으로 신뢰할 수 없고, 전수검사가 제일 좋다고 생각하는 사람이 많은 듯하다. 그러나 전수검사를 실시하는 경우 다음과 같은 결함을 가질 수 있다.

① 다수의 물품에 대하여 하나 하나 전수검사를 하는 것은 단조로워 피로가 빠르고 주의력이 산만해져 검사가 부정확하게 된다.
② 시간의 제약성으로 검사가 조잡해진다.
③ 검사비용이 많이 든다.
④ 수명시험이나 파괴검사의 경우에는 전수검사를 할 수 없다.

①의 예로서 사전에 부적합품의 양을 알고 있는 로트의 전수검사한 결과를 다음에 열거하면,

우선, 제 1회째 검사에서 발견된 부적합품은 68%
제 2회째 검사에서 발견된 부적합품은 18%
제 3회째 검사에서 발견된 부적합품은 10%
제 4회째 검사에서 발견된 부적합품은 2%
계 98%

이와 같이 4회의 전수검사를 하여도 여전히 2%의 부적합품률을 놓치고 있다는 실례가 있다.

그래서 이들의 결점을 보충하기 위하여 샘플링 검사가 연구되고, 전수검사를 하지 않고도 옳게 계획된 샘플링 검사에 의해 충분히 검사의 목적을 달성할 수 있도록 한다. 그러나 샘플링 검사는 전체(또는 로트) 중에서 일부만을 샘플링하여 전체의 합격·불합격의 판정을 하므로 합격되는 로트 중에 다소의 부적합품이 혼입되어도 좋은가를 알 필요가 있다.

그러므로 샘플링 검사에서는 좋은 품질의 로트를 불합격으로 판정하거나 나쁜 품질의 로트를 합격으로 판정하는 경우가 발생한다.

이러한 오류는 계획적으로 적게 할 수는 있어도 전혀 없게 할 수는 없다. 앞에서 기술한 것처럼 전수검사를 하여도 부적합품을 하나도 없게 할 수는 없다. 따라서 통계적으로 확률을 이용한 샘플링 검사를 실시함으로써 품질을 보증하는 것이 신뢰성의 확보와 오히려 경제적일 수 있다.

3.1.1 전수검사가 필요한 경우

- 부적합품이 1개라도 혼입되면 치명적인 결점을 주는 품질특성의 검사(조폐창의 작업 등)
- 대단히 고가인 제품, 중요한 품질기능을 좌우하는 품질특성의 검사(대형 계산기, 통신기의 시스템 등)
- 제품공정이 불안정하기 때문에 신뢰를 바탕으로 품질특성이 지속되는 제품의 검사(각종 공예품)
- 샘플링 검사를 하여도 대부분의 로트가 불합격되는 상태, 즉 품질상태가 나쁜 제품의 검사(미개발국에서의 수입원료)
- 적합품, 부적합품의 판별이 쉽고 또한 검사비용이 그다지 들지 않는 경우(외관검사 등)
- 1개 로트의 크기가 별로 크지 않은 제품의 검사

3.1.2 샘플링 검사가 필요한 경우

- 파괴검사를 필요로 하는 경우(수명시험, 인장강도)
- 대량생산 또는 연속적으로 생산되는 경우
- 다수의 검사항목이 있는 경우

- 검사비용 및 검사시간을 감소시키고 싶은 경우
- 생산자에게 품질향상의 자극을 주고 싶은 경우
- 불완전한 전수검사에 비하여 신뢰성이 높은 결과가 얻어지는 경우

전수검사에 비해 샘플링 검사가 생산자에게 자극을 주는 이유는 전수검사의 경우 부적합품의 발생 시 부적합품은 반품되지만, 샘플링 검사의 경우 예를 들면 로트의 크기 1,000개로부터 시료를 20개 샘플링하여 검사한 결로 불합격으로 판정되면 그 로트 전부 즉, 1,000개가 불합격으로 반품되므로 생산자의 신용은 떨어지고 반환된 로트는 부적합품을 제거하기 위하여 전수검사를 실시하여야 하는 고통이 따르기 때문에 품질향상을 자극하게 되는 것이다.

이상을 정리하여 비교하여 보면 표 3.1과 같이 된다.

표 3.1 전수검사와 샘플링 검사

조 건 \ 검 사	전수 검사	샘플링 검사
검사항목	검사항목이 적고 간단하게 검사할 수 있는 것	검사항목이 많고 검사가 상당히 까다로운 것
로트의 크기	로트의 크기가 작을 때	로트의 크기가 클 때 (연속체, 다량)
치명적 결점이 있는 것	적 합	부적합
부적합품이 조금이라도 혼입되어서는 안되는 것	적 합	부적합
검사비용	많 다	적 다
불합격품이 합격되는 비율	미 소 (불완전한 전수검사인 경우는 샘플링 검사보다 크게 될 가능성이 있다)	적 다
생산자에 대한 품질 향상의 자극	적 다	많 다

3.2 샘플링 검사의 종류와 특징

검사단위·품질의 표시방법에는 물품의 성질을 검사기준 또는 검사규격과 비교하여 적합·부적합으로 구별하는 표시방법, 물품의 부적합수로 표시하는 방법, 검사단위의 특성, 예를 들면 치수, 중량, 인장강도 등을 측정하고 그 측정치에 따라 품질을 나타내는 방법이 있다.

여기서 전자의 경우는 부적합품수, 부적합수와 같이 1개, 2개로 셀 수 있는 계수적 품질특성이고, 후자의 경우(치수, 무게)는 계량적 품질특성이다. 이 품질특성에 따른 샘플링 검사는 다음의 3종류로 분류된다.

① 부적합품에 의한 샘플링 검사
② 부적합수에 의한 샘플링 검사 } ………………………… 계수 샘플링 검사

③ 특성치에 의한 샘플링 검사 ………………………… 계량 샘플링 검사

계수 샘플링 검사와 계량 샘플링 검사의 특징은 표 3.2와 같다.

표 3.2 계수 계량 샘플링 검사의 특징

항 목	계수 샘플링 검사	계량 샘플링 검사
품질의 표시방법	적합·부적합의 2가지로 나누어 나타낸다.	특성치로 나타낸다.
검사방법	검사에 숙련을 요하지 않는다. 검사에 요하는 시간이 적다. 검사설비가 간단하다. 계산이 간단하다. 검사기록이 간단하다	검사에 숙련을 요한다. 검사에 요하는 시간이 길다. 검사설비가 복잡하다. 계산이 복잡하다. 검사기록이 복잡하다.
적용에 대하여 이론상의 제약	시료를 샘플링하는 경우 랜덤성이 유지되며 샘플링 검사를 적용하는 조건이 일반적으로 용이하게 만족된다.	시료를 샘플링하는 경우 랜덤성이 요구된다. 더욱 더 그 적용범위가 정규분포를 하는 경우이다.
로트의 좋고, 나쁨을 정확하게 판별하는 능력과 검사개수	동등의 판별능력을 얻기 위해서는 시료의 크기가 커진다. 검사개수가 같은 경우에는 판별능력이 낮아진다.	동등의 판별능력을 얻기 위해서는 시료의 크기가 작아도 된다. 검사개수가 같은 경우에는 판별능력이 높아진다.

표 3.2 계속

항 목	계수 샘플링 검사	계량 샘플링 검사
검사기록의 이용	검사기록이 다른 목적으로 이용되는 정도가 낮다.	검사기록이 다른 목적으로 이용되는 정도가 높다.
적용해서 유리한 경우	검사비용이 적은 것, 즉, 시간, 설비, 인원을 그다지 요하지 않는 것	검사비용이 드는 것, 즉, 시간, 설비를 많이 요하는 것, 특히 고가인 물품의 파괴검사

3.3 샘플링 검사의 형식 및 방식

샘플링 검사의 합격·불합격의 판정을 하기 위하여 샘플링 한 시료의 수에 따라 1회 샘플링 검사, 2회 샘플링 검사, 다회 샘플링 검사 및 축차 샘플링 검사로 분류된다.

3.3.1 1회 샘플링 검사(single sampling inspection)

1회 샘플링 검사는 로트로부터 시료를 1회 샘플링하여 이 시험결과로서 로트의 합격·불합격을 결정하는 형식을 말한다.

예를 들면 크기 2,000개의 로트로부터 150개 시료를 랜덤하게 샘플링하여 이 중에 부적합품이 2개 이하인 경우에는 합격으로 하고, 부적합품이 3개 이상 포함되어 있으면 그 로트를 불합격으로 한다(표 3.3).

표 3.3 1회 샘플링 검사

시료의 크기 n	합격판정개수 Ac	불합격판정개수 Re
150	2	3

검사의 순서를 표시하면 그림 3.1과 같이 된다.

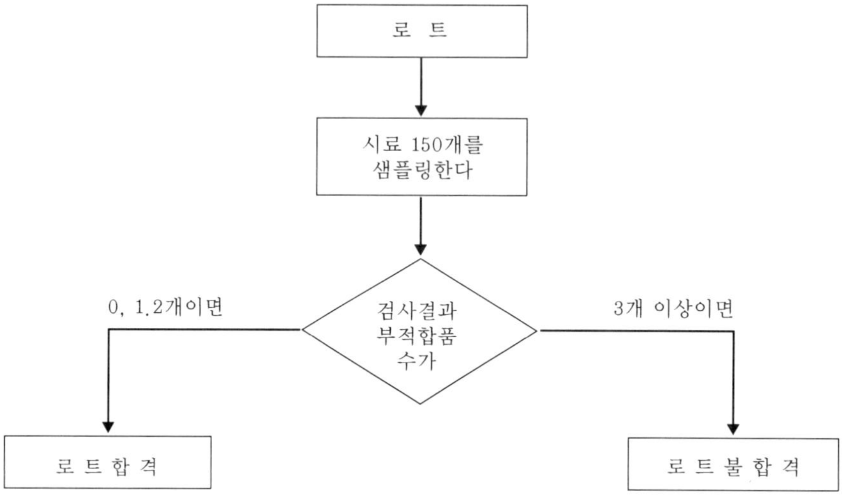

그림 3.1 1회 샘플링 검사

3.3.2 2회 샘플링 검사(double sampling inspection)

2회 샘플링 검사는 제 1회째로 정한 시료를 조사하여 합격·불합격·보류의 3가지 판정을 하고 만약 보류가 된 경우에는 제 2회째로 정한 시료를 조사하고 제 1회째의 조사 결과에 누계하여 그 결과에 따라 로트의 합격·불합격을 판정하는 검사를 말한다. 예를 들어 보면 1,000개의 로트로부터 제 1회째에 50개의 시료를 샘플링하여 시료 중에 부적합품이 1개 이하이면 그 로트를 합격으로 하고, 부적합품이 3개 이상이면 그 로트를 불합격으로 판정한다.

그러나 부적합품이 2개이면 다시 제 2회째의 시료 50개를 샘플링하여 검사한다. 제 1, 2회째의 시료를 누계한 100개 중 부적합품이 4개 이하이면 그 로트를 합격으로 하고, 5개 이상이면 불합격으로 한다(표 3.4 참조).

표 3.4 2회 샘플링 검사의 경우

시 료	시료의 크기 n	시료 크기의 누계	합격판정개수 Ac	불합격판정개수 Re
제 1 시료	50	50	1	3
제 2 시료	50	100	4	5

또 검사 순서를 그림으로 나타내면 그림 3.2와 같다.

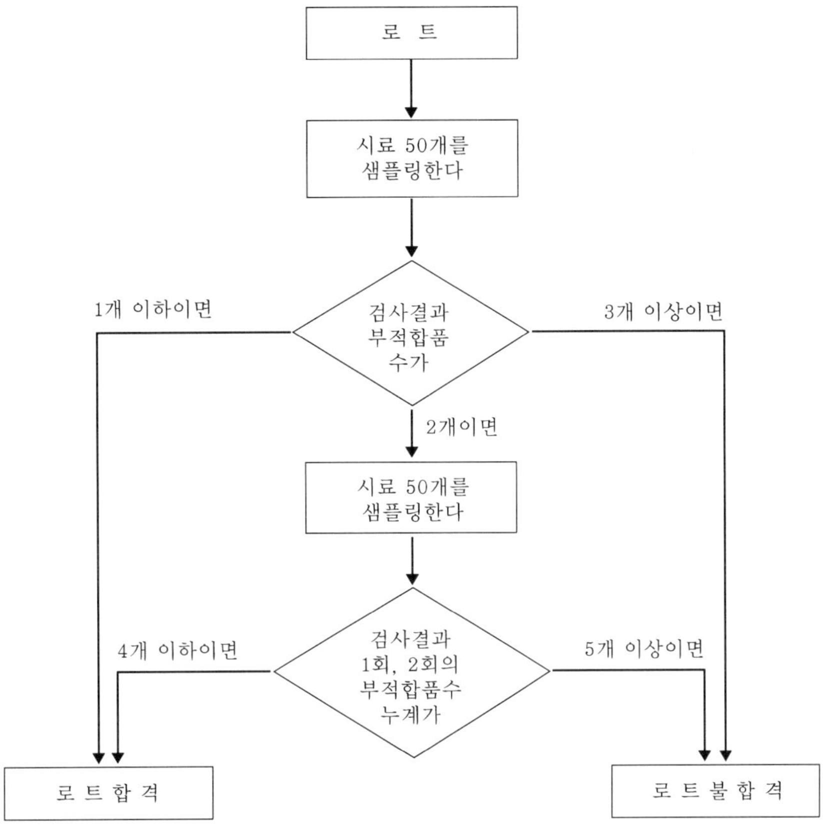

그림 3.2 2회 샘플링 검사

3.3.3 다회 샘플링 검사(multiple sampling inspection)

제 1회 시료에서 판정이 내려지지 않을 때에는 다시 제 2회 또는 제 3회 이상의 시료를 샘플링하여 판정기준과 비교하여 판정하는 것을 다회 샘플링 검사라고 한다. 예를 들면 표 3.5와 같이 표시할 수 있다.

표 3.5 다회 샘플링 검사

시　료	시료의 크기 n	시료크기의 누계	합격판정 개수	불합격판정 개수
제 1 시료	50	50	#	2
제 2 시료	50	100	0	3
제 3 시료	50	150	0	3
제 4 시료	50	200	1	3
제 5 시료	50	250	3	4

표는 제 1 시료의 결과만으로 합격판정을 내릴 수 없다.

3.3.4 축차 샘플링 검사(sequential sampling inspection)

축차 샘플링 검사는 그림 3.3에서 보는 바와 같이 로트로부터 시료를 1개씩 또는 일정 개수씩 시험하면서 누계성적을 매번 판정기준과 비교함으로써 로트의 합격·불합격·검사속행의 3가지 중 어느 하나를 판정하는 검사형식이다.

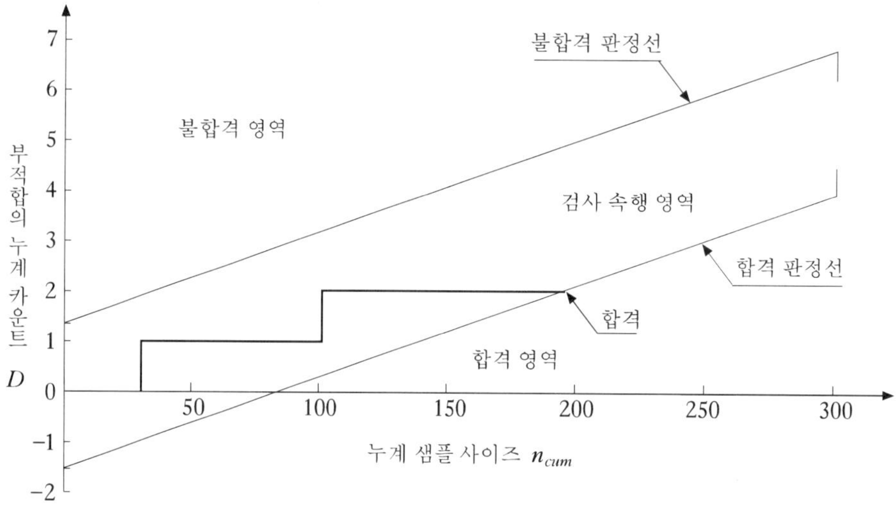

그림 3.3 축차 샘플링 방식의 실시

3.4 샘플링 검사의 형태

이 교재에서 설명하는 샘플링 검사의 형태에는 규준형, 조정형이 있다. 이 분류는 계수, 계량의 어느 경우에도 적용된다.

3.4.1 규준형 샘플링 검사 (sampling inspection based on operating characteristics)

생산자에 대한 보호와 소비자에 대한 보호 두 가지를 규정하고, 양자의 요구를 만족하도록 만들어진 샘플링 검사이다. 생산자에 대한 보호로서 품질이 좋은 로트가 과오로 불합격되는 확률과 소비자에 대한 보호로서 품질이 좋지 않은 로트가 과오로 합격되는 확률이 일정한 작은 값이 되도록 정하여진다.

생산자에 대한 보호는 부적합품률 p_0, 평균값 m_0와 같은 품질이 좋은 로트가 샘플링 검사에서 불합격되는 확률 α(이것을 생산자위험이라고 한다)를 일정한 작은 값(보통 $\alpha = 5\%$)으로 정하고, 소비자에 대한 보호는 부적합품률 p_1, 평균값 m_1과 같은 품질이 좋지 않은 로트가 합격되는 확률 β(이것을 소비자위험이라고 한다)를 일정한 작은 값(보통 $\beta = 0.10$)으로 정한다.

3.4.2 조정형 샘플링 검사(sampling inspection with adjustment)

로트의 인수와 인도가 연속적으로 될 때 그 로트의 품질에 따라서 구입자가 샘플링 검사 방식을 까다롭게 하거나 수월하게 하는 기준이 정하여져 있는 샘플링 검사이다.

일반적으로 합격을 하고 싶은 최저한의 로트의 품질로서 합격품질수준(acceptable quality level)을 정하고, 이 수준보다 좋은 품질의 로트를 제출하는 한 거의 합격하는 것을 공급자에게 보증한다.

한편, 구입자는 일반적으로 조정의 단계로서 수월한 검사, 보통검사, 까다로운 검사를 적용하여 공급자에게 품질의 향상을 촉구한다. 샘플링 검사에 적용을 할 때에는 품질을 추정할 필요가 있지만 그것은 예비조사를 하거나 또는 처음에는 보통검사를 적용하여 기록을 모으고 그 결과를 이용하여 공정평균품질을 추정하는 방법을 취한다. 이들의 3단계 상호변경은 공정평균품질을 합격품질수준과 비교하고 기타의 상황을 고려하여 정한다.

3.5 샘플링 검사 방식과 특성

샘플링 검사의 방식이란 합격·불합격을 판정하는 기준을 말한다. 예를 들면, 계수 1회 샘플링 검사에서 1,000개의 제품으로 된 로트(N=1,000)가 있고, 이 로트에서 랜덤하게 크기 20개의 시료(n=20)를 샘플링하여 합격판정개수 1(c=1), 불합격판정개수 2로 정하는 것을 검사 방식의 결정이라고 한다. 이 검사 방식이 결정되면 그 검사 방식에 따라 샘플링 검사의 특성이 결정된다.

이 특성을 나타낸 그림을 OC곡선(operating characteristic curve) 또는 검사특성곡선이라 한다.

3.5.1 OC곡선

OC곡선이란 샘플링 검사에서 로트의 품질과 그 합격률과의 관계를 나타낸 곡선으로 다음과 같이 작성된다.

크기 N, 부적합품률 p의 로트에서 n개의 시료를 샘플링하였을 때 그 중에서 부적합품이 x개 포함되는 확률은 다음의 식 (3.1)으로 구할 수 있다.

$$P(x) = \frac{\binom{pN}{x}\binom{N-pN}{n-x}}{\binom{N}{n}} \tag{3.1}$$

단, 여기서 N은 로트의 크기, p는 로트의 부적합품률, n은 시료의 크기, x는 시료 내의 부적합품수이다.

샘플링 검사방식이 (n, c)에 있어서 부적합품이 c개 포함될 때까지 로트가 합격된다면, 이 로트가 합격되는 확률을 구하는 공식은 식 (3.2)와 같다.

$$\begin{aligned} L_{(p)} &= P(x=0) + P(x=1) + \cdots\cdots\cdots P(x=c) \\ &= \sum_{x=0}^{c} \frac{\binom{pN}{x}\binom{N-pN}{n-x}}{\binom{N}{n}} \end{aligned} \tag{3.2}$$

단, 여기서 c는 합격판정개수이다.

이 계산에서 N이 크면 번거롭다. 그러나 로트의 크기 N이 시료 수 n에 비하여 10배 이상이면 N의 영향은 실용상 무시하여도 좋은 정도이므로 이항분포로 근사시켜서 $L_{(p)}$를 구하면 식 (3.3)과 같다.

$$L_{(p)} = \sum_{x=0}^{c} \binom{n}{x} p^{x} (1-p)^{n-x} \tag{3.3}$$

또 더욱 $N/n > 10$이고 $p < 0.1$, $np > 10$이면 포아송분포로 근사시켜서 $L_{(p)}$를 구하면 식 (3.4)와 같다.

$$L_{(p)} = \sum_{x=0}^{c} \frac{e^{-np}\, np^{x}}{x!} \tag{3.4}$$

앞의 식에 의하면 $L_{(p)}$와 p의 관계를 구할 수 있다.

이제 검사에 제출된 $N = 1{,}000$, $n = 20$, $p = 5\%$인 경우에 대하여 앞의 식에 $x = 0$, $x = 1$, ……로 대입하여 계산하면 표 3.6 값이 구하여진다.

표 3.6 부적합품 x개에 따른 합격확률

x	$P(x)$	x	$P(x)$
0	0.3584	5	0.0022
1	0.3774	6	0.0003
2	0.1887	7	0.00003
3	0.0596	8	0.000003
4	0.0133	9	0.0000000

여기에서 $n = 20$, $c = 1$이라는 샘플링방식을 적용하였을 경우 로트가 어느 정도로 합격될 것인가? 이것은 로트의 부적합품률에 따라 다르지만 부적합품률이 5%인 경우 이 로트가 합격한 확률은 0.736이다. 만약 $p = 10\%$인 경우에는 0.392가 된다. 따라서 각 부적합품률의 로트 확률을 구하여 보면 다음 표 3.7과 같다.

이 표를 이용하여 OC곡선을 그려보면 그림 3.3과 같이 되며 이 그림에서 어떤 부적합품률의 로트가 얼마나 합격될 것인가를 알 수 있으며, 이 검사 방식에서 품질의 보증이 어느 정도인가를 알 수 있다.

표 3.7 부적합품률에 따른 합격 확률

p%	$L_{(p)}$	p%	$L_{(p)}$	p%	$L_{(p)}$
0	1.00	7	0.587	14	0.208
1	0.983	8	0.517	15	0.176
2	0.940	9	0.452	16	0.147
3	0.880	10	0.392	17	0.123
4	0.810	11	0.338	18	0.102
5	0.736	12	0.289	19	0.084
6	0.660	13	0.246	20	0.069

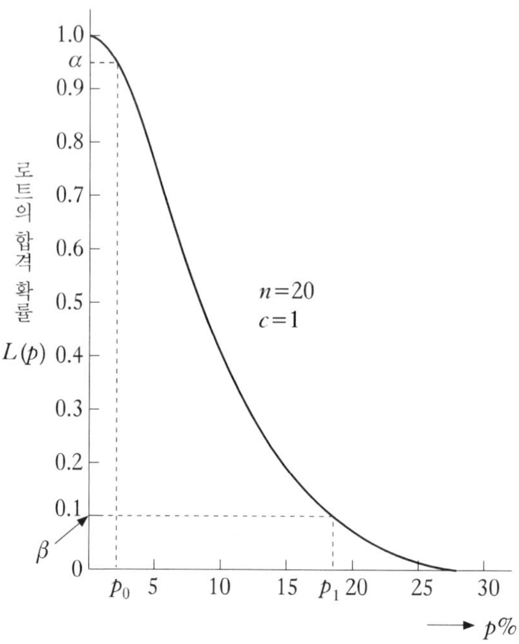

그림 3.4 OC곡선

3.5.2 생산자위험과 소비자위험

OC곡선은 일반적으로 그림 3.3에 표시한 것처럼 2점(p_o와 $L(p) = 1-\alpha$), (p_1과 $L(p) = \beta$)을 지정하면 그 형이 대개 정하여지므로 하나 하나 OC곡선을 그리지 않고 OC곡선상의 2점으로 보호특성을 나타낼 수 있다. 이때 α는 좋은 로트(부적합품률 p_o)가 불합격이 될 확률이고, 이를 생산자위험이라고 하며, β는 나쁜 로트(부적합품률 p_1)가 합격이 될 확률이고 이를 소비자 위험이라 한다.

그래서 p_o보다 좋은 품질의 로트 즉 그림의 원점에서 p_o까지를 합격영역, p_1에서 우측을 불합격영역, p_o에서 p_1까지의 사이를 불안정영역이라 한다.

3.5.3 OC 곡선의 성질

OC 곡선은 샘플링방식에서 로트의 크기 N, 시료의 크기 n 및 합격판정개수 c가 변함에 따라 여러 가지 모양의 곡선으로 변화하는데 다음의 4가지 경우에 대하여 조사해 보자.

(1) 퍼센트 샘플링 검사(N과 n 및 c의 비율을 일정하게 하였을 경우)

1개의 로트가 1,000개인 경우 그 1/10인 100개의 시료를 샘플링하여 이 중에 부적합품이 10개 이하이면 이 로트를 합격으로 하고, 11개 이상이면 이 로트를 불합격으로 하는 샘플링 검사와 1개의 로트가 100개인 경우에도 1,000개 로트의 1/10인 10개를 시료로 샘플링 한다.

그때 부적합품수도 전의 비율과 같이 1/10로 하면 합격판정개수는 1이 된다. 이때 로트의 크기 N, 시료의 크기 n 및 합격판정개수 c의 비율이 변하지 않았기 때문에 같다고 생각할 수 있다.

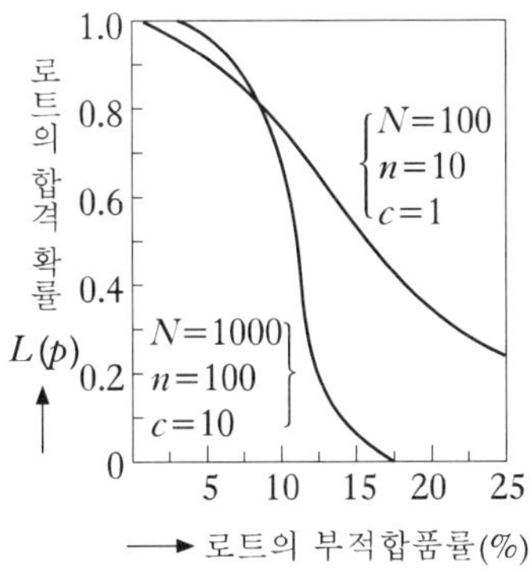

그림 3.5 OC곡선의 성질(1) 샘플링비율을 일정

그러나 이 2가지 샘플링 검사 방식의 OC 곡선을 보면 그림 3.5와 같이 양자의 품질보증의 정도에 상당한 차가 있다는 것을 알 수 있다.

즉 $N=1,000$, $n=100$, $c=10$이라고 하는 샘플링 검사에 비하면 $N=100$, $n=10$, $c=1$이라고 하는 샘플링 검사는 로트의 부적합품률이 낮은 쪽에서는 합격한 확률은 적지만 로트의 부적합품률이 높은 쪽에서는 합격할 확률이 커진다는 결과가 되므로 좋은 로트가 불합격되고 나쁜 로트가 합격이 될 확률이 커지게 된다. 다시 말하면 전자에 비하여 후자는 좋은 로트와 나쁜 로트를 구별하는 능력이 낮아지므로 성능이 나쁜 샘플링 검사라고 말할 수 있다.

이와 같이 퍼센트 샘플링에 의한 샘플링 검사는 로트의 크기가 변하면 품질보증의 정도도 크게 달라지므로 좋은 검사 방식이라고 할 수 없다.

(2) 시료의 크기 n은 일정하게 하고 합격판정개수 c를 변화하는 경우

다음은 $n = 100$을 일정하게 하고 합격판정개수 c를 0, 1, 2, 3, 4, 5의 5종류에 대하여 OC 곡선을 구하면 그림 3.6과 같이 변해간다.

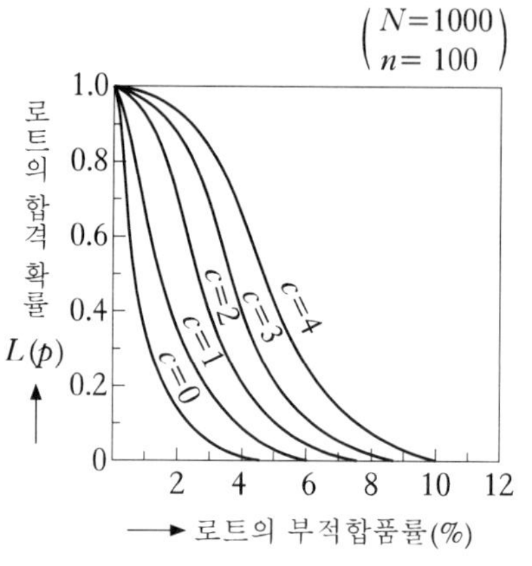

그림 3.6 QC곡선의 성질(2) c을 변화하고 n과 N은 일정

이 그림에서 알 수 있는 바와 같이 c가 증가하면 OC곡선은 오른쪽으로 완만해진다. 즉 나쁜 로트가 합격하기 때문에 당연한 일이다.

여기서 주의하여야 할 것은 $c = 0$에 가까우면 OC곡선은 급격하게 되며 이것은 전수검사에 가까운 성질을 갖고 있어 로트의 부적합품률의 미약한 변동이 생산자위험에 현저한 영향을 미치게 된다. 그러므로 시료 중에 부적합품이 1개도 있어서는 안 된다는 샘플링방식은 그다지 바람직하지 않은 방식이다.

(3) 합격판정개수 c를 일정하게 하고 시료의 크기 n을 변화하는 경우

그림 3.7은 합격판정개수 c를 1로 일정하게 하고 시료의 크기 n을 5, 10, 20, 30, 50의 5종류에 대해서 OC곡선을 구하면 그림 3.7과 같이 변해간다. 이 그림에서 알 수 있는 바와 같이 시료의 크기 n이 증가하면 OC곡선의 기울기는 점점 급해지는 것은 좋은 로트와 나쁜 로트를 판별하는 능력이 좋아지는 것이다. 그러므로 샘플링 검사의 성능을 좋게 하기 위해서는 시료의 크기를 크게 하는 것이 필요함을 알 수 있다.

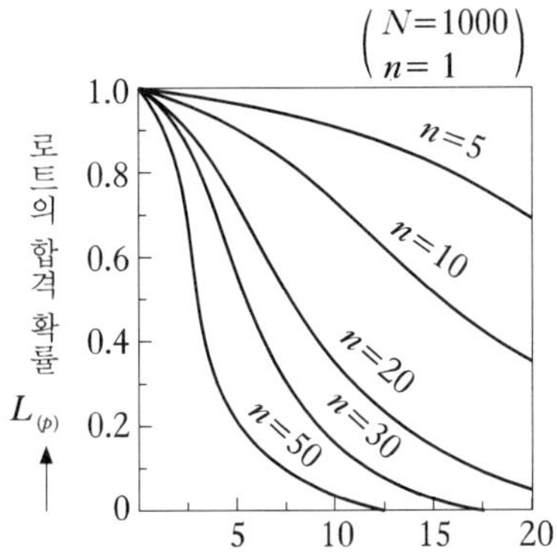

그림 3.7 QC곡선의 성질(2) c를 변화하고 N과 c는 일정

(4) 샘플링 방식을 일정하게 하고 로트의 크기 N을 변화하는 경우

다음 3가지의 샘플링방법에 대하여 OC곡선을 구하면 그림 3.8과 같이 된다.

① N=60	② N=200	③ N=∞
n=20	n=20	n=20
c=2	c=2	c=2

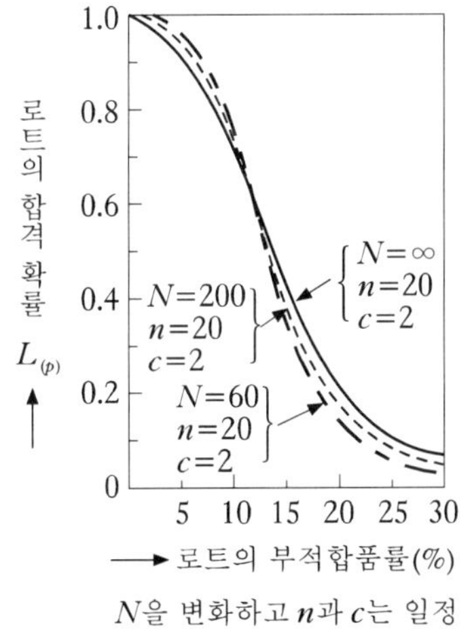

그림 3.8 OC곡선의 성질(4)

이 그림에서 알 수 있는 것은 이와 같은 경우에 OC곡선은 거의 변화하지 않는다. 특히 로트의 크기 N이 시료의 크기 n과 비교해서 충분히 (일반적으로 $N \geq 10n$) 크면 OC곡선의 차는 실용상 무시하여도 지장이 없는 정도이다.

또 로트의 크기 $N = 60$과 같이 로트가 시료에 비하여 그다지 크지 않은 경우에는

OC곡선의 변화상태가 상당히 급해지지만 합격하는 비율은 로트의 부적합품률이 낮은 쪽에서는 커지고, 반대로 부적합품률이 높은 쪽에서는 작아지기 때문에 보다 안전한 샘플링 검사라고 할 수 있다.

그러나 샘플링 검사가 갖고 있는 상기와 같은 성질에서 보면 로트의 크기를 되도록 크게 하는 것이 상대적으로 시료의 크기를 작게 하여도 된다는 것을 알 수 있다.

연/습/문/제

1. 전수검사와 샘플링 검사의 특징을 비교하시오.

2. 계수·계량 샘플링 검사의 특징을 비교하시오.

3. 다음 샘플링 검사의 형식에 대하여 간단히 요약하시오.
   ① 1회 샘플링 검사
   ② 2회 샘플링 검사
   ③ 다회 샘플링 검사
   ④ 축차 샘플링 검사

4. 다음 샘플링 검사의 형태에 대해 특징을 설명하시오.
   ① 규준형 샘플링 검사
   ② 조정형 샘플링 검사

5. $n=50$, $c=2$인 OC곡선을 그리고 생산자위험 α와 소비자위험 β를 설명하시오.

6. OC곡선의 성질을 간단히 요약하시오.

Chapter

04 규준형 샘플링 검사

4.1 계수 규준형 1회 샘플링 검사(KS A 3102)

4.1.1 계수 규준형 1회 샘플링 검사의 개요

계수 규준형 1회 샘플링 검사(부적합품수의 경우 KS A 3102)의 특징은 생산자와 소비자의 요구를 동시에 만족시킬 수 있도록 설계한 샘플링 검사로서 로트로부터 시료를 1회 샘플링하여 조사하고 이것을 설정된 품질기준과 비교하여 개개의 시료에 대해 적합·부적합품으로 구분한다.

이 중에서 부적합품으로 판정된 부적합품 수를 조사하여 그 합계가 합격판정개수 이하이면 로트를 합격으로 처리하고, 만약 시료 중의 부적합품의 수가 합격판정개수를 초과하면 그 로트를 불합격으로 처리한다.

로트의 품질을 부적합품률로 나타내면, 좋은 품질의 로트가 불합격될 확률 α(생산자위험)에 대한 p_o(합격시키고자 하는 로트 부적합품률의 상한)와 나쁜 로트가 합격될 확률 β(소비자위험)에 대한 p_1(불합격시키고자 하는 로트 부적합품률의 하한)을 정하여 샘플링방식을 결정한다.

4.1.2 검사의 순서

(1) 품질기준의 설정

검사단위의 각 검사항목에 대하여 적합·부적합을 구별하기 위하여 판정기준을 명확히 정하여야 한다.

품질기준은 원칙적으로 판매면에 있어서 타사 제품과 소비자의 입장에서 본 상품가치 또는 기술적·경제적 요구에서 비롯되지만 실제로는 자사의 판매방침과 제조능력의 영향을 받게 된다. 특히 유의할 점은 제품의 검사규격과 제품규격과는 반드시 일치한다고는 할 수 없다.

예를 들면, 전구의 제품공정에서 단선사고가 50%인 로트와 5% 정도의 단선사고의 로트를 모두 점등시험을 하여 적합품만 출하하였다고 하자. 이때 일단 점등된 것만 출하한 것으로 생각할 수 있지만 실제로 사용하여 보면 부적합품률이 큰 로트의 제품이 단선사고가 많을 것이다. 따라서 부적합품이 많은 나쁜 로트를 좋은 로트와 같은 정도의 평균품질로서 출하하려면 검사규격을 더욱 엄격히 하여 검사하여야 품질보증을 할 수 있다.

이와 같이 품질 보증을 검사로서 하는 경우에는 공정평균 또는 제품규격과는 한계치를 다르게 하는 검사규격을 적용할 수 있다. 종전에는 공정의 수율이 나빠서 부적합품이 많이 나오면 검사규격을 수월하게 하여 합격 시키려는 경향이 있었으나 이러한 경우에는 더욱 검사규격을 엄격히 할 필요가 있다.

(2) p_0, p_1을 지정한다.

p_0, p_1의 값을 결정하는 데는 생산자와 소비자 사이에 이해가 상반되는 경우가 있는데 이것을 공식 같은 것을 마련하여 기계적으로 결정할 수 없다. 따라서 일반적으로 품질에 대한 요구, 가격, 검사비용과 생산능력, 부적합품으로 인해 발생되는 영향, 납기 등을 고려하여 생산자와 소비자의 합의에 의해 결정하게 된다.

계수 규준형 샘플링 검사의 검사 방식을 결정하려면 p_0와 α, p_1와 β를 고정시켜서 이들을 만족하는 OC곡선을 가지는 검사 방식을 구하게 된다. 그러나 p_0와 α, p_1와 β의 값을 적당하게 정하기는 매우 어려우므로 일반적으로 α, β는 고정시켜 놓고, p_0, p_1 만을 그때 그때 결정하는 방법을 택한다. 이 경우 $\alpha \fallingdotseq 0.05$, $\beta \fallingdotseq 0.10$을 기준으로 하여 검사표가 작성되었다.

p_0, p_1을 결정할 때 p_1 / p_0의 비도 고려할 필요가 있다. 이론적으로는 p_1 / p_0가 1 이상이면 되지만 1에 가까우면 검사개수가 대단히 많아지므로 일반적으로 $p_1 / p_0 \geq 3$ 정도로 하는 것이 좋다.

단, α, β는 다음 식으로 계산할 수 있다.

$$1 - \alpha = \sum_{x=0}^{c} \binom{n}{x} p_{o|}^{x} (1 - p_o)^{n-x} \tag{4.1}$$

$$\beta = \sum_{x=0}^{c} \binom{n}{x} p_1^x (1-p_1)^{n-x} \tag{4.2}$$

(3) 샘플링 검사 방식의 결정

시료의 크기 n과 합격판정개수 c를 구하는 방법은 다음과 같다.

표 4.2에서 지정된 p_o를 포함하는 행과 지정된 p_1를 포함하는 열에서 교차되는 칸을 찾는다. 칸 속의 좌측의 굵은 글자는 시료의 크기 n으로 하고, 우측의 가는 글자는 합격판정개수 c로 한다.

칸 속에 화살표로 표시되어 있는 경우에는 그 화살표를 따라서 n, c를 구한다.

칸 속의 *표가 있을 때는 표 4.1의 샘플링 검사 설계보조표에 의하여 n, c를 구한다.

표 4.1 샘플링 검사 설계보조표

p_1 / p_o	c	n
17 이상	0	$2.56 / p_o + 115 / p_1$
16 ~ 7.9	1	$17.8 / p_o + 194 / p_1$
7.8 ~ 5.6	2	$40.9 / p_o + 266 / p_1$
5.5 ~ 4.4	3	$68.3 / p_o + 344 / p_1$
4.3 ~ 3.6	4	$98.5 / p_o + 400 / p_1$
3.5 ~ 2.8	6	$164 / p_o + 527 / p_1$
2.7 ~ 2.3	10	$308 / p_o + 770 / p_1$
2.2 ~ 2.0	15	$502 / p_o + 1065 / p_1$
1.99 ~ 1.86	20	$704 / p_o + 1350 / p_1$

칸이 비어 있는 경우에는 샘플링 검사 방식은 없다. 이와 같이 하여 구한 n이 로트의 크기보다 클 경우에는 전수검사를 실시하는 것으로 한다.

구한 n, c에 대하여 OC곡선을 조사하며, 검사비용 등을 검토한 결과 필요하면 p_0, p_1를 수정해서 n, c의 값을 다시 구한다.

예제 / 4.1 $p_0 = 1\%$, $p_1 = 6\%$에 대한 샘플링 검사 방식 n과 c를 구하여 보자.

풀이 표 4.2에서 $p_0=1\%$를 포함하는 행(0.901 ~ 1.12%)과, $p_1=6\%$를 포함하는 열(5.61 ~ 7.10%)과의 교차점에서 $n=80$, $c=2$를 구한다.

> **주** 이와 같이 구한 $n=80$, $c=2$의 샘플링 검사 방식에 대하여 α, β를 구하면 $p_0=1\%$에 대해서는 $\alpha \fallingdotseq 0.05$, $p_1=6\%$에 대해서는 $\beta \fallingdotseq 0.13$으로 된다.

식 (4.1)과 식 (4.2)를 이용하여 계산한 예를 설명하면

$$1-\alpha=\binom{80}{0}(0.01)^0(0.99)^{80}+\binom{80}{1}(0.01)^1(0.99)^{79}$$
$$+\binom{80}{2}(0.01)^2(0.99)^{78}=0.9534$$

이므로

$$\alpha=1-0.9534=0.0466 \fallingdotseq 0.05$$

임을 알 수 있다.

$$\beta=\binom{80}{0}(0.06)^0(0.94)^{80}+\binom{80}{1}(0.06)^1(0.94)^{79}$$
$$+\binom{80}{2}(0.06)^2(0.94)^{78}=0.134$$

즉, $\beta=0.134$임을 알 수 있다.

예제 / 4.2 $p_0=0.15\%$, $p_1=10\%$에 대한 샘플링 검사 방식 n과 c를 구하여 보자.

풀이 표 4.2에서 $p_0=0.15\%$를 포함하는 행(0.141 ~ 0.180%)과, $p_1=10\%$를 포함하는 열(9.01 ~ 11.2%)과의 교차점을 구한다. 이 칸에서 ↓로 되어 있으므로 화살표를 계속 따라가 보면 $n=25$, $c=0$을 구할 수 있다.

예제 / 4.3 $p_0=0.5\%$, $p_1=1.2\%$에 대한 샘플링 검사 방식을 구하여 보자.

풀이 표 4.2에서 $p_0=0.5\%$를 포함하는 행(0.451 ~ 0.56%)과, $p_1=1.2\%$를 포함하는 열(1.13 ~ 1.40%)과의 교차하는 칸을 구한다.
이 칸에는 *로 되어 있으므로 표 4.1을 사용한다.

p_0와 p_1의 비를 구하면 $p_1 / p_0 = 1.2 / 0.5 = 2.4$가 된다.

따라서 표 4.1의 p_1 / p_0의 열에서 2.4를 포함하는 행(2.7 ~ 2.3)을 찾고 이 행에서 $c = 10,\ n = 308 / p_0 + 770 / p_1 = 308 / 0.5 + 770 / 1.2 \fallingdotseq 1{,}258$을 구할 수 있다.

주 1 표 4.1은 표 4.2의 *칸의 $\beta = 0.10$에 대한 np와 $1 - \alpha = 0.95$에 대한 $\dfrac{p_1}{p_0}$의 비를 이용하여 n과 c를 구하는 표이다.

그리고 $p_1 / p_0 < 1.86$인 경우에는 n이 대단히 크기 때문에 샘플링 검사표에서는 제외시켰다. 그러나 필요한 경우 다음 식으로 계산할 수 있다.

$$n = \left(\frac{14.6}{\sqrt{p_1 / p_0} - 1} \right)^2 \frac{1}{p_o} \tag{4.3}$$

$$c = \left(\frac{1.46}{\sqrt{p_1 / p_0} - 1} + 0.82 \right)^2 \tag{4.4}$$

표 4.2 계수 규준형 1회 샘플링 검사표

($\alpha=0.05,\ \beta=0.10$)

p_1(%) / p_o(%)	0.71 ~ 0.90	0.91 ~ 1.12	1.13 ~ 1.40	1.41 ~ 1.80	1.81 ~ 2.24	2.25 ~ 2.80	2.81 ~ 3.55	3.56 ~ 4.50	4.51 ~ 5.60	5.61 ~ 7.10	7.11 ~ 9.00	9.01 ~ 11.2	11.3 ~ 14.0	14.1 ~ 18.0	18.1 ~ 22.4	22.5 ~ 28.0	28.1 ~ 35.5	p_1(%) / p_o(%)
0.090 ~ 0.112	*	**400** 1	↓	←	↓	→	**60** 0	**50** 0	←	↓	↓	←	↓	↓	↓	↓	↓	0.090 ~ 0.112
0.113 ~ 0.140	*	↓	**300** 1	↓	→	↓	→	↑	**40** 0	←	↓	↓	←	↓	↓	↓	↓	0.113 ~ 0.140
0.141 ~ 0.180	*	**500** 2	↓	**250** 1	↓	←	↓	→	↑	**30** 0	←	↓	↓	←	↓	↓	↓	0.141 ~ 0.180
0.181 ~ 0.224	*	*	**400** 2	↓	**200** 1	↓	←	↓	→	↑	**25** 0	←	↓	↓	←	↓	↓	0.181 ~ 0.224
0.225 ~ 0.280	*	*	**500** 3	**300** 2	↓	**150** 1	↓	←	↓	→	↑	**20** 0	←	↓	↓	←	↓	0.225 ~ 0.280
0.281 ~ 0.355	*	*	*	**400** 3	**250** 2	↓	**120** 1	↓	←	↓	→	↑	**15** 0	←	↓	↓	←	0.281 ~ 0.355
0.356 ~ 0.450	*	*	*	**500** 4	**300** 3	**200** 2	↓	**100** 1	↓	←	↓	→	↑	**15** 0	←	↓	↓	0.356 ~ 0.450
0.451 ~ 0.560	*	*	*	*	**400** 4	**250** 3	**150** 2	↓	**80** 1	↓	←	↓	→	↑	**10** 0	←	↓	0.451 ~ 0.560
0.561 ~ 0.710	*	*	*	*	**500** 6	**300** 4	**200** 3	**120** 2	↓	**60** 1	↓	←	↓	→	↑	**7** 0	←	0.561 ~ 0.710
0.711 ~ 0.900	*	*	*	*	*	**400** 6	**250** 4	**150** 3	**100** 2	↓	**50** 1	↓	←	↓	→	↑	**5** 0	0.711 ~ 0.900
0.901 ~ 1.12		*	*	*	*	*	**300** 6	**200** 4	**120** 3	**80** 2	↓	**40** 1	↓	←	↓	↑	↑	0.901 ~ 1.12
1.13 ~ 1.40			*	*	*	*	**500** 10	**250** 6	**150** 4	**100** 3	**60** 2	↓	**30** 1	↓	←	↓	↑	1.13 ~ 1.40
1.41 ~ 1.80				*	*	*	*	**400** 10	**200** 6	**120** 4	**80** 3	**50** 2	↓	**25** 1	↓	←	↓	1.41 ~ 1.80
1.81 ~ 2.24					*	*	*	*	**300** 10	**150** 6	**100** 4	**60** 3	**40** 2	↓	**20** 1	↓	←	1.81 ~ 2.24
2.25 ~ 2.80						*	*	*	*	**250** 10	**120** 6	**70** 4	**50** 3	**30** 2	↓	**15** 1	↓	2.25 ~ 2.80
2.81 ~ 3.55							*	*	*	*	**200** 10	**100** 6	**60** 4	**40** 3	**25** 2	↓	**10** 1	2.81 ~ 3.55
3.56 ~ 4.50								*	*	*	*	**150** 10	**80** 6	**50** 4	**30** 3	**20** 2	↓	3.56 ~ 4.50
4.51 ~ 5.60									*	*	*	*	**120** 10	**60** 6	**40** 4	**25** 3	**15** 2	4.51 ~ 5.60
5.61 ~ 7.10										*	*	*	*	**100** 10	**50** 6	**30** 4	**20** 3	5.61 ~ 7.10
7.11 ~ 9.00											*	*	*	*	**70** 10	**40** 6	**25** 4	7.11 ~ 9.00
9.01 ~ 11.2												*	*	*	*	**60** 10	**30** 6	9.01 ~ 11.2
p_o(%) / p_1(%)	0.71 ~ 0.90	0.91 ~ 1.12	1.13 ~ 1.40	1.41 ~ 1.80	1.81 ~ 2.24	2.25 ~ 2.80	2.81 ~ 3.55	3.56 ~ 4.50	4.51 ~ 5.60	5.61 ~ 7.10	7.11 ~ 9.00	9.01 ~ 11.2	11.3 ~ 14.0	14.1 ~ 18.0	18.1 ~ 22.4	22.5 ~ 28.0	28.1 ~ 35.5	p_o(%) / p_1(%)

*칸의 좌측 **굵은 글자**는 샘플의 크기 n이고, 우측 가는 글자는 합격 판정개수 c이다.

4.2 계량 규준형 1회 샘플링 검사(KS A 3103)

계량 규준형 1회 샘플링 검사란 로트의 품질을 로트의 평균값 또는 부적합품률로서 표현하는 경우, 생산자 및 소비자가 요구하는 검사특성을 갖도록 설계한 샘플링 검사로서 1회 샘플링한 시료 특성에 대한 평균값에 대하여 이미 알고 있는 표준편차를 사용하여 계산한 값과 합격판정치를 비교하여 로트의 합격·불합격을 판정하는 것이다.

이 검사를 적용할 때에는

① 검사단위의 품질이 계량값으로 표시될 것
② 제품이 로트로서 처리될 것
③ 로트특성값의 표준편차를 알고 있을 것
④ 로트의 크기 충분히 클 것

부적합품률에 따르는 경우는 특성값이 정규 분포를 하고 있는 것으로 다루어지고 있고, 부적합품률을 어느 한도 내로 보증하는 것이므로 합격 로트 중에도 어느 정도 부적합품이 혼입되는 것을 허용할 수 있어야 한다.

(1) 용어 정의

① 검사 단위 : 검사의 목적으로 고른 단위체 또는 단위량
② 검사 로트 : 검사의 대상이 되는 한 묶음의 검사 단위의 집합(이하, 단순히 로트라 한다.)
③ 로트의 크기 N : 로트에 포함되는 단위체 또는 단위량의 수
④ 로트의 평균값 m : 로트의 검사 단위의 특성값 x의 평균값
⑤ 로트의 표준 편차 σ : 로트의 검사 단위의 특성값 x의 표준 편차
⑥ 부적합품 : 규격에 합치하지 않는 물품, 즉 특성값이 상한 규격값 S_U를 넘는 것, 또는 하한 규격값 S_L을 만족하지 못하는 것
⑦ 로트의 부적합품률 $p(\%)$: $p(\%) = \dfrac{\text{로트 중의 부적합품의 수}}{N} \times 100$
⑧ 시료 : 로트에서 샘플링되는 검사 단위의 집합
⑨ 시료의 크기 n : 시료 중의 검사 단위의 수
⑩ 시료의 평균값 $\overline{x}$: 시료의 검사 단위의 특성값 x의 평균값
⑪ 편차제곱의 합 S : 시료의 특성값과 시료 평균값과의 차의 2승 합

$$S = \Sigma(x_i - \overline{x})^2 = \Sigma x_i^2 - \frac{(\Sigma x_i)^2}{n}$$

⑫ 불편 분산 V : 제곱합 S를 그 자유도로 나눈 것. 즉,

$$V = \frac{S}{n-1}$$

> **주 2** KS A 3103에서 불편 분산 V는 KS A 3104 s^2과 같다.

⑬ 불편 분산의 평균값 $\overline{V}$: 시료의 크기 n이 일정한 경우는 로트의 그룹 수 l개의 V의 평균값은 $\overline{V} = \frac{\Sigma V}{l}$, n이 일정하지 않은 경우는 $\overline{V} = \frac{\Sigma S}{\Sigma(n-1)}$
여기에서 S : 각 로트별 시료의 제곱의 합

⑭ 샘플링 검사 방식 : 로트의 합격·불합격을 정하는 시료의 크기와 합격 판정값을 규정한 것

⑮ 합격 판정값 : 계량 샘플링 검사에서 합격의 판정을 내리는 한계값
합격 판정값 이하를 합격으로 하는 경우는 그 값을 상한 합격 판정값($\overline{X}_U$)이라 하고, 합격 판정값 이상을 합격으로 하는 경우는 그 값을 하한 합격 판정값($\overline{X}_L$)이라 한다.

(2) 기호 정의

- x : 검사 단위의 특성값
- N : 로트의 크기
- σ : 로트의 표준 편차
- m : 로트의 평균값
- m_0 : 가능한 한 합격시키고 싶은 로트의 평균값의 한계
- m_1 : 가능한 한 불합격시키고 싶은 로트의 평균값의 한계
- $L_{(m)}$: 평균값 m의 로트가 합격으로 판정될 확률
- p : 로트의 부적합품률(%)
- p_0 : 가능한 한 합격시키고 싶은 로트의 부적합품률의 상한
- p_1 : 가능한 한 합격시키고 싶은 로트의 부적합품률의 하한
- $L_{(p)}$: 부적합품률 p의 로트가 합격으로 판정될 확률
- α : 생산자 위험(평균값 m_0 또는 부적합품률 p_0의 로트가 불합격될 확률)
- β : 소비자 위험(평균값 m_1 또는 부적합품률 p_1의 로트가 합격될 확률)

- n : 시료의 크기
- $\bar{x}$: 시료의 평균값
- S_U : 상한 규격값, S_L : 하한 규격값
- $\overline{X}_U$: 상한 합격 판정값, $\overline{X}_L$: 하한 합격 판정값
- G_0 : 로트의 평균값을 보증하는 경우에 합격 판정값을 구하기 위한 계수
- k : 로트의 부적합품률을 보증하는 경우에 합격 판정값을 구하기 위한 계수
- K_p : 표준 정규 분포의 상측 확률 p%의 점
- K_α : 표준 정규 분포의 상측 확률 α의 점
- K_β : 표준 정규 분포의 상측 확률 β의 점
- S : 편차 제곱의 합,
- V : 불편분산, $\overline{V}$: 불편분산의 평균값

4.2.1 로트의 평균값을 보증하는 경우

(1) 측정방법의 결정

검사 단위의 특성값 x의 측정 방법을 구체적으로 정한다.

(2) m_0, m_1의 지정

이 규격에 따른 샘플링 검사를 실시하려면, 먼저 물품을 건네는 쪽과 받는 쪽이 합의한 후 m_0, m_1을 정한다. 이때, α는 0.05, β는 0.10을 기준으로 한다. 그리고 이 규격에서는 $\alpha = 0.05$, $\beta = 0.10$인 경우에 구하는 방법을 나타낸다.

(3) 로트의 형성

동일 조건에서 생산된 로트를 가능한 그대로 검사 로트로 고른다. 로트가 매우 큰 경우에는 작은 로트로 나누어 검사 로트로 하여도 좋다.

(4) σ의 지정

로트의 표준편차 σ를 미리 알고 있는 경우, 또는 물품을 건네는 쪽과 받는 쪽 사이의 협의에서 결정되어 있는 경우에는 그 값을 사용한다. σ가 주어져 있지 않는 경우에는 과거의 검사 데이터에서 추정한 σ의 값을 사용한다. 각 로트에서 샘플링한 시료의 크기 n이 같은 경우는 다음과 같이 한다. n이 같지 않은 경우는 별도의 계산방식에 의한다.

① 최근에 10~20로트의 검사 데이터에 대하여, 다음 식에 따라 로트별 불편 분산 V를 계산한다.

② ①에서 구한 불편 분산 V의 평균값 $\overline{V}$를 계산한다.

$$\overline{V} = \frac{\sum V}{l}$$ 여기에서 $\sum V$: 로트별 불편 분산의 합계, l: 로트의 수

③ 로트 내의 산포가 안정되어 있는지 여부를 조사한다. 그러려면, F분포 표 4.3에서 $F_{1-0.01}(n-1, \infty)$을 구하여 $\overline{V} \cdot F_{1-0.01}(n-1, \infty)$을 계산하고, l로트에 대하여 이 값을 넘는 V가 없으면 로트 내의 산포가 안정되어 있는 것으로 판정한다.

표 4.3 $F_{1-0.01}(n-1, \infty)$의 값

$n-1$	1	2	3	4	5	6	7	8	9	10	12	15	20	24	30	40	60	120
F값	6.63	4.61	3.78	3.32	3.02	2.80	2.64	2.51	2.41	2.32	2.18	2.04	1.88	1.79	1.70	1.59	1.47	1.32

주 구하는 $n-1$의 값이 표에 없는 경우, F는 $n-1$의 역수에 비례하여 변화하는 것으로서 F의 값을 보간법으로 구한다.

보기…❶ $n-1=18$에 대한 F의 값을 구하려면,

$$F_{1-\alpha}(\nu_1 \cdot \nu_2) = 2.04 - (2.04 - 1.88) \times \frac{(1/15 - 1/18)}{(1/15 - 1/20)}$$

④ 로트 내의 산포가 안정되어 있으면, σ의 추정값 $= \sqrt{\overline{V}}$를 표준 편차 σ의 값으로 지정한다.

⑤ 계속해서 이 샘플링 검사 방식을 사용하는 경우, 로트의 표준 편차가 지정한 값과 심한 차이가 없다는 것을 상기 ③의 순서를 준용하여 확인하여야 한다.

⑥ 장기간에 걸쳐 연속하여 이 샘플링 검사 방식을 사용하는 경우에는, 최근에 20로트 이상의 검사 데이터에서 σ의 값을 갱신한다.

예제 / 4.4 어떤 섬유 제품의 로트에서 취한 크기 $n=5$의 시료에 대하여 수분을 측정하였더니, 1.51%, 1.43%, 1.39%, 1.51%, 1.39%이었다.

① 불편 분산은 다음과 같이 구한다.

$$V = \frac{(1.51^2+1.43^2+1.39^2+1.51^2+1.39^2) - \dfrac{(1.51+1.43+1.39+1.51+1.39)^2}{5}}{5-1}$$

$$= \frac{10.4693 - \dfrac{7.23^2}{5}}{5-1} = 0.00368$$

$l = 17$로트에서 $n = 5$시료에 대하여 V를 구한 결과 다음 표와 같다.

시료 No	V
1	0.00368
2	0.00650
3	0.00650
4	0.00442
5	0.00213
6	0.00187
7	0.00288
8	0.00605
9	0.00733

시료 No	V
10	0.00212
11	0.00675
12	0.00335
13	0.00078
14	0.00397
15	0.00633
16	0.00337
17	0.01132
계	0.07935

② 여기에서 불편 분산의 평균값 $\overline{V}$는 다음과 같이 하여 구한다.

$$\overline{V} = \frac{\sum V}{l} = \frac{0.07935}{17} = 0.004668$$

③ F분포표에서 $F_{\infty}^{4}(0.01) = 3.32$이므로,

$$\overline{V} \cdot F_{\infty}^{4}(0.01) = (0.004668)(3.32) = 0.015498$$

17로트 중 V가 판정값을 넘는 것이 없으므로, 로트 내의 산포는 안정되어 있다.

④ σ의 추정값$= \sqrt{\overline{V}} = \sqrt{0.004668} = 0.0683\%$를 σ의 값으로 지정한다.

(5) 시료의 크기와 합격 판정값을 구하는 방법

지정한 m_0, m_1에서 시료의 크기와 합격 판정값을 구하려면, 특성값이 낮은 편이 좋은 경우에는 1)에 따르고, 높은 편이 좋은 경우에는 2)에 따른다. 그리고 특성값이 너무 낮아도 높아도 나쁜 경우에는 3)에 따른다.

1) 시료의 크기 n과 상한 합격 판정값 $\overline{X}_U$를 구하는 방법

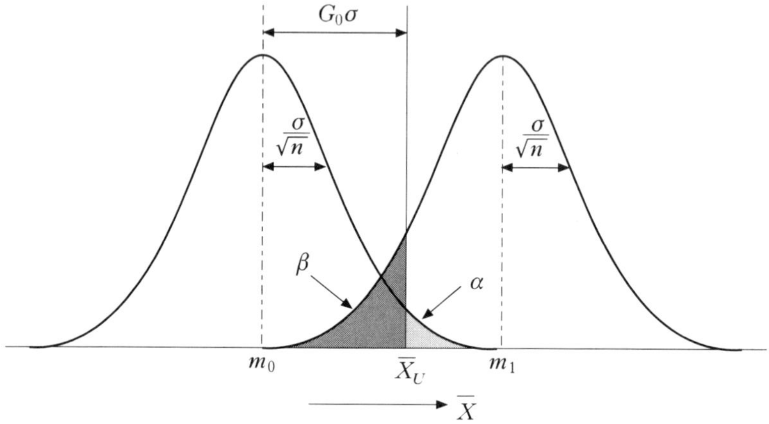

그림 4.1 특성값이 낮은 편이 좋은 경우

① $\dfrac{m_1 - m_0}{\sigma}$를 계산하고 소수 이하 3자리로 끝맺음한다.

② 표 4.4를 사용하여 $\dfrac{|m_0 - m_1|}{\sigma}$의 열에서, ①에서 구한 $\dfrac{|m_0 - m_1|}{\sigma}$의 값을 포함하는 행을 구한다.

③ 그 행의 n 및 계수 G_0를 읽고, $\overline{X}_U = m_0 + G_0\sigma$를 계산한다.

④ ③에서 구한 n과 $\overline{X}_U$에 대하여 검사 비용 등을 검토한 결과 그 값이 적당하면 그대로 채택하고, 부적당하다고 인정되었을 때는 m_0, m_1의 값을 수정하여 n과 $\overline{X}_U$를 다시 구한다.

예제 / 4.5 드럼통 속의 고형 가성소다 중의 산화철분(Fe_2O_3)은 낮은 편이 바람직하다. 로트의 평균값이 0.0040% 이하이면 합격으로 하고, 그것이 0.0050% 이상이면 불합격으로 하는 n과 $\overline{X}_U$를 구한다. 이 경우, 로트의 표준 편차는 $\sigma = 0.0006\%$로 한다. $\alpha = 0.05$, $\beta = 0.10$으로 하여 샘플링 검사 방식을 구하면 다음과 같다.

① $m_0 = 0.0040\%$, $m_1 = 0.0050 : \sigma = 0.0006\%$

$$\frac{m_1 - m_0}{\sigma} = \frac{0.0050 - 0.0040}{0.0006} = 1.667$$

② 표 4.4의 $\dfrac{|m_1 - m_0|}{\sigma}$ 열에서 1.667을 포함하는 행을 찾아보면, 위에서 3번째에 1.463 ~ 1.689의 행이 있다.

③ 이 행에서 $n=4$, $G_0 = 0.822$를 구할 수 있다.

상한 합격 판정값 $\overline{X}_U = m_0 + G_0\sigma$

$$= 0.0040 + 0.822 \times 0.0006 = 0.0045\%$$

2) 시료의 크기 n과 하한 합격 판정값 $\overline{X}_L$을 구하는 방법

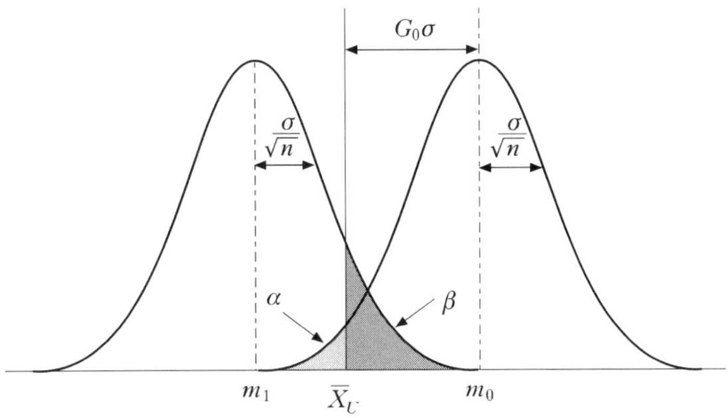

그림 4.2 특성값이 높은 편이 좋은 경우

① $\dfrac{m_0 - m_1}{\sigma}$을 계산하고 소수 이하 셋째 자리에서 끝맺음한다.

② 표 4.4를 사용하여 $\dfrac{|m_1 - m_0|}{\sigma}$의 열에서 구한 $\dfrac{|m_1 - m_0|}{\sigma}$의 값을 포함하는 행을 구한다.

③ 그 행의 n 및 계수 G_0을 읽고 $\overline{X}_L = m_0 - G_0\sigma$를 계산한다.

④ ③에서 구한 n과 $\overline{X}_L$에 대하여 검사 비용 등을 검토한 결과 그 값이 적당하면 그대로 채용하고, 부적당하다고 인정되었을 때는 m_0, m_1의 값을 수정하여 n과 $\overline{X}_L$을 다시 구한다.

예제 / 4.6 강재의 인장 강도는 큰 쪽이 바람직하다. 지금 평균값이 46kgf/mm^{2}이상의 로트는 통과하고, 그것이 43kgf/mm^2 이하의 로트를 통과하지 않는 n과 $\overline{X}_L$을

구한다. 이 경우, 로트의 표준 편차는 $\sigma=4\text{kgf/mm}^2$로 한다. $\alpha=0.05$, $\beta=0.10$으로 하여 샘플링 검사 방식을 구하면 다음과 같다.

① $m_0=46\text{kgf/mm}^2$, $m_1=43\text{kgf/mm}^2$, $\sigma=4\text{kgf/mm}^2$

$$\frac{m_0-m_1}{\sigma}=\frac{46-43}{4}=0.75$$

② 표 4.4의 $\dfrac{|m_1-m_0|}{\sigma}$ 열에서 0.75를 포함하는 행을 찾아 나가면, 위에서 15번째에 0.732 ~ 0.755의 행이 있다.

③ 이 행에서 $n=16$, $G_0=0.411$을 구할 수 있다.

하한 합격 판정값 $\overline{X}_L=m_0-G_0\sigma=46-0.411\times4=44.36\,\text{kgf/mm}$

3) 평균값을 보증할 때 특성 값이 너무 작아도 너무 높아도 나쁜 경우

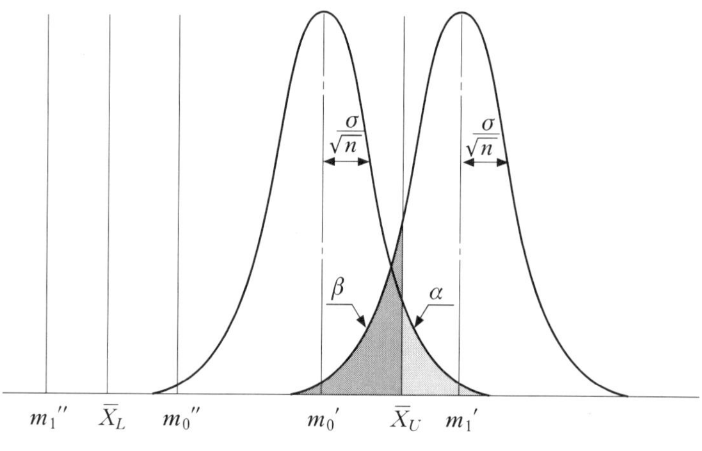

그림 4.3 특성 값이 너무 작아도 너무 높아도 나쁜 경우

이 경우는 상한 합격 판정값 $\overline{X}_U$, 하한 합격 판정값 $\overline{X}_L$ 및 시료의 크기 n을 각각 상기 1)과 2)에서 구하는 방법에 따라 구하고, $\dfrac{m_0'-m_0''}{\sigma/\sqrt{n}}$의 값이 1.7 이상일 때만 샘플링 검사 방식을 구할 수 있다. 이 값이 1.7이 되지 못할 때는 다른 방법에 따른다.

여기에서 m_0', m_1'는 상한에 대한 값 m_0'', m_1''는 하한에 대한 값으로 한다.
① m_0', m_0''를 지정하고, 이 중심에 대하여 대칭으로 m_1', m_1''를 잡는다.

따라서 $|m_1' - m_0'| = |m_1'' - m_0''|$ 이 된다. $\frac{|m_1' - m_0'|}{\sigma}$ 를 계산한다.

② 표 4.4의 $\frac{|m_1' - m_0'|}{\sigma}$ 열에서 계산값을 포함하는 행을 구한다.

③ 그 행의 n 및 계수 G_0을 읽고 $\overline{X}_U$와 $\overline{X}_L$를 계산한다.

$$\overline{X}_U = m_0' + G_0\sigma \quad \text{및} \quad \overline{X}_L = m_0'' - G_0\sigma$$

④ $\frac{m_0' - m_0''}{\sigma/\sqrt{n}}$ 를 계산하고 $\frac{m_0' - m_0''}{\sigma/\sqrt{n}} > 1.7$이면, 다음 순서로 진행한다.

⑤ 구한 n과 $\overline{X}_U$와 $\overline{X}_L$에 대하여 검사 비용 등을 검토한 결과, 그 값이 적당하면 그대로 채택하고, 부적당하다고 인정되었을 때는 m_0', m_1', m_0'', m_1''의 값을 수정하여 n과 $\overline{X}_U$ 및 $\overline{X}_L$을 다시 구한다.

<u>예제 / 4.7</u> 어떤 금속판의 두께의 기본 수치가 5mm이고 두께의 평균값이 기본 치수에서 ±0.15mm인 로트는 통과하고, 그것이 ±0.4mm 이상 떨어져 있는 로트는 통과하지 않는 n과 $\overline{X}_U$ 및 $\overline{X}_L$을 구한다.

이 경우, 로트의 표준 편차는 $\sigma = 0.2\text{mm}$로 한다. $\alpha = 0.05$, $\beta = 0.10$으로 하여 샘플링 검사 방식을 구하려면

① $m_0' = 5.15\text{mm}$, $m_1' = 5.40\text{mm}$, $m_0'' = 4.85\text{mm}$, $m_1'' = 4.60\text{mm}$, $\sigma = 0.2\text{mm}$

② 표 4.4 $\frac{|m_1' - m_0'|}{\sigma}$ 의 보기에서 1.25를 포함하는 행을 찾아가면, 위에서 5번째에 1.195 ~ 1.308의 행이 있다.

③ 이 행을 오른쪽으로 보면 $n = 6$, $G_0 = 0.672$를 얻는다. 상한 합격 판정값 $\overline{X}_U$과 하한 합격 판정값 $\overline{X}_L$은 다음과 같다.

$$\overline{X}_U = m_0' + G_0\sigma = 5.15 + 0.672 \times 0.2 = 5.28$$

$$\overline{X}_L = m_0'' - G_0\sigma = 4.85 - 0.672 \times 0.2 = 4.72$$

④ $\frac{m_0' - m_0''}{\sigma/\sqrt{n}} = \frac{5.15 - 4.85}{0.2/\sqrt{6}} = 3.7$이 되고 판정기준 1.7보다 크므로, 다음 순서로 진행한다.

(6) 시료의 샘플링 방법

검사 로트 중에서 상기에서 구한 n개의 시료를 랜덤샘플링에 따라 무작위로 샘플링 한다.

(7) 시료의 시험

크기 n의 시료에 대하여, 규정한 측정 방법에 따라 특성값 x를 측정하고, 평균값 $\bar{x}$를 구한다.

(8) 로트의 합격 여부 판정

로트의 합격 여부 판정은 다음에 따른다.

① 상한규격치가 주어진 경우(특성값이 낮은 편이 좋은 경우)

$\bar{x} \leq \overline{X}_U$이면 로트를 합격으로 하고, $\bar{x} > \overline{X}_U$이면 로트를 불합격으로 한다.

② 하한규격치가 주어진 경우(특성값이 높은 편이 좋은 경우)

$\bar{x} \geq \overline{X}_L$이면 로트를 합격으로 하고, $\bar{x} < \overline{X}_L$이면 로트를 불합격으로 한다.

③ 양쪽규격치가 주어진 경우(특성치가 높아도 낮아도 좋지 않은 경우)

$\overline{X}_L \leq \bar{x} \leq \overline{X}_U$이면 로트를 합격시키고,

$\bar{x} < \overline{X}_L$ 이거나 $\bar{x} > \overline{X}_L$이면 로트를 불합격시킨다.

(9) 로트의 처리

합격 또는 불합격으로 판정된 로트는 미리 정한 약속에 따라 처리한다. 어떠한 경우라도 불합격이 된 로트를 그대로 다시 제출하여서는 안 된다.

표 4.4 m_0, m_1을 기초로 하여 시료의 크기 n과 합격 판정값을 계산하기 위한 계수 G_0를 구하는 표 ($\alpha \fallingdotseq 0.05$, $\beta \fallingdotseq 0.10$)

$\frac{\lvert m_1 - m_0 \rvert}{\sigma}$	n	G_0
2.069 이상	2	1.163
1.690 ~ 2.068	3	0.950
1.463 ~ 1.689	4	0.822
1.309 ~ 1.462	5	0.736
1.195 ~ 1.308	6	0.672
1.106 ~ 1.194	7	0.622
1.035 ~ 1.105	8	0.582
0.975 ~ 1.034	9	0.548
0.925 ~ 0.974	10	0.520
0.882 ~ 0.924	11	0.496
0.845 ~ 0.881	12	0.475
0.812 ~ 0.844	13	0.456
0.772 ~ 0.811	14	0.440
0.756 ~ 0.771	15	0.425
0.732 ~ 0.755	16	0.411
0.710 ~ 0.731	17	0.399
0.690 ~ 0.709	18	0.383
0.671 ~ 0.689	19	0.377
0.654 ~ 0.670	20	0.368
0.585 ~ 0.653	25	0.329
0.534 ~ 0.584	30	0.300
0.495 ~ 0.533	35	0.278
0.463 ~ 0.494	40	0.260
0.436 ~ 0.462	45	0.245
0.414 ~ 0.435	50	0.233

4.2.2 로트의 부적합품률을 보증하는 경우

(1) 품질 기준의 설정

검사 단위의 특성값 x의 측정 방법을 구체적으로 정하고, 상한 규격값 S_U, 하한 규격값 S_L의 한 쪽 또는 양쪽을 정한다.

(2) p_o, p_1의 지정

이 규격에 따르는 샘플링 검사를 실시하려면, 먼저 물품을 건네는 쪽과 받는 쪽이 합의한 후 p_o, p_1을 정한다. 이때, α는 0.05, β는 0.10을 기준으로 한다.

(3) 로트의 형성

동일 조건에서 생산된 로트를 되도록 검사 로트로 한다. 로트가 심하게 큰 경우에는 작은 로트로 나누어 검사 로트를 하여도 좋다.

(4) σ의 지정

로트의 표준 편차 σ를 미리 알고 있는 경우, 또는 물품을 건네는 쪽과 받는 쪽과 협의하여 결정되어 있는 경우에는 그 값을 사용한다.

σ가 주어져 있지 않은 경우에는 과거의 검사 데이터에서 추정한 σ의 값을 사용한다. 각 로트에서 샘플링한 시료의 크기 n이 같은 경우에는 평균값을 보증하는 경우와 같다.

(5) 시료의 크기와 합격 판정값을 구하는 방법

상한 규격값 S_U가 주어진 경우에는 1)에 따르고, 하한 규격값 S_L이 주어진 경우에는 2)에 따른다. 양쪽 규격값이 주어진 경우는 3)의 방법에 따른다.

1) 시료의 크기 n과 상한 합격 판정값 $\overline{X}_U$를 구하는 방법

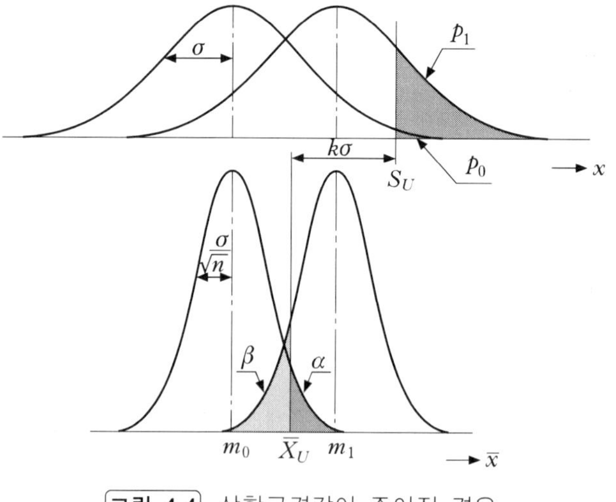

그림 4.4 상한규격값이 주어진 경우

① 표 4.5를 사용하여 지정된 p_o를 포함하는 행과 지정된 p_1을 포함하는 열이 만나는 칸을 구한다.

② 칸 안의 왼쪽 아래의 수치(굵은 숫자)를 시료의 크기 n으로 하고, 오른쪽 위의 숫자(가는 숫자)를 합격 판정값으로 계산하기 위한 계수 k로 한다.

③ 상한 합격 판정값 $\overline{X}_U = S_U - k\sigma$를 계산한다.

④ 상기의 ②에서 구한 n, k에 대하여 OC 곡선을 조사하여 검사 비용 등을 검토한 결과, 그 값이 적당하면 그대로 채용하고 부적당하다고 인정되었을 때는 p_o, p_1의 값을 수정하여 n과 $\overline{X}_U$를 다시 구한다.

예제 / 4.8 상한 규격값이 주어진 경우의 샘플링 검사 방식을 구하는 방법

금속판의 경도의 상한 규격값이 로크웰 경도 68 이하로 규정되었을 때, 로크웰 경도 68을 초과하는 것이 0.5% 이하의 로트는 통과하고, 4% 이상인 로트는 통과하지 않는 n과 $\overline{X}_U$를 구한다. 이 경우, 로트의 표준편차는 $\sigma = 3$으로 한다. $\alpha = 0.05$, $\beta = 0.10$으로 하여 샘플링 검사 방식을 구하려면,

① $p_0 = 0.5\%$, $p_1 = 4\%$
표 4.5에서 $p_0 = 0.5$를 포함하는 행[0.451 ~ 0.560(%)]과 $p_1 = 4\%$를 포함하는 열[3.56 ~ 4.50(%)]이 만나는 칸을 구한다.

② 이 칸에서 $n = 13$, $k = 2.11$을 읽는다. 시료의 크기 $n = 13$으로 한다.
상한 합격 판정값 $\overline{X}_U = S_U - k\sigma = 68 - 2.11 \times 3 = 61.67$

③ OC 곡선 및 검사 특성을 조사한 결과, 시료의 크기도 경제성을 검토한 결과 너무 크지 않으므로 이 방식을 채택하기로 하였다.

2) 시료의 크기 n과 하한 합격 판정값 $\overline{X}_L$을 구하는 방법

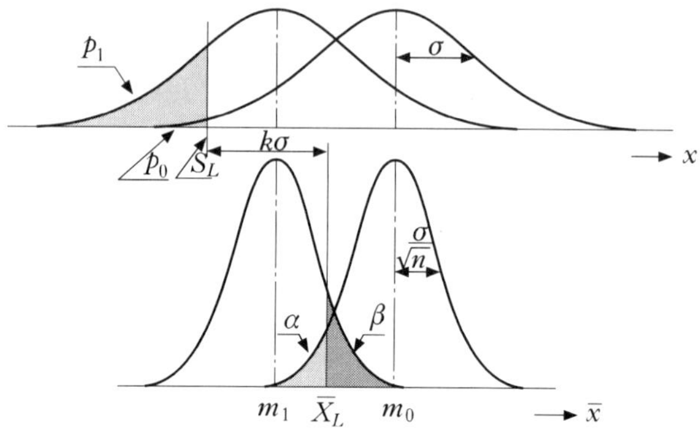

그림 4.5 하한 규격값이 주어진 경우

① 표 4.5를 사용하여 지정된 p_0를 포함하여 행과 지정된 p_1을 포함하는 열이 만나는 난을 구한다.

② 난 안의 왼쪽 아래의 수치(굵은 숫자)를 시료의 크기 n으로 하고, 오른쪽 위의 숫자(가는 숫자)를 합격 판정값을 계산하기 위한 계수 k로 한다.

③ 하한 합격 판정값 $\overline{X}_L = S_L + k\sigma$를 계산한다.

④ 상기의 ②에서 구한 n, k에 대하여 OC 곡선을 조사하여 검사 비용 등을 검토한 결과, 그 값이 적당하면 그대로 채택하고 부적당하다고 인정되었을 때는 p_0, p_1의 값을 수정하여 n과 $\overline{X}_L$을 다시 구한다.

예제 / 4.9 하한 규격값이 주어진 경우의 샘플링 검사 방식을 구하는 방법

금속판 두께의 하한 규격값이 2.3mm 이상으로 규정되었을 때, 두께가 2.3mm를 충족하지 못하는 것이 1% 이하의 로트는 통과하고, 그것이 9% 이상인 로트는 통과하지 않는 n과 $\overline{X}_L$을 구한다. 다만, 로트의 표준 편차는 $\sigma = 0.2\text{mm}$, $\alpha = 0.05$, $\beta = 0.10$으로 하여 샘플링 검사 방식을 구하면 다음과 같다.

① $p_0 = 1\%$, $p_1 = 9\%$

표 4.5에서 $p_0 = 1\%$을 포함하는 행[0.901 ~ 1.12(%)]과 $p_1 = 9\%$를 포함하는 열 [7.11 ~ 9.00(%)]이 만나는 난을 구한다.

② 이 난에서 $n = 10$, $k = 1.81$을 읽는다. 시료의 크기 $n = 10$으로 한다.

③ 하한 합격 판정값 $\overline{X}_L = S_L + k\sigma = 2.3 + 1.81 \times 0.2 = 2.66$

④ OC곡선, 계량 1회 샘플링 검사 설계도 등에 따라 검사 특성을 조사한 결과 만족하고, 또한 시료의 크기도 경제적으로 크지 않으므로 이 방식을 채택하기로 하였다.

3) 상한 규격값 S_U 및 하한 규격값 S_L이 주어진 경우

이 경우는 상한 합격 판정값 $\overline{X}_U$, 하한 합격 판정값 $\overline{X}_L$ 및 시료의 크기 n을 각각 1), 2)에 따라 구하고, $\dfrac{S_U - S_L}{\sigma}$의 값이 표 4.7의 값 이상일 경우에만 샘플링 검사 방식을 구할 수 있다.

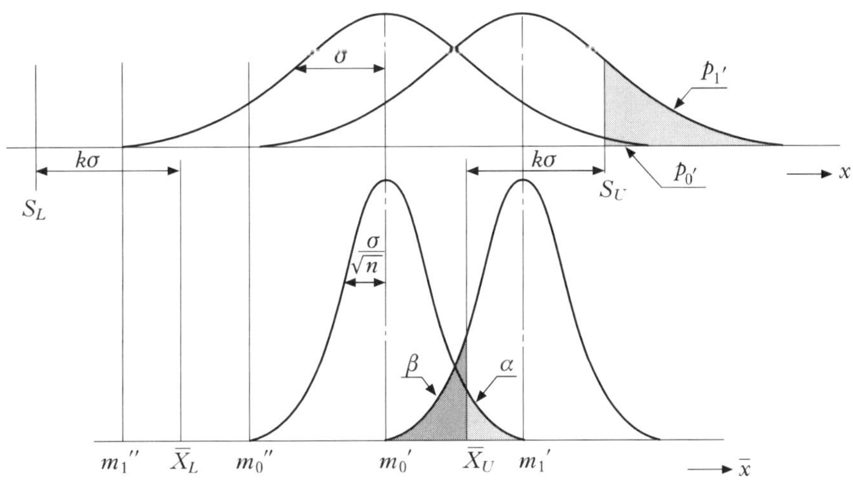

그림 4.6 양쪽 규격이 주어진 경우

① $\dfrac{S_U - S_L}{\sigma}$을 계산하고, $\dfrac{S_U - S_L}{\sigma}$의 값이 표 4.7의 값 이상일 경우에는 다음 순서로 진행된다.

② 표 4.5를 사용하여 지정된 p_0을 포함하는 행과 지정된 p_1을 포함하는 열이 만나는 칸을 구한다.

③ 구한 칸에서 n 및 계수 k를 읽고, $\overline{X}_U = S_U - k\sigma$ 및 $\overline{X}_L = S_L + k\sigma$를 계산한다.

④ 구한 n과 k에 대하여 OC 곡선을 조사하고, $\overline{X}_U$ 및 $\overline{X}_L$에 대해서도 검사

비용 등을 검토한 결과, 필요하면 p_0, p_1의 값을 수정하여 n과 $\overline{X}_U$ 및 $\overline{X}_L$을 다시 구한다.

예제 / 4.10 어떤 기계 부품의 축 지름의 기본 치수가 10mm이고 두께의 허용차가 ±0.05mm로 주어졌을 때, 부적합품률 1%인 로트는 통과하고 그것이 부적합품률 10%인 로트는 통과하지 않는 n과 $\overline{X}_U$ 및 $\overline{X}_L$을 구한다. 이 경우, 로트의 표준 편차는 $\sigma = 0.015\text{mm}$로 한다. $\alpha = 0.05$, $\beta = 0.10$으로 하여 샘플링 검사 방식을 구하면 다음과 같다.

① $p_0 = 1\%$, $p_1 = 10\%$: $\sigma = 0.015\text{mm}$, $S_U = 10.05\text{mm}$, $S_L = 9.95\text{mm}$

$\dfrac{S_U - S_L}{\sigma} = \dfrac{10.05 - 9.95}{0.015} = 6.67$이므로, 표 4.7에서 $p_0 = 1\%$에 대한 판정값은 6.4이므로, 다음 순서로 진행된다.

② 표 4.5에서 $p_0 = 1\%$를 포함하는 행[0.91 ~ 1.12(%)]과 $p_1 = 10\%$를 포함하는 열[9.01 ~ 11.2(%)]이 만나는 칸에서 $[n = 8,\ k = 1.74]$을 구한다.

③ 이 칸에서 $n = 8$, $k = 1.74$를 얻어 상한 합격 판정값 $\overline{X}_U$와 하한 합격 판정값 $\overline{X}_L$를 구하면 다음과 같다.

$$\overline{X}_U = S_U - k\sigma = 10.05 - 1.74 \times 0.015 = 10.024$$

$$\overline{X}_L = S_L + k\sigma = 9.95 + 1.74 \times 0.015 = 9.976$$

(6) 시료의 채취 방법

검사 로트 중에서 상기 ②에서 정한 크기 n인 시료를 랜덤 샘플링방법(KS A 3151)에 따라 무작위로 시료를 샘플링한다.

(7) 시료의 시험

크기 n인 시료에 대하여 규정한 측정 방법에 따라 특성값 x를 측정하고, 평균값 $\overline{x}$를 구한다.

(8) 로트의 합격 여부 판정

로트의 합격 여부 판정은 다음에 따른다.

① 상한 규격값이 주어졌을 경우 $\bar{x} \le \overline{X}_U$이면 로트를 합격으로 하고, $\bar{x} > \overline{X}_U$이면 로트를 불합격으로 한다.

② 하한 규격값이 주어졌을 경우 $\bar{x} \ge \overline{X}_L$이면 로트를 합격으로 하고, $\bar{x} < \overline{X}_L$이면 로트를 불합격으로 한다.

③ S_U 및 S_L이 주어진 경우 $\overline{X}_L \le \bar{x} \le \overline{X}_U$이면 로트를 합격시키고, 그렇지 않으면 로트를 불합격 시킨다.

(9) 로트의 처리

합격 또는 불합격으로 판정된 로트는 미리 정한 규정에 따라서 처리한다. 어떤 경우라도 불합격 로트를 다시 제출하여서는 안 된다.

표 4.5 $p_0(\%)$, $p_1(\%)$을 근거로 하여 시료의 크기 n과 합격 판정값을 계산하기 위한 계수 k를 구하는 표

(왼쪽 아래는 n, 오른쪽 위는 k, $\alpha \fallingdotseq 0.05$, $\beta \fallingdotseq 0.10$)

$p_0(\%)$ \ $p_1(\%)$ 대표값		0.80	1.00	1.25	1.60	2.00	2.50	3.15	4.00	5.00	6.30	8.00	10.0	12.5	16.0	20.0	25.0	31.5
대표값	범위 \ 범위	0.71~0.90	0.91~1.12	1.13~1.40	1.41~1.80	1.81~2.24	2.25~2.80	2.81~3.55	3.56~4.50	4.51~5.60	5.61~7.10	7.11~9.00	9.01~11.2	11.3~22.4	14.1~18.0	18.1~22.4	22.5~28.0	28.1~35.5
0.100	0.090~0.112	18 2.71	15 2.66	12 2.61	10 2.56	8 2.51	7 2.40	6 2.40	5 2.34	4 2.28	4 2.30	3 2.14	3 2.08	2 1.99	2 1.91	2 1.84	2 1.75	2 1.66
0.125	0.113~0.140	23 2.68	29 2.63	14 2.58	10 2.53	9 2.48	8 2.43	6 2.37	5 2.31	5 2.25	4 2.19	3 2.11	3 2.05	2 1.96	2 1.88	2 1.80	2 1.72	2 1.62
0.160	0.141~0.180	29 2.64	22 2.60	17 2.55	13 2.50	11 2.45	9 2.39	7 2.35	6 2.28	5 2.22	4 2.15	4 2.09	3 2.01	3 1.94	2 1.84	2 1.77	2 1.68	2 1.59
0.200	0.181~0.224	39 2.61	28 2.57	21 2.52	16 2.47	13 2.42	10 2.30	8 2.30	7 2.25	6 2.19	5 2.12	4 2.05	3 1.98	3 1.91	2 1.81	2 1.73	2 1.65	2 1.55
0.250	0.225~0.280	*	37 2.54	27 2.49	20 2.44	15 2.38	12 2.33	10 2.28	8 2.21	6 2.15	5 2.09	4 2.02	4 1.95	3 1.87	3 1.80	2 1.70	2 1.61	2 1.52
0.315	0.281~0.355	*	*	36 2.46	25 2.40	19 2.35	14 2.30	11 2.24	9 2.18	7 2.12	6 2.06	5 1.99	4 1.92	3 1.84	3 1.76	2 1.66	2 1.57	2 1.48
0.400	0.356~0.450	*	*	*	33 2.37	24 2.32	18 2.26	14 2.21	11 2.15	8 2.08	7 2.02	6 1.95	5 1.89	4 1.81	3 1.72	3 1.64	2 1.53	2 1.44
0.500	0.451~0.560	*	*	*	46 2.33	31 2.28	23 2.23	17 2.17	13 2.11	10 2.05	8 1.99	6 1.92	5 1.85	4 1.77	3 1.68	3 1.60	2 1.50	2 1.40
0.630	0.561~0.710	*	*	*	*	44 2.25	30 2.19	21 2.14	15 2.08	12 2.02	9 1.95	7 1.89	6 1.81	5 1.74	4 1.65	3 1.56	2 1.46	2 1.36
0.800	0.711~0.900	*	*	*	*	*	42 2.16	28 2.10	20 2.04	15 1.98	11 1.91	8 1.84	7 1.78	5 1.70	4 1.61	3 1.52	3 1.44	2 1.32
1.00	0.901~1.12		*	*	*	*	*	38 2.06	26 2.00	18 1.94	14 1.88	10 1.81	8 1.74	6 1.66	5 1.58	4 1.50	3 1.42	3 1.30
1.25	1.13~1.40			*	*	*	*	*	36 1.97	24 1.91	17 1.84	12 1.77	9 1.70	7 1.63	6 1.54	4 1.45	3 1.37	3 1.26
1.60	1.41~1.80				*	*	*	*	*	34 1.86	23 1.80	16 1.73	12 1.66	9 1.59	6 1.50	5 1.41	4 1.32	3 1.21
2.00	1.81~2.24					*	*	*	*	*	31 1.76	20 1.69	14 1.62	10 1.54	8 1.46	6 1.37	5 1.28	3 1.16
2.50	2.25~2.80						*	*	*	*	46 1.72	28 1.65	19 1.58	13 1.50	9 1.42	7 1.33	5 1.24	4 1.13
3.15	2.81~3.55							*	*	*	*	42 1.60	26 1.53	17 1.46	11 1.37	8 1.29	6 1.19	5 1.09
4.00	3.56~4.50								*	*	*	*	39 1.49	24 1.41	15 1.33	10 1.24	7 1.14	5 1.04
5.00	4.51~5.60									*	*	*	*	35 1.37	20 1.28	13 1.19	9 1.10	6 0.99
6.30	5.61~7.10										*	*	*	*	30 1.23	18 1.14	12 1.05	8 0.94
8.00	7.11~9.00											*	*	*	*	27 1.09	16 1.00	10 0.89
10.0	9.01~11.2												*	*	*	44 1.03	23 0.94	14 0.83

비고 *의 난은 표 4.6에 따라 각각 p_0, p_1의 대푯값에 대한 K_{p0}, K_{p1}을 사용하여 $n = \left[\dfrac{2.9264}{K_{p0} - K_{p1}}\right]^2$ $k = 0.562073K_{p1} + 0.437927K_{p0}$를 계산하고, n은 정수로, k는 소수점 이하 4자리까지 계산하여 2자리로 끝맺음한 것을 사용한다. 공란에 대해서는 샘플링 검사 방식은 없다.

표 4.6 표 4.5 p의 대표값에 대한

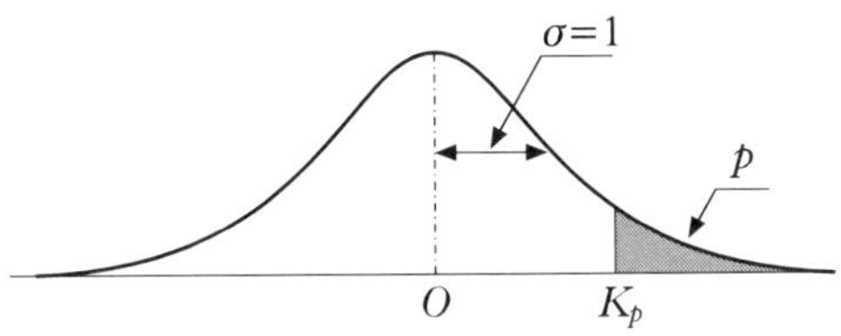

$p(\%)$		K_P
p_0	p_1	
0.100	–	3.09023
0.125	–	3.02334
0.160	–	2.94784
0.200	–	2.87816
0.250	–	2.80703
0.315	–	2.73174
0.400	–	2.65207
0.500	–	2.57583
0.630	–	2.49488
0.800	0.80	2.40892
1.00	1.00	2.32635
1.25	1.25	2.24140
1.60	1.60	2.14441
2.00	2.00	2.05375
2.50	2.50	1.95996
3.15	3.15	1.85919
4.00	4.00	1.75069
5.00	5.00	1.64485
6.30	6.30	1.53007
8.00	8.00	1.40507
10.0	10.0	1.28155
–	12.5	1.15035
–	16.0	1.99446
–	20.0	0.84162
–	25.0	0.67449
–	31.5	0.48173

비고 이 표는 표준 정규 분포에서의 위쪽 확률 $p(\%)$를 주는 점을 나타낸 것으로, 표 4.5에 나타내었다.

$n=\left[\dfrac{2.9264}{K_{p_1}-K_{p_0}}\right]^2$, $k=0.562073K_{p_1}+0.437927K_{p0}$에 따라 n, k를 계산할 때 사용한다.

표 4.7 상한 및 하한 규격값을 규정한 경우, p_0, p_1을 기초로 하여 샘플링 검사 방식을 정하는 조건을 나타내는 표
($\alpha=0.05$, $\beta=0.01$)

$p_0(\%)$	$\frac{S_U-S_L}{\sigma}$
0.1	7.9
0.15	7.7
0.2	7.5
0.3	7.2
0.5	6.9
0.7	6.6
1.0	6.4
1.5	6.0
2.0	5.8
3.0	5.5
5.0	5.0
7.0	4.7
10.0	4.3
15.0	3.8

4.2.3 샘플링 검사 방식을 구하는 식의 근거

(1) 로트의 평균값을 보증하는 경우

1) 특성값이 낮은 편이 좋은 경우

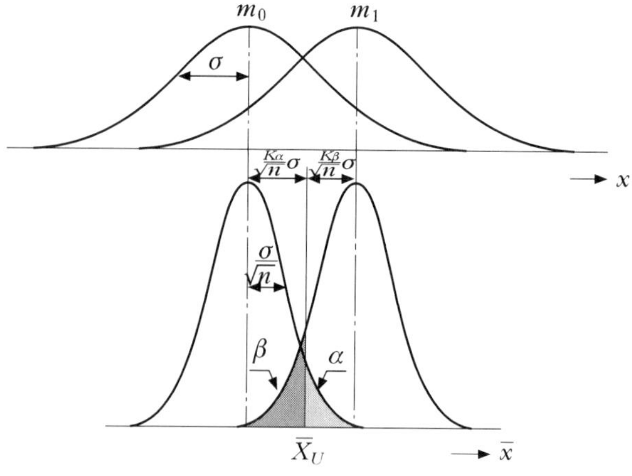

그림 4.7 특성값이 낮을수록 좋은 경우

평균값 m, 표준 편차 σ인 로트에서 크기 n의 시료를 취하였을 때, 시료의 평균값 $\overline{x}$의 분포는 평균값 m, 표준편차 $\sigma/\sqrt{n}$의 정규분포를 하므로, 참고 그림 4.7에서 다음의 관계를 얻을 수 있다.

$$\overline{X}_U = m_0 + K_\alpha \frac{\sigma}{\sqrt{n}} \tag{4.5}$$

$$\overline{X}_U = m_1 - K_\beta \frac{\sigma}{\sqrt{n}} \tag{4.6}$$

식 (4.5)와 (4.6)에서

$$m_1 - m_0 = \frac{\sigma}{\sqrt{n}}(K_\alpha + K_\beta)$$

시료의 크기 n은

$$n = \left[\frac{K_\alpha + K_\beta}{m_1 - m_0}\right]^2 \sigma^2 \tag{4.7}$$

상한 합격 판정값은 그림 4.7에서

$$\overline{X}_U = m_0 + \frac{K_\alpha}{\sqrt{n}}\sigma, \quad \frac{K_\alpha}{\sqrt{n}} = G_0 \tag{4.8}$$

으로 하면,

$$\overline{X}_U = m_0 + G_0\sigma \tag{4.9}$$

가 된다.

2) 특성값이 높은 편이 좋은 경우

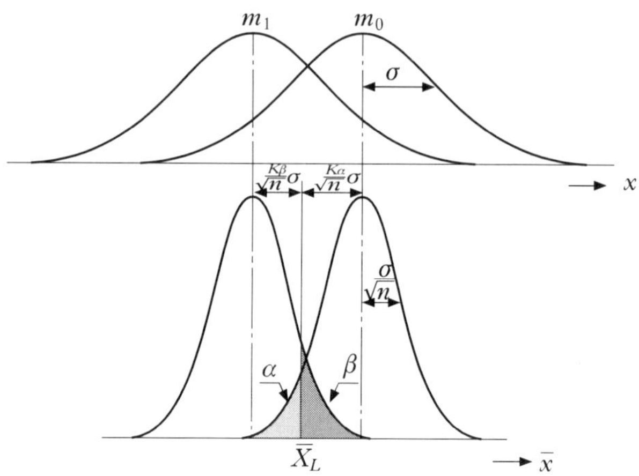

그림 4.8 특성값이 높을수록 좋은 경우

그림 4.8에서 $\overline{X}_L$값은 다음과 같이 구할 수 있다.

$$\overline{X}_L = m_0 - K_\alpha \frac{\sigma}{\sqrt{n}} \tag{4.10}$$

$$\overline{X}_L = m_1 + K_\beta \frac{\sigma}{\sqrt{n}} \tag{4.11}$$

식 (4.10)과 (4.11)에서

$$m_0 - m_1 = \frac{\sigma}{\sqrt{n}}(K_\alpha + K_\beta)$$

시료의 크기 n은 다음과 같다.

$$n = \left[\frac{K_\alpha + K_\beta}{m_1 - m_0}\right]^2 \sigma^2 \tag{4.12}$$

하한 합격 판정값은 그림 4.8에서

$$\overline{X}_L = m_0 - \frac{K_\alpha}{\sqrt{n}}\sigma, \ \overline{X}_L = m_0 - G_0\sigma \tag{4.13}$$

가 된다.

3) $\alpha = 0.05$, $\beta = 0.10$인 경우 시료의 크기 n을 계산하는 식은 (4.14)와 같다.

$$n = \left[\frac{K_\alpha + K_\beta}{m_1 - m_0} \right]^2 \sigma^2 \tag{4.14}$$

$\alpha = 0.05$, $\beta = 0.10$으로 하면, $K_\alpha = 1.64485$, $K_\beta = 1.28155$가 되므로,

$$n = \left[\frac{2.9264}{m_1 - m_0} \right]^2 \sigma^2 \tag{4.15}$$

이 된다.

상한 또는 하한 합격 판정값을 구하는 계수 G_0는 식 (4-16)에서

$$G_0 = \frac{K_\alpha}{\sqrt{n}} = \frac{1.64485}{\sqrt{n}} \tag{4.16}$$

가 된다.

[참고] : $\alpha \neq 0.05$, $\beta \neq 0.10$인 경우에는 각각의 α, β에 대한 K_α 및 K_β의 값을 사용하면 된다.

(2) 부적합품률을 보증하는 경우

1) 상한 규격값이 주어졌을 경우

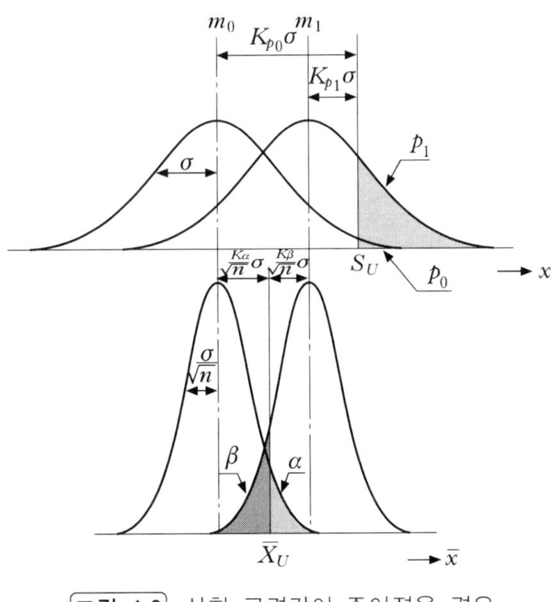

그림 4.9 상한 규격값이 주어졌을 경우

평균값 m, 표준편차 σ의 정규 분포를 이루는 로트에서 크기 n의 시료를 샘플링하였을 때, 시료의 평균값 $\bar{x}$의 분포는 평균값 m, 표준편차 $\sigma/\sqrt{n}$의 정규 분포를 하므로, 그림 4.9에서 다음의 관계를 얻을 수 있다.

$$m_0 = S_U - K_{p_0}\sigma \tag{4.17}$$

$$m_1 = S_U - K_{p_1}\sigma \tag{4.18}$$

식 (4.17)과 (4.18)에서

$$m_1 - m_0 = (K_{p_0} - K_{p_1})\sigma \tag{4.19}$$

식 (4.7)과 (4.19)에서 시료의 크기 n은

$$n = \left[\frac{K_\alpha + K_\beta}{K_{p_0} - K_{p_1}}\right]^2 \tag{4.20}$$

상한 합격 판정값은 그림 4.9에 따라

식 (4.5)와 (4.17)에서

$$\overline{X}_U = S_U - K_{p_0}\sigma + K_\alpha \frac{\sigma}{\sqrt{n}} \tag{4.21}$$

식 (4.20)과 (4.21)로부터

$$\overline{X}_U = S_U - K_{p_0}\sigma + K_\alpha \sigma \frac{K_{p_0} + K_{p_1}}{K_\alpha + K_\beta}$$

$$= S_U - \frac{K_\alpha K_{p_1} + K_\beta K_{p_0}}{K_\alpha + K_\beta}\sigma$$

$$\frac{K_\alpha K_{p_1} + K_\beta K_{p_0}}{K_\alpha + K_\beta} = k \tag{4.22}$$

로 하면,

$$\overline{X}_U = S_U - k\sigma \tag{4.23}$$

가 된다.

2) 하한 규격값이 주어졌을 경우

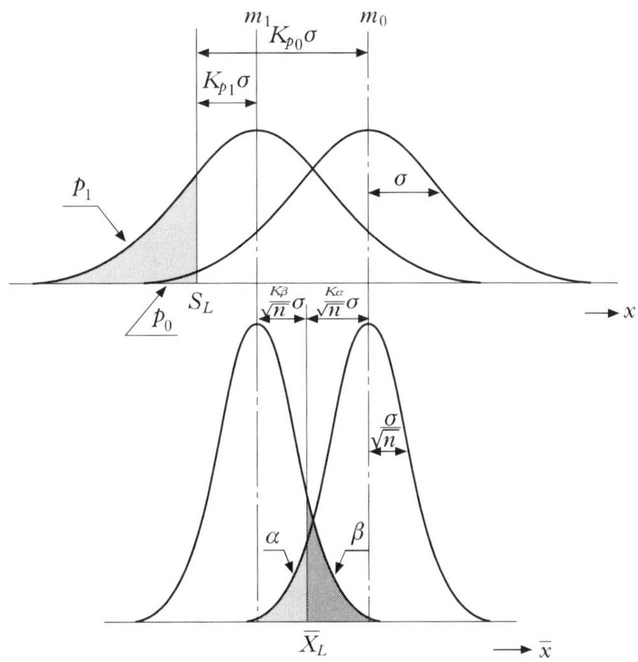

그림 4.10 하한 규격값이 주어졌을 경우

그림 4.10에서 m_0, m_1 구하면 다음과 같다.

$$m_0 = S_L + K_{p_0}\sigma \tag{4.24}$$

$$m_1 = S_L + K_{p_1}\sigma \tag{4.25}$$

식 (4.24)와 (4.25)에서

$$m_1 - m_0 = (K_{p_0} - K_{p_1})\sigma \tag{4.26}$$

식 (4.7)과 (4.26)에서 시료의 크기 n은

$$n = \left[\frac{K_\alpha + K_\beta}{K_{p_0} - K_{p_1}} \right]^2$$

이 되어 식 (4.20)과 같아진다.

하한 합격 판정값은 그림 4.10에 따라 식 (4.14)와 (4.24)에서

$$\overline{X}_L = S_L + K_{p_0}\sigma - K_\alpha \frac{\sigma}{\sqrt{n}} \tag{4.27}$$

식 (4.20)과 (4.27)에서

$$\begin{aligned}\overline{X}_L &= S_L + K_{p_0}\sigma - K_\alpha\sigma \frac{K_{p_0} - K_{p_1}}{K_\alpha + K_\beta} \\ &= S_L + \frac{K_\alpha K_{p_1} + K_\beta K_{p_0}}{K_\alpha + K_\beta}\sigma\end{aligned}$$

식 (4.22)에서

$$\overline{X}_L = S_L + k\sigma \tag{4.28}$$

가 된다.

3) $\alpha = 0.05$, $\beta = 0.10$인 경우의 계산식

식 (4.20)에서 시료의 크기 n은 상한 규격값이 주어졌을 경우나 하한 규격값이 주어졌을 경우에도

$$n = \left[\frac{K_\alpha + K_\beta}{K_{p_0} - K_{p_1}}\right]^2$$

이므로, $\alpha = 0.05$, $\beta = 0.10$으로 하면

$$n = \left[\frac{2.9264}{K_{p_0} - K_{p_1}}\right]^2 \tag{4.29}$$

상한 또는 하한 합격 판정값을 구하는 계수는 식 (4.22)에서

$$k = \frac{K_\alpha K_{p_1} + K_\beta K_{p_0}}{K_\alpha + K_\beta} = \frac{1.64485\,K_{p_1} + 1.28155\,K_{p_0}}{2.9264} \tag{4.30}$$

가 된다.

4.3 계량 규준형 1회 샘플링 검사(KS A 3104)

(표준편차를 모르고 상한 또는 하한규격치 중 하나만 규정된 경우)

이 샘플링 검사 방식은 로트로부터 시료를 1회만 샘플링하여 그 시료에 대한 품질특성치를 사전에 정하여진 방법으로 측정한다. 이 측정데이터를 이용하여 시료의 평균값 $\overline{x}$ 및 시료표준편차 s를 계산하여 이들과 규격치와의 관계를 가지고 로트의 합격·불합격을 판정한다.

이 검사를 적용하기 위해서는 다음의 조건이 필요하다.

① 검사단위의 품질특성은 계량치로서 정규분포하는 것으로 본다.
② 제품이 로트로서 처리할 수 있을 것
③ 합격로트에는 어느 정도 부적합품이 혼입되는 것을 허용할 것
④ 시료의 샘플링을 랜덤하게 할 수 있을 것
⑤ 로트의 크기가 충분히 클 것

4.3.1 검사순서

(1) 품질특성의 기준을 설정한다.

검사단위의 특성값 x의 측정방법을 구체적으로 정하고, 상한규격치 S_U 또는 하한규격치 S_L를 정한다.

(2) p_0, p_1을 지정한다.

이 규격에 따른 샘플링 검사를 실시하기 위해서는 우선 물품을 주고받는 자 간에 협의하여 p_0, p_1를 정한다. 이때 $\alpha = 0.05$, $\beta = 0.10$을 기준으로 한다. $\alpha = 0.05$, $\beta = 0.10$가 아닌 경우에는 별도로 구할 수 있다.

(3) 로트를 형성한다.

동일 조건에서 생산된 로트를 가능한 그대로 검사 로트로 한다. 로트가 아주 큰 경우에는 로트를 나누어 검사 로트로 하여도 좋다.

(4) 시료의 크기 n과 합격판정계수 k를 구한다.

① 표 4.9를 이용하여 p_0를 포함하는 행과 p_1을 포함하는 열이 교차하는 칸을 구한다.

② 칸의 좌측 굵은 글자는 시료의 크기 n이고, 우측의 가는 글자는 합격판정계수 k값이다.

(5) 시료를 샘플링한다.

시료를 취하는 방법으로는 검사 로트로부터 n개의 시료를 랜덤 샘플링방법에 따라 샘플링한다.

(6) 샘플링된 시료 n개를 측정하여 평균값 $\overline{x}$와 표준편차 s[1])를 구한다.

(7) $\overline{x}+ks$ 또는 $\overline{x}-ks$를 계산하고, 각각 S_U 또는 S_L과 비교하여 로트를 다음과 같이 합격·불합격을 한다.

① 상한규격치 S_U가 주어진 경우

$S_U \geq \overline{x}+ks$이면 로트를 합격

$S_U < \overline{x}+ks$이면 로트를 불합격

② 하한규격치 S_L이 주어진 경우

$S_L \leq \overline{x}-ks$이면 로트를 합격

$S_L > \overline{x}-ks$이면 로트를 불합격

(8) 로트의 처리

계량샘플링 검사에 의한 합격 로트는 그대로 수입하고, 불합격으로 판정된 로트는 미리 정한 규정에 따라서 처리한다. 어떤 경우라도 불합격 로트를 다시 제출하여서는 안 된다.

---

1) 여기서 s는 시료표준편차 추정치로서 $s=\sqrt{\dfrac{S}{n-1}}$이다.

4.3.2 KSA 3104 샘플링 검사 방식을 구하는 이론적 근거

(1) 상한규격치 S_U가 주어진 경우

표준편차 σ를 알고 상한 규격치 S_U가 주어진 경우

$\bar{x} \le \overline{X}_U = S_U - k\sigma$이면 로트를 합격시키고,

$\bar{x} > \overline{X}_U = S_U - k\sigma$이면 로트를 불합격으로 판정하였으나, 이 모양을 다음과 같이 변형하여

$$\left.\begin{aligned} &S_U \ge \bar{x} + k\sigma \text{이면 로트를 합격} \\ &S_U < \bar{x} + k\sigma \text{이면 로트를 불합격} \end{aligned}\right\} \tag{4.31}$$

으로 판정한다.

식 (4.31)의 우변에서 σ를 모르고 있는 경우에는 σ 대신에 표준편차 s를 식 (4.32)에 대입하면

$$\left.\begin{aligned} &S_U \ge \bar{x} + ks \text{이면 로트를 합격} \\ &S_U. < \bar{x} + ks \text{이면 로트를 불합격} \end{aligned}\right\} \tag{4.32}$$

으로 판정할 수 있다.

여기에서 s는 통계량이기 때문에 어떤 분포를 형성하고, $n \ge 5$일 때는 s의 분포는 근사적으로 $N\left(\sigma, \dfrac{\sigma^2}{2(n-1)}\right)$의 정규분포에 따른다.

그러나 $\bar{x}$와 s의 분포는 그림 4.11과 같은 근사적인 정규분포를 한다.

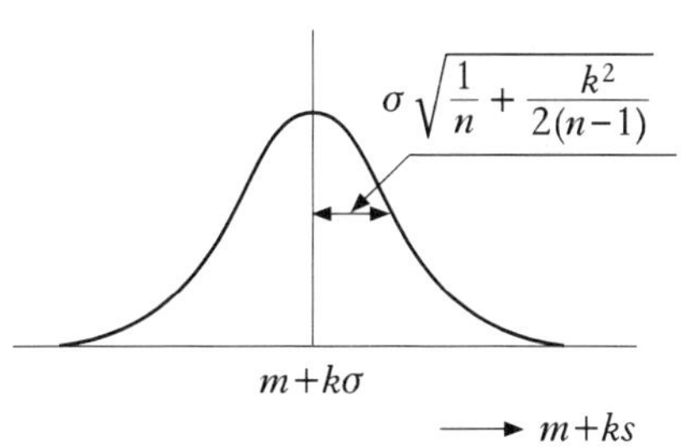

그림 4.11 $\bar{x} + ks$의 분포

식 (4.32)의 조건을 만족시키는 샘플링 검사 방식의 시료의 크기 n과 합격판정계수 k를 그림 4.12에 근거하여 구하면 다음과 같다.

$$S_U = m_0 + k\sigma + K_\alpha \sigma \sqrt{\frac{1}{n} + \frac{k^2}{2(n-1)}} \tag{4.33}$$

$$S_U = m_1 + k\sigma - K_\beta \sigma \sqrt{\frac{1}{n} + \frac{k^2}{2(n-1)}} \tag{4.34}$$

식 (4.33)에서

$$\frac{S_U - m_0}{\sigma} = k + K_\alpha \sigma \sqrt{\frac{1}{n} + \frac{k^2}{2(n-1)}} \tag{4.35}$$

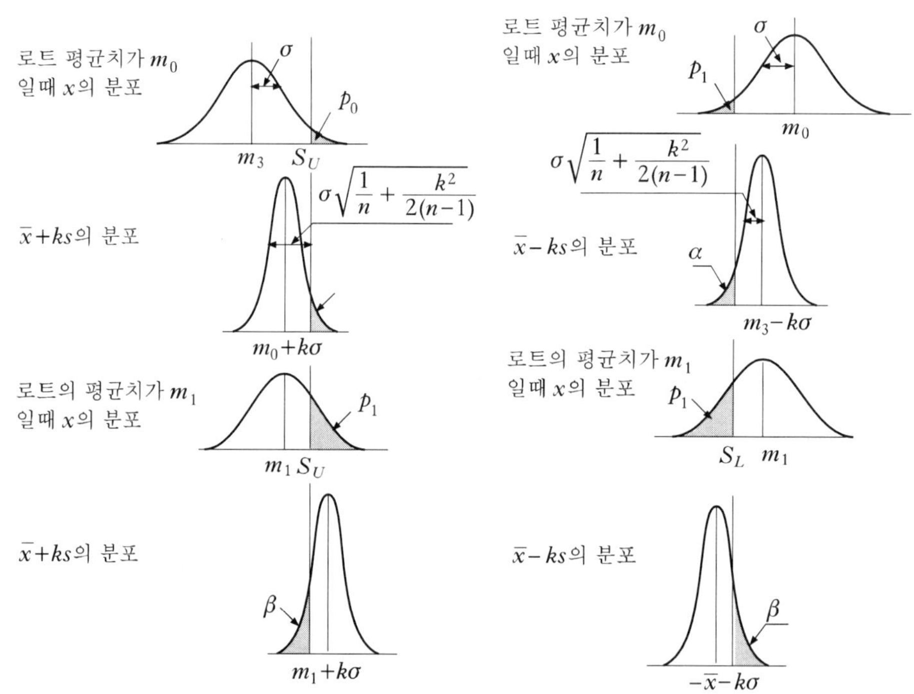

그림 4.12 상한규격치가 주어진 경우 **그림 4.13** 하한규격치가 주어진 경우

그런데 $\frac{S_U - m_0}{\sigma} = K_{p_0}$이므로, 식 (4.35)는

$$K_{p_0} = k + K_\alpha \sigma \sqrt{\frac{1}{n} + \frac{k^2}{2(n-1)}} \tag{4.36}$$

같은 방법으로 식 (4.34)에 의하여

$$K_{p_1} = k + K_\beta \sigma \sqrt{\frac{1}{n} + \frac{k^2}{2(n-1)}} \tag{4.37}$$

식 (4.36)으로부터

$$\frac{K_{p_0} - k}{K_\alpha} = \sqrt{\frac{1}{n} + \frac{k^2}{2(n-1)}} \tag{4.38}$$

식 (4.37)으로부터

$$\frac{k - K_{p_1}}{K_\beta} = \sqrt{\frac{1}{n} + \frac{k^2}{2(n-1)}} \tag{4.39}$$

식 (4.38)과 식 (4.39)에서

$$\frac{K_{p_0} - k}{K_\alpha} = \frac{k - K_{p_1}}{K_\beta} \tag{4.40}$$

이것으로부터

$$k = \frac{K_{p_0} K_\alpha + K_{p_1} K_\beta}{K_\alpha + K_\beta} \tag{4.41}$$

로 되어 표준편차 σ를 알고 있는 경우의 합격판정계수 k와 같다.

또 식 (4.39)에서 $n-1 \fallingdotseq n$이라 하면

$$\frac{K_{p_0 - k}}{K_\alpha} = \frac{1}{n} \sqrt{1 + \frac{k^2}{2}} \tag{4.42}$$

식 (4.42)에 k 구하는 식 (4.41)을 대입하여 n을 구하면 다음과 같이 된다.

$$\begin{aligned} n &= \left(1 + \frac{k^2}{2}\right) \frac{K_\alpha}{K_{p_0} - \dfrac{K_{p_0} K_\alpha + K_{p_1} K_\beta}{K_\alpha + K_\beta}} \\ &= \left(1 + \frac{k^2}{2}\right) \left(\frac{K_\alpha + K_\beta}{K_{p_0} - K_{p_1}}\right)^2 \end{aligned} \tag{4.43}$$

따라서 표준편차 σ를 모를 경우 샘플링 검사 방식의 합격판정계수는 σ를 알고 있는 경우와 동일한 식이 되지만, 시료의 크기 n은 σ를 알고 있는 경우보다 $\left(1+\frac{k^2}{2}\right)$배로 증가한다.

(2) 하한규격치 S_L이 주어진 경우

식 (4.44)와 식 (4.45)는 전술한 (1)과 같은 방법으로 전개함으로써 k와 n은 식 (4.41) 및 식 (4.43)과 같이 된다.

따라서 로트로부터 시료 n개를 샘플링하여 다음과 같이 판정한다.

$$S_L \leq \bar{x} - ks \text{이면 로트를 합격} \tag{4.44}$$

$$S_L > \bar{x} - ks \text{이면 로트를 불합격} \tag{4.45}$$

4.3.3 검사실시의 예

(1) 상한규격치 S_U가 주어진 경우

예제 / 4.11 금속판의 경도의 상한규격치가 로크웰 경도 68 이하로 규정되었을 경우, 로크웰 경도가 68을 넘는 것이 0.5% 이하인 로트는 통과되고 그것이 4% 이상인 로트는 불합격으로 한다. 이 경우 로크웰 경도는 거의 정규분포하며 표준편차 σ는 모르고 있다. 단, $\alpha = 0.05$이고 $\beta = 0.10$을 만족하는 샘플링 검사 방식을 구하여 보자.

풀이 ① $p_0 = 0.5\%$, $p_1 = 4\%$

② 표 4.9의 $p_0 = 0.5\%$를 포함하는 행(0.451%~0.560%)과 $p_1 = 4\%$ p_1를 포함하는 열(3.56%~4.5%)이 교차되는 칸을 구한다.

③ 이 칸에서 시료의 크기 $n = 42$, 합격판정계수 $k = 2.12$을 읽는다.

④ 로트에서 시료 42개를 샘플링하여 $\bar{x}$, s를 계산하여

$\bar{x} + 2.12s \leq 68$이면 로트를 합격으로 하고

$\bar{x} + 2.12s > 68$이면 로트를 불합격으로 한다.

(2) 하한규격치 S_L이 주어진 경우

예제 / 4.12 어느 금속판 두께의 하한 규격치가 2.3mm로 주어졌을 때 두께가 2.3mm 이하인 판이 1% 이하인 로트는 합격으로 하고, 9% 이상인 로트는 불합격으로 하고 싶다. 이때 금속판 두께의 값은 거의 정규분포하며 표준편차 σ는 모르고 있다. 단, $\alpha = 0.05$, $\beta = 0.10$을 만족하는 샘플링 검사 방식을 구하여 보자.

풀이 ① $p_0 = 1\%$, $p_1 = 9\%$

② 표 4.9의 $p_0 = 1\%$를 포함하는 행(0.901%~1.120%)과 $p_1 = 9\%$를 포함하는 열(7.11%~9.00%)이 교차되는 칸을 구한다.

③ 이 열에서 n난에서 $n = 28$, k칸에서 $k = 1.83$을 얻는다.

④ 로트에서 크기 24의 시료를 샘플링하여 $\bar{x}$, s를 계산하여

$\bar{x} - 1.83s \geq 2.3$이면 로트를 합격으로 하고

$\bar{x} - 1.83s < 2.3$이면 로트를 불합격으로 한다.

(3) 시료의 크기 n과 합격판정계수 k를 구하는 경우

예제 / 4.13 KS A 3104에서 $p_0 = 1\%$, $p_1 = 4\%$, $\alpha = 0.05$, $\beta = 0.10$일 때 표를 이용하지 않고 시료의 크기 n과 합격판정계수 k를 구하는 경우 다음과 같다.

① 표 4.6에서 $K_{p_0} = 2.326$, $K_{p_1} = 1.751$, $K_\alpha = 1.645$, $K_\beta = 1.282$

② $$k = \frac{2.326 \times 1.282 + 1.751 \times 1.645}{1.645 + 1.282} = 2.00$$

③ $$n = \left(1 + \frac{2.00^2}{2}\right)\left(\frac{1.645 + 1.282}{2.326 - 1.751}\right)^2 \fallingdotseq 78$$

4.3.4 KS A 3103과 KS A 3104의 관계

어떤 물품의 로트를 샘플링 검사하려고 할 때, 그 로트의 표준편차를 미리 정확히 알고 있는 경우는 극히 드물다. 그러나 검사 대상이 되는 물품이 계속하여 같은 조건으로 제조되는 경우에는 최근의 10~20로트에 대하여 R관리도(KS A 3201 참조)를 그려 보아 관리상태에 있고, 로트 중의 물품의 산포가 거의 안정되어 있으면 그

데이터를 가지고 표준편차 σ를 추정하여 이 σ값을 같은 방법으로 새로이 제작되어 나오는 로트의 표준편차 σ로 삼아도 실용상 지장이 없는 경우가 많다. 이와 같은 경우 KS A 3103이 적용된다.

한편 이상과 같은 조건이 만족되지 않는 경우 즉, R관리도의 관리상태가 불안정하거나 제조가 단속적으로 진행되어 합리적인 표준편차 σ를 추정할 수 없거나 또는 로트의 표준 편차에 관한 지식을 도무지 얻을 수 없는 경우에는 KS A 3103을 적용할 수 없다. 이러한 경우에 대비하여 만들어 낸 샘플링 검사 방식이 KS A 3104이다.

이들 2가지 계수 규준형 샘플링 검사 방식에서 같은 판별능력을 가진 검사 방식을 비교하여 보면 표준편차 σ를 알고 있는 경우(KS A 3103)가 표준편차 σ를 모르는 경우(KS A 3104)에 비하여 시료의 크기가 훨씬 작게 된다(표 4.8). 그러므로 조건이 허락하면 표준편차 σ를 알고 있는 경우(KS A 3103)를 사용하는 것이 경제적이다.

표준편차 σ를 모르는 경우의 검사 방식을 사용하여야 할 경우에도 가능하면 자료를 축적하여 앞으로 조건이 허락되면 표준편차를 알고 하는 검사 방식으로 옮겨가도록 하는 것이 좋다.

표 4.8 KS A 3103과 KS A 3104의 시료의 크기 비교

p_0 ($\alpha=0.05$)	p_1 ($\beta=0.10$)	시료의 크기 (n)	
		KS A 3103(σ기지)	KS A 3104(σ미지)
0.1	0.2	191	1033
0.1	0.6	26	125
1.0	1.5	352	1233
1.0	4.0	26	78
5.0	7.0	300	665
5.0	15.0	24	43

표 4.9 $p_0(\%)$, $p_1(\%)$을 근거로 하여 시료의 크기 n과 합격 판정값을 계산하기 위한 계수 k를 구하는 표

(왼쪽 아래는 n, 오른쪽 위는 k, $\alpha \fallingdotseq 0.05$, $\beta \fallingdotseq 0.10$)

p_0(%) \ p_1(%) 대표값		0.80	1.00	1.25	1.60	2.00	2.50	3.15	4.00	5.00	6.30	8.00	10.0	12.5	16.0	20.0	25.0	31.5
대표값	범위 \ 범위	0.71 ~ 0.90	0.91 ~ 1.12	1.13 ~ 1.40	1.41 ~ 1.80	1.81 ~ 2.24	2.25 ~ 2.80	2.81 ~ 3.55	3.56 ~ 4.50	4.51 ~ 5.60	5.61 ~ 7.10	7.11 ~ 9.00	9.01 ~ 11.2	11.3 ~ 14.0	14.1 ~ 18.0	18.1 ~ 22.4	22.5 ~ 28.0	28.1 ~ 35.5
0.100	0.090 ~ 0.112	87 2.71	68 2.67	54 2.62	42 2.57	34 2.52	28 2.47	23 2.42	19 2.36	16 2.31	13 2.24	11 2.19	9 2.11	8 2.07	6 1.95	5 1.87	5 1.87	4 1.77
0.125	0.113 ~ 0.140		80 2.64	62 2.59	48 2.54	38 2.49	31 2.44	25 2.39	20 2.32	17 2.28	14 2.21	12 2.16	10 2.10	8 2.02	7 1.97	6 1.90	5 1.82	4 1.72
0.160	0.141 ~ 0.180		98 2.60	74 2.56	56 2.50	44 2.46	35 2.40	28 2.35	23 2.30	18 2.23	15 2.18	12 2.10	10 2.04	9 2.00	7 1.91	6 1.85	5 1.77	4 1.67
0.200	0.181 ~ 0.224			90 2.53	66 2.47	51 2.43	40 2.37	31 2.32	25 2.26	20 2.20	16 2.14	13 2.08	11 2.02	9 1.95	7 1.86	6 1.80	5 1.72	4 1.63
0.250	0.225 ~ 0.280				79 2.44	59 2.39	46 2.34	35 2.28	28 2.23	22 2.17	18 2.12	14 2.04	12 1.99	10 1.93	8 1.86	6 1.75	5 1.67	4 1.53
0.315	0.281 ~ 0.355				98 2.41	71 2.36	54 2.31	41 2.25	31 2.19	25 2.14	19 2.07	15 2.00	12 1.94	10 1.88	8 1.80	7 1.75	5 1.62	4 1.53
0.400	0.356 ~ 0.450					89 2.32	65 2.27	48 2.22	36 2.16	28 2.10	22 2.04	17 1.98	14 1.92	11 1.85	9 1.78	7 1.69	6 1.64	4 1.47
0.500	0.451 ~ 0.560						80 2.23	57 2.18	42 2.12	32 2.07	24 2.00	19 1.94	15 1.88	12 1.81	9 1.72	7 1.64	6 1.58	5 1.51
0.630	0.561 ~ 0.710							71 2.14	50 2.08	37 2.03	28 1.97	21 1.90	16 1.83	13 1.77	10 1.69	8 1.62	6 1.52	5 1.45
0.800	0.711 ~ 0.900							92 2.10	62 2.05	44 1.99	32 1.92	24 1.86	18 1.79	14 1.72	11 1.66	8 1.56	7 1.51	5 1.39
1.00	0.901 ~ 1.12								79 2.01	54 1.95	38 1.89	28 1.83	21 1.76	16 1.69	12 1.62	9 1.53	7 1.45	5 1.33
1.25	1.13 ~ 1.40									69 1.91	47 1.85	32 1.78	24 1.72	18 1.65	13 1.57	10 1.50	7 1.39	6 1.33
1.60	1.41 ~ 1.80									95 1.87	60 1.80	40 1.74	28 1.67	20 1.60	15 1.53	11 1.45	8 1.35	6 1.26
2.00	1.81 ~ 2.24										81 1.76	50 1.69	34 1.63	24 1.56	17 1.48	12 1.40	9 1.32	6 1.19
2.50	2.25 ~ 2.80											67 1.65	43 1.59	29 1.52	19 1.43	14 1.36	10 1.27	7 1.17
3.15	2.81 ~ 3.55											96 1.60	57 1.54	36 1.47	23 1.39	16 1.31	11 1.22	8 1.13
4.00	3.56 ~ 4.50												83 1.49	48 1.42	29 1.34	19 1.25	13 1.17	9 1.08
5.00	4.51 ~ 5.60													69 1.37	38 1.29	23 1.20	15 1.11	10 1.02
6.30	5.61 ~ 7.10														53 1.23	30 1.15	19 1.07	12 0.97
8.00	7.11 ~ 9.00														87 1.18	44 1.00	24 1.00	14 0.89
10.0	9.01 ~ 11.2												*	*	*	68 1.04	34 0.95	18 0.84

비고 빈칸에 대해서는 샘플링 검사 방식은 없다

연/습/문/제

1. 다음의 각 항에 대하여 계수 규준형 1회 샘플링 검사 방식을 구하시오.
   ($\alpha = 0.05$, $\beta = 0.10$).

	p_0(%)	p_1(%)	n	c
①	0.2	2.0		
②	1.5	8.0		
③	0.4	8.0		
④	1	15.0		
⑤	5	20.0		
⑥	2	10.0		

2. 다음의 각항에 대하여 계량 규준형 1회 샘플링 검사방식을 KS A 3103, KS A 3104를 이용하여 n과 k를 구하시오($\alpha = 0.05$, $\beta = 0.10$).

	p_0(%)	p_1(%)	σ기지(KS A 3103)		σ미지(KS A 3104)	
			n	k	n	k
①	1.0	10.0				
②	0.5	12.5				
③	5.0	20.0				
④	0.1	8.0				
⑤	2.0	10.0				
⑥	1.5	8.0				

3. 어떤 화공약품의 함유량이 로트의 평균으로서 0.1mg 이면 합격으로 하고 이것이 0.3mg을 초과할 경우에는 불합격으로 하고 싶다. 단, 이 로트의 표준편차는 0.05mg이다. $\alpha \fallingdotseq 0.05$, $\beta \fallingdotseq 0.10$을 만족하는 계량 규준형 1회 샘플링 검사 방식을 설계하시오.

4. 어떤 원료의 주성분 함유량을 분석하여 평균값이 85.0% 이상의 것을 합격으로 하고, 83.0% 이하의 것은 불합격으로 하고 싶다. $\alpha \fallingdotseq 0.05$, $\beta \fallingdotseq 0.10$를 만족하는 계량 규준형 1회 샘플링 검사 방식을 구하시오.(단, 이 원료 주성분의 산포는 $\sigma = 1.2\%$임을 알고 있다)

5. 어떤 로트의 제품치수의 표준편차는 2.5mm이다. $m_0 = 30$mm의 이상의 것을 합격시키고 싶지만, $m_1 = 25$mm 이하인 로트는 불합격시키고 싶다. 샘플링 검사 방식을 설계하시오.(단, $\alpha = 0.05$, $\beta = 0.10$)

6. 정하여진 p_0, p_1에 의해(표 4.5)에서 $n = 5$, $k = 1.99$를 구하였다. 이 경우 계량 규준형 1회 샘플링 검사를 하기 위하여 시료 5개를 샘플링하여 다음과 같은 측정값을 얻었다.(단, $\alpha = 0.05$, $\beta = 0.10$)

데이터 : 42.5, 43.4, 46.0, 44.5, 43.0 (Ω)

전기부품의 저항값이 45Ω 이상으로 규정되어 있다. 로트의 표준편차가 1.5Ω이라 하면 이 로트는 합격이 되겠는가?

7. 절삭가공된 어떤 제품의 치수는 50.0±2.0(mm)로 정하여져 있다. 또 과거의 데이터에서 $\sigma = 0.3$(mm)의 정규분포를 하고, R관리도가 안정상태이다. 다음 질문에 답하시오.

① $p_0 = 1.0\%$, $p_1 = 8.0\%$ ($\alpha \fallingdotseq 0.05$, $\beta \fallingdotseq 0.10$)를 만족하는 계량 규준형 1회 샘플링 검사 방식을 구하시오.

② ①의 보증품위를 계수 규준형 샘플링 검사로 실시한다면 시료의 크기는 얼마인가?

Chapter

05 축차 샘플링 검사

축차 샘플링 검사는 동일한 OC곡선을 갖는 샘플링 검사 조건하에서 평균검사개수가 가장 작도록 설계한 샘플링 검사 방식으로 이론적으로는 1943년 A.Wald에 의하여 발표된 축차 확률비 검정에 근거를 두고 있으며, ISO 8422 계수 축차 샘플링 검사와 ISO 8423 계량 샘플링 검사를 근거로 작성한 한국산업규격이다.

5.1 계수 축차 샘플링 검사(KS A/ISO 8422)

5.1.1 적용범위

이 규격은 계수치 데이터를 위한 축차 샘플링 방식 및 샘플링 검사 순서에 대하여 규정하고 있으며, 샘플링 방식은 부적합의 정도가 부적합품률, 항목당 또는 100% 항목당의 부적합 수로 표시되는 경우에 사용할 수 있으며, 생산자 위험점 및 소비자 위험점을 지표로 하고 있다.

이 규격의 목적은 검사 결과의 축차 검사를 위한 순서를 제공하는 것으로, 이 순서를 사용하면 나쁜 품질의 로트는 불합격이라는 경제적, 심리적 압력을 통하여 공급자에게 합격 확률이 높은 좋은 품질의 로트를 공급하도록 유도할 수 있다. 동시에 소비자는 나쁜 품질의 로트에 대해서는 합격 확률의 상한값을 규정하여 보호하고 있다.

이 규격은 최종 항목, 부분품 및 원재료, 작업(조작), 프로세스 중의 자재, 보관 중의 보급품, 보전조작, 데이터 또는 기호, 관리 절차 등에 적용할 수 있다.

5.1.2 용어의 정의 및 기호

(1) 용어의 정의

① 누계 카운트(cumulative count)(D) : 제출된 로트에 대하여 축차 샘플링 검사를 실시할 때 검사 사이에 발견한 부적합 항목(또는 부적합)의 합계 개수로 검사의 처음부터 마지막까지 항목의 결과를 포함한다.

② 누계 샘플 사이즈(Cumulative sample size)(n_{cum}) : 로트에서의 샘플링 검사를 축차 실시할 때 검사한 항목의 합계 개수로 검사의 처음부터 마지막까지의 항목을 포함한다.

③ 합격 판정값[acceptance value(for sequential sampling)](A) : 규정된 샘플링 방식의 파라미터와 누계 샘플 사이즈에서 유도된 값. 누계 카운트를 합격 판정개수와 비교하여 로트의 합격 여부를 판정한다.

④ 불합격 판정값[rejection value(for sequential sampling)](R) : 규정된 샘플링 방식의 파라미터와 누계 샘플 사이즈에서 유도되는 값. 누계 카운트를 불합격 판정개수와 비교하여 로트의 불합격 여부를 판정한다.

(2) 기호의 정의

- A_0 : 대응하는 1회 샘플링 검사 방식의 합격 판정개수
- A : 축차 샘플링 검사의 합격 판정개수
- A_t : 합격 판정개수의 중지값(누계 샘플 사이즈의 중지값에 대응하는 합격 판정개수)
- CRQ: 소비자 위험 품질(부적합품률로 나타낸다.)
- D : 누계 카운트
- g : 합격 판정개수 및 불합격 판정개수를 정하기 위하여 누계 샘플 사이즈에 곱하는 계수(합격 판정선 및 불합격 판정선의 기울기)
- h_A : 합격 판정개수를 정하기 위하여 사용하는 상수(합격 판정선의 절편)
- h_R : 불합격 판정개수를 정하기 위하여 사용하는 상수(불합격 판정선의 절편)
- n_0 : 대응하는 1회 샘플링 검사 방식의 샘플 사이즈
- n_{av} : 평균 샘플 사이즈

· n_{cum} : 누계 샘플 사이즈
· n_t : 누계 샘플 사이즈의 중지값
· p : 로트 또는 프로세스의 품질 수준(부적합품률 또는 항목 당 부적합수로 나타낸다)
· p_A : 생산자 위험 품질 수준 $p = p_A$일 때, $p_a = 1 - \alpha$이다.
· p_R : 소비자 위험 품질 수준 $p = p_R$일 때, $p_a = \beta$이다.
· p_a : 합격 확률
· PRQ : 생산자 위험 품질(부적합품률로 나타낸다)
· R : 축차 샘플링 검사의 불합격 판정개수
· R_t : 누계 샘플 사이즈의 중지값에 대응하는 불합격 판정개수

5.1.3 계수 축차 샘플링 방식의 원리

계수 축차 샘플링 방식에서는 선택된 항목에 대하여 임의로 1개씩 검사하여 부적합 항목 수 또는 부적합수의 누계 카운트를 계산한다. 각 항목의 검사 후, 검사의 단계에서 로트의 판정에 충분한 정보를 얻을 수 있었는지를 누계 카운트를 사용하여 검토한다.

검사의 어떤 단계에서 누계 카운트가 합격판정개수 이하이면 로트를 합격으로 하고 검사를 중단하고, 검사의 어떤 단계에서 누계 카운트가 불합격판정개수 이상이면 로트를 불합격으로 하고 검사를 중단한다.

누계 카운트 값으로 상기의 어느 쪽의 결정도 내릴 수 없는 경우는 또 1개를 추가로 검사한다. 이 순서는 로트의 합격 또는 불합격의 결정을 할 수 있는 충분한 샘플 정보가 축적될 때까지 반복한다.

따라서 계수 축차 샘플링 검사방식은 로트로부터 1개씩의 검사단위를 샘플링하여 검사한 다음 그 때까지 누적카운트와 합격·불합격 판정개수를 비교하여 다음 중 하나를 선택한다.

① 로트를 합격으로 하고 검사를 중지한다.
② 검사를 계속 진행한다.
③ 로트를 불합격으로 하고 검사를 중지한다.

5.1.4 샘플링 방식의 선택

(1) 축차, 1회, 2회 및 다회 샘플링 방식의 선택

1) 축차 샘플링 방식의 장점 및 단점

축차 샘플링 방식을 사용하면 2회 및 다회 샘플링 방식과 마찬가지로 동일한 OC 곡선을 가진 1회 샘플링 방식보다 작은 평균 샘플 사이즈를 얻을 수 있다. 그러나 축차 샘플링 방식에서는 2회 및 다회 샘플링 방식보다 큰 평균 샘플 사이즈가 되는 수도 있다.

좋은 품질의 로트에 대해서는 평균 샘플 사이즈의 절감은 50% 이상이 되는 경우도 있으나, 이것은 2회 샘플링 방식의 최대 절감률 37%보다 크다.

한편 2회, 다회 또는 축차 샘플링 방식을 사용하면 로트에 따라서 실제의 검사 개수는 대응하는 1회 샘플링 방식보다 커지는 수도 있으나, 2회 및 다회 샘플링 방식의 검사 개수에는 상한이 있다.

축차 샘플링 방식에서는 일반적으로 검사 개수에는 상한이 없기 때문에 대응하는 1회 샘플링 방식보다 상당히 커지는 수가 있을 뿐만 아니라 로트 사이즈를 넘을 수도 있다. 따라서 이 규격의 축차 샘플링 방식에는 중도 중지의 규칙을 도입하여 검사 개수가 과대해지는 것을 막고 있다.

축차 샘플링 방식을 사용하는 경우, 개개 로트에서의 최종 샘플 사이즈를 사전에 알지 못하므로 검사작업의 일정 작성에 어려움이 있을 수 있다.

평균 샘플 사이즈가 작다는 장점과 검사 부하의 변동에 따르는 실시상의 단점을 비교하면 개개 항목 검사비용이 검사의 모든 경비보다 높은 경우에는 축차 샘플링 방식이 바람직하다.

2) 주의

1회, 2회, 다회 및 축차 샘플링 방식의 선택은 로트 검사의 개시 전에 선택하여야 한다. 실제 검사 결과가 합격 판정기준의 선택에 영향을 주는 경우에는 샘플링 방식의 검사 특성이 크게 변화할 수가 있으므로 로트 검사기간 중에는 어떤 형식의 샘플링 방식에서 다른 방식으로의 전환은 허용되지 않는다.

3) 샘플 사이즈의 중도 중지

축차 샘플링 방식은 평균으로서 등가의 1회 샘플링 방식보다 훨씬 경제적이지만, 로트에 따라서는 검사에서 누계 카운트가 오랫동안 합격 판정개수와 불합격 판정개

수 사이에 머무르고 합격·불합격의 판정이 매우 늦어지는 수가 있다.

이것은 도식 판정법의 경우에는 꺾은선의 임의의 추이가 검사 속행역에 머물러 있는 것을 의미한다. 이런 상태는 로트의 품질 수준(부적합품 비율 또는 항목당 부적합수로 나타낸 것)이 g에 가까운 경우에 일어나기 쉽다.

이 단점을 완화하는 누계 샘플 사이즈의 최대값 n_t를 샘플링 개시 전에 설정한다. 판정보다 앞서 누계 샘플 사이즈가 그 중지값 n_t에 도달한 경우는 검사를 중지한다. 이 경우, 로트의 합격·불합격의 판정은 개시 이전에 합의한 규칙에 따른다. 축차 샘플링 검사의 통계 이론의 기초가 되고 있는 원리에는 맞지 않지만 생산자 위험 및 소비자 위험의 양쪽에 거의 영향을 주지 않도록 이 규격에는 중도 중지 규칙이 정해져 있다.

(2) 소로트의 검사에 대한 특별 유보

이 규격의 축차 샘플링 방식의 기초가 되어 있는 통계 이론에서는 로트에서 샘플을 뽑아내는 모집단은 무한하게 크다는 가정을 기초로 하고 있다.

누계 샘플 사이즈가 로트사이즈의 1/10 이하의 경우 그 이론은 실용적으로는 대개의 경우 적용할 수 있다. 또한 누계 샘플 사이즈가 로트 사이즈의 1/7 이하의 경우에도 근사적으로 적용할 수 있다. 그러나 1회 샘플링 방식일 때와는 달리 축차 샘플링 방식에서는 실제로 필요로 되는 누계 샘플 사이즈는 사전에 알 수 없다.

따라서 소로트의 경우에는 로트 사이즈가 충분히 크고 규정한 생산자 위험 품질 및 소비자 위험 품질 하에서 중도 중지를 수반하는 축차 샘플링 방식이 "비복원 샘플링"에서 실시할 수 있는 것이 바람직하다. 일반적으로 축차 샘플링 방식에 대해서는 로트 사이즈가 $7n_t$를 넘는 경우가 바람직하다. 여기에서 n_t는 축차 샘플링 방식의 중지값이다.

(3) 샘플링 방식의 선정

축차 샘플링 방식에 대한 요구 사항이 OC 곡선 상의 2점에서 규정된 경우에는 일반적 방법을 사용한다. 높은 쪽의 합격 확률에 대응하는 점으로 생산자 위험점과 소비자 위험점을 지정한다.

이와 같은 값이 사전에 정해져 있지 않은 경우는 축차 샘플링 방식의 제 1스텝은 생산자와 소비자가 협의하여 생산자 위험점과 소비자 위험점을 선택하게 된다. 이 경우 특별한 사유가 없으면 생산자 위험 $\alpha = 0.05$ 및 소비자 위험 $\beta = 0.10$을 사용된다(그림 5.1 참조).

구하는 축자 샘플링 방식이 기존의 1회, 2회 또는 다회 샘플링 방식과 거의 같은 OC 곡선을 갖도록 요구될 때에는 그 샘플링 방식의 OC 곡선 그래프 또는 표에서 생산자 위험점 및 소비자 위험점을 읽을 수 있다. 이와 같은 샘플링 방식이 없을 때에는 그 샘플링 방식의 적용 조건을 직접 고려하여 생산자 위험점 및 소비자 위험점을 정한다.

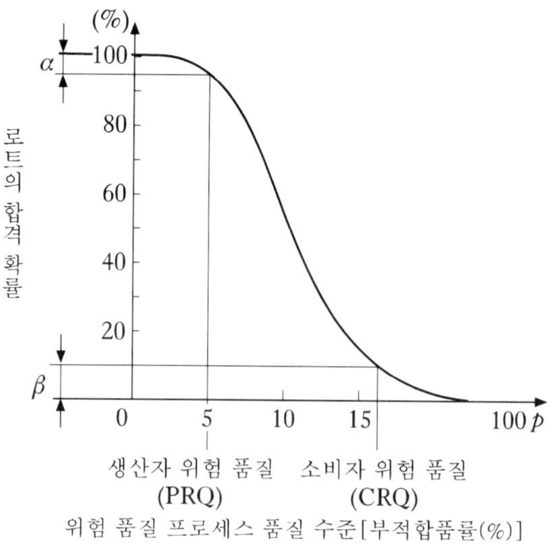

그림 5.1 $\alpha = 0.05$ 및 $\beta = 0.10$의 샘플링 OC 곡선

(4) 검사 실시 이전의 준비

1) 파라미터 h_A, h_R 및 g를 구하는 방법

검사의 각 단계에서 로트의 합격 및 불합격 판정 기준은 파라미터 h_A, h_R 및 g에서 구한다. 생산자 위험 $\alpha = 0.05$ 및 소비자 위험 $\beta = 0.10$과 생산자 위험 품질 및 소비자 위험 품질의 각 대표값에 대응하는 파라미터의 값은 표 5.3 및 표 5.4에서 구한다.

생산자 위험점 및 소비자 위험점의 임의의 조합에 대한 h_A, h_R 및 g를 구하는 방법은 다음과 같다. 사용자는 다음 네 가지 값을 사전에 생산자와 소비자가 협의하여 정한다.

- p_A : 생산자 위험 품질 수준(부적합품률 또는 항목당 부적합 수로 나타낸다)
- α : 생산자 위험(로트의 불합격 비율로 나타낸다)
- p_R : 소비자 위험 품질 수준(부적합품률 또는 항목당 부적합 수로 나타낸다)
- β : 소비자 위험(로트의 합격 비율로 나타낸다)

① 부적합품률 검사에 대한 축차 샘플링 방식의 파라미터 h_A, h_R 및 g는 다음 식에 따라 구한다.

$$h_A = \frac{\log[(1-\alpha)/\beta]}{\log(p_R/p_A) + \log(1-p_A)/(1-p_R)} \tag{5.1}$$

$$h_R = \frac{\log[(1-\beta)/\alpha]}{\log(p_R/p_A) + \log(1-p_A)/(1-p_R)} \tag{5.2}$$

$$g = \frac{\log[(1-p_A)/(1-p_R)]}{\log(p_R/p_A) + \log(1-p_A)/(1-p_R)} \tag{5.3}$$

② 100항목당 부적합수 검사에 대한 축차 샘플링 방식의 파라미터 h_A, h_R 및 g는 다음 식에 따라 구한다.

$$h_A = \frac{\log[(1-\alpha)/\beta]}{\log(p_R/p_A)} \tag{5.4}$$

$$h_R = \frac{\log[(1-\beta)/\alpha]}{\log(p_R/p_A)} \tag{5.5}$$

$$g = \frac{0.43429(p_R-p_A)}{\log(p_R/p_A)} \tag{5.6}$$

③ 수치맺음법 : h_A 및 h_R의 수치끝맺음하여 소수점 이하 3자리까지 구한다. g는 소수점 이하 4자리까지 구한다.

예 / 5.1 부적합품률 검사를 위한 축차 샘플링 방식에서 $p_A = 0.05$, $\alpha = 0.05$, $p_R = 0.14$, $\beta = 0.10$이 요구되었다.

위의 값을 식 (5.1), (5.2), (5.3)에 대입하여 구하면 다음과 같이 된다.

$$h_A = \frac{\log[(1-0.05)/0.10]}{\log(0.14/0.05) + \log(1-0.05)/(1-0.14)} = 1.994$$

$$h_R = \frac{\log[(1-0.10)/0.05]}{\log(0.14/0.05) + \log(1-0.05)/(1-0.14)} = 2.560$$

$$g = \frac{\log[(1-0.05)/(1-0.14)]}{\log(0.14/0.05) + \log(1-0.05)/(1-0.14)} = 0.0881$$

따라서 $h_A = 1.994$, $h_R = 2.560$ 및 $g = 0.0881$이 된다.

예 / 5.2 100항목 당 부적합수 검사를 위한 축차 샘플링 방식에서 $p_A = 0.02$, $\alpha = 0.05$, $p_R = 0.05$, $\beta = 0.10$이 요구되었다.

위의 값을 식 (5.4), (5.5), (5.6)에 대입하여 구하면 다음과 같이 된다.

$$h_A = \frac{\log[(1-0.05)/0.10]}{\log(0.05/0.02)} = 2.457$$

$$h_R = \frac{\log[(1-0.10)/0.05]}{\log(0.05/0.02)} = 3.154$$

$$g = \frac{0.43429(0.05-0.02)}{\log(0.05/0.02)} = 0.0327$$

따라서 $h_A = 2.457$, $h_R = 3.154$ 및 $g = 0.0327$이 된다.

예 / 5.3 어떤 형식의 애자는 절연 전압의 공칭값이 1000kV로 규정되어 있다. 검사 기관은 이 형식의 애자 생산 로트의 합격 판정을 위하여 샘플 사이즈 65, 합격 판정개수 6이라는 1회 샘플링 방식을 사용하고 있다. 시험 전압의 상승에는 시간과 에너지가 필요하므로, 이 애자 생산 로트의 합격 판정에는 앞으로 축차 샘플링 방식을 사용하는 편이 유리하다고 생각되었다. 축차 샘플링 1회 샘플링 방식은 다음과 같은 특성을 갖고 있다.

- 생산 로트 중의 애자 5%가 이 공칭 절연 전압에 견딜 수 없는 경우에는 로트의 합격 확률은 0.95이다.
- 생산 로트 중의 애자의 16%가 이 공칭 절연 전압에 견딜 수 없는 경우에는 로트의 합격의 확률은 0.10이다.

이러한 요구 사항에서 다음과 같은 것이 정해진다.

① 생산자 위험 품질(PRQ) 5%에서 95%의 로트의 합격이 기대된다. 즉, 생산자 위험점은 5%, 즉 $\alpha = 0.05$ 이다.

② 소비자 위험 품질(CRQ) 16%에서 10%의 로트의 합격이 기대된다. 즉, 소비자 위험점은 10%, 즉 $\beta = 0.10$ 이다.

이 요구 내용은 그림 5.1의 OC 곡선의 그래프에 나타나 있다.

상기의 요구 사항을 만족하는 축차 샘플링 방식의 파라미터를 표 5.3에서 구하면 다음과 같다.

$$h_A = 1.750, \qquad h_R = 2.247, \qquad g = 0.0957$$

2) 누계 샘플 사이즈의 중지값 결정 방법

① 표준적 순서

a) 축차 샘플링 방식 및 등가의 1회 샘플링 방식의 샘플 사이즈 n_0를 아는 경우는 누계 샘플 사이즈의 중지값은 $n_t = 1.5\,n_0$ 에서 얻어진 값을 가장 가까운 정수로 끝어 올림하여 구한다.

b) 등가의 1회 샘플링 방식의 샘플 사이즈를 모르는 경우는 부적합품률 검사의 경우 누계 샘플 사이즈의 중지값은 식 (5.7)에서 구한 값을 끝올림하여 정수로 구한다.

$$n_t = \frac{2h_A h_R}{g(1-g)} \tag{5.7}$$

또한 100항목 당 부적합수 검사의 경우 n_t는 식 (5.8)에서 구한 값을 가장 가까운 끝올림하여 정수로 구한다.

$$n_t = \frac{2h_A h_R}{g} \tag{5.8}$$

② 소로트에 대한 중지

n_t의 값이 로트 사이즈를 넘는 경우에 그 축차 샘플링 방식을 사용할 때는 샘플 사이즈의 중지값 n_t는 로트 사이즈와 같은 수로 한다.

예 / 5.4 [예 5.3]에서 구한 부적합품률 검사를 위한 축차 샘플링 검사 방식에서 파라미터가 $h_A = 1.750$, $h_R = 2.247$, $g = 0.0957$인 경우의 예를 들면 다음과 같다.

이 샘플링 방식은 $n_0 = 65$, $A_0 = 6$이라는 1회 샘플링 방식에 대응하는 것으로 선택되어 있다. 따라서 누계 샘플 사이즈의 중지값은 $n_t = 98$이 된다. 대응하는 1회 샘플링 방식을 모르는 경우에는 중지값은 식 (5.7)에 따라 구한다. h_A, h_R 및 g의 값을 식 (5.7)에 대입하면 누계 샘플 사이즈 중지값은 $n_t = 91$이 된다.

3) 수치 판정법 및 도식 판정법의 선택

이 규격에는 축차 샘플링 방식의 실시를 위하여 2종류의 판정법을 규정한다. 즉, 수치 판정법 및 도식 판정법이다.

수치 판정법은 정확하고 합격 여부의 판정에 의문의 여지를 남기지 않는다는 장점이 있다. 도식 판정법은 시리즈의 로트 검사에 적합하다. 합격 판정도는 1회 작성하면 반복 사용할 수 있다.

그러나 이 방법은 점을 타점하거나 직선을 그리거나 하는 데 기인하는 부정확성을 갖고 있다. 한편 이 방법은 검사한 항목의 증가에 따르는 로트 품질의 정보 증가를 시각적으로 나타낸다는 장점이 있다. 즉, 정보는 검사 속행역 내에서의 꺾은선의 진행으로 표시되고, 그 선이 이 영역의 경계선에 도달하거나 또는 그것과 교차할 때까지 계속된다. 합격 여부 판정의 표준적인 방법은 수치 판정법이다.

① 수치 판정법

누계 샘플 사이즈 n_{cum}이 1부터 $n_t - 1$까지의 각 값에 대하여 다음 값을 구하여 끝수를 버리고, 가장 가까운 정수를 합격 판정개수 A로 한다.

$$A = gn_{cum} - h_A \tag{5.9}$$

또한 n_{cum}의 각 값에 대하여 다음 값을 구하고 끝수를 올림하여 가장 가까운 정수를 불합격 판정개수 R로 한다.

$$R = gn_{cum} + h_R \tag{5.10}$$

누계 샘플사이즈의 중지값에 대한 합격 판정개수 A_t는 식 (5.11)으로 구하고 소수 이하는 버리고 정수로 한다.

$$A_t = gn_t \tag{5.11}$$

대응하는 불합격 판정개수 R_t는 식 (5.12)로 구한다.

$$R_t = A_t + 1 \tag{5.12}$$

합격 판정개수 A값이 마이너스인 경우에는 누계 샘플 사이즈가 너무 작아서 로트의 합격을 판정할 수 없다는 것을 의미한다. 반대로 불합격 판정개수 R값이 누계 샘플 사이즈보다 큰 경우에는 누계 샘플 사이즈가 너무 작아서 부적합품률 검사에서는 로트의 불합격 판정을 할 수 없다는 것을 의미한다.

식 (5.9) 및 식 (5.10)에서 주어지는 값은 수치맺음을 소수점 이하 3자리까지 구한다. 로트의 합격을 판정할 수 있는 최소의 누계 샘플 사이즈는 h_A / g의 끝수를 올림하여 가장 가까운 정수로 구한다.

부적합품률 검사에서 로트의 불합격을 판정할 수 있는 최소 누계 샘플 사이즈는 $h_R / (1-g)$를 올림하여 가장 가까운 정수로 구한다.

예 / 5.5 [예 5.3]에서 다룬 축차 샘플링 방식에서 파라미터가 $h_A = 1.750$, $h_R = 2.247$, $g = 0.0957$인 것에 대하여 [예 5.4]에서 누계 샘플 사이즈의 중지값은 $n_t = 98$이었다. 이것에 대응하는 합격 판정개수는 $gn_t = 9.38$의 끝수를 버린 정수가 된다. 따라서 합격 판정개수 A_t는 9가 되고, 불합격 판정개수 R_t는 10이 된다.

합격 판정개수 A는 식 (5.13)으로 구하여 끝수를 버리고 정수로 한다.

$$A = 0.0957 n_{cum} - 1.750 \tag{5.13}$$

또한 불합격 판정개수 R는 식 (5.14)로 구하여 끝수를 올림하여 정수로 한다.

$$R = 0.0957 n_{cum} + 2.247 \tag{5.14}$$

이에 대한 누계 샘플 사이즈 $n_{cum} = 1, 2, \cdots, 97$에 대응하는 합격 및 불합격 판정개수는 n_{cum}의 값을 위의 식 (5.13), (5.14)에 대입하여 구한 결과를 표 5.1에 나타내었다.

표 5.1 축차 샘플링 검사 판정표 예

누계 샘플 사이즈 n_{cum}	$gn_{cum}-h_A$ [식 (5-9)]	합격 판정개수 A	$gn_{cum}+h_A$ [식 (5-10)]	불합격 판정개수 R
1	−1.654	*	2.343	**
2	−1.559	*	2.438	**
3	−1.463	*	2.534	3
4	−1.367	*	2.630	3
5	−1.272	*	2.726	3
6	−1.176	*	2.821	3
7	−1.080	*	2.917	3
8	−0.984	*	3.013	4
9	−0.889	*	3.108	4
10	−0.793	*	3.204	4
11	−0.697	*	3.300	4
12	−0.602	*	3.395	4
13	−0.506	*	3.491	4
14	−0.410	*	3.587	4
15	−0.315	*	3.683	4
16	−0.219	*	3.778	4
17	−0.123	*	3.874	4
18	−0.027	*	3.970	4
19	0.068	0	4.065	5
20	0.164	0	4.161	5
.	.	.	.	.
.	.	.	.	.
97	7.533	7	11.530	12
98	−	9	−	10

* 누계 샘플 사이즈가 너무 작아서 합격의 판정을 할 수 없다.

** 누계 샘플 사이즈가 너무 작아서 불합격의 판정을 할 수 없다.

② 도식 판정법

그림 5.2는 축차 샘플링 검사 판정도로서 그래프의 가로축은 누계 샘플 사이즈, 세로축은 누계 카운트로 한다. 또한 식 (5.9) 및 식 (5.10)에서 구한 값은 공통의 기울기 g를 가진 2개의 직선이 된다. 절편이 $-h_A$인 아래쪽의 직선을 합격 판정선이라 하며, 절편이 h_R인 위쪽의 직선을 불합격 판정선이라 한다. 누계 샘플 사이즈가 n_t인 곳에 중지선을 추가한다. 이러한 선에 의해 판정도 그림에는 세 가지 영역으로 나뉜다.

– 합격역 : 합격 판정선의 아래쪽 영역(선 위를 포함한다) 및 중지선 위에서 점(n_t : A_t)보다 아래쪽 부분(그 점을 포함한다)이다.

- 불합격역 : 불합격 판정선의 위쪽 영역(선 위를 포함한다) 및 중지선 위에서 점(n_t : R_t)보다 위쪽 부분(그 점을 포함한다)이다.
- 검사 속행역 : 합격 판정선과 불합격 판정선에 끼인 띠 모양의 영역으로 중지선보다 왼쪽 부분이다.

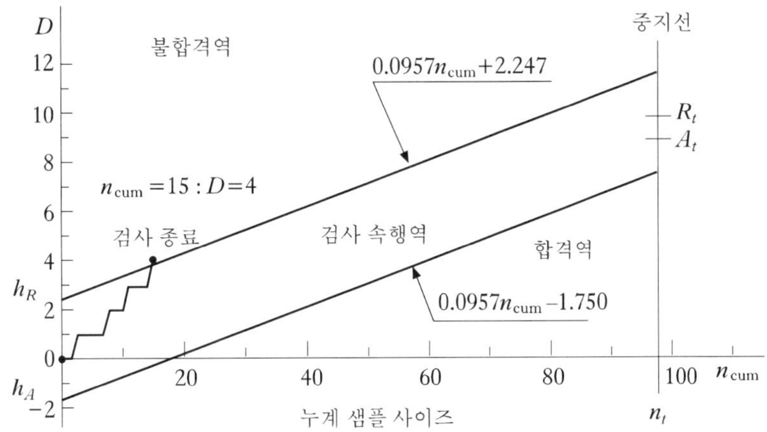

그림 5.2 축차 샘플링 방식에 대한 합격 여부 판정도의 예

그림 5.2는 축차 샘플링 검사의 파라미터가 $h_A = 1.750$, $h_R = 2.247$, $g = 0.0957$인 경우에 대한 합격 여부 판정도이다.

합격 여부 판정도를 작성하려면 그래프 용지를 사용하여 가로축은 누계 샘플 사이즈 n_{cum}, 세로축은 누계 카운트 D로 한다. 합격 판정선은 $(0 ; -h_A)$[2]의 점 및 $(n_{cim} : gn_{cum} - h_A)$의 모든 점을 지나는 직선이다. $n_{cum} = 97$이면 $gn_{cum} - h_A = 0.0957 \times 97 - 1.720 = 7.533$이 된다. 그래프 용지에 2점$(0 ; -1.750)$ 및 $(97 : 7.533)$을 타점하고 이 2점을 직선으로 연결한다.

마찬가지로 불합격 판정선은 $(0 ; h_R)$ 및 $(n_{cum} : gn_{cum} + h_A)$의 각 점을 지나는 직선이며 $n_{cum} = 97$에 대응하여 2점$(0 ; 2.247)$ 및 $(97 ; 11.530)$을 타점하여 이 2점을 직선으로 연결한다. 마지막으로 중지선으로서 $n_{cum} = 98$인 곳에 세로선을 기입한다. 수치판정법에 의하여 A_t와 R_t를 구하여 판정도에 표시한다.

합격역의 경계는 합격 판정선이며, 또한 중지선 위에서 점 (98 ; 9) 이하의 부분도 합격역에 포함된다. 불합격역의 경계는 불합격 판정선이며 또한 중지

2) 이 규격에서는 그래프 위의 점의 좌표를 관용적인 (x, y)가 아니라 $(x ; y)$로 세미콜론으로 나누어 표기하고 있다. 이것은 원 국제 규격에서 전재한 그림 · 표 안에서 소수점으로 쉼표(,)를 사용하고 있고 그것과 혼합을 피하기 위해서이다.

선 위에서 점 (98 ; 10) 이상의 부분도 불합격역에 포함된다. 검사 속행역의 경계는 합격 판정선, 불합격 판정선 및 중지선이다.

5.1.5 계수 축차 샘플링 방식의 실시

(1) 샘플링 방식의 지정

1회, 2회, 다회 및 축차 샘플링 방식의 선택은 로트의 검사 개시 이전에 설정하여야 한다. 축차 샘플링 방식의 실시 이전에 검사원은 h_A, h_R, g, n_t 및 A_t의 지정값을 샘플링 검사의 문서에 기록하여야 한다.

(2) 시료의 샘플링

개개의 시료 항목은 로트에서 랜덤하게 샘플링하여 순서대로 1개씩 검사하여야 한다.

(3) 누계 카운트

1) 부적합품률 검사

각 항목의 검사 후, 적합품은 0, 부적합품은 1로 검사 결과를 기록한다. 다음으로 그 때까지 샘플 중에 발견된 부적합품의 누계 개수를 누계 카운트 D로 기록한다.

2) 100항목 당 부적합수 검사

각 항목의 검사 후, 그 항목에 발견된 부적합 수를 검사 결과로 기록한다. 다음으로 그 때까지 샘플 중에 발견된 부적합 수의 누계를 누계 카운트 D로 기록한다.

(4) 합격 여부의 판정

1) 수치 판정법

① 누계 카운트 D가 대응하는 합격 판정개수 A 이하이면 로트는 합격으로 한다.

② 누계 카운트 D가 대응하는 불합격 판정개수 R 이상이면 로트는 불합격으로 한다.

③ ① 및 ②의 양쪽 모두 만족하지 않으면 다시 1개의 항목을 추가로 검사한다.

누계 샘플 사이즈가 중지값 n_t에 도달한 경우에는 합격 판정개수의 중지값 A_1 및 불합격 판정개수 중지값 $R_t = A_t + 1$을 사용하여 위의 ① 및 ②의 규칙을 적용한다.

예 / 5.6 파라미터가 $h_A = 1.750$, $h_R = 2.247$, $g = 0.0957$의 축차 샘플링 방식에 대해서는 표 5.1과 같이 합격 판정개수 및 불합격 판정개수가 구해져 있다.

어떤 로트에서의 샘플에서 최초의 15개의 애자 중, 3번째, 8번째, 11번째 및 15번째의 애자가 공칭 절연 전압의 규정값을 만족하지 않았다고 가정한다. 이 검사 결과를 표 5.2로 나타냈다. 15개의 애자의 검사 후, 누계 카운트는 불합격 판정개수와 같아졌으므로 로트는 불합격으로 하고 검사는 종료한다.

한편, 다른 로트에서의 샘플 중에서 최초 19개의 애자가 전부 공칭 절연 전압의 규정값을 만족한 경우는 19개의 애자를 검사한 후, 누계 카운트(0)는 합격 판정개수와 같아졌으므로 로트는 합격이 되고 검사는 종료한다.

어떤 로트의 검사 중에 98번째의 항목의 검사 이전에 검사가 종료하지 않은 경우는 98번째의 항목의 검사 후 검사는 종료한다. 98번째의 항목의 검사 후, 누계 카운트가 9개 이하이면 로트는 합격으로 한다. 또한 누계 카운트는 10개 이상이면 로트는 불합격으로 한다.

표 5.2 합격 여부 판정표(검사 기록 용지)

누계 샘플 사이즈 n_{cum}	검사 결과	합격 판정개수 A	누계 카운트 D	불합격 판정개수 R
1	0	*	0	**
2	0	*	0	**
3	1	*	1	3
4	0	*	1	3
5	0	*	1	3
6	0	*	1	3
7	0	*	1	3
8	1	*	2	4
9	0	*	2	4
10	0	*	2	4
11	1	*	3	4
12	0	*	3	4
13	0	*	3	4
14	0	*	3	4
15	1	*	4	4
16		*		4
17		*		4
18		*		4
19		0		5
20		0		5
·		·		·
·		·		·
97		7		12
98		9		10

* 누계 샘플 사이즈가 너무 작아서 합격의 판정을 할 수 없다.
** 누계 샘플 사이즈가 너무 작아서 불합격의 판정을 할 수 없다.

2) 도식 판정법

사전에 작성한 합격 여부 판정도에 점(n_{cum}; D)을 타점한다.

① 점이 합격역에 들어가면 로트는 합격으로 한다.
② 점이 불합격역에 들어가면 로트를 불합격으로 한다.
③ 점이 검사 속행역에 있으면 다시 1개의 항목을 골라서 검사한다.
④ 점이 검사 중지선에 도달하면 합격·불합격 중 어느 쪽이든 판정하고 검사를 중지한다.

검사 결과의 경향을 보기 쉽게 하기 위하여 그림 위에서 계속되는 점 사이를 꺾은 선으로 연결하면 된다.

수치 예에서 어떤 타점의 샘플 중에서 최초 15개의 애자 중 3번째, 8번째, 11번째 및 15번째의 애자가 공칭 절연 전압의 규정값을 만족하지 않았다고 가정한다. 그림 5.2에 나타내듯이 합격 여부 판정도 위에 점(n_{cum}; D)을 순차적으로 타점하여 꺾은 선을 연결한다. 점 (15; 4)은 명확히 불합격역에 들어갔으므로 15번째 항목을 검사한 후 검사는 종료하고 로트는 불합격이 된다.

표 5.3 계수 축차 샘플링 방식의 파라미터(생산자 위험 $\alpha = 0.05$ 및 소비자 위험 $\beta = 0.10$ (부적합품률 검사, 주샘플링표))

PRQ (%)	파라미터	CRQ(%) (소비자 위험 품질 수준)																
		0.80	1.00	1.25	1.60	2.00	2.50	3.15	4.00	5.00	6.30	8.00	10.00	12.50	16.00	20.00	25.00	31.50
0.100	h_A	1.079	0.974	0.887	0.808	0.747	0.694	0.647	0.604	0.568	0.535	0.504	0.478	0.454	0.429	0.408	0.388	0.367
	h_R	1.385	1.250	1.139	1.37	0.959	0.891	0.830	0.775	0.729	0.687	0.647	0.614	0.583	0.551	0.524	0.498	0.472
	g	0.00337	0.00391	0.00456	0.00543	0.00637	0.00750	0.00891	0.0107	0.0107	0.0152	0.0185	0.0222	0.0267	0.0330	0.0402	0.0494	0.0616
0.125	h_A	1.208	1.078	0.973	0.878	0.806	0.746	0.691	0.642	0.602	0.565	0.531	0.502	0.475	0.448	0.425	0.403	0.381
	h_R	1.551	1.384	1.249	1.127	1.035	0.957	0.887	0.825	0.773	0.726	0.682	0.644	0.610	0.575	0.546	0.518	0.489
	g	0.00364	0.00421	0.00490	0.00580	0.00679	0.00797	0.00944	0.0113	0.0134	0.0160	0.0194	0.0232	0.0279	0.0344	0.0419	0.0513	0.0638
0.160	h_A	1.393	1.223	1.089	0.972	0.885	0.812	0.748	0.691	0.645	0.602	0.564	0.531	0.501	0.471	0.446	0.422	0.398
	h_R	1.789	1.570	1.399	1.247	1.136	1.042	0.960	0.887	0.828	0.774	0.724	0.682	0.644	0.605	0.572	0.542	0.511
	g	0.00398	0.00459	0.00531	0.00627	0.00731	0.00855	0.0101	0.0120	0.0142	0.0170	0.0205	0.0245	0.0294	0.0362	0.0439	0.0536	0.0666
0.200	h_A	1.617	1.392	1.221	1.075	0.970	0.883	0.808	0.742	0.689	0.641	0.597	0.561	0.528	0.494	0.466	0.440	0.414
	h_R	2.076	1.787	1.568	1.381	1.245	1.134	1.037	0.952	0.884	0.823	0.767	0.720	0.677	0.635	0.599	0.565	0.532
	g	0.00433	0.00498	0.00574	0.00675	0.00784	0.00915	0.0108	0.0128	0.0151	0.0180	0.0216	0.0257	0.0308	0.378	0.0458	0.0559	0.0692
0.250	h_A	1.926	1.615	1.390	1.204	1.074	0.968	0.878	0.801	0.739	0.684	0.635	0.594	0.557	0.520	0.489	0.460	0.432
	h_R	2.473	2.074	1.785	1.546	1.378	1.243	1.128	1.028	0.949	0.879	0.815	0.762	0.715	0.667	0.628	0.591	0.555
	g	0.00473	0.00541	0.00622	0.00729	0.00844	0.00981	0.0115	0.0136	0.0160	0.0190	0.0228	0.0271	0.0324	0.0397	0.0479	0.0583	0.0721
0.315	h_A	2.403	1.937	1.622	1.374	1.207	1.075	0.966	0.873	0.800	0.736	0.679	0.632	0.591	0.549	0.515	0.483	0.452
	h_R	3.085	2.487	2.083	1.764	1.549	1.381	1.240	1.121	1.028	0.945	0.872	0.812	0.758	0.705	0.661	0.620	0.580
	g	0.00521	0.00593	0.00679	0.00792	0.00914	0.0106	0.0124	0.0146	0.0171	0.0202	0.0242	0.0287	0.0342	0.0418	0.0503	0.0611	0.0753
0.40	h_A	3.229	2.441	1.961	1.610	4.385	1.214	1.076	0.962	0.875	0.799	0.732	0.678	0.630	0.583	0.545	0.509	0.475
	h_R	4.146	3.134	2.518	2.067	1.778	1.559	1.382	1.236	1.123	1.026	0.940	0.871	0.809	0.749	0.700	0.654	0.610
	g	0.00577	0.00655	0.00747	0.00867	0.00996	0.0115	0.0134	0.0157	0.0184	0.0217	0.0258	0.0305	0.0363	0.0441	0.0530	0.0642	0.0790
0.50	h_A	4.759	3.224	2.437	1.917	1.606	1.381	1.205	1.064	0.958	0.868	0.790	0.727	0.673	0.619	0.576	0.537	0.498
	h_R	6.110	4.140	3.129	2.467	2.062	1.774	1.548	1.366	1.231	1.114	1.014	0.934	0.863	0.795	0.740	0.689	0.640
	g	0.00638	0.00722	0.00819	0.00947	0.0108	0.0125	0.0145	0.0169	0.0197	0.0232	0.0275	0.0324	0.0384	0.0466	0.0558	0.0674	0.0827
0.63	h_A	9.357	4.834	3.256	2.390	1.926	1.611	1.377	1.196	1.064	0.953	0.860	0.786	0.723	0.662	0.613	0.568	0.526
	h_R	12.013	6.206	1.180	3.069	2.472	2.069	1.768	1.535	1.366	1.224	1.104	1.009	0.928	0.849	0.787	0.729	0.675
	g	0.00712	0.00801	0.00905	0.0104	0.0119	0.0136	0.0157	0.0183	0.02120	0.0249	0.0294	0.0346	0.0408	0.0494	0.0590	0.0710	0.0868
0.80	h_A		9.999	4.994	3.210	2.425	1.946	1.614	1.371	1.200	1.062	0.947	0.858	0.783	0.712	0.656	0.605	0.557
	h_R		12.837	6.411	4.122	3.113	2.499	2.073	1.760	1.541	1.363	1.215	1.102	1.006	0.914	0.842	0.777	0.715
	g		0.00896	0.0101	0.0115	0.0131	0.0149	0.0172	0.0200	0.0231	0.0269	0.0317	0.0371	0.0437	0.0526	0.0626	0.0751	0.0916
1.00	h_A			9.976	4.729	3.201	2.417	1.925	1.589	1.364	1.188	1.046	0.939	0.850	0.767	0.702	0.644	0.590
	h_R			12.808	6.071	4.110	3.103	2.472	2.040	1.751	1.525	1.343	1.205	1.091	0.984	0.901	0.827	0.757
	g			0.0112	0.0128	0.0144	0.0164	0.0188	0.0217	0.0250	0.0290	0.0341	0.0397	0.0466	0.0559	0.0664	0.0794	0.0965

표 5.3 계수 축차 샘플링 방식의 파라미터 (생산자 위험 $\alpha = 0.05$ 및 소비자 위험 $\beta = 0.10$ (부적합품률 검사, 주샘플링표)) [계속]

PRQ (%)	파라미터	CRQ(%) (소비자 위험 품질 수주)																
		0.80	1.00	1.25	1.60	2.00	2.50	3.15	4.00	5.00	6.30	8.00	10.00	12.50	16.00	20.00	25.00	31.50
1.25	h_A				8.990	4.713	3.189	2.386	1.890	1.580	1.348	1.168	1.036	0.929	0.830	0.755	0.688	0.627
	h_R				11.543	6.052	4.095	3.063	2.426	2.028	1.731	1.500	1.331	1.193	1.066	0.969	0.884	0.805
	g				0.0142	0.0160	0.0180	0.0206	0.0237	0.0272	0.0314	0.0367	0.0427	0.0499	0.597	0.0706	0.0841	0.1018
1.60	h_A					9.908	4.943	3.247	2.392	1.917	1.586	1.343	1.171	1.036	0.915	0.824	0.745	0.674
	h_R					12.721	6.346	4.169	3.072	2.461	2.036	1.724	1.504	1.330	1.175	1.058	0.957	0.865
	g					0.0179	0.0202	0.0229	0.0262	0.0299	0.0345	0.0401	0.0540	0.0540	0.0643	0.758	0.0899	0.1084
2.00	h_A						9.863	4.830	3.154	2.376	1.888	1.553	1.329	1.157	1.008	0.899	0.806	0.723
	h_R						12.663	6.202	4.049	3.051	2.424	1.994	1.706	1.485	1.294	1.154	1.035	0.928
	g						0.0224	0.0253	0.0289	0.0328	0.0376	0.0436	0.0503	0.0582	0.0690	0.0810	0.0958	0.1150
2.50	h_A							9.467	4.637	3.131	2.335	1.843	1.535	1.311	1.123	0.989	0.878	0.780
	h_R							12.155	5.953	4.019	2.998	2.367	1.971	1.683	1.441	1.269	1.127	1.001
	g							0.0281	0.0319	0.0361	0.0412	0.0475	0.0546	0.0630	0.0743	0.0869	0.1023	0.1223
3.15	h_A								9.089	4.677	3.100	2.289	1.832	1.521	1.274	1.104	0.967	0.850
	h_R								11.669	6.005	3.980	2.939	2.353	1.953	1.635	1.417	1.242	1.091
	g								0.0356	0.0401	0.0455	0.0522	0.0597	0.0686	0.0805	0.0937	0.1099	0.1307
4.00	h_A									9.637	4.705	3.060	2.295	1.827	1.481	1.256	1.083	0.938
	h_R									12.372	6.040	3.929	2.947	2.346	1.902	1.613	1.390	1.204
	g									0.0356	0.0507	0.0578	0.0658	0.0752	0.0879	0.1018	0.1187	0.1406
5.00	h_A										9.193	4.484	3.013	2.255	1.750	1.445	1.220	1.039
	h_R										11.803	5.757	3.868	2.895	2.247	1.855	1.566	1.333
	g										0.0563	0.0639	0.0724	0.0824	0.0957	0.1103	0.1281	0.1509
6.30	h_A											8.753	4.482	2.987	2.162	1.714	1.406	1.171
	h_R											11.238	5.754	3.835	2.776	2.201	1.805	1.503
	g											0.0712	0.0802	0.0908	0.1049	0.1204	0.1390	0.1629
8.0	h_A												9.184	4.535	2.871	2.132	1.675	1.352
	h_R												11.792	5.822	3.686	2.737	2.151	1.735
	g												0.0897	0.1010	0.1160	0.1323	0.1520	0.1771
10.0	h_A													8.958	4.177	2.776	2.049	1.585
	h_R													11.501	5.363	3.564	2.631	2.035
	g													0.1121	0.1280	0.1452	0.1660	0.1922

비고 PRQ 및 CRQ는 부적합품률(%)로 표시하고 있다.

표 5.4 계수 축차 샘플링 방식의 파라미터 ($\alpha = 0.05$ 및 $\beta = 0.10$ (100항목 당 부적합수 검사, 주샘플링표))

PRQ (%)	파라미터	CRQ(%) (소비자 위험 품질 수주)																
		0.80	1.00	1.25	1.60	2.00	2.50	3.15	4.00	5.00	6.30	8.00	10.00	12.50	16.00	20.00	25.00	31.50
0.100	h_A	1.083	0.978	0.891	0.812	0.751	0.699	0.653	0.610	0.575	0.543	0.514	0.489	0.466	0.444	0.425	0.408	0.391
	h_R	1.390	1.444	1.144	1.042	0.965	0.898	0.838	0.784	0.739	0.698	0.660	0.628	0.599	0.570	0.546	0.523	0.502
	g	0.003 37	0.00391	0.004 55	0.005 41	0.006 34	0.007 46	0.008 84	0.010 6	0.012 5	0.015 0	0.018 0	0.021 5	0.025 7	0.031 3	0.037 6	0.045 1	0.054 6
0.125	h_A	1.213	1.083	0.978	0.883	0.812	0.751	0.698	0.650	0.610	0.574	0.541	0.514	0.489	0.464	0.444	0.425	0.407
	h_R	1.557	1.390	1.255	1.134	1.042	0.965	0.896	0.834	0.784	0.737	0.695	0.660	0.628	0.596	0.570	0.546	0.523
	g	0.003 64	0.004 21	0.004 89	0.005 79	0.006 76	0.007 93	0.009 37	0.011 2	0.013 2	0.015 8	0.018 9	0.022 5	0.026 9	0.032 7	0.039 2	0.046 9	0.056 7
0.160	h_A	1.399	1.228	1.095	0.978	0.891	0.819	0.755	0.699	0.654	0.613	0.575	0.544	0.517	0.489	0.466	0.446	0.426
	h_R	1.796	1.577	1.406	1.255	1.144	1.051	0.970	0.898	0.840	0.787	0.739	0.699	0.663	0.628	0.599	0.572	0.547
	g	0.003 98	0.004 85	0.005 30	0.006 25	0.007 29	0.008 51	0.010 0	0.011 9	0.014 1	0.016 7	0.020 0	0.023 8	0.028 3	0.034 4	0.041 1	0.049 2	0.059 3
0.200	h_A	1.624	1.399	1.228	1.083	0.978	0.891	0.817	0.751	0.699	0.653	0.610	0.575	0.544	0.514	0.489	0.466	0.445
	h_R	2.085	1.796	1.577	1.390	1.255	1.144	1.048	0.965	0.898	0.838	0.784	0.739	0.699	0.660	0.628	0.599	0.547
	g	0.004 33	0.004 97	0.005 73	0.006 73	0.007 82	0.009 11	0.010 7	0.012 7	0.014 9	0.017 7	0.021 1	0.025 1	0.029 7	0.036 1	0.043 0	0.051 4	0.059 3
0.250	h_A	1.936	1.624	1.399	1.213	1.083	0.978	0.889	0.812	0.751	0.698	0.650	0.610	0.575	0.541	0.514	0.489	0.466
	h_R	2.485	2.085	1.796	1.557	1.390	1.255	1.141	1.042	0.965	0.896	0.834	0.784	0.739	0.695	0.660	0.628	0.598
	g	0.004 73	0.005 41	0.006 21	0.007 27	0.008 42	0.009 77	0.011 4	0.013 5	0.015 9	0.018 7	0.022 4	0.026 4	0.031 3	0.037 9	0.045 1	0.053 7	0.064 6
0.315	h_A	2.415	1.949	1.633	1.385	1.218	1.087	0.978	0.886	0.814	0.751	0.696	0.651	0.612	0.573	0.542	0.515	0.489
	h_R	3.101	2.502	2.097	1.778	1.564	1.395	1.255	1.137	1.045	0.965	0.894	0.836	0.785	0.736	0.696	0.661	0.628
	g	0.005 20	0.005 93	0.006 78	0.007 91	0.009 12	0.010 5	0.012 3	0.014 5	0.016 9	0.020 0	0.023 8	0.028 0	0.033 1	0.039 9	0.047 4	0.056 4	0.067 7
0.40	h_A	3.248	2.457	1.976	1.624	1.399	1.228	1.091	0.978	0.891	0.817	0.751	0.699	0.654	0.610	0.575	0.544	0.516
	h_R	4.170	3.154	2.537	2.085	1.796	1.577	1.401	1.255	1.144	1.048	0.965	0.898	0.840	0.784	0.739	0.699	0.662
	g	0.005 77	0.006 55	0.007 46	0.008 66	0.009 94	0.011 5	0.013 3	0.015 6	0.018 2	0.021 4	0.025 4	0.029 8	0.035 2	0.042 3	0.050 1	0.059 5	0.071 2
0.50	h_A	4.790	3.248	2.457	1.936	1.624	1.399	1.223	1.083	0.978	0.889	0.812	0.751	0.699	0.650	0.610	0.575	0.543
	h_R	6.150	4.170	3.154	2.485	2.085	1.796	1.570	1.390	1.255	1.141	1.042	0.965	0.898	0.834	0.784	0.739	0.698
	g	0.006 38	0.007 21	0.008 19	0.009 46	0.010 8	0.012 4	0.014 4	0.016 8	0.019 5	0.022 9	0.027 1	0.031 7	0.037 3	0.044 7	0.052 9	0.062 6	0.074 8
0.63	h_A	9.424	4.873	3.286	2.415	1.949	1.633	1.399	1.218	1.087	0.978	0.886	0.814	0.754	0.696	0.651	0.612	0.575
	h_R	12.099	6.256	4.218	3.101	2.502	2.097	1.796	1.564	1.395	1.255	1.137	1.045	0.967	0.894	0.836	0.785	0.739
	g	0.007 12	0.008 01	0.009 05	0.010 4	0.011 9	0.013 6	0.015 7	0.018 2	0.019 5	0.024 6	0.029 0	0.033 9	0.039 7	0.047 5	0.056 0	0.066 2	0.078 9
0.80	h_A		10.089	5.044	3.248	2.457	1.976	1.643	1.399	1.228	1.091	0.978	0.891	0.819	0.751	0.699	0.654	0.613
	h_R		12.953	6.476	4.170	3.154	2.537	2.109	1.796	1.577	1.401	1.255	1.144	1.051	0.965	0.898	0.840	0.787
	g		0.008 96	0.010 1	0.011 5	0.013 1	0.014 9	0.017 1	0.019 9	0.022 9	0.026 7	0.031 3	0.036 4	0.042 6	0.050 7	0.059 6	0.070 3	0.083 6
1.00	h_A			10.089	4.790	3.248	2.457	1.962	1.624	1.399	1.223	1.083	0.978	0.891	0.812	0.751	0.699	0.653
	h_R			12.953	6.150	4.170	3.154	2.519	2.085	1.796	1.570	1.390	1.255	1.144	1.042	0.965	0.898	0.838
	g			0.011 2	0.012 8	0.014 4	0.016 4	0.018 7	0.021 6	0.024 9	0.028 8	0.033 7	0.039 1	0.045 5	0.054 1	0.063 4	0.074 6	0.088 4

비고 PRQ 및 CRQ는 부적합품률(%)로 표시하고 있다.

표 5.4 계수 축차 샘플링 방식의 파라미터 (생산자 위험 $\alpha = 0.05$ 및 소비자 위험 $\beta = 0.10$ (100항목 당 부적합수 검사, 주샘플링표))[계속]

PRQ (%)	파라미터	CRQ(%) (소비자 위험 품질 수준)																
		0.80	1.00	1.25	1.60	2.00	2.50	3.15	4.00	5.00	6.30	8.00	10.00	12.50	16.00	20.00	25.00	31.50
1.25	h_A h_R g				9.120 11.709 0.0142	4.790 6.150 0.016 0	3.248 4.170 0.018 0	2.436 3.127 0.020 6	1.936 2.485 0.023 6	1.624 2.085 0.027 1	1.392 1.787 0.031 2	1.213 1.557 0.036 4	1.083 1.390 0.042 1	0.978 1.255 0.048 9	0.883 1.134 0.057 9	0.812 1.042 0.067 6	0.751 0.965 0.079 3	0.698 0.896 0.093 7
1.60	h_A h_R g					10.089 12.953 0.017 9	5.044 6.476 0.020 2	3.323 4.267 0.022 9	2.457 3.154 0.026 2	1.976 2.537 0.029 8	1.643 2.109 0.034 3	1.399 1.796 0.039 8	1.228 1.577 0.045 8	1.095 1.406 0.053 0	0.978 1.255 0.062 5	0.891 1.144 0.072 9	0.819 1.051 0.085 1	0.755 0.970 0.1003
2.00	h_A h_R g						10.089 12.953 0.022 4	4.956 6.363 0.025 3	3.248 4.170 0.028 9	2.457 3.154 0.032 7	1.962 2.519 0.037 5	1.624 2.085 0.043 3	1.399 1.796 0.049 7	1.228 1.577 0.057 3	1.083 1.390 0.067 3	0.978 1.255 0.078 2	0.891 1.144 0.091 1	0.817 1.048 0.107 0
2.50	h_A h_R g							9.741 12.506 0.028 1	4.790 6.150 0.031 9	3.248 4.170 0.036 1	2.436 3.127 0.041 1	1.936 2.485 0.047 3	1.624 2.085 0.054 1	1.399 1.796 0.062 1	1.213 1.557 0.072 7	1.08. 1.390 0.084 2	0.978 1.255 0.097 7	0.689 1.141 0.114 5
3.15	h_A h_R g								9.424 12.099 0.035 6	4.873 6.256 0.040 0	3.248 4.170 0.045 4	2.415 3.101 0.052 0	1.949 2.502 0.059 3	1.633 2.097 0.067 8	1.385 1.778 0.079 1	1.218 1.564 0.091 2	1.087 1.395 0.105 5	0.978 1.255 0.123 1
4.00	h_A h_R g									10.089 12.953 0.044 8	4.956 6.363 0.050 6	3.248 4.170 0.057 7	2.415 3.101 0.052 0	1.976 2.537 0.074 6	1.624 2.085 0.086 6	1.399 1.796 0.099 4	1.228 1.577 0.114 6	1.091 1.401 0.133 3
5.00	h_A h_R g										9.741 12.506 0.056 2	4.790 6.150 0.063 8	3.248 4.170 0.057 7	2.457 3.154 0.081 9	1.936 2.485 0.094 6	1.624 2.085 0.108 2	1.399 1.796 0.124 3	1.223 1.570 0.144 0
6.30	h_A h_R g											9.424 12.099 0.0712	4.790 6.150 0.063 8	3.286 4.218 0.090 5	2.415 3.101 0.104 1	1.949 2.502 0.118 6	1.633 2.097 0.135 7	1.399 1.796 0.156 6
8.0	h_A h_R g												9.424 12.099 0.0712	5.044 6.476 0.100 8	3.248 4.170 0.115 4	2.457 3.154 0.131 0	1.976 2.537 0.149.2	1.643 2.109 0.171 5
10.0	h_A h_R g													10.089 12.953 0.112 0	4.790 6.150 0.127 7	3.248 4.170 0.144 3	2.457 3.154 0.163 7	1.962 2.519 0.187 4

5.2 계량 축차 샘플링 방식(KS A / ISO 8423)

(부적합품 퍼센트, 표준편차(σ)를 알고 있는 경우)

5.2.1 적용범위

이 규격은 계량치 데이터를 위한 축차 샘플링 방식 및 샘플링 검사 순서에 대하여 규정하고 있으며, 샘플링 방식은 생산자 위험점 및 소비자 위험점을 지표로 하고 있다.

이 규격의 목적은 검사 결과의 축차 검사를 위한 절차서를 제공하는 것으로, 이 절차를 사용하면 나쁜 품질의 로트는 불합격이라는 경제적, 심리적 압력을 통하여 공급자에게 합격 확률이 높은 좋은 품질의 로트를 공급하도록 유도할 수 있다. 동시에 소비자는 나쁜 품질의 로트에 대해서는 합격 확률의 상한값을 규정하여 보호하고 있다.

이 규격은 다음의 조건을 모두 만족하는 경우에 사용하도록 설계되어 있다.

① 검사 절차가 적용되는 것은 이산적 항목의 연속적 시리즈의 로트에서 모두가 동일 생산자의 동일 생산공정에서 생산된 것이다. 생산자가 다른 경우는 이 규격의 절차는 각 생산자에 대하여 개별적으로 적용한다.

② 이 항목의 단일 품질특성의 x만을 고려한다. 이 특성치는 연속적 척도로 측정 가능한 것으로 한다. 특수의 특성치가 중요한 경우에는 이 규격은 적용할 수 없다.

③ 생산은 통계적으로 안정되어 있고, 품질특성치 x는 표준편차를 알고 있고 정규분포 또는 정규분포에 근사한 분포를 하고 있어야 한다.

④ 규격에는 규격 상한 U, 규격 하한 L 또는 양쪽이 정해져 있다.

⑤ 품질특성치 x의 측정치가 다음의 부등식을 만족할 경우에는 그 항목은 부적합품으로 한다.

규격 상한의 경우 $x > U$
규격 하한의 경우 $x < L$
양쪽 규격의 경우 $x > U$ 또는 $x < L$

5.2.2 용어의 정의 및 기호

(1) 용어의 정의

① 개별식 양쪽 규격한계 : 규격 상한과 규격 하한의 양쪽이 규정되어 있고, 각 한계에 각각의 AQL을 규정(또는 각각의 생산자 위험, 소비자 위험을 규정)하는 경우에 사용한다.

② 연결식 양쪽 규격한계 : 규격 상한과 규격 하한의 양쪽이 규정되어 있고, 양쪽 한계에 대해서 같은 품질지표(AQL 또는 생산자 위험 품질 및 소비자 위험 품질)가 설정되어 있는 경우에 양쪽의 한계에 대한 부적합품률을 합계한 것에 적용한다.

③ 연결식 양쪽 규격한계에 대한 한계 공정 표준편차(limiting process standard deviation for combined double specification limits ; LPSD(com.)) : 연결식 양쪽 규격의 경우에 축차 샘플링 방식을 적용할 수 있는 공정 표준편차의 상한

④ 개별식 양쪽 규격한계에 대한 최대 공정 표준편차(maximum process standard deviation for separate double specification limits ; MPSD(sep.)) : 개별식 양쪽 규격의 경우에 합격 판정 샘플링 검사를 적용할 수 있는 공정 표준편차의 상한

⑤ 누계 샘플 사이즈(cumulative sample size ; n_{cum}) 로트로부터 계량 축차 샘플링 검사를 실시할 때 최초부터 마지막까지 검사한 합계 개수

⑥ 최소 심사력 품질수준(least assessable quality level; LAQ) 주어진 축차 샘플링 방식에 대하여 평균 샘플 사이즈가 최대가 되는 품질수준

⑦ 합격판정치(acceptance value ; A) 규정된 샘플링 방식의 파라미터와 누계 샘플 사이즈에서 유도되는 값. 누계 여유치를 합격 판정치와 비교하여 로트의 합격 여부를 정한다.

⑧ 불합격판정치(rejection value ; R) 규정된 샘플링 방식의 파라미터와 누계 샘플 사이즈에서 유도되는 값. 누계 여유치를 불합격 판정치와 비교하여 로트의 불합격 여부를 정한다.

(2) 기호의 정의

- A : 축차 샘플링 검사의 합격판정치
- A_t : 누계 샘플 사이즈의 중지치에 대응하는 합격판정치

· CRQ: 소비자 위험 품질(부적합품률로 나타낸다.)
· f : 개별식 양쪽 규격의 경우에 σ 및 $(U-L)$과 함께 합격 판정 샘플링 검사의 적용 가능 여부를 정하는 계수
· F : 표준 정규분포함수를 나타내는 기호
· g : 합격판정치 및 불합격판정치를 정하기 위하여 누계 샘플 사이즈에 곱하는 계수(합격판정선 및 불합격 판정선의 기울기)
· h_A : 합격판정치를 정하기 위하여 사용하는 상수(합격 판정선의 절편)
· h_R : 불합격판정치를 정하기 위하여 사용하는 상수(불합격 판정선의 절편)
· U : 규격 상한
· L : 규격 하한
· LAQ: 최소 심사력 품질수준
· LSPD(com): 연결식 양쪽 규격에 대한 한계 프로세스 표준편차
· MPSD(sep): 개별식 양쪽 규격에 대한 한계 프로세스 표준편차
· n_o : 대응하는 1회 샘플링 방식의 샘플 사이즈
· n_{av} : 평균 샘플 사이즈
· n_{cum}: 누계 샘플 사이즈
· n_t : 누계 샘플 사이즈의 중지값
· p : 공정의 품질 수준(부적합품률로 나타낸다.)
비고 - 부적합품률로 고치려면 100배 하면 된다.
· p_A : 생산자 위험 품질 수준 $p=p_A$일 때, $p_a=1-\alpha$이다.
· p_R : 소비자 위험 품질 수준 $p=p_R$일 때, $p_a=\beta$이다.
· p_a : 합격의 확률
· PRQ: 생산자 위험 품질(부적합품률로 나타낸다.)
· R : 축차 샘플링 검사의 불합격 판정치
· R_t : 누계 샘플 사이즈의 중지값에 대응하는 불합격 판정치
· x : 품질특성치의 측정치
· y : 여유치
규격 상한의 경우, $y=U-x$
규격 하한의 경우, $y=x-L$
양쪽 규격의 경우, $y=x-L$
· Y : 누계 여유치 마지막으로 검사된 아이템까지 포함시킨 여유치를 더하여 얻어진다.

· z_p : 표준정규분포의 하측 P점(예: $z_{0.05} = -1.645$)
· α : 생산자 위험
· β : 소비자 위험
· σ : 공정의 표준편차

5.2.3 계량 축차 샘플링 방식의 원리

계량치 축차 샘플링 방식에서는 아이템을 임의로 선택하고 1개씩 검사한다. 각 아이템의 검사 후 누계 여유치를 계산하여 검사 단계마다 로트의 판정에 충분한 정보를 얻을 수 있는지 여부를 누계 여유치를 사용하여 판정한다.

검사의 어떤 단계에서 불만족스러운 품질 수준의 로트를 합격으로 할 위험(소비자 위험)이 충분히 작은 누계 여유치가 된 경우는 로트를 합격으로 하고 그 로트에서의 샘플링은 종료한다.

한편, 검사의 어떤 단계에서 만족스러운 품질 수준의 로트를 불합격으로 할 위험(생산자 위험)이 충분히 작은 누계 여유치가 된 경우는 로트를 불합격으로 판정하고 그 로트에서의 샘플링은 종료한다.

누계 여유치로 위의 어느 쪽의 결정도 내릴 수 없는 경우는 다시 1개의 아이템을 검사하여 로트의 합격 또는 불합격을 결정할 수 있는 충분한 샘플 정보가 축적될 때까지 이 절차를 반복한다.

개별식 양쪽 규격 한계의 경우에는 누계 여유치에 의한 판정은 각 한계에 대하여 개별적으로 실시한다. 만약 심사의 어떤 단계에서 어느 쪽의 한계에 대하여 만족스러운 품질 수준의 로트를 불합격으로 할 위험이 충분히 작은 누계 여유치가 된 경우는 검사는 종료하고, 로트는 불합격으로 한다.

한편, 검사 단계에서 어느 쪽의 한계에 대하여 불만족스러운 품질 수준의 로트를 합격으로 할 위험이 충분히 작은 누계 여유치가 된 경우는 그 한계에 대해서는 로트는 합격으로 하고 검사는 종료하지만, 다른 쪽 한계에 대해서는 다음의 어느 쪽에 도달할 때까지 검사를 반복한다.

① 다른 쪽의 한계에 대해서도 만족스러운 결과가 얻어지면 로트를 합격으로 한다.
② 다른 쪽 한계에 대한 검사에서 로트를 불합격으로 한다.

5.2.4 샘플링 방식의 선택

(1) 계량치 축차 샘플링 방식의 선택을 정하기 위한 인자

1) 계량치 및 계수치의 선택

① 처음으로 생각하여야 할 것은 계수치 샘플링 검사를 계량치 샘플링 검사 대신에 사용하는 편이 좋은가 하는 문제이다. 따라서 다음의 점을 고려하여야 한다.

ⓐ 경제성의 관점에서 다수의 제품 아이템을 비교적 간단한 방법으로 검사하는 계수치 샘플링 방식과 검사 절차가 복잡하고, 일반적으로 아이템 당 시간도 비용도 많이 드는 계량치 샘플링 방식의 총비용의 비교가 필요하다.

ⓑ 계량치 샘플링 방식은 계수치 샘플링 방식보다 이해하기 어렵다. 예를 들면 계량치 샘플링 방식에서는 샘플이 부적합품을 포함하지 않아도 그 측정치를 기초로 하여 로트가 불합격이라고 판정되는 수가 있다.

ⓒ 계수치 샘플링 방식과 등가의 계량치 샘플링 방식의 샘플 사이즈를 비교하면 계량치 샘플링 방식 쪽이 동일한 생산자 위험 및 소비자 위험을 가진 계수치 샘플링 방식보다 샘플 사이즈가 작다. 따라서 검사 절차가 고가일 때, 즉, 파괴 검사의 경우에는 계량치 샘플링 방식 쪽이 유리하다.

ⓓ 이 규격의 샘플링 방식은 특성치가 1개인 경우에만 적용할 수 있다. 2개 이상의 특성치에 대하여 규격에 대한 부적합을 심사하고 싶은 경우에는 이 규격은 각 특성치에 대하여 개별적으로 적용하여야 한다.

② 이 규격의 샘플링 방식은 측정치는 정규 분포를 하고 있다고 믿을 수 있는 이유가 있고, 또한 프로세스의 표준 편차가 일정하여 σ로 하여도 좋다는 유효한 증거가 있는 경우에만 사용할 수 있다.

검사가 연속적 시리즈의 로트에 대하여 실시되는 경우 이 정규성의 가설은 이전의 1회 샘플링 검사의 결과를 사용하여 확인할 수 있고, 또한 표준편차의 안정성에 관해서는 프로세스 변동에 대한 관리도에서 명확해질 것이다.

공정의 표준 편차가 관리 상태인 경우는 표준 편차의 관측치의 평균을 그 공정의 "알고 있는" 표준 편차 σ로 생각하면 된다.

검사가 고립 로트에 대하여 실시되는 경우는 프로세스 표준 편차의 안정성에 관해서는 증거가 없으므로 이 규격은 고립 로트의 검사에는 적용할 수 없다.

2) 축차 및 1회 샘플링 방식의 선택

평균 샘플 사이즈는 어떤 샘플링 방식 하에서 주어진 프로세스 품질 수준에 대하여 일어날 수 있는 여러 가지 샘플 사이즈의 평균값이다. 축차 샘플링 방식을 사용하면 동일한 OC 곡선을 가진 1회 샘플링 방식보다 작은 평균 샘플 사이즈를 얻을 수 있다. 좋은 품질의 로트 및 조악한 품질의 로트에 대해서는 평균 샘플 사이즈의 절감은 50% 이상이 될 수 있다.

한편, 축차 샘플링 방식을 사용하면 로트에 따라서는 실제의 검사 개수는 대응하는 1회 샘플링 방식보다 상당히 커지는 수도 있다. 이 규격의 축차 샘플링 방식에서는 중도 중지의 규칙을 도입하여 검사 개수가 과대해지는 것을 막고 있다.

축차 샘플링 방식을 사용하는 경우, 개개 로트에서의 최종적 샘플 사이즈를 사전에는 알 수 없으므로 샘플의 샘플링에 조직상의 곤란성을 수반하는 경우가 있다. 게다가 축차 샘플링 방식을 사용하면 검사 작업의 스케줄 작성에도 어려움이 생길 수가 있다. 단점은 축차 샘플링 방식의 실시는 단순한 1회 샘플링 방식에 비해 검사원이 실수를 범하기 쉽다는 것이다.

이 검사 절차를 1개의 특성치에 대한 개별식 양쪽 규격에 적용한 경우에는 한쪽의 한계에 대한 검사가 다른 쪽 한계에 대해서 충분한 정보가 축적되기보다 훨씬 이전에 종료하는 경우가 있다. 따라서 샘플링은 종합 판정을 할 수 있을 때까지 잠시 계속하여야 한다.

평균 샘플 사이즈가 작다는 장점과 검사 부하의 변동에 따르는 조직상의 단점을 비교하면, 특성치 1개만을 고려하는 경우에 개개의 아이템의 검사 비용이 검사의 모든 경비보다 높은 경우에는 계량치 축차 샘플링 방식이 바람직한 것이 된다.

3) 주의

1회 및 축차 샘플링 방식의 선택은 로트 검사의 개시 이전에 하여야 한다. 실제의 검사 결과가 합부 판정기준의 선택에 영향을 주는 경우에는 샘플링 방식의 검사 특성이 크게 변화하는 수가 있으므로 로트의 검사 기간 중에는 어떤 형식의 샘플링 방식에서 다른 방식으로의 전환은 허용되지 않는다.

4) 샘플 사이즈의 중도 중지

축차 샘플링 방식은 평균으로서 등가의 1회 샘플링 방식보다 훨씬 경제적이지만, 로트에 따라서는 검사에서 누계 여유치가 오랫동안 합격 판정개수와 불합격 판정개수 사이에 머무르고 합격·불합격의 판정이 매우 늦어지는 수가 있다. 이것은 도식 판정법의 경우에는 꺾은선의 임의의 유지가 검사 속행역에 머물러 있는 것에 대응한다. 이와 같은 상태는 로트의 품질 수준이 최소 심사력 품질수준(LAQ)에 가까운 경우에 일어나기 쉽다.

이 단점을 완화하는 누계 샘플 사이즈의 최대치 n_t를 샘플링 개시 전에 설정한다. 판정보다 앞서 누계 샘플 사이즈가 그 중지치 n_t에 도달한 경우에는 검사를 중지한다. 그 경우, 로트의 합격 또는 불합격의 판정은 샘플링 개시 이전에 합의한 규칙에 의해 정한다. 축차 샘플링 검사의 통계 이론의 기초가 되고 있는 원리에는 반하지만, 생산자 위험 및 소비자 위험의 양쪽에 거의 영향을 주지 않도록 이 규격에는 중도 중지 규칙이 정해져 있다.

(2) 소로트의 검사에 대한 특별 유보

축차 샘플링 방식의 기초 통계 이론은 로트에서 샘플을 뽑아내는 모집단은 무한하게 크다는 가정을 기초로 하고 있다. 누계 샘플 사이즈가 로트사이즈 N의 1/10 이하의 경우 그 이론은 실용적으로는 대개의 경우에 적용할 수 있다. 또한 누계 샘플 사이즈가 로트 사이즈의 1/7 이하의 경우에도 근사적으로 적용할 수 있다. 그러나 1회 샘플링 방식일 때와는 달리 축차 샘플링 방식에서는 실제로 필요로 하는 누계 샘플 사이즈는 사전에 알 수 없다.

따라서 소로트의 경우에는 로트 사이즈가 충분히 크고 규정한 생산자 위험 품질 및 소비자 위험 품질 하에서 중도 중지를 수반하는 축차 샘플링 방식을 실시할 수 있을 정도로 충분히 큰 것이 바람직하다. 일반적 축차 샘플링 방식에 대해서는 로트 사이즈가 $7n_t$를 넘는 경우가 바람직하다. 여기에서 n_t는 축차 샘플링 방식의 중지값이다.

(3) 샘플링 방식의 선정

1) 일반적인 샘플링 방식

축차 샘플링 방식에 대한 요구 사항이 OC 곡선상의 2점 즉, 높은 쪽의 합격 확률에 대응하는 점으로 생산자 위험점을 지정하고, 또 하나는 소비자 위험점을 지정한다.

이러한 값이 사전에 정해져 있지 않은 경우는 축차 샘플링 방식의 제 1스텝은 이 2점을 선택하게 된다. 이 목적에 대하여 생산자 위험 $\alpha = 0.05$ 및 소비자 위험 $\beta = 0.10$이 자주 사용된다(그림 5.3 참조).

구하는 축차 샘플링 방식이 기존의 샘플링 방식과 거의 같은 OC곡선이 요구될 때에는, 그 샘플링 방식의 OC곡선 그래프 또는 표에서 생산자 위험점 및 소비자 위험점을 읽을 수 있다. 그와 같은 샘플링 방식이 없을 때에는 그 샘플링 방식의 적용 조건을 직접 고려하여 생산자 위험점 및 소비자 위험점을 정한다.

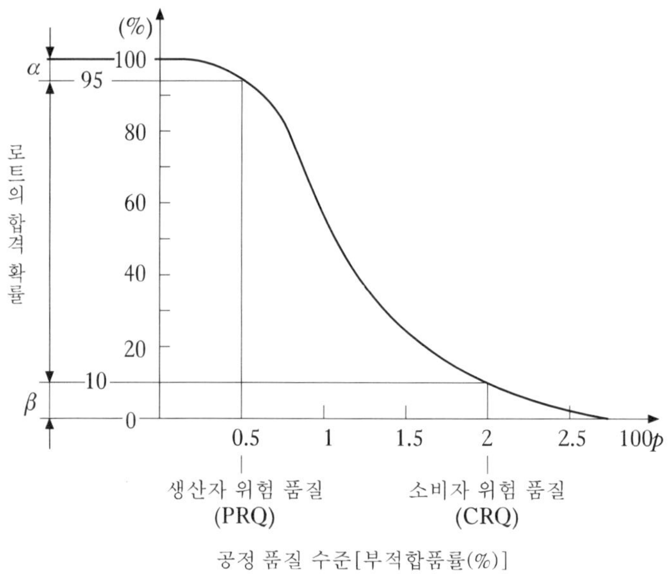

그림 5.3 $\alpha = 0.05$ 및 $\beta = 0.10$의 샘플링 방식의 OC 곡선

2) 품질 수준의 결정 방법

한쪽 규격만을 고려하는 경우에는 입검 제품의 부적합품률은 규정된 쪽의 규격 한계와의 관계에서 정해진다.

규격 상한 및 규격 하한의 양쪽의 규격인 경우에는 각 한계에 대한 품질 수준을 개별적으로 고려하는 쪽이 나은 경우가 있다. 즉, 개별식 양쪽 규격 상한 및 규격 하한의 양쪽 규격에 대한 부적합품률을 묶어서 종합 품질 수준을 규정하는 편이 나은 경우가 있다. 즉, 연결식 양쪽 규격이다.

(4) 검사 실시 이전의 준비

1) 파라미터 h_A, h_R 및 g를 구하는 방법

검사의 각 단계에서의 로트의 합격 및 불합격 판정 기준은 파라미터 h_A, h_R 및 g에서 구한다.

생산자 위험 $\alpha = 0.05$ 및 소비자 위험 $\beta = 0.10$과 생산자 위험 품질 및 소비자

위험 품질의 각 대표치에 대응하는 이와 같은 파라미터의 값은 표 5.8에 따른다.

2) 누계 샘플 사이즈 중지치의 결정 방법

① 표준적 절차

ⓐ 축차 샘플링 방식 및 등가의 1회 샘플링 방식의 샘플 사이즈 n_0를 아는 경우, 누계 샘플 사이즈의 중지치는 $n_t = 1.5\, n_0$에서 얻어진 값을 가장 가까운 정수로 올림하여 구한다.

ⓑ 등가의 1회 샘플링 방식의 샘플 사이즈를 모르는 경우, 부적합품률 검사의 경우 누계 샘플 사이즈의 중지치는 생산자 위험점과 소비자 위험점으로부터 구한다.

생산자 위험 $\alpha = 0.05$ 및 소비자 위험 $\beta = 0.10$ 및 표준수로 주어진 생산자 위험 품질 및 소비자 위험 품질의 값에 대응하는 누계 샘플 사이즈의 중지값은 표 5.8에 제시되어 있다.

생산자 위험점 및 소비자 위험점의 임의의 조합에 대한 파라미터 h_A, h_R 및 g를 구하는 방법과 누계 샘플 사이즈의 중지값 n_t는 다음과 같이 구한다.

$$h_A = W/X$$
$$h_R = V/X$$
$$g = 0.5\,(u_1 - p_A) + (u_1 - p_R)$$

여기서 보조적인 양 V, W 및 X는 다음 식으로 구한다.

$$V = 2.30259 \log\left[\frac{(1-\beta)}{\alpha}\right]$$
$$W = 2.30259 \log\left[\frac{(1-\alpha)}{\beta}\right]$$
$$X = u_{1-P_A} - u_{1-P_R}$$

중지값 n_t를 구하기 위해서는 축차 샘플링 검사와 등가한 1회 샘플링 방식이 샘플사이즈 n_o를 사용해서 구한 값을 절상하여 정수로 정리한다.

$$n_t = 1.5n_o$$

여기서 n_o는 다음 식으로 구한 보조적인 양 Y도 상기와 같은 방법으로 수치를 정리한다.

$$Y = \left(\frac{u_{1-\alpha} + u_{1-\beta}}{X} \right)^2$$

h_A, h_R 및 g의 값은 소수점 3자리까지 정리한다.

예제 / 5.7 계량 축차 샘플링 검사 방식에서 $p_A = 0.025$, $p_R = 0.15$, $\alpha = 0.05$, $\beta = 0.10$이다.

부표 1 정규 분포표 또는 EXCEL 함수에서 다음과 같은 값을 읽을 수 있다.

$$u_{0.975} = 1.960,\ u_{0.950} = 1.645,\ u_{0.900} = 1.282,\ u_{0.850} = 1.036$$

상기의 값을 V, W 및 X 구하는 식에 대입하면 다음과 같다.

$$V = 2.30259 \log \left[\frac{(1-0.10)}{0.05}\right] = 2.30259 \log(18) = 2.890$$

$$W = 2.30259 \log \left[\frac{(1-0.05)}{0.10}\right] = 2.30259 \log(9.5) = 2.251$$

$$X = 1.960 - 1.036 = 0.924$$

$$Y = \left(\frac{1.645 + 1.282}{0.924} \right)^2 = 10.03$$

여기서 $h_A = 2.436$, $h_R = 3.128$ 및 $g = 1.498$, Y를 절상하여 정수로 정리하면 $n_o = 11$이 된다. $n_o\ 1.5 = 11 \times 1.5 = 16.5$이다. 16.5를 절상하여 정수로 정리하면 누계 샘플사이즈는 17이 된다.

② 소로트에 대한 중지

이렇게 하여 구한 n_t의 값이 로트 사이즈를 넘은 경우에 그 축차 샘플링 방식을 사용할 때는 샘플 사이즈의 중지치 n_t는 로트사이즈와 같은 것으로 한다.

예제 / 5.8 애자에 대하여 절연 전압 $200kV$라고 규정되어 있다. 정상적인 생산에서의 로트가 검사에 제출되었다. 생산은 안정되어 있고, 절연 전압의 분포는 정규분포에 따른다는 것이 확인되어 있다. 그리고 로트 내의 표준 편차는 안정되어 있어서 $\sigma = 1.2kV$로 간주하면 된다는 문서가 제출되어 있다.

다음과 같은 특성을 가진 축차 샘플링 방식을 사용하기로 결정되었다.

(a) 제출 로트의 품질이 부적합품률로 0.5%이면 로트의 합격 확률은 0.95로 한다.

(b) 제출 로트의 품질이 부적합품률로 2.0%이면 로트의 합격 확률은 0.10으로 한다.

이러한 요구 사항은 생산자 위험점을 $p_A = 0.005$, $\alpha = 0.05$, 소비자 위험점을 $\rho_R = 0.02$, $\beta = 0.10$으로 정하면 표 5.8에서 요구 사항을 만족하는 축차 샘플링 방식의 파라미터는 다음과 같다.

$$h_A = 4.312, \quad h_R = 5.536, \quad g = 2.315, \quad n_t = 49$$

③ 공정 표준 편차의 최대치

ⓐ 연결식 양쪽 규격에 대한 한계 공정 표준 편차, LPSD(com.) 연결식 양쪽 규격의 경우에는 계량치 축차 샘플링 검사는 프로세스 표준 편차 σ가 규격 공차 $(U-L)$에 비해 충분히 작은 경우에만 적용할 수 있다. 공정 표준 편차의 최대 허용치는 다음 식에서 주어진다.

$$\text{LSPD} = (U-L)\psi$$

여기서 ψ는 생산자위험품질 PRQ만으로 결정되는 값이다.
표 5.9에는 표준수로 주어진 PRQ의 값에 대응하는 ψ의 값을 나타낸다.

ⓑ 개별식 양쪽 규격에 대한 최대 공정 편차, MPSD(sep.) 개별식 양쪽 규격의 경우에는 계량치 샘플링 방식은 표준 편차 σ가 규격 공차 $(U-L)$에 비해 충분히 작은 경우에만 적용할 수 있다. 공정 표준 편차의 최대 허용치는 다음 식으로 주어진다.

$$\text{MPSD} = (U-L)f$$

여기에서 f : 상측 및 하측 각각의 규격 한계에 대한 생산자 위험품질 $\text{PRQ}^{(U)}$ 및 $\text{PRQ}^{(L)}$에서 정해지는 값이다.

표 5.10에는 표준수로 주어진 $\mathrm{PRQ}^{(U)}$ 및 $\mathrm{PRQ}^{(L)}$의 값에 대응하는 ψ의 값을 나타낸다.

개별식 양쪽 규격의 경우, σ가 MPSD를 넘을 때는 샘플을 뽑지 않고 로트를 불합격으로 하여야 한다.

ⓒ 수치 판정법 및 도식 판정법의 선택

이 규격에는 축차 샘플링 방식의 실시를 위하여 2종류의 판정법을 규정한다. 즉 수치 판정법 및 도식 판정법이다. 수치 판정법은 정확하고 합부의 판정에 여지를 남기지 않는다는 장점이 있다.

도식 판정법은 시리즈 로트의 검사에 적합하다. 합부 판정도는 1회 작성하면 반복 사용할 수 있기 때문이다. 그러나 이 방법은 점을 타점하거나 직선을 그리거나 하는 데 따르는 부정확성을 갖고 있다.

한편, 이 방법은 아이템이 검사될 때마다 증가하는 로트 품질의 정보를 시각적으로 나타낸다는 장점이 있다. 즉, 정보는 검사 속행역 내에서의 꺾은선의 진행으로 표시되고, 그 선이 이 영역의 경계선에 도달하거나 또는 그것과 교차할 때까지 계속된다. 합부의 판정은 수치법이 표준적 방법이다.

그래프법은 정밀한 합부 판정에는 수치법을 사용한다는 단서가 붙은 경우에만 사용할 수 있다.

5.2.5 계량 축차 샘플링 방식의 실시

(1) 샘플링 방식의 지정

1회 및 축차 샘플링의 선택은 로트 검사 개시 전에 설정하여야 한다. 축차 샘플링 방식의 실시 이전에 검사원은 h_A, h_R, g, n_t 및 A_t의 지정치를 샘플링 검사의 문서에 기록하여야 한다.

그리고 검사원은 판정 기준이 규격 상한, 규격 하한, 연결식 양쪽 규격 및 개별식 양쪽 규격 중 어느 쪽인지를 기록하여야 한다. 마지막으로 규격 상한 및 규격 하한의 판정 기준에 대한 파라미터를 개별적으로 구하여야 한다.

(2) 샘플링 방식의 준비

1) 한쪽 규격

① 합격 판정치 및 불합격 판정치

누계 샘플 사이즈 n_{cum} 이 1에서 $n_t - 1$까지의 각 값에 대하여 합격판정치 A는 다음 식에서 구한다.

$$A = g\sigma\ n_{cum} + h_A \sigma$$

또한 n_{cum}의 각 값에 대하여 다음 식에서 불합격 판정치 R을 구한다.

$$R = g\sigma\ n_{cum} - h_R \sigma$$

누계 샘플 사이즈의 중지치에 대한 합격 판정치 A_t는 다음 식에서 구한다.

$$A_t = g\sigma\ n_t$$

합격 판정치 및 불합격 판정치의 자리수는 검사에서 얻어지는 결과보다 1자리 아래 자리까지 구한다.

② 합부 판정도

그림 5.4와 같은 합부 판정도를 작성한다. 합부 판정도의 가로축은 누계 샘플 사이즈, 세로축은 누계 여유치로 한다. 합격 판정치 및 불합격 판정치는 공통의 기울기 $g\sigma$를 가진 2개의 직선이 된다. 절편 $h_A\sigma$를 가진 쪽의 직선은 합격 판정선이고, 절편 $-h_R\sigma$를 가진 쪽의 직선은 불합격 판정선이다.

누계 샘플 사이즈가 n_t인 곳에 중지선(세로선)을 추가한다. 이와 같은 선은 다음 3가지 영역으로 나뉜다.

- 합격역은 합격 판정선의 위쪽의 영역(선 위를 포함한다) 및 중지선 위에서 점(n_t ; A_t)보다 위쪽의 부분(그 점을 포함한다)이다.
- 불합격역은 불합격 판정선의 아래쪽의 영역(선 위를 포함한다) 및 중지선 위에서 점(n_t ; A_t)보다 아래쪽 부분이다.
- 검사 속행역은 합격 판정선과 불합격 판정선에 끼인 띠 모양의 영역으로 중지선보다 왼쪽 부분이다.

예제 / 5.9 [예제 5.8]의 예를 들어 계량치 축차 샘플링 방식을 설계한다. 주어진 값 및 파라미터는 $L = 200kV$, $\sigma = 1.2kV$, $h_A = 4.312$, $h_R = 5.536$, $g = 2.315$ 및 $n_t = 49$로 되어 있다.

합격 판정치는 다음과 같다.

$$A = 2.778 n_{cum} + 5.174$$

불합격 판정치는 다음과 같다.

$$R = 2.778 n_{cum} - 6.643$$

누계 샘플 사이즈 $n_{cum} = 1, 2, \cdots, 48$에 대응하는 합격 판정치 및 불합격 판정치는 상기의 식에 순차적으로 n_{cum}의 값을 대입하면 구할 수 있다. 또한 누계 샘플 사이즈의 중지치 n_t에 대응하는 합격 판정치 A_t는 다음과 같다.

$$A_t = 2.778 n_t$$

여기서 n_t는 49이다.

이 애자의 절연전압은 소수점 이하 1자리까지 평가하므로 합격 판정치 및 불합격 판정치는 소수점 이하 2자리로 끝맺음한다. 그 결과를 (표 5.5)의 제 4열 및 제 6열에 나타냈다.

표 5.5 한쪽 규격 한계에 대한 축차 샘플링 방식을 위한 합부 판정표

누계 샘플 사이즈 (n_{cum})	측정치 $x(kV)$	여유치 (y)	불합격판정치 R	누계여유치 Y	합격판정치 A
1	202.5	2.5	−3.86	2.5	7.95
2	203.8	3.8	−1.09	6.3	10.73
3	201.9	1.9	1.69	8.2	13.51
4	205.6	5.6	4.47	13.8	16.29
5	199.9	−0.1	7.25	13.7	19.06
6	202.7	2.7	10.02	16.4	21.84
7	203.2	3.2	12.80	19.6	24.62
8	203.6	3.6	15.58	23.2	27.40
9	204.0	4.0	18.36	27.2	30.18
10	203.6	3.6	21.14	30.8	32.95
11	203.3	3.3	23.91	34.1	35.73
12	204.7	4.7	26.69	38.8	38.51
13	–	–	29.47	로트	41.29
14	–	–	32.25	합격	44.07
⋮	⋮	⋮	⋮		⋮
48			126.70		138.58
49					136.12

그림 5.4는 한쪽 규격에 대한 축차 샘플링 방식의 합부 판정도를 나타낸다. 이 그림을 작성하기 위하여 가로축을 누계 샘플사이즈 n_{cum}, 세로축을 누계 사이즈 Y로 하는 그래프 용지를 준비한다. 합격 판정선은 $(0;\ h_A\sigma)$의 점 및 $(n_{cum};\ g\sigma n_{cum}+h_A\sigma)$의 모든 점을 지나는 직선이다. $n_{cum}=30$을 선택하면 $g\sigma n_{cum}+h_A\sigma=88.51$이 된다. 그래프 용지에 2점(0 ; 5.17) 및 (30 ; 88.51)을 타점하고 이 2점을 직선으로 연결한다.

마찬가지로 불합격 판정선은 $(0;\ -h_R\sigma)$ 및 $n_{cum}=30$에 대응하는 $(n_{cum};\ R)$의 2점(0 ; −6.64) 및 (30 ; 76.70)을 타점하여, 이 2점을 직선으로 연결하여 불합격 판정선으로 한다. 마지막으로 중지선으로서 $n_{cum}=49$인 곳에 세로선을 기입하여 중지선으로 한다.

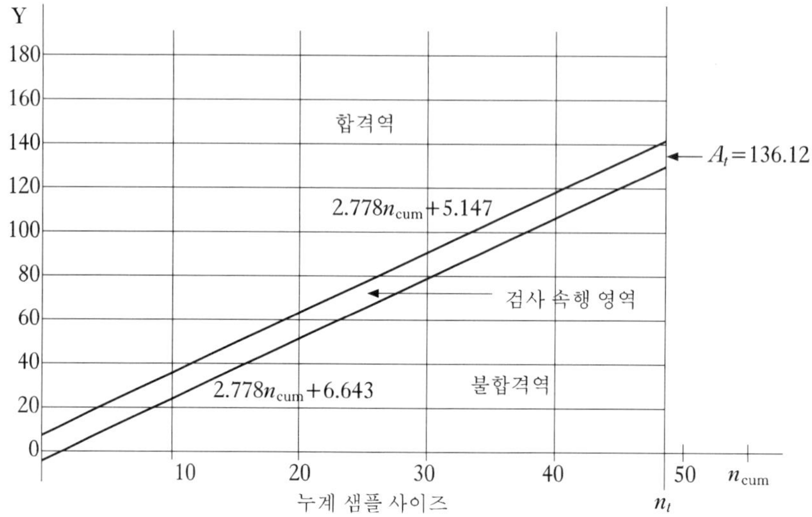

그림 5.4 한쪽 규격에 대한 축차 샘플링 방식 합부 판정도

2) 연결식 양쪽 규격

① 합격 판정치 및 불합격 판정치

누계 샘플 사이즈 n_{cum}이 1에서 n_t-1까지의 각 값에 대하여 다음 각 식에서 1쌍의 합격 판정치 및 1쌍의 불합격 판정치를 구한다.

상측 불합격 판정치 $R^{(U)}$는 다음과 같다.

$$R^{(U)} = (U - L - g\sigma)n_{cum} + h_R\sigma$$

상측 합격 판정치 $A^{(U)}$는 다음과 같다.

$$A^{(U)} = (U - L - g\sigma)n_{cum} - h_A\sigma$$

하측 합격 판정치 $A^{(L)}$은 다음과 같다.

$$A^{(L)} = g\sigma n_{cum} + h_A\sigma$$

하측 불합격 판정치 $R^{(L)}$은 다음과 같다.

$$R^{(L)} = g\sigma n_{cum} - h_R\sigma$$

$A^{(U)}$의 값이 대응하는 $A^{(L)}$의 값보다 작은 경우에는 누계 샘플 사이즈가 너무 작아서 로트는 합격이 되지 않는다.

누계 샘플 사이즈의 중지치에 대한 합격 판정치 $A_t^{(U)}$ 및 $A_t^{(L)}$은 다음 식으로 구한다.

$$A_t^{(U)} = (U - L - g\sigma)n_t$$
$$A_t^{(L)} = g\sigma n_t$$

합격 판정치 및 불합격 판정치의 소수점 이하 자릿수는 검사 결과보다 1자리 아래 자리까지 구한다.

② 합부 판정도

그림 5.5와 같은 합부 판정도를 작성한다. 그래프의 가로축은 누계 샘플사이즈, 세로축은 누계 여유치로 한다. 누계 샘플 사이즈 n_t인 곳에는 세로선(중지선)이 있다. 합격 판정치 및 불합격 판정치에 대응하는 4개의 직선이 있다.

상측 불합격 판정선은 기울기 $(U - L - g\sigma)$ 및 절편 $h_R\sigma$를 갖고 있다. 상측 불합격역은 불합격 판정선의 위쪽의 영역(선 위를 포함한다) 및 중지선 위에서 점[n_t ; $A_t^{(U)}$]보다 위쪽 부분이다.

하측 불합격 판정선은 기울기 $g\sigma$ 및 절편 $-h_R\sigma$를 갖고 있다. 하측 불합격역은 불합격판정선의 아래쪽의 영역(선 위를 포함한다) 및 중지선 위에서 점 [n_t ; $A_t^{(L)}$]보다 아래쪽 부분이다. 불합격역은 위쪽 및 아래쪽의 2가지 영역으로 나뉘어져 있다.

상측 합격 판정선은 기울기 $(U - L - g\sigma)$ 및 절편 $-h_A\sigma$를 갖고 있다. 하측 합격 판정선은 기울기 $g\sigma$ 및 절편 $h_A\sigma$를 갖고 있다. 합격역은 그림 중에서 상측 합격 판정선, 하측 합격 판정 및 중지선으로 둘러싸인 삼각형의 영역이다. 합격역은 2개의 합격 판정선 위를 포함하고, 중지선 위에서 2점 [n_t ; $A_t^{(U)}$], [n_t ; $A_t^{(L)}$]의 사이의 부분(그 점을 포함한다)도 포함한다.

합격역과 불합격역에 끼인 띠 모양의 V자형 영역에서 중지선보다 왼쪽 부분은 검사 속행역이다.

예제 / 5.10 공업 생산 중의 어떤 기계 부품의 치수에 대하여 규격이 205±5mm로 규정되어 있다. 생산은 안정되어 있고 로트 내의 치수의 분포는 정규 분포에 따른다는 것이 확인되어 있다. 그리고 로트 내의 표준 편차는 안정되어 있고 $\sigma = 1.2$mm

로 간주하면 된다는 문서가 제출되어 있다.

연결식 양쪽 규격에서 $p_A = 0.005$, $\alpha = 0.05$, $p_R = 0.02$, $\beta = 0.10$이라는 특성을 가진 계량치 축차 샘플링 방식을 사용하도록 정해졌다.

표 5.8에서 이 축차 샘플링 방식의 파라미터는 다음과 같다.

$$h_A = 4.312,\ h_R = 5.536,\ g = 2.315 \text{ 및 } n_t = 49$$

하측 불합격 판정치$R^{(L)}$과 하측 합격 판정치 $A^{(L)}$은 다음식과 같다.

$$R^{(L)} = 2.778\,n_{cum} - 6.643$$

$$A^{(L)} = 2.778\,n_{cum} + 5.174$$

상측 불합격 판정치 $R^{(U)}$와 상측 불합격 판정치 $A^{(U)}$는 다음식과 같다.

$$R^{(U)} = 7.222\,n_{cum} + 6.643$$

$$A^{(U)} = 7.222\,n_{cum} - 5.174$$

누계 샘플 사이즈 $n_{cum} = 1, 2, \cdots, 48$에 대응하는 합격 판정치 및 불합격 판정치는 이와 같은 식에 순차적으로 n_{cum}의 값을 대입하면 구할 수 있다.

또한 누계 샘플 사이즈의 중지치 n_t에 대응하는 합격 판정치 $A_t^{(U)}$ 및 $A_t^{(L)}$은 다음과 같다.

$$A_t^{(U)} = 7.222\ n_t$$

$$A_t^{(L)} = 2.778\ n_t$$

이 경우 $n_t = 49$이다.

이 치수는 소수점 이하 1자리까지 평가하므로 합격 판정치 및 불합격 판정치는 소수점 이하 2자리로 끝맺음한다. 그 결과를 표 5.6의 제 4열, 제 5열, 제 7열 및 제 8열에 나타냈다.

표 5.6 연결식 양쪽 규격에 대한 축차 샘플링 방식을 위한 합부 판정표

누계 샘플 사이즈 n_{cum}	측정치 x mm	여유치 y	하측 불합격 판정치 $R^{(L)}$	하측 합격 판정치 $A^{(L)}$	누계 여유치 Y	상측 합격 판정치 $A^{(U)}$	상측 불합격 판정치 $R^{(U)}$
1	202.5	2.5	−3.86	7.95*	2.5	2.05*	13.87
2	203.8	3.8	−1.09	10.73*	6.3	9.27*	21.09
3	201.9	1.9	1.69	13.51	8.2	16.49	28.31
4	205.6	5.6	4.47	16.29	13.8	23.71	35.53
5	199.9	−0.1	7.25	19.06	13.7	30.94	42.75
6	202.7	2.7	10.02	21.84	16.4	38.16	49.98
7	203.2	3.2	12.80	24.62	19.6	45.38	57.20
8	−203.6	3.6	15.58	27.40	23.2	52.60	64.42
9	204.0	4.0	18.36	30.18	27.2	59.83	71.64
10	203.3	3.6	21.14	32.95	30.8	67.05	78.87
11	203.3	3.3	23.91	35.73	34.1	74.27	86.09
12	204.7	4.7	26.69	38.51	38.8	81.49	93.31
13	–	–	29.47	41.29	로트	88.71	100.53
14	–	–	32.25	44.07	합격	95.94	107.75
48			126.70	138.58		341.48	353.30
49				136.12		353.88	

* 이 누계 샘플 사이즈에서는 하측 합격 판정치가 상측 합격 판정치를 넘으므로 합격의 판정은 불가능하다.

그림 5.5는 이 축차 샘플링 방식에 대한 합부 판정도를 나타낸다. 이 그림을 작성하기 위하여 가로축을 누계 샘플 사이즈 n_{cum}, 세로축을 누계 여유치 Y로 하는 그래프 용지를 준비한다. 규격 하한치에 대한 합격 판정선은 2점(0 ; 5.17) 및 (30 ; 88.51)을 직선으로 연결한다. 또한 하측 불합격 판정선은 2점(0 ; −6.64) 및 (30 ; 76.70)을 직선으로 연결하여 작성한다.

규격 상한에 대한 합격 판정선은 (0 ; −5.17) 및 (30 ; 211.49)를 직선으로 연결하여 작성한다. 마찬가지로 상측 불합격 판정선은 2점 (0 ; 6.64) 및 (30 ; 223.30)을 직선으로 연결하여 작성한다. 마지막으로 $n_{cum} = 49$인 곳에 세로선을 기입하여 중지선으로 한다.

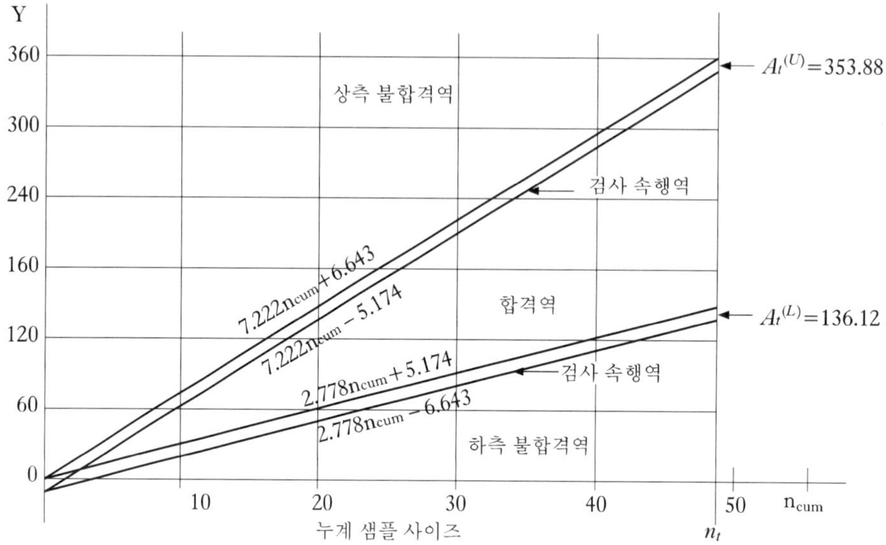

그림 5.5 연결식 양쪽 규격인 경우 축차 샘플링 방식 합격 판정도

3) 개별식 양쪽 규격

① 합격 판정치 및 불합격 판정치

누계 샘플 사이즈 n_{cum}이 1에서 n_t-1까지의 각 값에 대하여 다음 각 식에서 2조의 합격 판정치 및 불합격 판정치를 구한다. 합격 판정치와 불합격 판정치의 조합은 각각의 규격에 대응하고 있다.

규격 상한에 대응하는 상측 합격 판정치 $A^{(U)}$는 다음과 같다.

$$A^{(U)} = (U-L-g^{(U)}\sigma)n_{cum} - h_A^{(U)}\sigma$$

또한 규격 상한에 대응하는 상측 불합격 판정치 $R^{(U)}$는 다음과 같다.

$$R^{(U)} = (U-L-g^{(U)}\sigma)n_{cum} + h_R^{(U)}\sigma$$

규격 하한에 대응하는 하측 합격 판정치 $A^{(L)}$는 다음과 같다.

$$A^{(L)} = g^{(L)}\sigma n_{cum} + h_A^{(L)}\sigma$$

또한 규격 하한에 대응하는 하측 불합격 판정치 $R^{(L)}$는 다음과 같다.

$$R^{(L)} = g^{(L)}\sigma n_{cum} - h_R^{(L)}\sigma$$

누계 샘플 사이즈의 중지치에 대한 합격 판정치 $A_t^{(U)}$ 및 $A_t^{(L)}$은 다음 식에서 구한다.

$$A_t^{(U)} = (U - L - g^{(U)}\sigma)n_t$$
$$A_t^{(L)} = g^{(L)}\sigma n_t$$

합격 판정치 및 불합격 판정치의 소수점 이하 자릿수는 검사 결과보다 1자리 아래 자리까지 구한다.

② 합부 판정도

그림 5.6과 같은 합부 판정도를 작성한다. 그래프의 가로축은 누계 샘플사이즈, 세로축은 누계 여유치로 한다. 누계 샘플 사이즈가 n_t인 곳에는 세로선(중지선)이 있다. 합격 판정치 및 불합격 판정치에 대응하는 직선은 규격 하한에 대한 2개와 규격 상한에 대한 2개가 있다.

공통의 경사 $g^{(L)}\sigma$를 가진 아래쪽 2개의 직선은 규격 하한에 대한 것이다. 절편 $-h_R^{(L)}\sigma$를 가진 가장 아래 선은 규격 하한에 대한 불합격 판정선이고 절편 $h_A^{(L)}\sigma$를 가진 다른 쪽 선은 규격 하한에 대한 합격 판정선이다. 이와 같은 선은 3가지 영역으로 구분된다.

- 규격 하한에 대한 합격역은 규격 하한에 대한 합격 판정선의 위쪽의 영역(선 위를 포함한다) 및 중지선 위에서 점 $[n_t\ ;\ A_t^{(L)}]$ 보다 위쪽 부분(그 점을 포함한다)이다.
- 규격 하한에 대한 불합격역은 규격 하한에 대한 불합격 판정선의 아래쪽의 영역(선 위를 포함한다) 및 중지선 위에서 점 $[n_t\ ;\ A_t^{(L)}]$ 보다 아래쪽 부분이다.
- 규격 하한에 대한 검사 속행역은 규격 하한에 대한 합격 판정선과 아래쪽 불합격 판정선에 끼인 띠 모양의 영역으로 중지선보다 왼쪽 부분이다.

마찬가지로 공통의 기울기 $[U - L - g^{(U)}]\sigma$를 가진 위쪽의 2개의 직선은 규격 상한에 대한 것이다. 절편 $h_R^{(U)}\sigma$를 가진 가장 위의 선은 규격 상한에 대한 불합격 판정선이고, 절편 $h_A^{(U)}\sigma$를 가진 다른 쪽 선은 규격 상한에 대한 합격 판정선이다.

이와 같은 선에 의해 그림은 3가지 영역으로 나뉜다.

- 규격 상한에 대한 합격역은 규격 상한에 대한 합격 판정선 아래쪽의 영역(선 위를 포함한다) 및 중지선 위에서 점 $[n_t\ ;\ A_t^{(U)}]$보다 아래쪽 부분(그 점을 포함한다)이다.
- 규격 상한에 대한 불합격역은 규격 상한에 대한 불합격 판정선 위쪽의 영역(선 위를 포함한다) 및 중지선 위에서 점 $[n_t\ ;\ A_t^{(U)}]$ 보다 위쪽 부분이다.
- 규격 상한에 대한 검사 속행역은 규격 상한에 대한 합격 판정선과 위쪽 불합격 판정선에 끼인 띠 모양의 영역으로 중지선보다 왼쪽 부분이다.

2조의 판정선은 동일한 누계 여유치를 사용할 수 있도록 결정되어 있다. 합부 판정 기준은 각 규격 한계에 대하여 개별적으로 적용되므로, 합부 판정도를 규격 하한에 대한 것과 규격 상한에 대한 것으로 나눌 수 있다.

예제 / 5.11 어떤 전자 부품의 출력 전압에 대하여 규격이 $5950 \pm 50mV$로 규정되어 있다. 생산은 안정되어 있고 로트 내의 출력 전압의 분포는 정규 분포에 따른다는 것이 확인되어 있다. 그리고 로트 내의 표준 편차는 안정되어 있고 $\sigma = 12mV$로 간주하면 된다는 문서가 제출되어 있다.

규격 상한 $U = 6000\,mV$에 대하여 $p_A^{(U)} = 0.005$, $\alpha^{(U)} = 0.05$, $p_R^{(U)} = 0.02$, $\beta^{(U)} = 0.10$ 및 규격 하한 $L = 5900\,mV$에 대하여 $p_A^{(L)} = 0.025$, $\alpha^{(L)} = 0.05$, $p_R^{(L)} = 0.10$, $\beta^{(L)} = 0.10$이라는 특성을 가진 계량치 축차 샘플링 방식을 사용하도록 정해졌다.

개별식 양쪽 규격 한계가 주어져 있으므로 축차 샘플링 방식에 대하여 2쌍의 파라미터를 구한다.

규격 상한에 대한 파라미터는 표 5.8로부터 다음과 같이 구할 수 있다.

$$h_A^{(U)} = 4.312, \qquad h_R^{(U)} = 5.536$$
$$g^{(U)} = 2.315, \qquad n_t^{(U)} = 49$$

또한 규격 하한에 대한 파라미터는 표 5.8로부터 다음과 같다.

$$h_A^{(L)} = 3.318, \qquad h_R^{(L)} = 4.260$$
$$g^{(L)} = 1.621, \qquad n_t^{(L)} = 29$$

2개의 중지치 중 큰 쪽은 $n_t^{(U)} = 49$이므로, 이 축차 샘플링 방식에 대한 중지치는 $n_t = 49$를 사용한다.

규격 상한에 대한 합격 판정치 $A^{(U)}$ 및 불합격 판정치 $R^{(U)}$를 구하는 식은 다음과 같다.

$$A^{(U)} = 72.22\,n_{cum} - 51.74$$
$$R^{(U)} = 72.22n_{cum} + 66.43$$

규격 하한에 대한 합격 판정치 $A^{(L)}$ 및 불합격 판정치 $R^{(L)}$을 구하는 식은 다음과 같다.

$$A^{(L)} = 19.45n_{cum} + 39.82$$
$$R^{(L)} = 19.45n_{cum} - 51.12$$

누계 샘플 사이즈 $n_{cum} = 1, 2, \cdots, 48$에 대응하는 합격 판정치 및 불합격 판정치는 상기의 식에 순차적으로 n_{cum}의 값을 대입하면 구할 수 있다.

또한 누계 샘플 사이즈의 중지치 n_t에 대응하는 합격 판정치 $A_t^{(U)}$ 및 $A_t^{(L)}$은 다음과 같다.

$$A_t^{(U)} = 72.22\ n_t$$
$$A_t^{(L)} = 19.45\ n_t$$

이 경우, 중지치 $n_t = 49$이다.

이 출력 전압은 mV의 자리까지 구하므로 합격 판정치 및 불합격 판정치는 소수점 이하 1자리로 끝맺음한다. 그 결과를 표 5.7의 제 4열, 제 5열, 제 7열 및 제 8열에 나타냈다.

표 5.7 개별식 양쪽 규격에 대한 축차 샘플링 방식을 위한 합부 판정표

누계 샘플 사이즈 n_{cum}	측정치 x mm	여유치 y	하측 불합격 판정치 $R^{(L)}$	하측 합격 판정치 $A^{(L)}$	누계 여유치 Y	상측 합격 판정치 $A^{(U)}$	상측 불합격 판정치 $R^{(U)}$
1	5930	30	−31.7	59.3	30	20.5	138.7
2	5909	9	−12.2	78.7	39	92.7	210.9
3	5921	21	7.2	98.2	60	164.9	283.1
4	5924	24	26.7	117.6	84	237.1	355.3
5	5927	27	46.1	137.1	111	309.4	427.5
6	5939	39	65.5	156.5	150	381.6	499.8
7	5914	14	85.0	176.0	164	453.6	572.0
8	5916	16	104.5	195.4	180	526.0	644.2
9	5932	32	123.9	214.9	212	598.2	716.4
10	5918	18	143.4	234.3	230	670.5	788.6
11	5934	34	162.8	253.8	264	742.7	860.9
12	–	–	182.3	273.2	로트	814.9	933.1
13	–	–	201.7	292.7	합격	887.1	1005.3
14	–	–	221.2	312.1		959.3	1077.5
⋮	⋮	⋮	⋮	⋮		⋮	⋮
48			882.5	973.4		3414.8	3533.0
49				953.1		3538.8	

그림 5.6은 이 축차 샘플링 방식에 대한 합부 판정도를 나타냈다. 이 그림을 작성하기 위하여 가로축을 누계 샘플 사이즈 n_{cum}, 세로축을 누계 여유치 Y로 하는 그래프 용지를 준비한다. 규격 하한에 대한 합격 판정선은 2점 (0 ; 39.8) 및 (30 ; 623.3)을 직선으로 연결하여 작성한다. 또한 규격 하한에 대한 불합격 판정선은 2점 (0 ; −51.1) 및 (30 ; 532.4)을 직선으로 연결하여 작성한다.

규격 상한에 대한 합격 판정선은 2점 (0 ; −51.7) 및 (30 ; 2114.9)를 직선으로 연결하여 작성한다. 마찬가지로 상측 불합격 판정선은 2점 (0 ; 66.4) 및 (30 ; 2233.0)을 직선으로 연결하여 작성한다. 마지막으로 $n_{cum} = 49$인 곳에 세로선을 기입하여 중지선으로 한다.

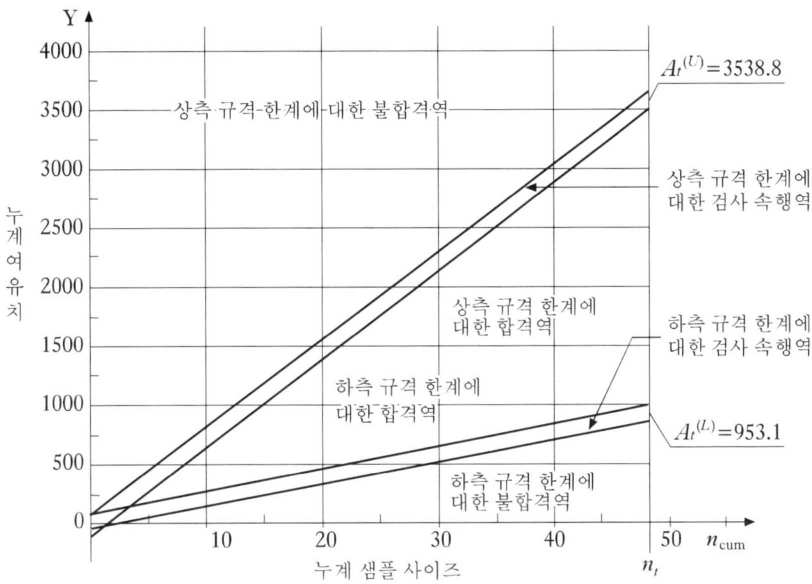

그림 5.6 개별식 양쪽 규격에 대한 축차 샘플링 방식에 대한 합부 판정도

(3) 샘플의 샘플링/추출

개개의 샘플 아이템은 로트에서 임의로 뽑고, 뽑은 순서로 1개씩 검사하여야 한다. 편의상, 여러 개의 아이템을 이어지는 샘플로 한 번에 묶어서 샘플링한 경우에는 각 샘플 중의 아이템의 검사 절차는 로트 중의 원 위치와는 관계없이 하여야 한다.

(4) 누계 여유치

각 아이템의 검사 후 현재의 누계 샘플 사이즈 n_{cum}에 대한 검사 결과 x를 기록한다.

여유치 y를 다음과 같이 계산한다.

양쪽 규격 또는 한쪽의 규격 하한의 경우에는 $y = x - L$

한쪽의 규격 상한의 경우에는 $y = U - x$

그 로트에서 그 때까지의 샘플 여유치의 누계를 누계 여유치 Y로 한다.

(5) 한쪽 규격의 합부 판정

1) 한쪽 규격

① 수치 판정법

누계 여유치 Y를 대응하는 합격 판정치 A 및 불합격 판정치 R과 비교한다.

a) Y≥A이면 로트는 합격으로 한다.
b) Y≤R이면 로트는 불합격으로 한다.
c) a)와 b) 양쪽 모두 만족되지 않으면 또 1개의 아이템을 골라서 검사한다.

누계 샘플 사이즈가 중지치 n_t에 도달한 경우에는 $Y \geq A_t$이면 로트를 합격으로 하고 그렇지 않으면 로트를 불합격으로 한다.

② 도식 판정법

합부 판정도에 점$(n_{cum}\,;\,Y)$을 타점한다.

a) 점이 합격역에 들어가면 로트를 합격으로 한다.
b) 점이 불합격역에 들어가면 로트를 불합격으로 한다.
c) 점이 검사 속행역에 있으면 또 1개의 아이템을 골라서 검사한다.

검사 결과의 경향을 보기 쉽게 하기 위하여 그림 위에서 계속되는 점 사이를 꺾은선으로 연결하여야 한다. 그러나 점이 합격 판정선 또는 불합격 판정선에 접근한 경우에는 합부의 판정은 수치 판정법에 따라야 한다.

예제 / 5.12 축차 샘플링 방식 $L = 200kL$, $\sigma = 1.2kV$, $h_A = 4.312$, $h_R = 5.536$, $g = 2.315$ 및 $n_t = 49$에 대해서는 [예제 5.9]에서 합격 판정치 및 불합격 판정치가 구해져 있다.

어떤 로트에서 최초로 시료 12개의 애자를 검사한 결과 x가 표 5.5의 제 2열에 나타나 있다. 제 3열에는 여유치 $y = x - 200$이 주어져 있고, 제 5열에는 누계 여유치가 기록되어 있다.

검사는 12번째의 아이템까지 계속되지만 그것은 1, 2, ⋯, 11번째까지 각 아이템의 검사 후, 누계 여유치가 대응하는 불합격 판정치보다 크고, 합격 판정치보다 작은 상태가 계속되었기 때문이다. 12번째의 아이템의 검사 후 누계 여유치가 대응하는 합격 판정치보다 커졌으므로 검사는 종료하고 로트는 합격이 되었다.

로트는 합격이 되었지만 5번째의 검사 아이템의 절연 전압은 규격치보다 낮다는 데 주의를 요한다. 이것은 로트의 품질을 검사하는 데 샘플 평균값만을 사용한다는 계량 축차 샘플링 방식에 고유의 특징으로 검사 결과가 규격치에서 다소 떨어져 있었다고 하여도 로트가 합격으로 판정되는 수가 있다.

그림 5.7은 이 축차 샘플링 방식에 대한 합부 판정도로서 이 그림의 작성 방법은 [예제 5.9]를 이용하였다.

표 5.5에 나타낸 누계 샘플 사이즈 및 누계 여유치의 조합(n_{cum} ; Y)을 계속해서 합격 판정도에 타점하고 꺾은선으로 잇는다. 점(12 ; 38.8)이 합격역에 들어갔으므로 12번째 아이템의 검사 후, 검사는 종료하고 로트는 합격이 되었다.

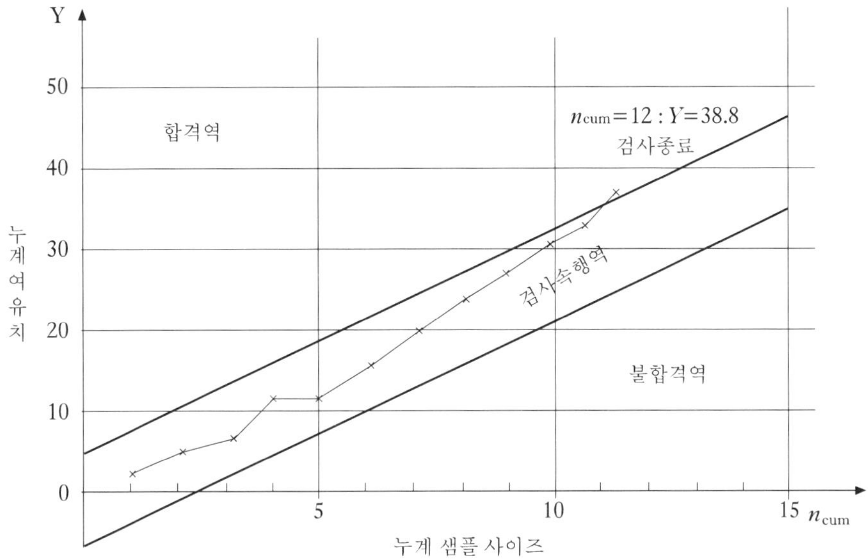

그림 5.7 한쪽 규격의 경우 축차 샘플링 방식에 대한 합부 판정도

2) 연결식 양쪽 규격

① 수치 판정법

누계 여유치 Y를 대응하는 상측 합격 판정치 $A^{(U)}$ 및 하측 합격 판정치 $A^{(L)}$과 대응하는 상측 불합격 판정치 $R^{(U)}$ 및 하측 불합격 판정치 $R^{(L)}$과 비교한다.

a) $A^{(L)} \leq \mathrm{Y} \leq A^{(U)}$이면 로트를 합격으로 한다.

b) $\mathrm{Y} \geq R^{(U)}$ 또는 $\mathrm{Y} \leq R^{(L)}$이면 로트를 불합격으로 한다.

c) a)와 b) 양쪽 모두 만족할 수 없으면 또 1개의 아이템을 골라서 검사한다.

누계 샘플 사이즈가 중지치 n_t에 도달한 경우에는 만약 $A_t^{(L)} \leq \mathrm{Y} \leq A_t^{(U)}$이면 로트는 합격으로 하고, 그렇지 않으면 로트는 불합격으로 한다.

② 도식 판정법

작성한 합부 판정도에 점 $(n_{cum}\,;\,Y)$을 타점한다.

a) 점이 합격역에 들어가면 로트를 합격으로 한다.

b) 점이 불합격역에 들어가면 로트를 불합격으로 한다.

c) 점이 검사 속행역에 있으면 또 1개의 아이템을 골라서 검사한다.

검사 결과의 경향을 보기 쉽게 하기 위하여 그림 위에서 계속되는 점 사이를 꺾은선으로 연결하여야 한다. 그러나 점이 합격 판정선 또는 불합격 판정선에 접근한 경우에는 합부의 판정은 수치 판정법에 따라야 한다.

예제 / 5.13 축차 샘플링 방식 $L = 200\,kL$, $U = 210\,mm$, $\sigma = 1.2\,kV$, $h_A = 4.312$, $g = 2.315$ 및 $n_t = 49$에 대해서는 [예제 5.9]에서 합격 판정치 및 불합격 판정치를 구한다.

어떤 로트에서 최초로 시료 12개에 대하여 아이템 검사 결과 x가 표 5.5의 제 2열에 나타나 있다. 제 3열에는 여유치 $y = x - 200$이 주어져 있고, 제 6열에는 누계 여유치가 양쪽 모두 만족하지 않는 상태가 계속 이어져 있기 때문이다. 12번째 아이템의 검사 후, 누계 여유치가 대응하는 상측 및 하측 합격 판정치 사이에 들어갔으므로 검사는 종료하고 로트는 합격이 되었다.

그림 5.8은 이에 대한 축차 샘플링 방식에 대한 합부 판정도로서 [예제 5.9]를 이용하였다. 표 5.5에 나타낸 누계 샘플 사이즈 및 누계 여유치의 조합$(n_{cum}\,;\,Y)$을 계속해서 합부 판정도에 타점하여 꺾은선으로 연결한다. 점 (12 ; 38.8)이 합격역이 들어갔으므로 12번째의 아이템의 검사 후, 검사는 종료하고 로트는 합격이 되었다.

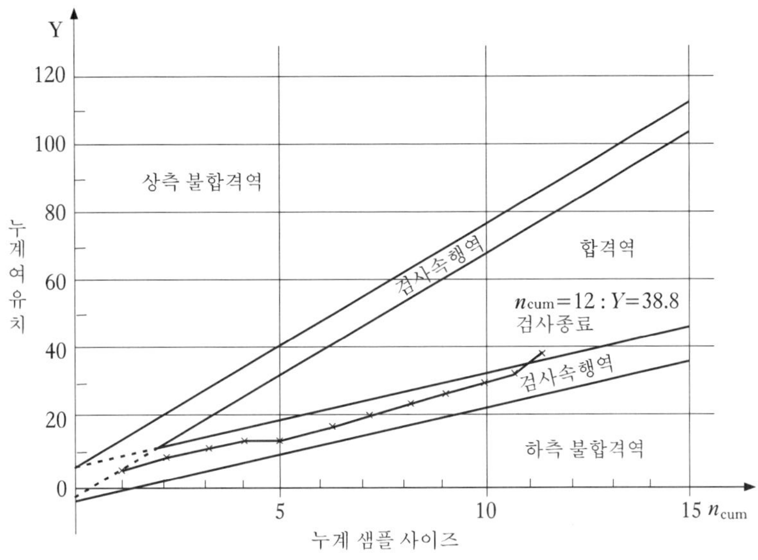

그림 5.8 연결식 양쪽 규격의 경우 축차 샘플링 방식에 대한 합부 판정도

3) 개별식 양쪽 규격

① 수치판정법

합부 판정 기준을 각 규격 한계에 개별적으로 적용하여 로트의 합부를 판정한다.

(a) 규격 상한 아이템에 대한 합부 판정 기준

누계 여유치 Y를 대응하는 합격 판정치 $A^{(U)}$ 및 불합격 판정치 $R^{(U)}$과 비교한다.

ⓐ $Y \le A^{(U)}$이면 규격 상한에 대하여 로트를 합격으로 하고, 규격 상한에 대하여 검사를 종료 한다.

ⓑ $Y \ge R^{(U)}$이면 규격 상한에 대하여 로트를 불합격으로 하고, 양쪽의 규격에 대한 검사를 종료한다.

ⓒ ⓐ와 ⓑ 양쪽 모두 만족할 수 없으면 또 1개의 아이템을 뽑아서 규격상한과 비교하여 판정한다.

누계 샘플 사이즈가 중지치 n_t에 도달한 경우에 만약 $Y > A_t^{(U)}$이면 로트는 불합격으로 하고 검사는 종료한다.

누계 샘플 사이즈가 중지치 n_t에 도달한 경우에는 만약 $Y \le A_t^{(U)}$이면 로트는 규격 상한에 대해서는 합격으로 한다. 만약 규격 하한에 대해서 이미 로트가 이미 합격이 되어 있는 경우 또는 Y≥$A_t^{(L)}$의 경우에는 로트는 합격으로 하고, 검사는 종료한다. 그렇지 않으면 로트를 불합격으로 하고, 검사는 종료한다.

(b) 규격 하한에 대한 합부 판정 기준

누계 여유치 Y를 대응하는 합격 판정치 $A^{(L)}$ 및 불합격 판정치 $R^{(L)}$과 비교한다.

ⓐ Y≥$A^{(L)}$이면 규격 하한에 대하여 로트를 합격으로 하고, 규격 하한에 검사를 종료한다.

ⓑ Y≤$R^{(L)}$이면 규격 하한에 대하여 로트를 불합격으로 하고, 양쪽의 규격에 대한 검사를 종료한다.

ⓒ ⓐ와 ⓑ 양쪽 모두 만족할 수 없으면 또 1개의 아이템을 뽑아서 검사하여 하측 규격 한계와 비교하여 판정한다.

누계 샘플 사이즈가 중지치 n_t에 도달한 경우에는 만약 Y<$A_t^{(L)}$이면 로트를 불합격으로 하고 검사를 종료한다.

누계 샘플 사이즈가 중지치 n_t에 도달한 경우에는, Y≥$A_t^{(L)}$이면 로트를 규격하한에 대해서는 합격으로 한다. 만약 규격 상한에 대해서 이미 로트가 합격이 되어 있는 경우 또는 Y≤$A_t^{(U)}$의 경우에는, 로트를 합격으로 하고 검사를 종료한다. 그렇지 않으면 로트를 불합격으로 하고 검사를 종료한다.

② 도식판정법

합부 판정도에 점(n_{cum}; Y)을 타점한다.

ⓐ 점이 규격 상한에 대한 합격역에 들어가면 규격 상한에 대하여 로트를 합격으로 하고 규격 상한에 대한 검사를 종료한다.

ⓑ 점이 규격 하한에 대한 불합격역에 들어가면 규격 상한에 대하여 로트를 불합격으로 하고, 양쪽 규격에 대한 검사를 종료한다.

ⓒ 점이 규격 하한에 대한 검사 속행역에 있으면 또 1개의 아이템을 뽑아 검사한 후 하측 규격 한계와 비교하여 판정한다.

예제 / 5.14 축차 샘플링 방식 $L=5900mV$, $U=6000mV$, $\sigma=12mV$, $h_A^{(L)}=3.318$, $h_R^{(L)}=4.260$, $g^{(L)}=1.621$, $h_A^{(U)}=4.312$, $h_R^{(U)}=5.536$, $g^{(U)}=2.315$ 및 $n_t=49$에 대해서는 [예제 5.10]에서 개별식 양쪽 규격에 대한 합격 판정치 및 불합격 판정치가 구해져 있다.

어떤 로트에서 최초로 시료 11개의 아이템를 검사한 결과 x가 표 5.7 제 2열에 나타나 있다. 제 3열에는 여유치 $y=x-5900$이 계산되어 있고, 제 6열에는 누계 여유치가 기록되어 있다.

2번째 아이템의 검사 후, 누계 여유치가 규격 상한에 대한 합부 판정 기준을 만족하였으므로 로트는 합격이 되었다.

그림 5.9에는 이 축차 샘플링 방식에 대한 합부 판정도를 나타냈다.

표 5.7에 나타낸 누계 샘플 사이즈 및 누계 여유치의 조합(n_{cum}; Y)을 계속해서 합부 판정도에 타점하고 꺾은선으로 잇는다.

점(2 ; 39)가 규격 상한에 대한 합격역에 들어갔으므로 2번째 아이템의 검사 후, 규격 상한에 대한 검사를 종료하였다. 규격 하한에 대한 검사는 11번째 아이템까지 이어졌다. 11번째의 아이템 검사 후 점(11 ; 264)이 규격 하한에 대한 합격역에 들어갔으므로 검사를 종료하고 로트는 합격이 되었다.

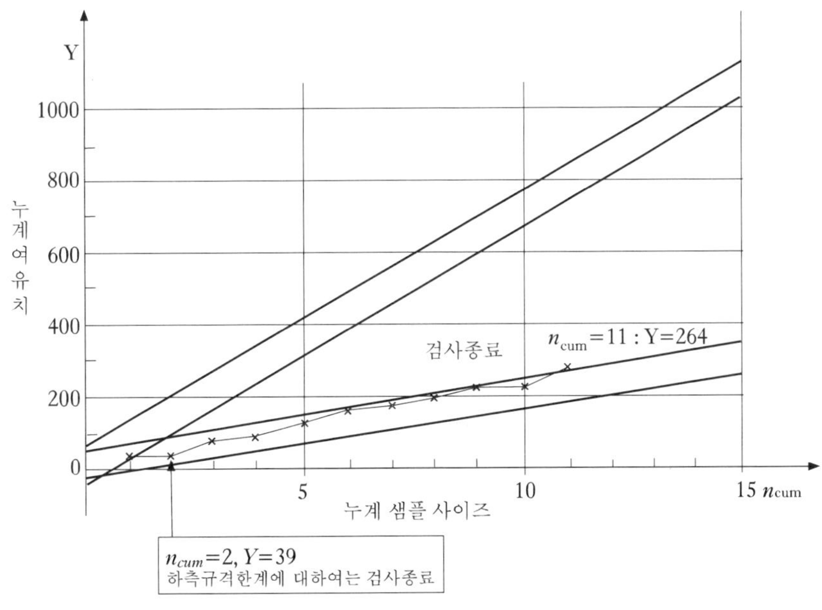

그림 5.9 개별식 양쪽 규격의 경우 축차 샘플링 방식에 대한 합부 판정도

표 5.8 $\alpha=0.05$ 및 $\beta=0.10$에 대한 계량 축차 샘플링 방식의 파라미터 (부적합품률 검사, 주 샘플링표)

PRQ	파라미터	CRC(소비자 위험 품질 수주)																
		0.80	1.00	1.25	1.60	2.00	2.50	3.15	4.00	5.00	6.30	8.00	10.00	12.50	16.00	20.00	25.00	31.50
0.100	h_A	3.304	2.947	2.652	2.380	2.172	1.992	1.829	1.681	1.558	1.443	1.336	1.245	1.181	1.074	1.001	0.932	0.863
	h_R	4.242	3.784	3.405	3.056	2.789	2.557	2.348	2.158	2.000	1.853	1.715	1.598	1.490	1.379	1.285	1.196	1.108
	g	2.750	2.708	2.666	2.617	2.572	2.525	2.475	2.420	2.368	2.310	2.248	2.186	2.120	2.042	1.966	1.882	1.786
	n_t	29	23	19	16	13	11	10	8	8	7	7	5	5	4	4	4	4
0.125	h_A	3.664	3.230	2.879	2.561	2.322	2.117	1.934	1.769	1.633	1.508	1.391	1.293	1.202	1.110	1.032	0.958	0.886
	h_R	4.704	4.147	3.696	3.288	2.981	2.718	2.483	2.271	2.097	1.936	1.786	1.659	1.543	1.425	1.325	1.231	1.137
	g	2.716	2.675	2.632	2.584	2.539	2.492	2.441	2.387	2.334	2.277	2.214	2.152	2.087	2.009	1.932	1.849	1.753
	n_t	35	28	23	19	16	13	11	10	8	7	7	5	5	5	4	4	4
0.160	h_A	4.177	3.622	3.187	2.802	2.518	2.279	2.068	1.881	1.728	1.588	1.459	1.351	1.252	1.153	1.069	0.990	0.913
	h_R	5.363	4.651	4.091	3.597	3.233	2.926	2.655	2.414	2.218	2.039	1.873	1.735	1.608	1.480	1.372	1.271	1.172
	g	2.678	2.637	2.595	2.546	2.501	2.454	2.404	2.349	2.296	2.239	2.176	2.115	2.049	1.971	1.895	1.811	1.715
	n_t	46	35	28	22	17	14	13	10	10	8	7	7	5	5	4	4	4
0.200	h_A	4.798	4.080	3.538	3.068	2.731	2.452	2.209	1.997	1.825	1.670	1.528	1.410	1.303	1.195	1.105	1.022	0.939
	h_R	6.160	5.238	4.539	3.939	3.506	3.148	2.837	2.564	2.344	2.144	1.962	1.810	1.673	1.534	1.419	1.312	1.206
	g	2.644	2.602	2.560	2.511	2.466	2.419	2.369	2.314	2.262	2.204	2.142	2.080	2.014	1.936	1.860	1.776	1.680
	n_t	59	44	34	25	20	17	14	11	10	8	7	7	5	5	5	4	4
0.250	h_A	5.655	4.683	3.980	3.398	2.989	2.658	2.375	2.131	1.937	1.763	1.606	1.476	1.359	1.242	1.145	1.056	0.968
	h_R	7.260	6.013	5.110	4.362	3.837	3.412	3.049	2.736	2.487	2.263	2.062	1.895	1.745	1.595	1.471	1.355	1.243
	g	2.608	2.567	2.524	2.476	2.430	2.384	2.333	2.279	2.226	2.169	2.106	2.044	1.979	1.901	1.824	1.741	1.644
	n_t	83	58	41	31	25	19	16	13	11	10	8	7	7	5	5	4	4
0.315	h_A	6.974	5.553	4.591	3.833	3.320	2.917	2.580	2.295	2.071	1.873	1.697	1.552	1.424	1.296	1.191	1.094	1.001
	h_R	8.953	7.130	5.895	4.921	4.263	3.745	3.313	2.946	2.659	2.405	2.179	1.993	1.828	1.664	1.529	1.405	1.285
	g	2.570	2.529	2.487	2.438	2.393	2.346	2.295	2.241	2.188	2.131	2.068	2.007	1.941	1.863	1.787	1.703	1.607
	n_t	125	80	55	38	29	23	19	14	13	10	8	8	7	5	5	5	4
0.40	h_A	9.259	6.912	5.482	4.435	3.763	3.253	2.839	2.498	2.235	2.006	1.805	1.643	1.499	1.358	1.244	1.094	1.037
	h_R	11.887	8.874	7.038	5.694	4.831	4.176	3.645	3.207	2.870	2.576	2.318	2.109	1.925	1.744	1.596	1.405	1.332
	g	2.530	2.489	2.447	2.398	2.353	2.306	2.256	2.201	2.148	2.091	2.029	1.967	1.901	1.823	1.747	1.703	1.567
	n_t	218	122	77	52	37	28	22	17	14	11	10	8	7	7	5	5	4
0.50	h_A	13.488	9.024	6.732	5.218	4.312	3.656	3.141	2.728	2.418	2.153	1.923	1.739	1.579	1.424	1.298	1.184	1.075
	h_R	17.317	11.586	8.643	6.700	5.536	4.693	4.033	3.503	3.105	2.764	2.469	2.233	2.028	1.828	1.667	1.520	1.380
	g	2.492	2.451	2.409	2.360	2.315	2.268	2.218	2.163	2.110	2.053	1.990	1.929	1.863	1.785	1.709	1.625	1.529
	n_t	463	208	116	71	49	35	26	20	16	13	11	10	8	7	5	5	4
0.63	h_A	26.190	13.358	8.882	6.424	5.103	4.209	3.542	3.025	2.649	2.333	2.066	1.855	1.674	1.500	1.362	1.237	1.118
	h_R	33.625	17.150	11.403	8.247	6.552	5.403	4.547	3.884	3.400	2.996	2.652	2.382	2.150	1.926	1.748	1.588	1.436
	g	2.452	2.411	2.368	2.320	2.274	2.227	2.177	2.123	2.070	2.012	1.950	1.888	1.823	1.745	1.668	1.585	1.488
	n_t	1739	454	202	106	68	46	34	25	19	16	13	10	8	7	7	5	5
0.80	h_A		27.365	13.440	8.511	6.339	5.015	4.095	3.420	2.946	2.562	2.243	1.997	1.789	1.592	1.436	1.298	1.168
	h_R		35.005	17.255	10.927	8.138	6.438	5.258	4.391	3.783	3.289	2.879	2.564	2.297	2.043	1.844	1.666	1.500
	g		2.368	2.325	2.277	2.231	2.184	2.134	2.080	2.027	1.969	1.907	1.845	1.780	1.702	1.625	1.542	1.445
	n_t		1886	460	185	103	65	44	31	23	19	14	11	10	8	7	5	5
1.00	h_A			26.505	12.374	8.259	6.145	4.819	3.911	3.303	2.827	2.444	2.155	1.914	1.690	1.516	1.363	1.220
	h_R			34.028	15.886	10.603	7.889	6.187	5.021	4.241	3.630	3.137	2.766	2.458	2.170	1.947	1.750	1.567
	g			2.284	2.235	2.190	2.143	2.093	2.039	1.986	1.928	1.866	1.804	1.738	1.660	1.584	1.500	1.404
	n_t			1781	389	175	97	61	40	29	22	17	13	11	8	7	7	5

비고 PRQ 및 CRQ는 부적합품률(%)로 표시되어 있다.

표 5.8 $\alpha=0.05$ 및 $\beta=0.10$에 대한 계량 축차 샘플링 방식의 파라미터 (부적합품률 검사, 주 샘플링표)[계속]

PRQ	파라미터	CRC(소비자 위험 품질 수주)													
		1.60	2.00	2.50	3.15	4.00	5.00	6.30	8.00	10.00	12.50	16.00	20.00	25.00	31.50
1.25	h_A	23.209	11.997	7.999	5.890	4.588	3.774	3.165	2.692	2.345	2.063	1.805	1.608	1.437	1.279
	h_R	29.798	15.402	10.270	7.562	5.890	4.845	4.063	3.456	3.011	2.649	2.318	2.065	1.845	1.643
	g	2.193	2.148	2.101	2.050	1.196	1.943	1.886	1.823	1.761	1.696	1.618	1.542	1.458	1.362
	n_t	1367	367	164	89	55	38	26	20	16	13	10	8	7	5
1.60	h_A		24.832	12.206	7.893	5.718	4.507	3.665	3.045	2.609	2.265	1.958	1.728	1.532	1.354
	h_R		31.881	15.671	10.134	7.341	5.786	4.705	3.909	3.350	2.908	2.513	2.219	1.966	1.738
	g		2.099	2.052	2.002	1.948	1.895	1.837	1.775	1.713	1.647	1.569	1.493	1.409	1.313
	n_t		1564	379	160	85	53	35	25	19	14	11	10	7	7
2.00	h_A			24.006	11.572	7.429	5.506	4.299	3.471	2.915	2.492	2.125	1.857	1.632	1.432
	h_R			30.821	14.857	9.537	7.069	5.519	4.456	3.743	3.199	2.729	2.385	2.096	1.839
	g			2.007	1.956	1.902	1.849	1.792	1.729	1.668	1.602	1.524	1.448	1.364	1.268
	n_t			1462	341	142	79	49	32	23	17	13	10	8	7
2.50	h_A				22.341	10.757	7.144	5.237	4.057	3.318	2.781	2.332	2.013	1.751	1.523
	h_R				28.683	13.811	9.173	6.723	5.209	4.260	3.570	2.994	2.585	2.248	1.955
	g				1.910	1.855	1.802	1.745	1.683	1.621	1.555	1.477	1.401	1.317	1.221
	n_t				1267	295	131	71	43	29	22	16	11	10	7
3.15	h_A					20.747	10.503	6.840	4.957	3.897	3.176	2.603	2.212	1.900	1.634
	h_R					26.637	13.485	8.782	6.365	5.004	4.078	3.342	2.840	2.440	2.098
	g					1.805	1.752	1.695	1.632	1.570	1.505	1.427	1.350	1.267	1.170
	n_t					1093	281	121	64	40	28	19	14	11	8
4.00	h_A						21.273	10.204	6.514	4.799	3.750	2.977	2.476	2.092	1.774
	h_R						27.311	13.101	8.363	6.161	4.815	3.822	3.179	2.686	2.278
	g						1.698	1.640	1.578	1.516	1.451	1.373	1.296	1.213	1.116
	n_t						1148	265	109	59	37	23	17	13	10
5.00	h_A							19.612	9.389	6.197	4.553	3.461	2.803	2.320	1.936
	h_R							25.180	12.054	7.956	5.845	4.444	3.598	2.979	2.485
	g							1.587	1.525	1.463	1.398	1.320	1.243	1.160	1.063
	n_t							976	224	98	55	32	22	16	11
6.30	h_A								18.010	9.059	5.929	4.203	3.270	2.631	2.147
	h_R								23.123	11.630	7.612	5.396	4.198	3.378	2.757
	g								1.468	1.406	1.340	1.262	1.186	1.102	1.006
	n_t								824	209	91	46	29	19	13
8.0	h_A									18.226	8.838	5.483	3.996	3.082	2.438
	h_R									23.400	11.347	7.039	5.130	3.956	3.130
	g									1.343	1.278	1.200	1.123	1.040	0.9934
	n_t									844	199	77	41	26	17
10.0	h_A										17.159	7.842	5.117	3.709	2.815
	h_R										22.030	10.068	6.570	4.761	3.614
	g										1.216	1.138	1.062	0.9780	0.8816
	n_t										748	157	68	37	22

비고 PRQ 및 CRQ는 부적합품률(%)로 표시되어 있다.

표 5.9 한계 공정 표준 편차 LPSD를 구하기 위한 계수 ψ의 값

PRQ (%)	0.10	0.125	0.16	0.20	0.25	0.315	0.40	0.50	0.63	0.80	
ψ	0.143	0.146	0.149	0.152	0.155	0.158	0.161	0.165	0.169	0.174	
PRQ (%)	1.00	1.25	1.60	2.00	2.50	3.15	4.00	5.00	6.30	8.00	10.00
ψ	0.178	0.183	0.189	0.194	0.201	0.208	0.216	0.225	0.235	0.246	0.259

비고 : 축차 샘플링 방식을 위한 한계 공정 표준 편차 LSPD는 표준화한 값 ψ를 규격$(U-L)$를 곱하여 구한다. 즉, LPSD = $\psi(U-L)$, 한계 공정 표준 편차 LPSD는 축차 샘플링방식을 연결식 양쪽 규격에 대하여 사용하는 경우의 공정 표준 편차의 최대 허용값을 주는 것이다. 공정 표준 편차가 LPSD를 넘는 경우는 축차 샘플링 방식은 사용할 수 없다.

표 5.10 최대 공정 표준 편차 MPSD를 구하기 위한 계수 f의 값(개별식 양쪽 규격)

$PRQ^{(L)}$	$PRQ^{(U)}$ 0.100	0.125	0.160	0.200	0.250	0.315	0.400	0.500	0.630	0.800	1.00	1.25	1.60	2.00	2.50	3.15	4.00	5.00	6.30	8.00	10.00
0.100	0.162	0.164	0.166	0.168	0.170	0.172	0.174	0.176	0.179	0.182	0.185	0.188	0.191	0.194	0.198	0.202	0.207	0.211	0.216	0.222	0.229
0.125	0.164	0.165	0.167	0.169	0.172	0.174	0.176	0.179	0.181	0.184	0.187	0.190	0.194	0.197	0.201	0.205	0.209	0.214	0.220	0.226	0.232
0.160	0.166	0.167	0.170	0.172	0.174	0.176	0.179	0.181	0.184	0.187	0.190	0.193	0.196	0.200	0.204	0.208	0.213	0.218	0.223	0.230	0.236
0.200	0.168	0.169	0.172	0.174	0.176	0.178	0.181	0.183	0.186	0.189	0.192	0.195	0.199	0.203	0.207	0.211	0.216	0.221	0.227	0.233	0.240
0.250	0.170	0.172	0.174	0.176	0.178	0.181	0.183	0.186	0.189	0.192	0.195	0.198	0.202	0.206	0.210	0.214	0.219	0.225	0.231	0.237	0.245
0.315	0.172	0.174	0.176	0.178	0.181	0.183	0.186	0.188	0.191	0.195	0.198	0.201	0.205	0.209	0.213	0.218	0.223	0.228	0.235	0.242	0.249
0.400	0.174	0.176	0.179	0.181	0.183	0.186	0.189	0.191	0.194	0.198	0.201	0.204	0.208	0.213	0.217	0.222	0.227	0.233	0.239	0.246	0.254
0.500	0.176	0.179	0.181	0.183	0.186	0.188	0.191	0.194	0.197	0.201	0.204	0.208	0.212	0.216	0.220	0.225	0.231	0.237	0.244	0.251	0.259
0.630	0.179	0.181	0.184	0.186	0.189	0.191	0.194	0.197	0.200	0.204	0.207	0.211	0.216	0.220	0.224	0.230	0.236	0.242	0.248	0.256	0.265
0.800	0.182	0.184	0.187	0.189	0.192	0.195	0.198	0.201	0.204	0.208	0.211	0.215	0220	0.224	0.229	0.234	0.240	0.247	0.254	0.262	0.271
1.000	0.185	0.187	0.190	0.192	0.195	0.198	0.201	0.204	0.207	0.211	0.215	0.219	0.224	0.228	0.233	0.239	0.245	0.252	0.259	0.268	0.277
1.250	0.188	0.190	0.193	0.195	0.198	0.201	0.204	0.208	0.211	0.215	0.219	0.223	0.228	0.233	0.238	0.244	0.250	0.257	0.265	0.274	0.284
1.600	0.191	0.194	0.196	0.199	0.202	0.205	0.208	0.212	0.216	0.220	0.224	0.228	0.233	0.238	0.244	0.250	0.257	0.264	0.272	0.282	0.292
2.000	0.194	0.197	0.200	0.203	0.206	0.209	0.213	0.216	0.220	0.224	0.228	0.233	0.238	0.243	0.249	0.256	0.263	0.270	0.279	0.289	0.300
2.500	0.198	0.201	0.204	0.207	0.210	0.213	0.217	0.220	0.224	0.229	0.233	0.238	0.244	0.249	0.255	0.262	0.269	0.277	0.287	0.297	0.308
3.150	0.202	0.205	0.208	0.211	0.214	0.218	0.222	0.225	0.230	0.234	0.239	0.244	0.250	0.256	0.262	0.269	0.277	0.285	0.295	0.306	0.318
4.000	0.207	0.209	0.213	0.216	0.219	0.223	0.227	0.231	0.236	0.240	0.245	0.250	0.257	0.263	0.269	0.277	0.286	0.295	0.305	0.317	0.330
5.000	0.211	0.214	0.218	0.221	0.225	0.228	0.233	0.237	0.242	0.247	0.252	0.257	0.264	0.270	0.277	0.285	0.295	0.304	0.315	0.328	0.342
6.300	0.216	0.220	0.223	0.227	0.231	0.235	0.239	0.244	0.248	0.254	0.259	0.265	0.272	0.279	0.287	0.295	0.305	0.315	0.327	0.341	0.356
8.000	0.222	0.226	0.233	0.233	0.237	0.242	0.246	0.251	0.256	0.262	0.268	0.274	0.282	0.289	0.297	0.306	0.317	0.328	0.341	0.356	0.372
10.000	0.229	0.232	0.236	0.240	0.245	0.249	0.254	0.259	0.265	0.271	0.277	0.284	0.292	0.300	0.308	0.318	0.330	0.342	0.356	0.372	0.390

축차 샘플링 방식을 위한 최대 공정 표준 편차 MPSD는 표준화한 값 f를 규격 공차$(U-L)$를 곱하여 구한다. 즉, MPSD$=f(U-L)$ 한계 공정 표준 편차 MPSD는 축차 샘플링 방식을 개별식 양쪽 규격 한계에 대하여 사용하는 경우의 공정 표준 편차의 최대 허용값을 준다. 공정 표준 편차가 MPSD를 넘은 경우는 모든 로트는 불합격이 된다.

비고 $PRQ^{(L)}$ 및 $PRQ^{(U)}$는 부적합품률(%)로 표시되어 있다.

연/습/문/제

1. 계수 축차 샘플링 검사에서 $h_A = 1.445$, $h_R = 1.885$, $g = 0.110$일 때 $n < n_t$ 조건에서의 합격판정선을 구하시오.

2. 계수 축차 샘플링 검사에서 $h_A = 1.445$, $h_R = 1.885$, $g = 0.110$일 때 누계 샘플 크기의 중지값 n_t를 구하시오.

3. 계량 축차 샘플링 검사에서 $S_U = 100$, $\sigma = 2.5$이고, $PRQ = 0.5\%$, $CRQ = 6.3\%$ 일때 KS A 8423 표에서 $h_A = 2.153$, $h_R = 2.764$, $g = 2.053$ 및 $n_t = 13$이다.
시료 5번째 합부를 판정하기 위한 합격 판정치와 불합격판정치를 구하시오.

4. 어떤 기계 부품의 치수에 대하여 규격이 20±0.05mm로 규정되어 있다. 생산은 안정되어 있고 로트 내의 치수의 분포는 정규 분포에 따르며, 로트 내의 표준 편차는$\sigma = 0.015$mm이다. 연결식 양쪽 규격에서$PRQ = 0.25\%$, $CRQ = 3.15\%$ 이라는 특성을 가진 계량 축차 샘플링 방식을 사용하도록 정해졌다.$\alpha = 0.05$, $\beta = 0.10$일 경우 표 5.8에서 이 축차 샘플링 방식의 파라미터는 다음과 같다.

$$h_A = 2.375,\ h_R = 3.049,\ g = 2.333,\ n_t = 16$$

다음 표를 작성하시오.

n_{cur}	xmm	Y	$R^{(L)}$	$A^{(L)}$	Y	$A^{(U)}$	$R^{(U)}$
1	20.01	0.06	-	-	0.06	-	-
2	19.98	0.03	-	-	0.09	-	-
3	20.03	(가)	(나)	0.1406	(다)	(라)	0.2407

5. 굵기가 16nm의 PVC파이프에 관한 수압검사를 계량 축차 샘플링검사 방식을 설계하고 싶다. 단, 이때 상한규격 $S_U = 100kg/cm^2$이며, 이 제품의 산포는 $\sigma = 9kg/cm^2$로 알고 있다. $PRQ = 1\%$, $CRQ = 8\%$에 대한 누계샘플크기의 중지값 (n_t)와 이때의 합격판정값 (A_t)을 구하시오.$(a \fallingdotseq 0.05,\ \beta \fallingdotseq 0.10)$.

Chapter

06 계수값 샘플링 검사

계수값 샘플링 검사는 종전의 계수 선별형 샘플링 검사(KS A 3105), 계수 조정형 샘플링 검사(KS A 3109)를 통합하여 연속 로트에 대한 AQL 지표형 샘플링 검사(KS A 2859-1)과 고립 로트에 대한 LQ 지표형 샘플링 검사(KS A 2859-2)로 구분하고, 지정된 AQL 보다 좋은 로트에 대하여 검사 개수를 줄여가는 스킵로트 샘플링 검사(KS A 2859-3)를 신설하였다.

6.1 계수값 검사 용어의 정의

(1) 로트

각 로트는 가능한 실질적으로 동일 조건에서 동일시기에 제조된 아이템으로 구성하는 것이 바람직하다. 예로서 2개 이상의 공급원으로부터 공급물이 혼합되면, 하나의 출처에서 다수의 부적합품이 있을 경우에 모든 공급원의 제품이 불합격 되는 경우도 있다.

샘플링 검사의 입장에서는 큰 로트 쪽이 유리하다. 그것은 큰 로트에서는 큰 샘플을 취하는 것이 경제적이고, 좋은 로트와 나쁜 로트의 판별력이 좋아진다.

(2) AQL의 개념과 AQL 정하는 법

AQL(합격 품질 수준)은 KS A/ISO 2859-1, KS A 3107, KS A 3108 중 일부 표의

지표용으로 사용되고 있다. AQL 지표의 샘플링 방식을 사용할 때에는 그 품질이 AQL과 같거나 그보다 좋은 공정에서 얻어진 로트는 대부분의 경우 합격이 된다.

AQL 정하는 방법은 다음 사항을 고려하여 선택하는 것이 좋다.

① 요구품질에 합치시켜 정한다.
사용상 기술적·경제적인 조건을 확보하여야 하는 경우 부적합품률(또는 100단위당 부적합수)이 분명할 때에는 그 요구하는 품질수준의 상한을 AQL로 한다.

② 부적합 또는 부적합품의 계급에 따라서 정한다.
검사항목을 치명부적합, 중부적합, 경부적합 등의 계급으로 나누고 부적합의 각 계급 또는 부적합품의 각 계급마다 AQL을 지정한다. 중요한 항목일수록 수입 후의 부적합품에 의한 손실이 크기 때문에 원칙적으로 엄격한 AQL을 지정한다.

③ 공정평균을 근거로 하여 정한다.
공정평균과 AQL 사이에는 다음과 같은 관련성이 있기 때문에 과거의 검사실적이 있는 경우에는 그것을 AQL 설정의 정보로서 참고하고 품질향상의 자극을 줄 수 있도록 AQL을 정한다.

AQL을 공정평균보다 좋은 품질 수준으로 설정하면 불합격 로트가 많게 되며, 반대로 공정평균보다 나쁜 품질수준으로 지정하면 나쁜 로트가 합격이 되어 생산의 흐름을 정체시키거나 품질수준이 저하되는 원인이 된다.

④ 납입자 측과 협의하여 정한다.
요구품질과 납입자 측의 공정능력이나 경제성의 균형을 이루기 위하여 납입자측과 협의하고, 그 실정 등을 참고로 정하는 것도 이후의 마찰을 없애는 하나의 방법이다. 서로 신뢰하는 가운데 의논하면 무리없는 AQL을 정할 수 있고 납입자도 납득한 AQL이므로 트러블(trouble)도 적게 된다.

(3) AOQ 및 AOQL

AQL의 개념과 함께 AOQ(평균 출검 품질) 및 AOQL(평균 출검 품질 한계)의 개념은 장기간의 연속 로트가 일정한 샘플링 검사 시스템에 제출되었을 때에만 의미가 있다.

샘플 중 부적합품의 개수가 합격 판정개수 이하일 때 로트는 합격이 된다. 반대로 샘플 중 부적합품의 개수가 불합격 판정개수 이상일 때 로트는 불합격이 된다.

"평균 출검 품질"이라는 용어는 연속적으로 생산하는 공정에서 다수 로트의 평균

부적합품 퍼센트(%)를 의미한다.

부적합품률 $n=50,\ c=2$의 로트가 합격되는 비율이 P_a인 샘플링 검사에서 부적합품률 p의 로트가 다수(k로 표시) 검사를 받는 경우 예를 들어 보면 다음과 같다.

검사 후의 평균 출검 품질 AOQ는 검사를 통과한 부적합품수를 검사를 통과한 제품으로 나눈 값이다.

검사를 통과한 제품의 수는 로트의 크기를 어느 것이나 N으로 하면 $k\times N$개이다. 한편 검사를 통과한 부적합품 수는 합격된 로트의 수($k\times P_a$)×로트의 크기 $N\times$ 부적합품률이다. 즉 $k\times P_a\times N\times p$이다. 그러므로 AOQ는 식 (6.1)과 같이 계산할 수 있다.

$$AOQ=\frac{k\times P_a\times N\times p}{k\times N}=p\times P_a \tag{6.1}$$

식 (6.2)는 합격된 로트의 시료 중의 부적합품도 그대로 검사를 통과한다는 가정이 필요하다. 그러나 로트가 합격되어도 시료 중 부적합품을 적합품으로 교체하여 검사를 통과하는 것이 일반적이다. 이 경우 계산은 식 (6.2)와 같다.

$$AOQ=\frac{p\times P_a\times(N-n)}{N} \tag{6.2}$$

만일 합격된 로트에서 시료 중에 발견된 부적합품을 교체하지 않고 제거하는 경우 AOQ는 식 (6.3)과 같다.

$$AOQ=\frac{p\times P_a\times(N-n)}{N-pn-(1-P_a)p(N-n)} \tag{6.3}$$

예제 / 6.1 부적합품률이 2%의 로트가 합격하는 비율이 0.68인 샘플링 검사 방식($n=100,\ c=c$)에서 크기 1000의 로트를 다수 검사할 때 검사를 통과한 제품의 평균부적합품률(AOQ)는 얼마인가?

풀이 ① 합격로트의 시료 중의 부적합품을 그대로 통과하는 경우

$$AOQ=0.02\times0.68=0.0136=1.36\%$$

② 합격로트의 시료 중의 부적합품을 적합품으로 교체하여 검사를 통과하는 경우

$$AOQ = \frac{0.02 \times 0.68 \times (1000-100)}{1000} = 0.01224 = 1.22\%$$

③ 합격로트의 시료 중의 부적합품을 모두 제거하는 경우

$$AOQ = \frac{0.02 \times 0.68 \times (1000-100)}{1000 - 0.02 \times 100 - (1-0.68) \times 0.02 \times (1000-100)}$$
$$= 0.0123$$
$$AOQ = 1.23\%$$

검사에 제출된 로트의 부적합품률 p를 변경하면 AOQ의 값도 그림 6.1과 같이 변경된다. 다시 말하면 처음에는 부적합품률 p가 증가하면 AOQ값도 증가하지만 어느 한계점에 도달하면 다시 감소하게 된다.

이와 같은 곡선을 AOQ 곡선이라 하며, 이 곡선에서 최대 AOQ 값을 AOQL(평균출검 품질한계(average outgoing quality limit))라고 한다.

그림 6.1은 표 6.1를 이용한 $n=50,\ c=2$의 AOQ 곡선이다. 이 경우 가장 높은 AOQ 값은 부적합품률 4%로 2.71%이다.

표 6.1 $n=50,\ c=2$의 경우 AOQ값

p(%)	합격확률(P_a)	AOQ(%)
0	1.0000	0.0000
1	0.9862	0.9862
2	0.9216	1.8431
3	0.8108	2.4324
4	0.6767	2.7069
5	0.5405	2.7027
6	0.4162	2.4975
7	0.3108	2.1755
8	0.2260	1.8078
9	0.1605	1.4449
10	0.1117	1.1173
11	0.0763	0.8396
12	0.0513	0.6152
13	0.0339	0.4406
14	0.0221	0.3092
15	0.0142	0.2128
16	0.0090	0.1439
17	0.0056	0.0958
18	0.0035	0.0627
19	0.0021	0.0404
20	0.0013	0.0257

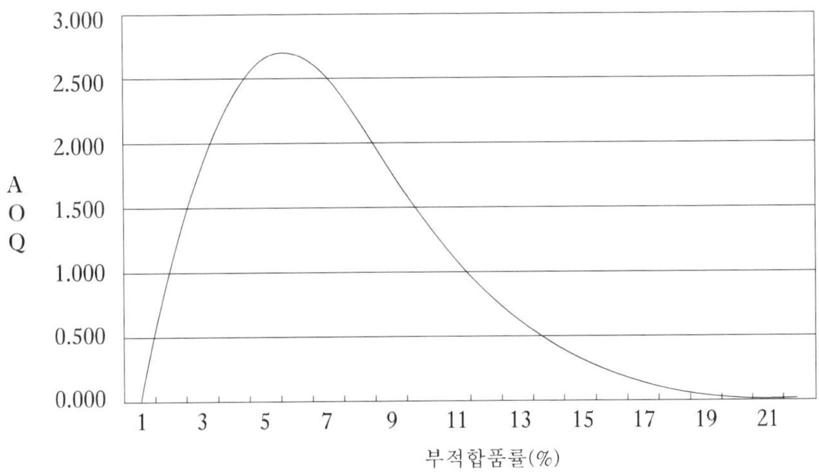

그림 6.1 AOQ 곡선

(4) 공정 평균

공정 평균이란 제출된 일련의 로트 평균품질로, 재제출 로트는 제외되며 식 (6.4)와 같이 계산된다.

$$\bar{p} = \frac{p_1 + p_2 + p_3 + \cdots\cdots + p_n}{n} \tag{6.4}$$

$p =$ 개별로트 부적합품률,
$n =$ 제출된 로트의 수,
$\bar{p} =$ 공정 평균

(5) 평균 샘플 크기(ASS)

평균 샘플 사이즈 곡선을 만들어 보면, 몇 가지 형식에 대한 샘플링 방식의 상대적 효율을 알 수 있다. 이들의 곡선은 합격 또는 불합격의 판정에 도달할 때까지 시험하는 아이템의 평균 개수를 표시한다. 그림 6.2는 1회, 2회, 다회 및 축차 샘플링 방식의 평균 샘플 크기를 나타냈다.

판정에 도달할 때까지 시험하는 아이템의 평균 개수는 1회 샘플링 방식을 사용했을 때 최대가 된다. 2회, 다회 또는 축차 샘플링 방식을 사용했을 때에는 로트의 품질이 대단히 좋은 때이거나 대단히 나쁜 때에 평균 샘플 크기가 최소가 된다.

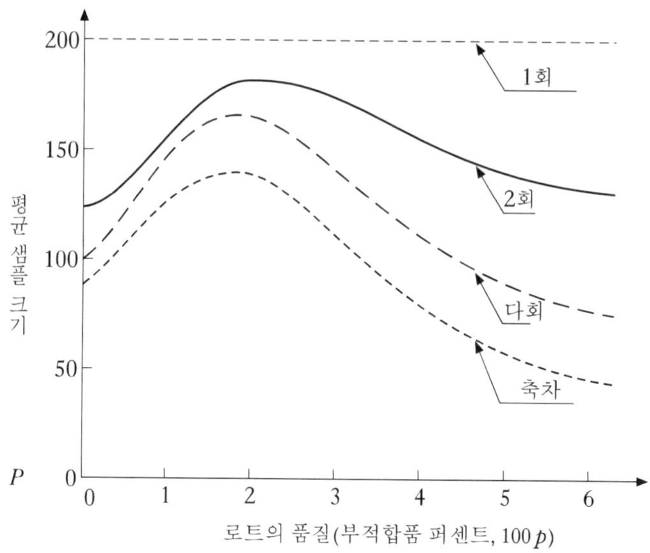

그림 6.2 1회, 2회, 다회 및 축차 샘플링 방식의 평균 샘플 크기의 비교

(6) LQ(한계품질)

LQ(한계품질)는 KS A/ISO 2859-2의 지표용으로 사용되고 있다. 로트가 고립상태에 있다고 생각되었을 때, LQ는 부적합품 퍼센트 또는 100 아이템 당 부적합수로 표시한 품질 수준으로 샘플링 검사의 목적에 대응하여 합격 확률을 낮은 값으로 억제하고 있다. 이 낮은 합격 확률을 "소비자 위험"이라 부른다.

한계 품질을 규정하는 것은 실제로는 바람직한 품질을 규정하는 것이다. 로트가 적절히 합격하기 위해서는 부적합품 퍼센트를 LQ보다 훨씬 작게(통상은 LQ의 1/4 이하로)하여야 한다.

KS A/ISO 2859-2에는 LQ샘플링 방식의 적용 절차가 제시되어 있다. 이들의 샘플링 방식 및 표는 대부분 KS A/ISO 2859-2에서 사용되고 있는 샘플링 방식과 같다. LQ의 샘플링 방식은 주로 고립 로트에 대해서 적용된다.

(7) 스킵 로트 샘플링 검사

연속 시리즈의 로트를 받아들이고, 검사에 제출된 제품의 품질이 AQL보다 상당히 좋다고 입증되어 소정의 판정 기준에 합치했을 때에는 스킵 로트 샘플링 검사를 시작할 수 있다.

KS A/ISO 2859-3에 기술되어 있는 스킵 로트 샘플링 검사의 절차에서는 제품이 스킵 로트 샘플링 검사의 자격을 만족하는가를 계통적으로 심사한다. 제품이 규정의 자격 기준을 만족했을 때에는 로트에서 일정 비율(즉 1/2, 1/3, 1/4 또는 1/5)에서 샘플을 취한다. 보다 작은 비율은 제품 품질이 AQL보다 현저히 좋다는 결과가 나온 경우에만 허락된다. 1/5이라는 샘플링 빈도는 초기에는 사용할 수 없다. 각 로트에서 샘플을 취하거나 샘플을 취하지 않고 로트를 합격하는가는 임의로 선택한다. 만일 샘플링 검사에서 얻어진 품질이 악화되면 자격을 상실하고, 재취득할 때까지 로트별 샘플링 검사로 복귀한다.

(8) 검사 방식에 따른 샘플링 종류

1) 1회 샘플링 검사

1회 샘플링 방식은 샘플 크기 n, 합격 판정개수 A_c 및 불합격 판정개수 R_e이다. 이 샘플링 방식의 사용 방법은 다음과 같다.

샘플은 검사하여 발견된 부적합품의 개수 n를 센다. 만약 부적합품의 개수가 합격 판정개수(A_c) 이하라면 로트 전체를 합격으로 하고, 샘플 중에 발견된 부적합품만을 불합격으로 한다. 또 만일 부적합품의 개수가 불합격 판정개수(R_e) 이상이면 로트 전체를 불합격으로 한다.

예제 / 6.2 나사에 홈이 있는지를 검사한다. 홈이 없으면 그 나사는 부적합품이다. KS A/ISO 2859-1의 1회 샘플링 방식을 적용키로 하였다. 협정에서 AQL은 0.65%가 규정되고, 보통검사, 검사 수준 II를 사용하게 되었다. 로트 크기는 3000이다. 여기에서 샘플 문자는 K가 된다. KS A/ISO 2859-1의 표 6.13(A)에서 다음과 같이 된다.

샘플크기	$n = 125$(아이템)
합격판정개수	$A_c = 2$(부적합품)
불합격 판정개수	$R_e = 3$(부적합품)

나사로 이루어진 로트에서 125개의 샘플을 임의로 발췌하여 검사한다. 1개의 나사가 홈이 있는 것이 발견되었지만, 1개는 합격 판정개수($A_c = 2$)보다 적으므로 로트는 합격으로 하고 그 부적합품의 나사는 제거한다.

2) 2회 샘플링 검사

2회 샘플링 방식의 절차에서는 우선 1회 샘플링방식의 샘플 크기보다는 작은 제 1 샘플을 취한다. 만일 제 1 샘플의 품질이 아주 좋으면 로트는 합격이 되지만 아주 나쁘면 로트는 불합격이 된다. 중간적인 품질의 경우에만 로트의 합부를 판정하기 위해서 제 2 샘플을 샘플링하여 시험한다.

대응하는 1회 및 2회 샘플링 방식의 보기는 다음과 같다.

예제 / 6.3 어느 제품에 대한 AQL이 0.65%이다. 로트의 합부 판정에는 검사 수준 II가 지정되었다. 보통 검사를 적용하며, 로트 크기는 5000(아이템)이다.

표 6.12에서 샘플 문자는 L을 구하여, 표 6.13(A)에서 1회 샘플링 방식을 구하면 다음과 같다.

샘플크기	$n = 200$
합격판정개수 $Ac = 3$,	불합격 판정개수 $R_e = 4$

등가의 2회 샘플링 방식은 KS A/ISO 2859-1의 표 6.14(A)에서 다음과 같다.

제 1 샘플크기	$n_1 = 125$
제 1 합격판정개수 $Ac_1 = 1$,	제 1 불합격 판정개수 $Re_1 = 3$
제 2 샘플크기	$n_2 = 125$
누계샘플크기	$\Sigma n = 250$
제 2 합격판정개수 $Ac_2 = 4$,	제 2 불합격 판정개수 $Re_2 = 5$

이 샘플링 검사에서 만일 125개의 제 1 샘플 중에 발견된 부적합품의 개수가 0 또는 1이면 제 2 샘플을 검사하지 않고 로트는 합격으로 한다. 만일 3개 이상의 부적합품이 발견되었다면 제 2 샘플을 검사하지 않고 로트는 불합격으로 한다. 그러나 만일 125개의 제 1 샘플이 2개의 부적합품을 포함하고 있다면 125개의 제 2 샘플을 뽑아 양쪽의 샘플 중 부적합품 개수의 누계에 따라서 합부를 판정한다. 즉, 4개 이하이면 로트는 합격으로 하고, 5개 이상이면 로트는 불합격으로 한다.

3) 다회 샘플링 검사

KS A/ISO 2859-1의 다회 샘플링 방식에서는 최대 제 5 샘플까지 사용한다. 합격 또는 불합격의 판정은 보통은 제 5 샘플보다 훨씬 전에 끝난다.

상기의 예와 같은 로트 크기를 사용하면, 샘플 문자표 6.12에서 L을 구하고, 표 6.15(A)에서 AQL 0.65%에 대한 다회 샘플링 방식을 구하면 표 6.2와 같이 된다.

표 6.2 샘플 문자 L 및 AQL 0.65%에 대한 다회 샘플링 방식

샘플	샘플 크기	누계 샘플 크기	합격 판정개수	불합격 판정개수
제 1	50	50	#	3
제 2	50	100	0	3
제 3	50	150	1	4
제 4	50	200	2	5
제 5	50	250	4	5

#은 이 누계 샘플 크기에서는 합격 판정은 할 수 없는 것을 의미한다.

다회 샘플링 방식의 규칙은 2회 샘플링 방식을 5회까지 연장한 것으로 합격 판정개수 대신에 기호 #가 발견되는 경우에는 합격의 판정은 할 수 없으며, 이 단계에서 불합격 또는 다음 단계의 샘플을 추가하여 판정기준과 비교한다.

(9) 아이템(제품의 단위) 계수값

샘플링 검사를 사용할 때에는 로트 크기, 샘플 크기, 부적합품의 개수 등을 생각할 필요가 있다. 이 경우에 세는 것은 제품 단위의 개수이다. ISO에서는 센티미터, 그램 등의 단위와 혼란을 피하기 위해서 제품의 단위에 대해서 "아이템(item)"이라는 용어를 채용하였다.

예를 들면 광약 처리를 한 토관에 공칭 길이 3m, 공칭 지름 150mm의 것이 250개인 로트에서 출하되고 있다. 출하 전에 8개의 임의 시료를 샘플링 하고, 이 8개에 대해서 파쇄 강도, 내굽힘 모멘트 및 불투과성을 시험한다.

이 3개 특성 값의 허용차 전부에 적합한 토관이 7개 이상일 때에만 그 로트는 출하된다. 이 경우에 <u>아이템은 개개의 토관</u>이다.

(10) 샘플링 검사 방식, 샘플링 검사 스킴 및 샘플링 검사 시스템

① 샘플링 검사 방식은 로트를 검사하고, 합부 판정을 하기 위한 규칙의 세트이다.
② 샘플링 검사 스킴은 샘플링 방식과 전환 규칙의 조합이다.
③ 샘플링 검사 시스템은 샘플링 방식 또는 샘플링 검사 스킴을 모은 것이다. 적절한 샘플링 방식 또는 샘플링 검사 스킴을 선택하기 위한 판단 기준 및 샘플링 검사 스킴에 대해서는 샘플링 방식을 전환하기 위한 규칙을 가진다.

예를 들면, KS A/ISO 2859-1, KS A/ISO 2859-2, KS A/ISO 2859-3 및 KS A 3107은 샘플링 검사 시스템이다. 이들은 다수의 샘플링 검사 스킴(KS A/ISO 2859-2의 경우에는 샘플링 방식)을 포함하고, 적절한 샘플링 검사 스킴(또는 샘플링 방식)을 선택하기 위한 조건(AQL, 로트크기, 검사수준 등)에 대하여 설명한다.

1회 샘플링 방식의 보기는 다음과 같다.

샘플크기	$n = 125$(아이템)
합격 판정개수	$Ac = 5$(부적합품)
불합격 판정개수	$Re = 6$(부적합품)

1회 샘플링 검사 스킴의 보기는 보통 검사, 까다로운 검사 및 수월한 검사의 다음과 같은 조합에 KS A/ISO 2859-1에 주어진 전환 규칙을 추가한 것이다.

엄격도 / 샘플링방식	보통 검사	까다로운 검사	수월한 검사
샘플크기	$n = 125$	$n = 125$	$n = 50$
합격 판정개수	$Ac = 5$	$Ac = 3$	$Ac = 3$
불합격 판정개수	$Re = 6$	$Re = 4$	$Re = 4$

6.2 AQL 지표형 샘플링 검사(KS A/ISO 2859-1)

6.2.1 AQL 지표형 샘플링 시스템 개요

(1) AQL 지표형 샘플링개요

KS A/ISO 2859-1은 로트별 계수값 샘플링 검사를 위해서 설계되었다. 이 샘플링 검사 시스템은 로트의 외부 검사에 적합하다. 내부 검사, 고립 로트에 대해서는 KS A/ISO 2859-2의 사용을 고려하면 좋다.

KS A/ISO 2859-1 샘플링 검사 시스템의 주목적은 제품의 합격을 AQL(합격 품질수준) 이상의 수준으로 관리하는 것이다.

(2) KS A/ISO 2859-1 사용 시 고려사항

어느 제품이 KS A/ISO 2859-1의 샘플링 검사법에 해당되게 되면, 다음 사항을 고려하여 정한다.

1) 그 제품에 관한 검사 또는 시험의 각 요구 사항은 계수값의 형태로 표현한다. 만일 검사하는 특성이 측정 가능하다면 계량값 샘플링 검사를 사용할 것인가를 결정할 필요가 있다.
2) 각 요구사항은 다음과 같은 요소를 명시하는 것이 바람직하다.
   ① 제품의 아이템
   ② 적용 가능한 경우에는 특성의 등급 구분
   ③ 각 부적합에 대하여 개별로 AQL을 주는가?, 또는 그룹으로 정리하는가?
   ④ 각 부적합 또는 부적합의 그룹에 대하여 요구하는 AQL
   ⑤ 각 부적합 또는 부적합의 그룹에 대하여 요구하는 검사수준
   ⑥ 보통검사, 까다로운 검사 또는 수월한 검사 중 어느 것을 적용하는가?
   ⑦ 로트 크기에 얼마인가 제한이 있는가 어떤가?
   ⑧ 수월한 검사는 사용하여도 좋은가 어떤가?
   ⑨ 만일 검사가 정지되면 무엇을 하는 것이 바람직한가?
   ⑩ 소관 권한자의 지정

그리고 만일 샘플링 검사 형식(1회, 2회 또는 다회)을 결정하여도 좋지만, 결정하지 않아도 좋다. 만일 생산이 고립 배치(batch)가 될 것 같으면, KS A/ISO 2859-2를 사용하기 위해서 AQL 대신에 LQ의 값을 결정하는 것이 바람직하다.

(3) 검사 수준의 결정 방법

KS A/ISO 2859-1을 설계하는 경우 장기간의 연속 로트에 대해서 사용할 때에는 표를 보기 전에 AQL로 검사 수준을 설정할 필요가 있다.

AQL의 값을 공정 평균에 대한 요구 품질로서 설정한 후에 검사 수준을 설정할 때 만일 나쁜 품질의 로트가 제출되었다고 하면 어느 정도의 품질 로트가 높은 확률로 불합격이 되는가를 고려한 후에 설정하는 것이 바람직하다.

(4) AQL의 우선값

KS A/ISO 2859-1의 표에는 0.010(즉, 제품 10000 아이템 당 1개의 부적합품)에서 1000(즉, 제품 100 아이템 당 부적합수 1000, 또는 1 아이템당 평균 부적합수 10)까지 26단계의 AQL이 주어진다. 이 26종류의 AQL은 초기값이 0.010부터 등비수열로 $10^{1/5} = 1.585$배가 되도록 선정되어 있다.

(5) AQL의 비우선값

감독을 쉽게 하기 위해서 가능한 AQL의 우선값을 사용하는 것이 바람직하다. 그러나 KS A/ISO 2859-1의 패턴에서 우선값 이외의 AQL을 선택해도 KS A/ISO 2859-1샘플링 검사 시스템과 맞는 샘플링 방식을 설계하는 것은 쉽다.

표 6.3에 주어진 것은 모든 샘플 크기의 값과 AQL의 값이 하나의 변량 n_0, 즉 1회 샘플링 방식의 샘플크기로 표시한다. n_0의 값을 선택하면 그 값과 여러 가지 AQL에 대응하는 2회 및 다회 샘플링 방식을 구할 수 있다.

예제 / 6.4 AQL 2.0(부적합품 퍼센트)이 규정되었다. 보통 검사 및 까다로운 검사에 대한 1회 샘플링 방식의 세트가 필요하다. (표 6.3) 합격 판정개수 0의 열에서 보통검사에 대한 AQL의 값은 $12.5/n_0$를 읽는다. $12.5 / n_0 = 2$(즉, 부적합품 퍼센트 2%)로 두면 $n_0 = 6.25$가 된다. 이것을 가까운 정수로 맺어 6으로 한다.

마찬가지로 합격 판정개수 1의 열에서 AQL의 값은 $50/n_0$이 된다. $50/n_0 = 2$로 두면 $n_0 = 25$가 된다. 다른 열에서도 마찬가지로 구하면 다음과 같은 샘플링 방식을 얻을 수 있다.

No	샘플 크기	Ac	No	샘플 크기	Ac
1	6	0	6	158	7
2	25	1	7	250	10
3	40	2	8	400	14
4	63	3	9	625	21
5	100	5			

까다로운 검사에 대해서는 위쪽 AQL의 눈금 대신에 아래쪽의 눈금을 사용하면 다음과 같이 된다.

No	샘플 크기	Ac	No	샘플 크기	Ac
1	10	0	5	158	5
2	40	1	6	250	8
3	63	2	7	400	12
4	100	3	8	625	18

표 6.3 KS A/ISO 2859-1의 보통 검사 및 까다로운 검사에 대한 샘플링 검사 방식의 정리

샘플링 검사 형식	샘플 크기	누계 샘플 크기	합격 품질 수준, AQL(보통 검사)																							
			$\frac{12.5}{n_0}$		$\frac{50}{n_0}$		$\frac{80}{n_0}$		$\frac{125}{n_0}$		$\frac{200}{n_0}$		$\frac{315}{n_0}$		×		$\frac{500}{n_0}$		×		$\frac{800}{n_0}$		×		$\frac{1250}{n_0}$	
			Ac	Re	Ac	Re	Ac	Re	Ac	Re	Ac	Re	Ac	Re	Ac	Re	Ac	Re	Ac	Re	Ac	Re	Ac	Re	Ac	Re
1회	n_0	n_0	0	1	1	2	2	3	3	4	5	6	7	8	8	9	10	11	12	13	14	15	18	19	21	22
2회	$0.63n_0$	$0.63n_0$	*		0	2	0	3	1	4	2	5	3	7	3	7	5	9	6	10	7	11	9	14	11	16
	$0.63n_0$	$1.26n_0$			1	2	3	4	4	5	6	7	8	9	11	12	12	13	15	16	18	19	23	24	26	27
다회	$0.25n_0$	$0.25n_0$	*		#	2	#	2	#	3	#	4	0	4	0	4	0	5	0	6	1	7	1	8	2	9
	$0.25n_0$	$0.50n_0$			0	2	0	3	0	3	1	5	1	6	2	7	3	8	3	9	4	10	6	12	7	14
	$0.25n_0$	$0.75n_0$			0	2	0	3	1	4	2	6	3	8	4	9	6	10	7	12	8	13	11	17	13	19
	$0.25n_0$	$1.00n_0$			0	2	1	3	2	5	4	7	5	9	6	11	9	12	11	15	12	17	16	22	20	25
	$0.25n_0$	$1.25n_0$			1	2	3	4	4	5	6	7	9	10	10	11	12	13	15	16	18	19	23	24	26	27
			$\frac{20}{n_0}$		$\frac{80}{n_0}$		$\frac{125}{n_0}$		$\frac{200}{n_0}$		$\frac{315}{n_0}$		×		$\frac{500}{n_0}$		×		$\frac{800}{n_0}$		×		$\frac{1250}{n_0}$		×	
			합격 품질 수준, AQL(까다로운 검사)																							

비고 * 1회 샘플링 방식을 사용한다.
이 샘플 크기에서 합격의 판정은 불가능하다.

예제 / 6.5 샘플 크기 100($Ac = 5$, $Re = 6$)이라는 [예제 6.4]에서 구한 샘플링 방식에 대한 2회 및 다회 샘플링 방식이 필요하다. $n_0 = 200$으로 하면 합격 판정개수 5의 열에서 다음과 같은 결과를 얻을 수 있다.

샘플링 형식	샘플 크기	누계 샘플 크기	Ac	Re
2회	63	63	2	5
	63	126	6	7
샘플링 형식	샘플 크기	누계 샘플 크기	Ac	Re
다회	25	25	#	4
	25	50	1	5
	25	75	2	6
	25	100	4	7
	25	125	6	7

그러나 이와 같은 방법은 여러 가지 보조적 정보를 얻을 수 없으므로 우선값 이외의 AQL의 사용은 정규적인 절차가 아니기 때문에 바람직하지 않다.

(6) KS A/ISO 2859-1의 샘플링 방식의 사전 지식

KS A 2859-1 적용하기 위해서는 다음의 5가지를 알아둘 필요가 있다.

① 합격 품질 수준, AQL
② 검사 수준
③ 보통 검사, 까다로운 검사 또는 수월한 검사의 어느 것을 사용하는가?
④ 1회, 2회 또는 다회 샘플링 방식의 어느 것을 사용하는가?
⑤ 로트 크기

(7) 보통검사

예제 / 6.6 AQL은 1.0, 검사 수준 II, 로트 크기 2500으로 한다. 로트 크기 2500, 검사 수준 II에 대한 샘플 문자는 표 6.12에서 K가 된다.

보통 검사 1회 샘플링 방식은 표 6.13(A)에서 샘플문자 행에서 샘플 크기 125를 구하고, AQL=1.0과 샘플 문자 K 교차하는 칸에서 $Ac = 3$과 $Re = 4$를 읽는다.

샘플 크기 $n = 125$
합격 판정개수 $Ac = 3$, 불합격 판정개수 $Re = 4$

보통 검사의 설계에서는 그림 6.3과 같이 품질이 AQL보다 좋은 로트일 경우에는 합격이 되어 생산자를 보호하고 있다. 따라서 보통 검사에서 OC 곡선은 꼭대기에 가까운 곳에서 수직선과 교차하지만, 그 교점의 수준은 "AQL×샘플 크기" 또는 합격 판정개수에 따라서 샘플링 방식마다 다르다.

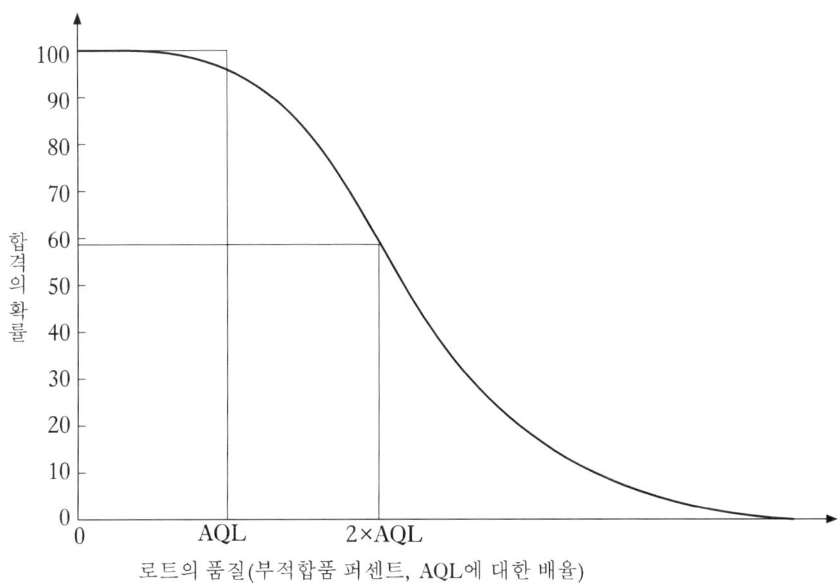

그림 6.3 높은 확률로 합격이 되도록 설계한 샘플링 방식의 OC곡선

표 6.4를 보면 만일 주어진 AQL에 대해서 샘플 크기가 상당히 크다면 "AQL×샘플 크기"는 200 이상이 되고, 언제라도 AQL과 같은 품질의 로트는 98% 이상의 확률로 합격하고, 품질이 AQL보다 좋으면 더 높은 확률로 합격한다는 보증이 생산자에게 주어진다.

표 6.4 AQL의 품질로트의 합격확률(%), 1회 샘플링 방식, 보통검사

AQL×샘플 크기 (근사값)	합격 판정개수	로트의 합격 확률 (%, 근사값)
12.5	0	88.1
50	1	90.9
80	2	95.3
125	3	96.1
500	10	98.5
1250	21	99.0
2000	30	98.7
3150	44	98.5

예제 / 6.7 AQL은 0.40, 검사 수준 I, 로트 크기 230이다. 표 6.12에서 샘플 문자는 E가 된다.

주 샘플링표 6.13(A)를 사용하면 샘플 문자 E 및 AQL 0.40에 대해서는 샘플링방식은 없는 것을 알 수 있다. 그러나 아래쪽의 화살표가 사용자에게 샘플 문자 E의 대신에 G를 사용하도록 지시하고 있다. 따라서 구하는 샘플링 방식은 다음과 같다.

샘플 크기 $n = 32$

합격판정개수 $Ac = 0$, 불합격 판정개수 $Re = 1$

예제 / 6.8 AQL 0.015, 검사 수준 III, 로트 크기 120이다. 표 6.12에서 샘플 문자는 G가 되지만, 표 6.13(A)를 보면 화살표가 나타나 화살표를 따라 이동하면 샘플 문자 P까지 와서 샘플링 방식이 발견된다. 구한 샘플링 방식에서는 샘플 크기가 800이 되고, 로트 크기가 120을 넘는다. 이 경우에는 120개의 로트 전체를 샘플로 한다. 합격 판정개수는 0, 불합격 판정개수는 1이다.

KS A/ISO 2859-1에서 10 이하의 AQL은 부적합품과 100 아이템당 부적합 수에도 사용이 가능하지만, 10을 넘는 AQL은 100 아이템당 부적합 수 밖에 사용할 수 없다.

예제 / 6.9 [예제 6.6]에서 AQL은 1.0으로 샘플링 방식은 다음과 같다.

샘플 크기 $n = 125$(아이템)

합격 판정개수 $Ac = 3$, 불합격 판정개수 $Re = 4$

그러나 AQL은 부적합품 퍼센트 또는 100 아이템당 부적합 수의 어느 쪽에 대한 것인가를 결정해 둘 필요가 있다.

만약 AQL이 1.0%(부적합품 퍼센트)였다고 한다면 샘플링 방식은 다음과 같이 되는 셈이다.

샘플 크기　$n = 125$(아이템)
합격 판정개수　$Ac = 3$(부적합품), 불합격 판정개수 $Re = 4$(부적합품)

만약 AQL이 1.0% (100 아이템당의 부적합수)이라면 샘플링 방식은 다음과 같이 되는 셈이다.

샘플 크기　$n = 125$
합격 판정개수　$Ac = 3$(부적합), 불합격 판정개수 $Re = 4$(부적합)

여기에서도 알 수 있듯이 표는 어느 경우에도 같이 사용할 수 있다.

(8) 까다로운 검사

까다로운 검사가 필요한 때에는 표에서 구하는 샘플링 방식을 찾는 방법은 보통 검사와 거의 같으나, 다른 점은 적용하는 샘플링표 6.13(A)가 아니라 6.13(B)를 사용한다.

까다로운 검사의 샘플링 방식은 일반적으로는 대응하는 보통검사와 샘플 크기가 같으나, 합격 판정개수는 보통 검사보다 작다. 만일 작게 할 수 없다면 합격 판정개수는 보통 검사와 같게 하고 샘플 크기를 크게 한다.

예제 / 6.10　AQL은 1.0(부적합품 퍼센트), 검사 수준 II, 로트 크기 2500

표 6.12에서 샘플 문자는 K가 된다. 표 6.13(B)를 사용하면 까다로운 검사의 샘플링 방식은 다음과 같이 된다.

샘플 크기　$n = 125$(아이템)
합격 판정개수　$Ac = 2$(부적합품), 불합격 판정개수 $Re = 3$(부적합품)

(9) 엄격도 전환 규칙 및 절차

여기서는 KS A/ISO 2859-1을 사용할 때 전환 규칙의 사용법은 다음 보기와 같다.

엄격도 전환 절차는 그림 6.4와 같다.

1) 보통검사에서 까다로운 검사로 전환 : 보통검사가 실시되고 있을 때, 연속 5로트 이내의 초기 검사에서 2로트가 불합격이 된 경우는 까다로운 검사로 이행한다.

2) 까다로운 검사에서 보통검사로 전환 : 까다로운 검사가 실시되었을 때 연속 5로트가 초기 검사에서 합격된 경우에는 보통 검사로 복귀한다.

3) 보통검사에서 수월한 검사로 전환하기 위해서는 다음의 조건이 모두 만족된 경우에는 수월한 검사로 이행한다.

   ① 전환 스코어의 현상 값이 30 이상이다.
   ② 생산 진도가 안정되었다.
   ③ 수월한 검사가 바람직하다고 소관 권한자가 인정하였다.

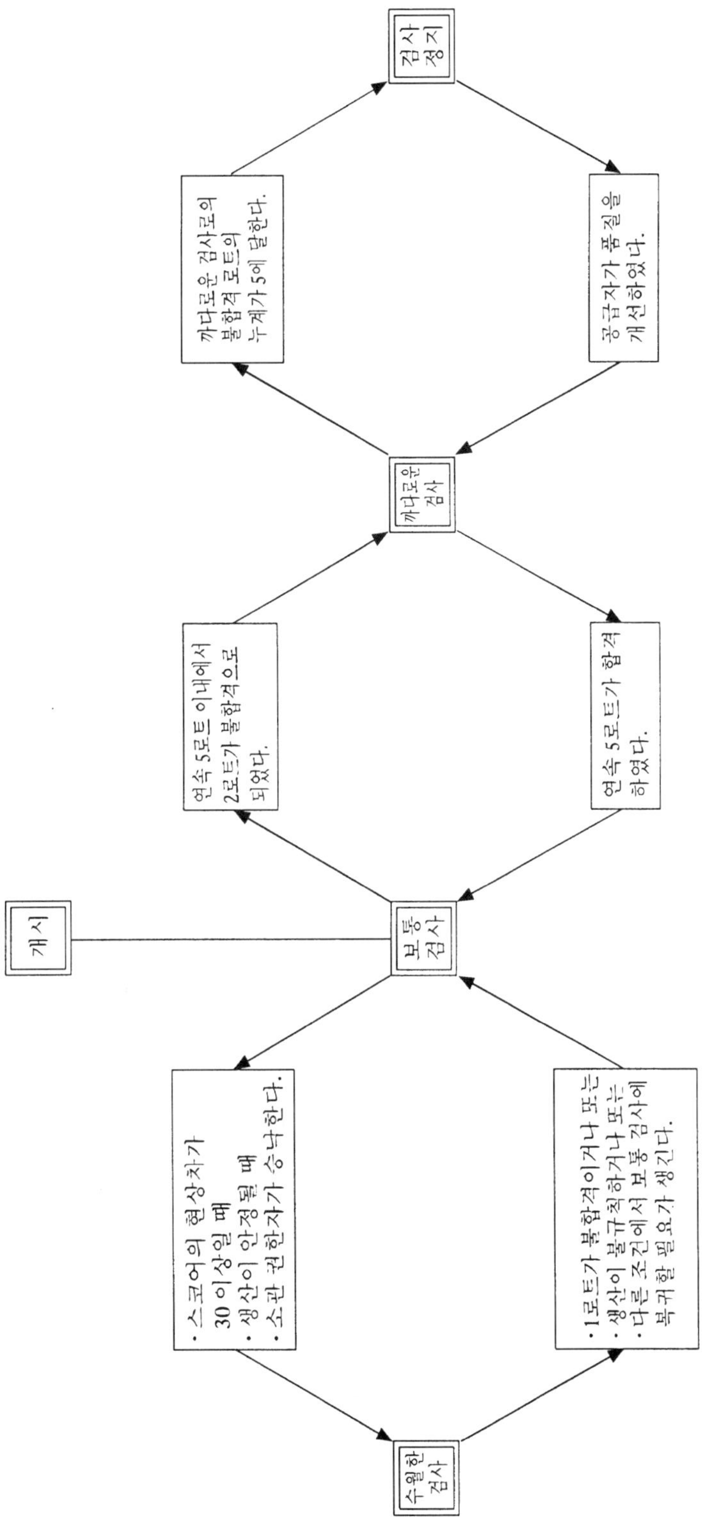

그림 6.4 전환 규칙 및 절차

4) 전환 스코어의 계산은 소관 권한자가 다른 지정을 하지 않는 한 보통 검사의 개시 시점에서 시작하는 것이 좋다. 전환 스코어는 계속하는 로트에서 보통검사의 초기 검사 후에 그때마다 갱신한다.

① 1회 샘플링 방식

ⓐ 합격 판정개수가 2 이상일 때, 만일 AQL이 엄격해졌을 경우에도 로트가 합격이 되었다면 전환 스코어에 3을 더하고, 그렇지 않으면 전환 스코어를 0으로 되돌린다.

ⓑ 합격 판정개수가 0 또는 1일 때 로트가 합격이면 전환 스코어에 2를 더하고, 그렇지 않으면 전환스코어를 0으로 되돌린다.

② 2회 또는 다회 샘플링 방식

ⓐ 2회 샘플링 방식을 사용할 때 제 1회 샘플에서 로트가 합격이 된다면 전환 스코어에 3을 더하고, 그렇지 않으면 전환 스코어를 0으로 되돌린다.

ⓑ 다회 샘플링 방식을 사용할 때 제 3샘플까지 로트가 합격이 되면 전환 스코어에 3을 더하고, 그렇지 않으면 전환스코어를 0으로 되돌린다.

5) 수월한 검사에서 보통 검사로 전환 : 수월한 검사가 실시되었을 때 다음의 조건 중 하나라도 일어난 경우에는 보통검사로 복귀한다.

① 1로트라도 불합격이 되었다.

② 생산이 불규칙하게 되었거나 정체되었다.

③ 이 이외의 조건에서 보통 검사로 복귀할 필요가 생겼다.

<u>**예제 / 6.11**</u> 어느 제품이 크기 4000인 로트로 공급된다. AQL은 1.5(부적합품 퍼센트)이다. 검사 수준 III, 1회 샘플링 방식을 사용한다. 표 6.12에서 샘플 문자는 M이 된다. 구하는 샘플링 방식은 다음과 같다.

	보통검사	까다로운 검사
샘플 크기	315	315
합격 판정개수	10	8
불합격 판정개수	11	9

표 6.5는 최초 25로트의 검사 결과를 나타냈다. 생산 조업의 개시 시에는 보통검사를 적용하였다. 로트 번호 4 및 10에서 불합격이 되었으나, 어느 경우에도 5로트 중 2로트 불합격이라는 조건에 맞지 않았으므로 까다로운 검사로의 전환은 하지 않았다. 그러나 로트 번호 10에 이어서 로트 번호 12에서 불합격이 되었으므로 로트 번호 13 이후 까다로운 검사로 전환하였다. 로트 번호 21에서 연속 5로트가 까다로운 검사에서 합격하였으므로 로트 번호 22에서 보통검사로 복귀하였다.

표 6.5 가상검사공정에서 25로트의 샘플링 검사 결과

로트 번호	로트 크기	샘플 크기	*Ac*	*Re*	부적합품	합부	다음 로트에 대한 조치
1	4000	315	10	11	7	합	보통검사로 속행
2	4000	315	10	11	2	합	보통검사로 속행
3	4000	315	10	11	4	합	보통검사로 속행
4	4000	315	10	11	11	부	보통검사로 속행
5	4000	315	10	11	9	합	보통검사로 속행
6	4000	315	10	11	4	합	보통검사로 속행
7	4000	315	10	11	7	합	보통검사로 속행
8	4000	315	10	11	3	합	보통검사로 속행
9	4000	315	10	11	2	합	보통검사로 속행
10	4000	315	10	11	12	부	보통검사로 속행
11	4000	315	10	11	8	합	보통검사로 속행
12	4000	315	10	11	11	부	까다로운 검사로 전환
13	4000	315	8	9	7	합	까다로운 검사로 속행
14	4000	315	8	9	8	합	까다로운 검사로 속행
15	4000	315	8	9	4	합	까다로운 검사로 속행
16	4000	315	8	9	9	부	까다로운 검사로 속행
17	4000	315	8	9	3	합	까다로운 검사로 속행
18	4000	315	8	9	5	합	까다로운 검사로 속행
19	4000	315	8	9	2	합	까다로운 검사로 속행
20	4000	315	8	9	7	합	까다로운 검사로 속행
21	4000	315	8	9	6	합	까다로운 검사로 속행
22	4000	315	10	11	7	합	보통 검사로 전환
23	4000	315	10	11	2	합	보통 검사로 속행
24	4000	315	10	11	5	합	보통 검사로 속행
25	4000	315	10	11	3	합	보통 검사로 속행

비고 AQL = 1.5(부적합품 퍼센트), 검사 수준 III(보기 32. 참조)

(9) 수월한 검사

생산 품질이 정상적으로 AQL보다 좋다는 증거가 있는 경우 수월한 검사를 사용함으로써 검사비용를 절감할 수 있다. 수월한 검사의 샘플링 방식에서는 샘플 크기가 보통 검사의 2/5가 된다.(보통 검사의 샘플링 방식에서 샘플 크기가 5미만일 때 비율은 2/5보다 커진다. 수월한 검사의 샘플 크기는 최저 2이기 때문이다.)

샘플 크기를 줄이는 가장 간단한 방법은 앞쪽의 샘플 문자를 사용하는 것이라고 생각할 지도 모른다. 이 방법은 확실히 샘플 크기를 줄일 수 있을 것이나, 다른 한편으로는 AQL에서의 합격 확률을 줄인다는 부작용을 수반할 수도 있다.

이것은 좋은 품질을 생산한 생산자에게 페널티(penalty)를 주는 결과가 되는 것을 의미한다. 이와 같은 결과에 불만족할 것은 명백하므로 수월한 검사에 대한 특별한 표가 필요하다. 이것이 주 샘플링표 6.13(C)이다.

예제 / 6.12 어느 제품이 제조되고, 다음의 조건에서 검사되어 왔다. AQL은 10(부적합품 퍼센트), 로트 크기는 4000, 검사 수준 I의 1회 샘플링 방식이다. 샘플 문자 J에 대한 보통검사의 샘플링 방식 및 AQL 6.5%에 대한 샘플링 방식은 다음과 같다.

보통 검사	AQL 10% 샘플링 방식	AQL 6.5%에 대한 샘플링 방식
샘플 크기	$n=80$(아이템)	$n=80$(아이템)
합격 판정개수	$Ac=14$(부적합품)	$Ac=10$(부적합품)
불합격 판정개수	$Re=15$(부적합품)	$Re=11$(부적합품)

표 6.6은 검사 공정의 가상적인 결과를 표시하였다. 표의 처음 부분에서는 보통 검사를 사용하고 있었다. 장기간의 연속로트에서 발췌한 것이므로 로트 번호는 1에서 시작하지 않는다. 결과는 좋고, 각 샘플 중의 부적합품은 합격 판정개수보다 상당히 적었다. 로트 번호 51의 샘플 검사 후, 검사원은 수월한 검사로 전환하여도 좋은가 조사키로 하였다. 최근 10로트의 검사 결과에서 전환 스코어를 계산하면 21이었다. 로트 번호 44에서 전환 스코어가 0으로 되돌려졌기 때문이다. 전환스코어 21은 전환조건 30 미만이므로 수월한 검사로 전환할 수가 없다.

다음 4로트의 결과가 좋았으므로 로트 번호 55의 검사 후 또 한 번 수월한 검사로 전환하여도 좋은가 조사키로 하였다.

표 6.6 가상검사 공정에서 15로트의 샘플링 검사 결과

로트 번호	로트 크기	샘플 크기	Ac	Re	부적합품	합부	전환 스코어	다음 로트에 대한 조치
41	4000	80	14	15	7	합	–	보통검사로 속행
42	4000	80	14	15	5	합	3	보통검사로 속행
43	4000	80	14	15	7	합	6	보통검사로 속행
44	4000	80	14	15	11	합	0	보통검사로 속행
45	4000	80	14	15	9	합	3	보통검사로 속행
46	4000	80	14	15	7	합	6	보통검사로 속행
47	4000	80	14	15	9	합	9	보통검사로 속행
48	4000	80	14	15	8	합	12	보통검사로 속행
49	4000	80	14	15	6	합	15	보통검사로 속행
50	4000	80	14	15	5	합	18	보통검사로 속행
51	4000	80	14	15	8	합	21	보통검사로 속행
52	4000	80	14	15	4	합	24	보통검사로 속행
53	4000	80	14	15	3	합	27	보통검사로 속행
54	4000	80	14	15	1	합	30	보통검사로 속행
55	4000	80	14	15	3	합	33	수월한 검사로 속행

비고 AQL=10(부적합품 퍼센트), 검사 수준 I(예제 6.11 참조)
합=합격 또한 AQL=6.5%에 대해서는 $Ac=10$, $Re=11$이다.

전환 스코어의 계산을 계속한다면 33이고, 30 이상이라는 조건은 만족되었다. 생산 진도는 안정되어 있으므로 수월한 검사로의 전환을 소관 권한자에게 신청하기로 하였다. 이 공급자는 KS에 의한 심사 등록을 받고 있으므로 이 신청은 반자동적으로 승인될 것이다.

수월한 검사는 옵션이므로 만일 희망한다면 생산이 불규칙하게 되거나 정체되거나, 또는 이 이외의 조건에서 보통 검사로 복귀할 필요가 생긴다면 보통 검사로 복귀하여도 좋다. 수월한 검사에서 1로트라도 불합격이 되면 반드시 보통 검사로 복귀한다.

수월한 검사에 대한 샘플 크기의 수열은 보통 검사와 같으나, 2단계 낮아진다. 사선에 따라 같은 숫자가 나열되는 것도 같다.

예제 / 6.13 표 6.7은 표 6.6의 예의 계속이다. 로트 번호 56~75의 20로트가 수월한 검사에서 합격이 되었다. 표 6.13(C)에서 수월한 검사의 샘플링 방식은 다음과

같다.

샘플 크기 $n = 32$(아이템)

합격 판정개수 $Ac = 8$(부적합품), 불합격 판정개수 $Re = 9$(부적합품)

로트 번호 81까지 각 샘플 중의 부적합품은 8개 이하이고, 수월한 검사가 계속되었으나, 로트 번호 82의 9개의 부적합품 때문에 로트는 불합격이 되고, 보통 검사로 복귀하게 되었다. 다음 3로트 후에 보통 검사에서 5로트 이하 중 2로트(로트 번호 83 및 85)가 불합격이 되었으므로 까다로운 검사로 전환한다. 수월한 검사는 옵션이고, 로트 번호 76, 77, 78의 3로트에서 샘플 합계 96개 중 부적합품의 합계가 14개가 되고, AQL 10%의 달성이 어려워진 것은 로트 번호 79에서 보통 검사로 복귀할 것인가를 검토할 수도 있다.

표 6.7 가상검사 공정에서 10로트의 샘플링 검사 결과

로트번호	로트크기	샘플 크기	Ac	Re	부적합품	합부	다음 로트에 대한 조치
76	4000	32	8	9	5	합	수월한 검사 속행
77	4000	32	8	9	2	합	수월한 검사 속행
78	4000	32	8	9	7	합	수월한 검사 속행
79	4000	32	8	9	3	합	수월한 검사 속행
80	4000	32	8	9	1	합	수월한 검사 속행
81	4000	32	8	9	4	합	수월한 검사 속행
82	4000	32	8	9	9	부	보통검사로 복귀
83	4000	80	14	15	17	부	보통검사로 속행
84	4000	80	14	15	12	합	보통검사로 속행
85	4000	80	14	15	15	부	까다로운 검사로 이행

비고 AQL=1.5(부적합품 퍼센트), 검사 수준 I, 합=합격, 부=불합격

생산자의 품질 수준이 AQL보다 좋을 때 수월한 검사는 사용 가능한 유일한 절차는 아니다. 경우에 따라서는 스킵 로트 샘플링 검사 절차(KS A/ISO 2859-3 참조)쪽이 유리할지도 모른다. 생산자의 공정 품질 관리가 만족하고, 그 품질이 AQL보다 좋을 때에는 간접 검사를 적용할 수 있을 것이다. 그렇게 하면 구입자는 합부 판정 샘플링 검사의 대용으로써 생산자의 검사 결과를 이용할 수 있다.

(10) 2회 및 다회 샘플링 방식

2회 및 다회 샘플링 방식의 표에서 선택 방법은 원칙적으로 1회 샘플링 방식과 유사하지만, 주 샘플링표 표 6.14 또는 표 6.15를 사용한다.

합격 판정개수가 0 또는 샘플 크기가 2인 1회 샘플링 방식에 대해서는 2회 샘플링 방식을 사용할 수 없다. 그를 대신하는 방법은 1회 샘플링 방식을 사용하거나 또는 요구받은 AQL에 대해서 이용 가능한 큰 샘플 크기를 사용한다.

예제 / 6.14 AQL이 0.40(부적합품 퍼센트)에서 샘플 문자가 G라면 표 6.14(A)이므로 아래쪽의 비고 *표를 보면 2가지의 방법이 있다. 하나는 1회 샘플링방식을 사용하거나 아래쪽의 2회 샘플링방식을 사용하면 다음과 같다.

1회 샘플링방식을 하면 표 6.13(A)에서 구하면 다음과 같다.

샘플 크기 $n = 32$(아이템)

합격 판정개수 $Ac = 0$(부적합품), 불합격 판정개수 $Re = 1$(부적합품)

2회 샘플링방식을 사용하면 표 6.14(A)에서 AQL이 0.40의 열의 아래쪽을 절차로 보면 샘플 문자 K에 대한 2회 샘플링 방식을 찾을 수 있다.

	제 1	제 2	누계
샘플 크기	80	80	160
합격 판정개수	0	1	
불합격 판정개수	2	2	

(11) 샘플 크기

KS A/ISO 2859-1에 주어진 샘플 크기의 수열은 AQL값의 수열과 마찬가지로 공비가 약 1.585의 등비수열이 된다.

2회 및 다회 샘플링 방식의 샘플 크기는 같은 패턴이 되지만, 2회 샘플링 방식의 경우에 같은 샘플 문자에 대해서는 1회 샘플링 방식보다도 이 수열에서 1단계 전의 값이 되고, 다회 샘플링 방식의 경우에는 다시 2단계 전의 값이 된다. 수월한 검사의 경우에는 대응하는 보통 검사보다도 항상 2단계 전의 값이 된다.

결과적으로 같은 샘플 문자에 대해서 5종류의 샘플 크기가 있으나, 이것은 1회, 2회 및 다회 샘플링 방식, 보통검사=까다로운 검사, 수월한 검사를 사용하는가에 대응하여 결정한다.

(12) 소관 권한자

소관 권한자는 KS A/ISO 2859-1 샘플링 검사 시스템의 중립성을 유지하고, 이 합부 판정 샘플링 검사 절차가 원활하게 운용할 수 있는 충분한 지식과 능력을 가지는 것이 바람직하다.

합부 판정 샘플링 검사가 구입자의 공장에서 실시되었을 때에는 구입자의 검사 부문이 소관 권한자가 되는 것이 보통이다.

합부 판정 샘플링 검사가 로트의 출하 이전에 공급자의 공장에서 실시될 때에는 여러 가지 경우가 있다. 만일 합부 판정 샘플링 검사가 구입자의 검사 부문에서 파견된 검사원의 지휘 하에 실시된다면 검사원은 소관 권한자의 대표자로서 일부의 기능을 가지는 셈이다.

만일 합부 판정 샘플링 검사가 중립의 검사 기관 지휘 하에서 실시된다면 소관 권한자 기능의 대부분이 검사 기관에 배분되는 것이 보통이다.

(13) 기호 및 약호

이 규격에서 사용하는 기호 및 약호는 다음과 같다.

· Ac : 합격 판정개수

· Re : 불합격 판정개수

· AQL : 합격 품질 수준

· AOQ : 평균 출검 품질

· $AOQL$: 평균 출검 품질 한계

· CRQ : 소비자 위험 품질

· LQ : 한계 품질

*AQL, AOQ, $AOQL$, CRQ, LQ는 부적합품 퍼센트 또는 100 아이템당 부적합수로 표시한다.

· d : 샘플 중에서 발견된 부적합품(또는 부적합)의 수

· N : 로트의 크기

· n : 샘플의 크기

· p : 부적합품률(또는 아이템 당 부적합 수)

· $100p$: 합격의 확률(또는 100 아이템당 부적합 수)

· P_a : 합격의 확률(%로 표시한다.)

(14) 검사의 정지

일련의 까다로운 검사 하에서 초기 검사에서 불합격 로트의 누계가 5에 도달하면 이 규격에 의한 합부 판정 검사는 정지하고, 제출된 제품 또는 서비스의 품질을 개선하는 시정 조치가 공급자에 의하여 취해지고, 이 시정 조치가 효과적일 것이라고 소관 권한자가 동의할 때까지 부활해서는 안 된다. 이 경우에는 까다로운 검사를 사용한다.

6.2.2 AQL 지표형 샘플링 검사절차

(1) 품질기준을 정한다.

제품을 적합품과 부적합품으로 구분하기 위한 기준 및 결점의 기준을 구체적으로 정한다. 문장으로 표현하기 어려운 것은 한도견본 등을 이용한다.

(2) AQL을 정한다.

부적합품률에 따라서 0.01에서 1000까지 26단계의 AQL로부터 적당한 것을 선정한다. 이때 부적합수일 때에는 1.0에서 1000까지 16단계를 적용한다.

AQL값 : 0.010, 0.015, 0.025, 0.040, 0.065, 0.10, 0.15, 0.25, 0.40, 0.65, 1.0, 1.5, 2.5, 4.0, 6.5, 10, 15, 25, 40, 65, 100, 150, 250, 400, 650, 1000(%)

[AQL 설정시 주의사항]

① 구매자의 요구 품질에 맞추어 설정한다.
② 불필요한 엄격한 품질을 피하여 설정한다.
③ 공정평균에 근거를 두고 설정한다.
④ 공급자와 협의하여 타당한 품질을 설정한다.
⑤ AQL값의 지속적인 검토가 필요하다.

(3) 검사수준을 정한다.

통상검사수준 I, II, III 중에서 어느 수준을 선택할 것인가를 정한다. 보통 지정하지 않은 경우에는 검사수준 II 부터 시작한다. 그러나 간단한 물품 등 로트의 판정을 잘못하는 비율을 검사수준 II 보다 작게 하고 싶은 경우에는 검사수준 III을 선택할 수도 있다. 검사수준 I, II, III에 따른 시료크기의 비율은 근사적으로 0.4 : 1 : 1.6이다.

특별검사수준에 대하여는 S-1, S-2, S-3, S-4가 있지만 이것은 파괴검사라든지 시료 1개당 검사비용이 높은 경우 되도록 소시료로서 로트의 합격·불합격 판정을 결정하고 싶은 경우에 사용한다.

[참고] 검사수준의 결정방법

① 물품의 복잡한 정도와 원가(구조가 간단하고 저가 제품은 낮은 검사수준으로 하며, 복잡하고 고가인 제품은 높은 검사수준)
② 검사비용이 저렴하면 높은 수준
③ 파괴검사인 경우에는 낮은 수준
④ AQL보다 낮은 품질 로트를 불합격시키고자 할 때는 높은 수준
⑤ 생산이 안정되어 있을 때는 낮은 수준
⑥ 로트 간에 산포가 적고 합격하는 경우가 많은 경우는 낮은 검사 수준
⑦ 로트 내의 품질의 산포가 규격의 폭에 비하여 적으면 낮은 수준

(4) 샘플링 검사 형식을 정한다.

1회 샘플링, 2회 샘플링, 다회 샘플링 중 어느 것을 이용할 것인가를 정한다. 로트의 크기, 검사수준 AQL이 같게 되면 그 로트의 합격확률은 거의 같다. 샘플링 검사 형식에 따라 시료의 크기가 달라진다.

① 1회 샘플링 검사 : 기준점
② 2회 샘플링 검사 : 1회보다 1단계 낮은 시료 크기를 선택한다.
③ 다회 샘플링 검사 : 5회까지 샘플링을 하기 때문에 시료 크기는 1회보다 3단계 낮은 시료 크기를 채택한다.

(5) 검사의 엄격도를 정한다.

보통검사, 까다로운 검사, 수월한 검사 중 어느 것을 이용할 것인가를 정한다. 최초의 검사는 일반적으로 보통검사에서 시작하지만 실적에 따라 엄격도를 다음과 같이 조정한다.

① 공급자에 대한 최초검사는 원칙적으로 보통검사를 실시한다.
② 계약 초기에 까다로운 검사를 적용하는 경우(소관권자가 정함)
   ⓐ 공급자가 그전 계약에서 규정된 AQL을 만족시키지 못하였을 경우

ⓑ 공급자가 제조에 경험이 없을 때

ⓒ 생산 전 공장검사의 결과가 나쁠 때

ⓓ 그전의 경험으로 공급자가 제조 초기에 어려움이 있다고 인정될 때

③ AQL 보다 월등하게 우수하며, 일관되게 좋은 품질을 달성하면 소관권한자의 판단에 따라 수월한 검사를 택한다.

④ AQL 보다 확실히 품질이 나쁜 품질 저하가 검출되면 구매자에 대한 자동 보호 차원에서 까다로운 검사나 검사정지로 전환이 이루어진다.

[참고] 수월한 검사를 위한 한계개수

$$L = n \times AQL - 1.282\sqrt{n \times AQL}$$

단, AQL : 부적합품 비율

1.282 : 정규분포의 한쪽 10%의 점, 소수점 이하는 버린다.

(6) 검사 로트의 구성 및 크기를 정한다.

각 로트는 가능한 실질적으로 같은 조건에서 만들어진 같은 크기 및 같은 성분의 제품을 정리하여 모은다. 이때 서로 상이한 로트가 아니면 계약 로트, 납입 로트에 구애 받지 말고 합치거나 또는 분할하여도 좋다.

(7) 샘플링 방식을 구한다.

시료 문자표 6.12에서 로트에 크기에 따른 시료문자를 구하고, 검사의 엄격도와 AQL에 따라서 표 6.13(A, B, C), 6.14(A, B, C), 6.15(A, B, C)표를 이용하여 시료의 크기 n, 합격 판정개수 Ac 및 불합격 판정개수 Re를 구한다.

(8) 샘플링 방식에 구한 시료의 크기를 샘플링 한다.

검사 로트를 대표할 수 있도록 랜덤 샘플링 방법에 따라 샘플링 한다.

(9) 시료를 시험한다.

정해진 시험방법에 따라 시료를 시험 또는 측정하여 부적합품수 또는 부적합수를 조사한다.

(10) 검사 로트에 대하여 합격·불합격 판정을 하여 로트를 처치한다.

합격된 로트는 검사 중 발견된 부적합품은 모두 제거하고 받아들인다. 부적합품을 제거한 후 부족분에 대하여는 다른 적합품으로 보충하든가 수리하여 소관권자의 승인을 얻어 그가 지정하는 방법으로 납품할 수 있다.

불합격된 로트는 그대로 납품업자에게 돌려준다. 소관권자의 승인이 있는 경우 불합격된 로트는 전수 재점검하여 부적합품을 제거하거나 또는 결점을 전부 수리하여 제출할 수 있다.

(11) 검사의 엄격도의 조정에 필요한 검사결과를 기록한다.

6.2.3 AQL 지표형 샘플링 검사표 사용법

시료의 크기 n과 합격판정개수 Ac와 불합격 판정개수 Re를 구하는 세부적인 방법은 다음과 같다.

(1) 시료문자를 읽는다.

표 6.12에서 지정된 로트의 크기를 포함하는 행과 지정된 검사수준의 열이 교차되는 칸에서 시료문자를 읽는다.

(2) 다음의 샘플링 검사표 중에서 하나를 선택한다.

① 1회 샘플링 검사의 보통검사표 6.13(A)
까다로운 검사표 6.13(B)
수월한 검사표 6.13(C)

② 2회 샘플링 검사의 보통검사표 6.14(A)
까다로운 검사표 6.14(B)
수월한 검사표 6.14(C)

③ 다회 샘플링 검사의 보통검사표 6.15(A)
까다로운 검사표 6.15(B)
수월한 검사표 6.15(C)

(3) 샘플링표에서 샘플링방식을 읽는다.

상기의 표 중에서 시료문자 오른쪽 숫자가 시료의 크기 n이다. 또 그 문자의 행과 지정된 AQL의 열이 교차하는 칸에서 합격 판정개수 Ac와 불합격 판정개수 Re를 읽는다.

주 시료문자의 행과 지정된 AQL의 열이 교차하는 칸에 화살표가 있는 경우에는 화살표 방향의 최초 합격 판정개수 Ac와 불합격 판정개수 Re를 읽고 그 행에서 좌측에서 시료크기를 구한다.

(4) 샘플링 검사의 예

1) 1회 샘플링 보통검사, 까다로운 검사, 수월한 검사

1회 샘플링 방식은 1회의 시료 크기 n과 합격판정개수 Ac와 불합격 판정개수 Re이다. 이 샘플링 방식의 사용 방법은 다음과 같다.

우선 로트에서 제품 아이템을 샘플 크기에 도달할 때까지 임의로 샘플링하여 샘플을 검사하여 발견된 부적합품의 개수를 센다. 만약 부적합품의 개수가 합격 판정개수 이하라면 로트 전체를 합격으로 하고, 샘플 중에 발견된 부적합품은 모두 제거한다. 또 만일 부적합품의 개수가 불합격 판정개수 이상이면 로트 전체를 불합격으로 한다.

예제 / 6.15 로트 크기가 3000개인 나사 제품의 검사를 위하여 KS A/ISO 2859-1의 1회 샘플링 방식을 적용키로 하였다. 이때 나사에 홈이 없으면 그 나사는 부적합품으로 판정키로 하고 상호 협정에서 AQL은 0.65%가 규정되고, 검사 수준 II를 사용하게 되었다.

이 경우 KS A/ISO 2859-1의 1회 샘플링 보통검사, 까다로운 검사, 수월한 검사 방식을 구하여라.

① 1회 샘플링 보통 검사

i) 표 6.12에서 로트 크기 3000를 포함하는 행과 통상검사수준 II의 열이 교차하는 칸에서 시료문자 K를 읽는다.

ii) 표 6.13(A) 보통 검사의 1회 샘플링 방식에서 시료문자 K행에서 시료의 크

기 $n = 125$를 구하고, 시료문자 K행과 AQL 0.65%열이 교차하는 칸에서 합격 판정개수 $A_c = 2$, 불합격 판정개수 $R_e = 3$를 구한다. 따라서 KS A/ISO 2859-1의 1회 샘플링 보통 검사 방식은 표 6.8(A) 다음과 같다.

표 6.8(A) 시료문자 K, AQL 0.65일 때 1회 샘플링 보통 검사 방식

로트의 크기 N	시료의 크기 n	합격 판정개수 Ac	불합격 판정개수 Re
3000	125	2	3

iii) 제출된 로트 3000개 중에서 시료 125개를 랜덤하게 샘플링하여 검사한다. 검사한 시료 중 부적합품수가 2개 이하이면 로트를 합격으로 판정하고, 부적합품이 3개 이상이면 로트를 불합격으로 판정하여 납품업자에게 되돌려 준다.

② 1회 샘플링 까다로운 검사

i) 표 6.12에서 로트의 크기 3000를 포함하는 행과 통상검사수준 II의 열이 교차하는 칸에서 시료문자 K를 읽는다.

ii) 표 6.13(B) 까다로운 검사 1회 샘플링 방식에서 시료문자 K행에서 시료의 크기 $n = 125$를 구하고, 시료문자 K행과 AQL 0.65%열이 교차하는 칸에서 합격 판정개수 $A_c = 1$, 불합격 판정개수 $R_e = 2$를 구한다. 따라서 KS A/ISO 2859-1의 1회 샘플링 까다로운 검사 방식은 표 6.8(B)와 같다.

표 6.8(B) 시료문자 K, AQL 0.65일 때 1회 샘플링 까다로운 검사 방식

로트의 크기 N	시료의 크기 n	합격 판정개수 Ac	불합격 판정개수 Re
3000	125	1	2

iii) 제출된 로트 3000개 중에서 시료 125개를 랜덤하게 샘플링하여 검사한다. 검사한 시료 중 부적합품수가 1개 이하이면 로트를 합격으로 판정하고, 부적합품이 2개 이상이면 로트를 불합격으로 판정하여 납품업자에게 되돌려 준다.

③ 1회 샘플링 수월한 검사

i) 표 6.12에서 로트의 크기 3000를 포함하는 행과 통상검사수준 II의 열이 교

차하는 칸에서 시료문자 K를 읽는다.

ii) 표 6.13(C) 수월한 검사의 1회 샘플링 방식에서 시료문자 K행에서 시료의 크기 $n = 50$를 구하고, 시료문자 K행과 AQL 0.65%열이 교차하는 칸에서 합격 판정개수 $A_c = 1$, 불합격 판정개수 $R_e = 2$를 구한다. 따라서 KS A/ISO 2859-1의 1회 샘플링 수월한 검사 방식은 표 6.8(C)와 같다.

표 6.8(C) 시료문자 K, AQL 0.65일 때 1회 샘플링 수월한 검사 방식

로트의 크기 N	시료의 크기 n	합격 판정개수 Ac	불합격 판정개수 Re
3000	50	1	2

iii) 제출된 로트 3000개 중에서 시료 50개를 랜덤하게 샘플링하여 검사한다. 검사한 시료 중 부적합품 수가 1개 이하이면 로트를 합격으로 판정하고, 부적합품이 2개 이상이면 로트를 불합격으로 판정하여 납품업자에게 되돌려 준다.

④ 로트의 크기 3000. 통상검사수준 II일 때 1회 샘플링 검사 방식 종합

검사의 엄격도에 따라 보통 검사와 까다로운 검사의 시료의 크기가 같으나, 까다로운 검사 쪽이 합격 판정개수와 불합격 판정개수가 엄격함을 보여주고 있다. 반면에 수월한 검사는 보통 검사에 비하여 시료의 크기도 적고 합격판정개수와 불합격판정개수가 수월함을 표 6.8(D)를 비교하면 알 수 있다.

표 6.8(D) 1회 샘플링 검사 방식 종합

검사의 엄격도	시료의 크기 n	합격 판정개수 Ac	불합격 판정개수 Re
보통 검사	125	2	3
까다로운 검사	125	1	2
수월한 검사	50	1	2

2) 2회 샘플링 보통 검사, 까다로운 검사, 수월한 검사

2회 샘플링 방식의 절차에서는 우선 1회 샘플링방식의 샘플 크기보다는 작은 제1샘플을 취한다. 만일 제 1샘플의 품질이 아주 좋으면 로트는 합격이 되고, 또 만일 아주 나쁘면 로트는 불합격이 된다. 중간적인 품질의 경우에만 로트의 합격 여부를 판정하기 위해서 제 2 샘플을 샘플링하여 검사한다. 검사 도중에 발견된 부적합품 모

두 제거한다.

대응하는 1회 및 2회 샘플링 방식의 보기는 다음과 같다.

예제 / 6.16 로트 크기가 3000개인 나사 제품의 검사를 위하여 KS A/ISO 2859-1의 2회 샘플링 방식을 적용키로 하였다. 이때 나사에 홈이 없으면 그 나사는 부적합품으로 판정키로 하고 상호 협정에서 AQL은 0.65%가 규정되고, 검사 수준 II를 사용하게 되었다.

이 경우 KS A/ISO 2859-1의 2회 샘플링 보통 검사, 까다로운 검사, 수월한 검사 방식을 구하여라.

① 2회 샘플링 보통 검사

i) 표 6.12에서 로트의 크기 3000을 포함하는 행과 통상검사수준 II의 열이 교차하는 칸에서 시료문자 K를 읽는다.

ii) 표 6.14(A) 보통 검사의 2회 샘플링 방식에서 시료문자 K행에서 제 1회 시료의 크기 $n_1 = 80$, 제 2회 시료의 크기 $n_2 = 80$을 구하고, 시료문자 K행과 AQL 0.65%열이 교차하는 칸에서 제 1회 합격 판정개수 $A_c = 0$, 불합격 판정개수 $R_e = 3$과 제 2회 합격 판정개수 $A_c = 3$, 불합격 판정개수 $R_e = 4$를 구한다. 따라서 KS A/ISO 2859-1의 2회 샘플링 보통 검사 방식은 표 6.9(A)와 같다.

표 6.9(A) 시료문자 K, AQL 0.65일 때 2회 샘플링 보통 검사 방식

로트의 크기 N	시료의 크기 n		합격 판정개수 Ac	불합격 판정개수 Re
3000	1회	80	0	3
	2회	80	3	4

iii) 제출된 로트 3000개 중에서 1차로 시료 80개를 랜덤하게 샘플링하여 검사한다. 검사한 시료 중 부적합품수가 0개 이하이면 로트를 합격으로 판정하고, 부적합품수가 3개 이상이면 로트를 불합격으로 판정하여 납품업자에게 되돌려 준다. 제 1시료 80개를 검사한 결과 부적합품수가 1개 또는 2개인 경우에는 제 2시료 80개를 추가로 샘플링하여 검사하여 1차 검사 시 발견된 부적합품수를 누계하여 부적합품수가 3개 이하이면 로트를 합격으로 하고, 4개 이상이면 르트를 불합격시킨다.

② 2회 샘플링 까다로운 검사

i) 표 6.12에서 로트의 크기 3000을 포함하는 행과 통상검사수준 II의 열이 교차하는 칸에서 시료문자 K를 읽는다.

ii) 표 6.14(B) 까다로운 검사 2회 샘플링 방식에서 시료문자 K행에서 제 1회 시료의 크기 $n_1 = 80$, 제 2회 시료의 크기 $n_2 = 80$을 구하고, 시료문자 K 행과 AQL 0.65% 열이 교차하는 칸에서 제 1회 합격 판정개수 $A_c = 0$, 불합격 판정개수 $R_e = 2$와 제 2회 합격 판정개수 $Ac = 1$, 불합격 판정개수 $R_e = 2$를 구한다. 따라서 KS A/ISO 2859-1의 2회 샘플링 까다로운 검사 방식은 표 6.9(B)와 같다.

표 6.9(B) 시료문자 K, AQL 0.65일 때 2회 샘플링 까다로운 검사 방식

로트의 크기 N	시료의 크기 n		합격 판정개수 Ac	불합격 판정개수 Re
3000	1회	80	0	2
	2회	80	1	2

iii) 제출된 로트 3000개 중에서 1차로 시료 80개를 랜덤하게 샘플링하여 검사한다. 검사한 시료 중 부적합품수가 0개 이하이면 로트를 합격으로 판정하고, 부적합품수가 2개 이상이면 로트를 불합격으로 판정하여 납품업자에게 되돌려 준다. 제 1시료 80개를 검사한 결과 부적합품수가 1개인 경우에는 제 2시료 80개를 추가로 샘플링하여 검사하여 1차 검사 시 발견된 부적합품수를 누계하여 부적합품수가 1개 이하이면 로트를 합격으로 하고, 2개 이상이면 로트를 불합격시킨다.

③ 2회 샘플링 수월한 검사

i) 표 6.12에서 로트의 크기 3000을 포함하는 행과 통상검사수준 II의 열이 교차하는 칸에서 시료문자 K를 읽는다.

ii) 표 6.14(C) 수월한 검사의 2회 샘플링 방식에서 시료문자 K행에서 제 1회 시료의 크기 $n_1 = 32$, 제 2회 시료의 크기 $n_2 = 32$를 구하고, 시료문자 K 행과 AQL 0.65%열이 교차하는 칸에서 제 1회 합격 판정개수 $A_c = 0$, 불합격 판정개수 $R_e = 2$와 제 2회 합격 판정개수 $A_c = 1$, 불합격 판정개수 $R_e = 2$를 구한다. 따라서 KS A/ISO 2859-1의 2회 샘플링 수월한 검사 방식은 표 6.9(C)와 같다.

표 6.9(C) 시료문자 K, AQL 0.65일 때 2회 샘플링 수월한 검사 방식

로트의 크기 N	시료의 크기 n		합격 판정개수 Ac	불합격 판정개수 Re
3000	1회	32	0	2
	2회	32	1	2

iii) 제출된 로트 3000개 중에서 1차로 시료 32개를 랜덤하게 샘플링하여 검사한다. 검사한 시료 중 부적합품수가 0개 이하이면 로트를 합격으로 판정하고, 부적합품수가 2개 이상이면 로트를 불합격으로 판정하여 납품업자에게 되돌려 준다. 제 1시료 32개를 검사한 결과 부적합품수가 1개인 경우에는 제 2시료 32개를 추가로 샘플링하여 검사한 후 1차 검사 시 발견된 부적합품수를 누계하여 부적합품수가 1개 이하이면 로트를 합격으로 하고, 2개 이상이면 로트를 불합격시킨다.

④ 로트의 크기 3000. 통상검사수준 II일 때 2회 샘플링 검사 방식 종합

1회 샘플링 검사와 마찬가지로 검사의 엄격도에 따라 보통 검사와 까다로운 검사의 시료의 크기는 같으나, 까다로운 검사 쪽이 합격판정개수와 불합격판정개수가 엄격함을 보여주고 있다. 반면에 수월한 검사는 보통 검사에 비하여 시료의 크기도 적고 합격판정개수와 불합격판정개수가 수월함을 표 6.9(D)를 비교하면 알 수 있다.

표 6.9(D) 2회 샘플링 검사 방식 종합

검사의 엄격도	회수	시료의 크기 n	합격 판정개수 Ac	불합격 판정개수 Re
보통 검사	1회	80	0	3
	2회	80	3	4
까다로운 검사	1회	80	0	2
	2회	80	1	2
수월한 검사	1회	32	0	2
	2회	32	1	2

3) 다회 샘플링 보통 검사, 까다로운 검사, 수월한 검사

KS A/ISO 2859-1의 다회 샘플링 방식에서는 최대 제 5 시료까지 사용한다. 합격 또는 불합격의 판정은 보통은 제 5 샘플보다 훨씬 전에 끝난다.

예제 / 6.17 로트 크기가 3000개인 나사 제품의 검사를 위하여 KS A/ISO 2859-1의 다회 샘플링 방식을 적용키로 하였다. 이때 나사에 홈이 없으면 그 나사는 부적합품으로 판정키로 하고 상호 협정에서 AQL은 0.65%가 규정되고, 검사 수준 II를 사용하게 되었다. 이 경우 KS A/ISO 2859-1의 다회 샘플링 보통 검사, 까다로운 검사, 수월한 검사 방식을 구하여라.

① 다회 샘플링 보통 검사

i) 표 6.12에서 로트의 크기 3000을 포함하는 행과 통상검사수준 II의 열이 교차하는 칸에서 시료문자 K를 읽는다.

ii) 표 6.15(A) 보통 검사의 다회 샘플링 방식에서 시료문자 K행에서 1회에서 5회까지 시료의 크기를 구하고, 시료문자 K행과 AQL 0.65%열이 교차하는 칸에서 각각의 합격 판정개수 A_c와 불합격 판정개수 R_e를 구한다.

표 6.10(A) 샘플 문자 K, AQL 0.65%일 때 다회 샘플링 보통 검사 방식

로트의 크기 N	회수	시료의 크기 n	시료의 누계	합격 판정개수 *Ac*	불합격 판정개수 *Re*
3000	1회	32	32	#	2
	2회	32	64	0	3
	3회	32	96	0	3
	4회	32	128	1	3
	5회	32	160	3	4

#은 이 누계 샘플 크기에서는 합격 판정은 할 수 없는 것을 의미한다.

iii) 제출된 로트 3000개 중에서 1차로 시료 32개를 랜덤하게 샘플링하여 검사하여 부적합품수가 2개 이상 로트를 불합격으로 판정하여 납품업자에게 되돌려 준다. 그러나 부적합품수가 1개도 없어도 #표시 있으면 합격판정을 내릴 수가 없다. 다음 제 2시료 32개를 검사한 결과 부적합품수가 0개 이하이면 로트를 합격으로 처리하고, 부적합품수가 3개 이상이면 로트를 불합격으로 처리한다. 이와 같은 방법으로 합격·불합격 판정이 날 때까지 진행한다. 모든 검사 과정에서 발견된 부적합품의 나사는 제거한다.

② 다회 샘플링 까다로운 검사

i) 표 6.12에서 로트의 크기 3000을 포함하는 행과 통상검사수준 II의 열이 교차하는 칸에서 시료문자 K를 읽는다.

ii) 표 6.15(B) 까다로운 검사의 다회 샘플링 방식에서 시료문자 K행에서 1회에서 5회까지 시료의 크기를 각각 32개씩 구하고, 시료문자 K행과 AQL 0.65%열이 교차하는 칸에서 각각의 합격 판정개수 A_c와 불합격 판정개수 R_e를 구한다. 따라서 KS A/ISO 2859-1의 다회 샘플링 까다로운 검사 방식은 표 6.10(B)와 같다.

표 6.10(B) 샘플 문자 K, AQL 0.65%일 때 다회 샘플링 까다로운 검사 방식

로트의 크기 N	회수	시료의 크기 n	시료의 누계	합격 판정개수 Ac	불합격 판정개수 Re
3000	1회	32	32	#	2
	2회	32	64	0	2
	3회	32	96	0	2
	4회	32	128	0	2
	5회	32	160	1	2

#은 이 누계 샘플 크기에서는 합격 판정은 할 수 없는 것을 의미한다.

iii) 제출된 로트 3000개 중에서 1차로 시료 32개를 랜덤하게 샘플링하여 검사하여 부적합품 수가 2개 이상 로트를 불합격으로 판정하여 납품업자에게 되돌려 준다. 그러나 부적합품 수가 1개도 없어도 # 표시 있으면 합격판정을 내릴 수가 없다. 다음 제 2시료 32개를 검사한 결과 부적합품 수가 0개 이하이면 로트를 합격으로 처리하고, 부적합품 수가 2개 이상이면 로트를 불합격으로 처리한다. 이와 같은 방법으로 합격·불합격 판정이 날 때까지 진행한다. 모든 검사 과정에서 발견된 부적합품의 나사는 제거한다.

③ 다회 샘플링 수월한 검사

i) 표 6.1에서 로트의 크기 3000을 포함하는 행과 통상검사수준 II의 열이 교차하는 칸에서 시료문자 K를 읽는다.

ii) 표 6.4(C) 수월한 검사의 다회 샘플링 방식에서 시료문자 K행에서 제 1회 시료의 크기 $n_1 = 32$, 제 2회 시료의 크기 $n_2 = 32$를 구하고, 시료문자 K 행과 AQL 0.65%열이 교차하는 칸에서 제 1회 합격 판정개수 $A_c = 0$, 불

합격 판정개수 $R_e = 2$와 제 2회 합격 판정개수 $A_c = 1$, 불합격 판정개수 $R_e = 2$를 구한다. 따라서 KS A/ISO 2859-1의 2회 샘플링 수월한 검사 방식은 표 6.10(C)와 같다.

표 6.10(C) 샘플 문자 K, AQL 0.65%일 때 다회 샘플링 수월한 검사 방식

로트의 크기 N	회수	시료의 크기 n	시료의 누계	합격 판정개수 *Ac*	불합격 판정개수 *Re*
3000	1회	13	13	#	2
	2회	13	26	0	2
	3회	13	39	0	2
	4회	13	52	0	2
	5회	13	65	1	2

#은 이 누계 샘플 크기에서는 합격 판정은 할 수 없는 것을 의미한다.

iii) 제출된 로트 3000개 중에서 1차로 시료 13개를 랜덤하게 샘플링하여 검사하여 부적합품 수가 2개 이상 로트를 불합격으로 판정하여 납품업자에게 되돌려준다. 그러나 부적합품 수가 1개도 없어도 #표시 있으면 합격판정을 내릴 수가 없다. 다음 제 2시료 13개를 검사한 결과 부적합품 수가 0개 이하이면 로트를 합격으로 처리하고, 부적합품 수가 2개 이상이면 로트를 불합격으로 처리한다. 이와 같은 방법으로 합격·불합격 판정이 날 때까지 진행한다. 모든 검사 과정에서 발견된 부적합품의 나사는 제거한다.

④ 로트의 크기 3000. 통상검사수준 II일 때 다회 샘플링 검사 방식 종합
다회 샘플링 검사 방식에서도 보통 검사, 까다로운 검사, 수월한 검사에 대한 1회, 2회 샘플링 검사를 종합한 것과 동일한 결과를 보이고 있다.

6.2.4 분수 합격 판정개수의 1회 샘플링 방식(옵션의 절차)

(1) 분수 합격 판정개수의 샘플링 방식의 적용

이 절에서는 분수 합격 판정개수의 샘플링 방식이라는 옵션의 절차에 대하여 규정한다. 이 절차는 소관 권한자가 승인했을 때 사용할 수 있다.

분수 합격 판정개수의 샘플링 방식은 표 6.16(A), 표 6.16(B) 및 표 6.16(C)에서 구한다. 보통 검사 및 까다로운 검사에 대해서는 표 6.16(A), 및 표 6.16(B) 중에서

합격 판정개수가 0과 1 사이에서 화살표로 된 2개의 난에 1/3 및 1/2이라는 분수가 보인다. 수월한 검사에 대해서는 표 6.16(C) 중에서 합격 판정개수가 0과 1 사이에서 화살표가 된 3개의 난에 1/5, 1/3 및 1/2이라는 분수가 보인다.

분수 합격 판정개수의 샘플링 방식을 사용했을 때 AQL과 샘플 문자의 조합에서는 합격 판정개수가 0과 1사이에 오는 경우에도 샘플 문자의 변경과 그에 대응한 샘플 크기의 변경은 불필요하다.

(2) 합격 · 불합격의 판정

1) 부적합품 퍼센트 검사

① 샘플링 방식이 일정한 경우

계속되는 각 로트에 대해서는 분수 합격 판정개수의 샘플링 방식이 동일한 경우에 합격·불합격의 판정은 다음의 조항에 따른다.

ⓐ 샘플 중에 부적합품이 0개인 경우에는 로트를 합격으로 한다.

ⓑ 샘플 중에 부적합품이 1개가 나타난 경우, 합격 판정개수 분수에 따라 필요한 직전 로트의 수에서 부적합품이 전혀 없을 때 로트를 합격으로 한다.

· 합격 판정개수 1/2인 경우 : 필요한 직전 로트의 수는 1이다.

· 합격 판정개수 1/3인 경우 : 필요한 직전 로트의 수는 2이다.

· 합격 판정개수 1/5인 경우 : 필요한 직전 로트의 수는 4이다.

ⓒ 기타의 경우에는 로트를 불합격으로 한다.

② 샘플링 방식이 일정하지 않은 경우

로트 크기의 변동 또는 엄격도 전환에 따라서 계속되는 각 로트에 대해서 샘플링 방식이 일정하지 않은 경우에는 합부 판정 스코어를 사용하며, 그 계산법은 다음과 같다.

ⓐ 보통 검사, 까다로운 검사 또는 수월한 검사의 개시 시점에서 합부 판정 스코어를 0으로 되돌린다.

ⓑ 주어진 합격 판정개수가 0이면 합부 판정 스코어는 바뀌지 않는다.
주어진 합격 판정개수가 1/5이면 합부 판정 스코어에 2를 가산한다.
주어진 합격 판정개수가 1/3이면 합부 판정 스코어 3를 가산한다.
주어진 합격 판정개수가 1/2이면 합부 판정 스코어 5를 가산한다.
주어진 합격 판정개수가 1이상이면 합부 판정 스코어에 7을 가산한다.

ⓒ 분수 합격 판정개수의 샘플링 방식에 대해서
만일 합부 판정 스코어가 8 이하이면 합격 판정개수를 0으로 한다.
만일 합부 판정 스코어가 9 이상이면 합격 판정개수를 1로 한다.
만일 주어진 합격 판정개수가 정수이면 합격 판정개수는 바뀌지 않는다.

ⓓ 만일 샘플 중에 1개 이상의 부적합품(또는 부적합)이 발견된 경우에는 로트의 합부 판정 후에 합부 판정 스코어를 0으로 되돌린다.
합부 판정 스코어의 산정은 샘플링 방식을 구한 후 합부 판정 전에 한다.
합부 판정 스코어의 0으로의 재설정은 합부 판정 후에 한다.
한편 전환 스코어의 재설정은 양쪽 모두 합부 판정 후에 한다.

2) 100 아이템당 부적합수 검사

100 아이템당 부적합 검사 하에서 로트의 합격·불합격의 판정을 하는 데는 부적합품 퍼센트 검사의 절차를 사용한다. 다만, "부적합품"이라는 용어를 "부적합"으로 바꿀 수 있다.

(3) 전환 규칙

① 보통 검사에서 까다로운 검사로의 전환은 연속 5로트 중 2로트가 초기검사에서 불합격된 경우이고, 까다로운 검사에서 보통 검사로의 전환은 초기검사에서 연속 5로트가 합격된 경우이다.

② 분수 합격 판정개수의 1회 샘플링 방식을 사용할 때 보통 검사에서 수월한 검사로 전환하기 위한 전환 스코어 산정은 다음과 같다.

ⓐ 주어진 합격 판정개수가 1/3 또는 1/2일 때 로트가 합격이면 전환 스코어에 2를 더하고, 그렇지 않으면 전환 스코어를 0으로 되돌린다.

ⓑ 합격 판정개수가 0일 때 로트가 합격이면 전환 스코어에 2를 더하고, 그렇지 않으면 전환 스코어를 0으로 되돌린다.

③ 수월한 검사에서 보통 검사로 전환 또는 검사의 정지는 KS A 2859-1 전환 규칙에 따른다.

다음의 예는 로트 크기가 변동되었을 경우에 분수 합격 판정개수의 샘플링 방식을 선택 사용했을 때 이 샘플링 검사 시스템의 적용 방법을 설명하기 위한 것으로 AQL=1%, 통상 검사수준 II를 사용하고, 시리즈의 로트가 검사에 제출되었다고 가정한다.

표 6.11은 최초 25로트의 분수 합격 판정개수 샘플링 방식의 적용 예이다.

표 6.11 분수 합격 판정개수 샘플링 방식의 적용 예

로트번호	N	샘플문자	n	당초의 Ac	합부판정 스코어 (검사 전)	적용하는 Ac	부적합품수 d	합부판정	합부판정 스코어 (검사 후)	전환 스코어	샘플링 검사의 엄격함 (검사 후)
1	180	G	32	1/2	5	0	0	합격	5	2	보통 검사로 속행
2	200	G	32	1/2	10	1	1	합격	0	4	보통 검사로 속행
3	250	G	32	1/2	5	0	1	불합격	0	0	보통 검사로 속행
4	450	H	50	1	7	1	1	합격	0	2	보통 검사로 속행
5	300	H	50	1	7	1	1	합격	0	4	보통 검사로 속행
6	80	E	13	0	0	0	1	불합격	0	0	까다로운 검사로 이행
7	800	J	80	1	7	1	1	합격	0	–	까다로운 검사로 속행
8	300	H	50	1/2	5	0	0	합격	5	–	까다로운 검사로 속행
9	100	F	20	0	5	0	0	합격	5	–	까다로운 검사로 속행
10	600	J	80	1	12	1	0	합격	12	–	까다로운 검사로 속행
11	200	G	32	1/3	15	1	1	합격	0*	–	보통 검사로 복귀
12	250	G	32	1/2	5	0	0	합격	5	2	보통 검사로 속행
13	600	J	80	2	12	2	1	합격	0	5	보통 검사로 속행
14	80	E	13	0	0	0	0	합격	0	7	보통 검사로 속행
15	200	G	32	1/2	5	0	0	합격	5	9	보통 검사로 속행
16	500	H	50	1	12	1	0	합격	12	11	보통 검사로 속행
17	100	F	20	1/3	15	1	0	합격	15	13	보통 검사로 속행
18	120	F	20	1/3	18	1	0	합격	18	15	보통 검사로 속행
19	85	E	13	0	18	0	0	합격	18	17	보통 검사로 속행
20	300	H	50	1	25	1	1	합격	0	19	보통 검사로 속행
21	500	H	50	1	7	1	0	합격	7	21	보통 검사로 속행
22	700	J	80	2	14	2	1	합격	0	24	보통 검사로 속행
23	600	J	80	2	7	2	0	합격	7	27	보통 검사로 속행
24	550	J	80	2	14	2	0	합격	0*	30	수월한 검사로 이행
25	400	H	20	1/2	5	0	0	합격	5	–	수월한 검사로 속행

*는 엄격도 전환 후의 합부 판정 스코어이다.

표 6.12 샘플문자

로트 크기	특별 검사 수준				통상 검사 수준		
	S-1	S-2	S-3	S-4	I	II	III
2 ~ 9	A	A	A	A	A	A	B
9 ~ 15	A	A	A	A	A	B	C
16 ~ 25	A	A	B	B	B	C	D
26 ~ 50	A	B	B	C	C	D	E
51 ~ 90	B	B	C	C	C	E	F
91 ~ 150	B	B	C	D	D	F	G
151 ~ 280	B	C	D	E	E	G	H
281 ~ 500	B	C	D	E	F	H	J
501 ~ 1200	C	C	E	F	G	J	K
1201 ~ 3200	C	D	E	G	H	K	L
3201 ~ 10000	C	D	F	G	J	L	M
10001 ~ 35000	C	D	F	H	K	M	N
35001 ~ 150000	D	E	G	J	L	N	P
150001 ~ 500000	D	E	G	J	M	P	Q
500001 이상	D	E	H	K	N	Q	R

표 6.13(A) 보통 검사의 1회 샘플링 방식(주 샘플링표)

샘플 문자	샘플 크기	합격 품질 수준, AQL, 부적합품 퍼센트 및 100 아이템당 부적합수																									
		0.010	0.015	0.025	0.040	0.065	0.10	0.15	0.25	0.40	0.65	1.0	1.5	2.5	4.0	6.5	10	15	25	40	65	100	150	250	400	650	1000
		Ac Re	Ac Re	Ac Re	Ac Re	Ac Re	Ac Re	Ac Re	Ac Re	Ac Re	Ac Re	Ac Re	Ac Re	Ac Re	Ac Re	Ac Re	Ac Re	Ac Re	Ac Re	Ac Re	Ac Re	Ac Re	Ac Re	Ac Re	Ac Re	Ac Re	Ac Re
A	2	↓	↓	↓	↓	↓	↓	↓	↓	↓	↓	↓	↓	↓	↓	0 1	↓	↓	1 2	2 3	3 4	5 6	7 8	10 11	14 15	21 22	30 31
B	3	↓	↓	↓	↓	↓	↓	↓	↓	↓	↓	↓	↓	↓	0 1	↑	↓	1 2	2 3	3 4	5 6	7 8	10 11	14 15	21 22	30 31	40 45
C	5	↓	↓	↓	↓	↓	↓	↓	↓	↓	↓	↓	↓	0 1	↑	↓	1 2	2 3	3 4	5 6	7 8	10 11	14 15	21 22	30 31	44 45	↑
D	8	↓	↓	↓	↓	↓	↓	↓	↓	↓	↓	↓	0 1	↑	↓	1 2	2 3	3 4	5 6	7 8	10 11	14 15	21 22	30 31	44 45	↑	↑
E	13	↓	↓	↓	↓	↓	↓	↓	↓	↓	↓	0 1	↑	↓	1 2	2 3	3 4	5 6	7 8	10 11	14 15	21 22	30 31	44 45	↑	↑	↑
F	20	↓	↓	↓	↓	↓	↓	↓	↓	↓	0 1	↑	↓	1 2	2 3	3 4	5 6	7 8	10 11	14 15	21 22	↑	↑	↑	↑	↑	↑
G	32	↓	↓	↓	↓	↓	↓	↓	↓	0 1	↑	↓	1 2	2 3	3 4	5 6	7 8	10 11	14 15	21 22	↑	↑	↑	↑	↑	↑	↑
H	50	↓	↓	↓	↓	↓	↓	↓	0 1	↑	↓	1 2	2 3	3 4	5 6	7 8	10 11	14 15	21 22	↑	↑	↑	↑	↑	↑	↑	↑
J	80	↓	↓	↓	↓	↓	↓	0 1	↑	↓	1 2	2 3	3 4	5 6	7 8	10 11	14 15	21 22	↑	↑	↑	↑	↑	↑	↑	↑	↑
K	125	↓	↓	↓	↓	↓	0 1	↑	↓	1 2	2 3	3 4	5 6	7 8	10 11	14 15	21 22	↑	↑	↑	↑	↑	↑	↑	↑	↑	↑
L	200	↓	↓	↓	↓	0 1	↑	↓	1 2	2 3	3 4	5 6	7 8	10 11	14 15	21 22	↑	↑	↑	↑	↑	↑	↑	↑	↑	↑	↑
M	315	↓	↓	↓	0 1	↑	↓	1 2	2 3	3 4	5 6	7 8	10 11	14 15	21 22	↑	↑	↑	↑	↑	↑	↑	↑	↑	↑	↑	↑
N	500	↓	↓	0 1	↑	↓	1 2	2 3	3 4	5 6	7 8	10 11	14 15	21 22	↑	↑	↑	↑	↑	↑	↑	↑	↑	↑	↑	↑	↑
P	800	↓	0 1	↑	↓	1 2	2 3	3 4	5 6	7 8	10 11	14 15	21 22	↑	↑	↑	↑	↑	↑	↑	↑	↑	↑	↑	↑	↑	↑
Q	1250	0 1	↑	↓	1 2	2 3	3 4	5 6	7 8	10 11	14 15	21 22	↑	↑	↑	↑	↑	↑	↑	↑	↑	↑	↑	↑	↑	↑	↑
R	2000	↑	↑	1 2	2 3	3 4	5 6	7 8	10 11	14 15	21 22	↑	↑	↑	↑	↑	↑	↑	↑	↑	↑	↑	↑	↑	↑	↑	↑

비고 ↓ 화살표 아래의 최초의 샘플링 방식을 사용한다. 만약 샘플크기가 로트 크기 이상이면 전수 검사한다.
↑ 화살표 위의 최초의 샘플링 방식을 사용한다.
Ac 합격 판정개수
Re 불합격 판정개수

표 6.13(B) 까다로운 검사의 1회 샘플링 방식(주 샘플링표)

샘플 문자	샘플 크기	0.010	0.015	0.025	0.040	0.065	0.10	0.15	0.25	0.40	0.65	1.0	1.5	2.5	4.0	6.5	10	15	25	40	65	100	150	250	400	650	1000
		Ac Re	Ac Re	Ac Re	Ac Re	Ac Re	Ac Re	Ac Re	Ac Re	Ac Re	Ac Re	Ac Re	Ac Re	Ac Re	Ac Re	Ac Re	Ac Re	Ac Re	Ac Re	Ac Re	Ac Re	Ac Re	Ac Re	Ac Re	Ac Re	Ac Re	Ac Re
A	2	⇩	⇩	⇩	⇩	⇩	⇩	⇩	⇩	⇩	⇩	⇩	⇩	⇩	⇩	⇩	0 1	⇩	⇩	1 2	2 3	3 4	5 6	8 9	12 13	18 19	27 28
B	3	⇩	⇩	⇩	⇩	⇩	⇩	⇩	⇩	⇩	⇩	⇩	⇩	⇩	⇩	0 1	⇩	⇩	1 2	2 3	3 4	5 6	8 9	12 13	18 19	27 28	41 42
C	5	⇩	⇩	⇩	⇩	⇩	⇩	⇩	⇩	⇩	⇩	⇩	⇩	⇩	0 1	⇩	⇩	1 2	2 3	3 4	5 6	8 9	12 13	18 19	27 28	41 42	⇧
D	8	⇩	⇩	⇩	⇩	⇩	⇩	⇩	⇩	⇩	⇩	⇩	⇩	0 1	⇩	⇩	1 2	2 3	3 4	5 6	8 9	12 13	18 19	27 28	41 42	⇧	⇧
E	13	⇩	⇩	⇩	⇩	⇩	⇩	⇩	⇩	⇩	⇩	⇩	0 1	⇩	⇩	1 2	2 3	3 4	5 6	8 9	12 13	18 19	27 28	41 42	⇧	⇧	⇧
F	20	⇩	⇩	⇩	⇩	⇩	⇩	⇩	⇩	⇩	⇩	0 1	⇩	⇩	1 2	2 3	3 4	5 6	8 9	12 13	18 19	⇧	⇧	⇧	⇧	⇧	⇧
G	32	⇩	⇩	⇩	⇩	⇩	⇩	⇩	⇩	⇩	0 1	⇩	⇩	1 2	2 3	3 4	5 6	8 9	12 13	18 19	⇧	⇧	⇧	⇧	⇧	⇧	⇧
H	50	⇩	⇩	⇩	⇩	⇩	⇩	⇩	⇩	0 1	⇩	⇩	1 2	2 3	3 4	5 6	8 9	12 13	18 19	⇧	⇧	⇧	⇧	⇧	⇧	⇧	⇧
J	80	⇩	⇩	⇩	⇩	⇩	⇩	⇩	0 1	⇩	⇩	1 2	2 3	3 4	5 6	8 9	12 13	18 19	⇧	⇧	⇧	⇧	⇧	⇧	⇧	⇧	⇧
K	125	⇩	⇩	⇩	⇩	⇩	⇩	0 1	⇩	⇩	1 2	2 3	3 4	5 6	8 9	12 13	18 19	⇧	⇧	⇧	⇧	⇧	⇧	⇧	⇧	⇧	⇧
L	200	⇩	⇩	⇩	⇩	⇩	0 1	⇩	⇩	1 2	2 3	3 4	5 6	8 9	12 13	18 19	⇧	⇧	⇧	⇧	⇧	⇧	⇧	⇧	⇧	⇧	⇧
M	315	⇩	⇩	⇩	⇩	0 1	⇩	⇩	1 2	2 3	3 4	5 6	8 9	12 13	18 19	⇧	⇧	⇧	⇧	⇧	⇧	⇧	⇧	⇧	⇧	⇧	⇧
N	500	⇩	⇩	⇩	0 1	⇩	⇩	1 2	2 3	3 4	5 6	8 9	12 13	18 19	⇧	⇧	⇧	⇧	⇧	⇧	⇧	⇧	⇧	⇧	⇧	⇧	⇧
P	800	⇩	⇩	0 1	⇩	⇩	1 2	2 3	3 4	5 6	8 9	12 13	18 19	⇧	⇧	⇧	⇧	⇧	⇧	⇧	⇧	⇧	⇧	⇧	⇧	⇧	⇧
Q	1250	⇩	0 1	⇩	⇩	1 2	2 3	3 4	5 6	8 9	12 13	18 19	⇧	⇧	⇧	⇧	⇧	⇧	⇧	⇧	⇧	⇧	⇧	⇧	⇧	⇧	⇧
R	2000	0 1	⇧	⇩	1 2	2 3	3 4	5 6	8 9	12 13	18 19	⇧	⇧	⇧	⇧	⇧	⇧	⇧	⇧	⇧	⇧	⇧	⇧	⇧	⇧	⇧	⇧
S	3150			1 2																							

비고 ⇩ 화살표 아래의 최초의 샘플링 방식을 사용한다. 만약 샘플크기가 로트 크기 이상이면 전수 검사한다.
⇧ 화살표 위의 최초의 샘플링 방식을 사용한다.
Ac 합격 판정개수
Re 불합격 판정개수

표 6.13(C) 수월한 검사의 1회 샘플링 방식(주 샘플링표)

샘플 문자	샘플 크기	합격 품질 수준, AQL, 부적합품 퍼센트 및 100아이템당 부적합수																									
		0.010	0.015	0.025	0.040	0.065	0.10	0.15	0.25	0.40	0.65	1.0	1.5	2.5	4.0	6.5	10	15	25	40	65	100	150	250	400	650	1000
		Ac Re	Ac Re	Ac Re	Ac Re	Ac Re	Ac Re	Ac Re	Ac Re	Ac Re	Ac Re	Ac Re	Ac Re	Ac Re	Ac Re	Ac Re	Ac Re	Ac Re	Ac Re	Ac Re	Ac Re	Ac Re	Ac Re	Ac Re	Ac Re	Ac Re	Ac Re
A	2	⇩	⇩	⇩	⇩	⇩	⇩	⇩	⇩	⇩	⇩	⇩	⇩	⇩	⇩	0 1	⇩	⇩	1 2	2 3	3 4	5 6	7 8	10 11	14 15	21 22	30 31
B	2	⇩	⇩	⇩	⇩	⇩	⇩	⇩	⇩	⇩	⇩	⇩	⇩	⇩	0 1	⇧	⇩	⇩	1 2	2 3	3 4	5 6	7 8	10 11	14 15	21 22	30 31
C	2	⇩	⇩	⇩	⇩	⇩	⇩	⇩	⇩	⇩	⇩	⇩	⇩	0 1	⇧	⇩	⇩	1 2	2 3	3 4	4 5	6 7	8 9	10 11	14 15	21 22	⇧
D	3	⇩	⇩	⇩	⇩	⇩	⇩	⇩	⇩	⇩	⇩	⇩	0 1	⇧	⇩	⇩	1 2	2 3	3 4	4 5	6 7	8 9	10 11	14 15	21 22	⇧	⇧
E	5	⇩	⇩	⇩	⇩	⇩	⇩	⇩	⇩	⇩	⇩	0 1	⇧	⇩	⇩	1 2	2 3	3 4	4 5	6 7	8 9	10 11	14 15	21 22	⇧	⇧	⇧
F	8	⇩	⇩	⇩	⇩	⇩	⇩	⇩	⇩	⇩	0 1	⇧	⇩	⇩	1 2	2 3	3 4	4 5	6 7	8 9	10 11	⇧	⇧	⇧	⇧	⇧	⇧
G	13	⇩	⇩	⇩	⇩	⇩	⇩	⇩	⇩	0 1	⇧	⇩	⇩	1 2	2 3	3 4	4 5	6 7	8 9	10 11	⇧	⇧	⇧	⇧	⇧	⇧	⇧
H	20	⇩	⇩	⇩	⇩	⇩	⇩	⇩	0 1	⇧	⇩	⇩	1 2	2 3	3 4	4 5	6 7	8 9	10 11	⇧	⇧	⇧	⇧	⇧	⇧	⇧	⇧
J	32	⇩	⇩	⇩	⇩	⇩	⇩	0 1	⇧	⇩	⇩	1 2	2 3	3 4	4 5	6 7	8 9	10 11	⇧	⇧	⇧	⇧	⇧	⇧	⇧	⇧	⇧
K	50	⇩	⇩	⇩	⇩	⇩	0 1	⇧	⇩	⇩	1 2	2 3	3 4	4 5	6 7	8 9	10 11	⇧	⇧	⇧	⇧	⇧	⇧	⇧	⇧	⇧	⇧
L	80	⇩	⇩	⇩	⇩	0 1	⇧	⇩	⇩	1 2	2 3	3 4	4 5	6 7	8 9	10 11	⇧	⇧	⇧	⇧	⇧	⇧	⇧	⇧	⇧	⇧	⇧
M	125	⇩	⇩	⇩	0 1	⇧	⇩	⇩	1 2	2 3	3 4	4 5	6 7	8 9	10 11	⇧	⇧	⇧	⇧	⇧	⇧	⇧	⇧	⇧	⇧	⇧	⇧
N	200	⇩	⇩	0 1	⇧	⇩	⇩	1 2	2 3	3 4	4 5	6 7	8 9	10 11	⇧	⇧	⇧	⇧	⇧	⇧	⇧	⇧	⇧	⇧	⇧	⇧	⇧
P	315	⇩	0 1	⇧	⇩	⇩	1 2	2 3	3 4	4 5	6 7	8 9	10 11	⇧	⇧	⇧	⇧	⇧	⇧	⇧	⇧	⇧	⇧	⇧	⇧	⇧	⇧
Q	500	0 1	⇧	⇧	⇩	1 2	2 3	3 4	4 5	6 7	8 9	10 11	⇧	⇧	⇧	⇧	⇧	⇧	⇧	⇧	⇧	⇧	⇧	⇧	⇧	⇧	⇧
R	800	⇧	⇧	⇧	1 2	2 3	3 4	4 5	6 7	8 9	10 11	⇧	⇧	⇧	⇧	⇧	⇧	⇧	⇧	⇧	⇧	⇧	⇧	⇧	⇧	⇧	⇧

비고 ⇩ 화살표 아래의 최초의 샘플링 방식을 사용한다. 만약 샘플크기가 로트 크기 이상이면 전수 검사한다.
⇧ 화살표 위의 최초의 샘플링 방식을 사용한다.
Ac 합격 판정개수
Re 불합격 판정개수

표 6.14(A) 보통 검사의 2회 샘플링 방식(주 샘플링표)

샘플 문자	샘플	샘플 크기	누계 샘플 크기	합격 품질 수준, AQL, 부적합품 퍼센트 및 100 아이템당 부적합수																									
				0.010	0.015	0.025	0.040	0.065	0.10	0.15	0.25	0.40	0.65	1.0	1.5	2.5	4.0	6.5	10	15	25	40	65	100	150	250	400	650	1000
				Ac Re	Ac Re	Ac Re	Ac Re	Ac Re	Ac Re	Ac Re	Ac Re	Ac Re	Ac Re	Ac Re	Ac Re	Ac Re	Ac Re	Ac Re	Ac Re	Ac Re	Ac Re	Ac Re	Ac Re	Ac Re	Ac Re	Ac Re	Ac Re	Ac Re	Ac Re
A				↓	↓	↓	↓	↓	↓	↓	↓	↓	↓	↓	↓	↓	↓	*	↓	↓									
B	제1	2	2	↓	↓	↓	↓	↓	↓	↓	↓	↓	↓	↓	↓	↓	*	↑	↓	0 2	0 3	1 3	2 5	3 6	5 9	7 11	11 16	17 22	25 31
	제2	2	4																	1 2	3 4	4 5	6 7	9 10	12 13	18 19	26 27	37 38	56 57
C	제1	3	3	↓	↓	↓	↓	↓	↓	↓	↓	↓	↓	↓	↓	*	↑	↓	0 2	0 3	1 3	2 5	3 6	5 9	7 11	11 16	17 22	25 31	↑
	제2	3	6																1 2	3 4	4 5	6 7	9 10	12 13	18 19	26 27	37 38	56 57	
D	제1	5	5	↓	↓	↓	↓	↓	↓	↓	↓	↓	↓	↓	*	↑	↓	0 2	0 3	1 3	2 5	3 6	5 9	7 11	11 16	17 22	25 31	↑	↑
	제2	5	10															1 2	3 4	4 5	6 7	9 10	12 13	18 19	26 27	37 38	56 57		
E	제1	8	8	↓	↓	↓	↓	↓	↓	↓	↓	↓	↓	*	↑	↓	0 2	0 3	1 3	2 5	3 6	5 9	7 11	11 16	17 22	25 31	↑	↑	↑
	제2	8	16														1 2	3 4	4 5	6 7	9 10	12 13	18 19	26 27	37 38	56 57			
F	제1	13	13	↓	↓	↓	↓	↓	↓	↓	↓	↓	*	↑	↓	0 2	0 3	1 3	2 5	3 6	5 9	7 11	11 16	↑	↑	↑	↑	↑	↑
	제2	13	26													1 2	3 4	4 5	6 7	9 10	12 13	18 19	26 27						
G	제1	20	20	↓	↓	↓	↓	↓	↓	↓	↓	*	↑	↓	0 2	0 3	1 3	2 5	3 6	5 9	7 11	11 16	↑	↑	↑	↑	↑	↑	↑
	제2	20	40											1 2	3 4	4 5	6 7	9 10	12 13	18 19	26 27								
H	제1	32	32	↓	↓	↓	↓	↓	↓	↓	*	↑	↓	0 2	0 3	1 3	2 5	3 6	5 9	7 11	11 16	↑	↑	↑	↑	↑	↑	↑	↑
	제2	32	64											1 2	3 4	4 5	6 7	9 10	12 13	18 19	26 27								
J	제1	50	50	↓	↓	↓	↓	↓	↓	*	↑	↓	0 2	0 3	1 3	2 5	3 6	5 9	7 11	11 16	↑	↑	↑	↑	↑	↑	↑	↑	↑
	제2	50	100									1 2	3 4	4 5	6 7	9 10	12 13	18 19	26 27										
K	제1	80	80	↓	↓	↓	↓	↓	*	↑	↓	0 2	0 3	1 3	2 5	3 6	5 9	7 11	11 16	↑	↑	↑	↑	↑	↑	↑	↑	↑	↑
	제2	80	160									1 2	3 4	4 5	6 7	9 10	12 13	18 19	26 27										
L	제1	125	125	↓	↓	↓	↓	*	↑	↓	0 2	0 3	1 3	2 5	3 6	5 9	7 11	11 16	↑	↑	↑	↑	↑	↑	↑	↑	↑	↑	↑
	제2	125	250								1 2	3 4	4 5	6 7	9 10	12 13	18 19	26 27											
M	제1	200	200	↓	↓	↓	*	↑	↓	0 2	0 3	1 3	2 5	3 6	5 9	7 11	11 16	↑	↑	↑	↑	↑	↑	↑	↑	↑	↑	↑	↑
	제2	200	400							1 2	3 4	4 5	6 7	9 10	12 13	18 19	26 27												
N	제1	315	315	↓	↓	*	↑	↓	0 2	0 3	1 3	2 5	3 6	5 9	7 11	11 16	↑	↑	↑	↑	↑	↑	↑	↑	↑	↑	↑	↑	↑
	제2	315	630						1 2	3 4	4 5	6 7	9 10	12 13	18 19	26 27													
P	제1	500	500	↓	*	↑	↓	0 2	0 3	1 3	2 5	3 6	5 9	7 11	11 16	↑	↑	↑	↑	↑	↑	↑	↑	↑	↑	↑	↑	↑	↑
	제2	500	1000					1 2	3 4	4 5	6 7	9 10	12 13	18 19	26 27														
Q	제1	800	800	*	↑	↓	0 2	0 3	1 3	2 5	3 6	5 9	7 11	11 16	↑	↑	↑	↑	↑	↑	↑	↑	↑	↑	↑	↑	↑	↑	↑
	제2	800	1600				1 2	3 4	4 5	6 7	9 10	12 13	18 19	26 27															
R	제1	1250	1250	↑	↑	0 2	0 3	1 3	2 5	3 6	5 9	7 11	11 16	↑	↑	↑	↑	↑	↑	↑	↑	↑	↑	↑	↑	↑	↑	↑	↑
	제2	1250	2500			1 2	3 4	4 5	6 7	9 10	12 13	18 19	26 27																

비고 ↓ 화살표 아래의 최초의 샘플링 방식을 사용한다. 만약 샘플크기가 로트 크기 이상이면 전수 검사한다.
↑ 화살표 위의 최초의 샘플링 방식을 사용한다.
Ac 합격 판정개수
Re 불합격 판정개수
* 대응하는 1회 샘플링 방식을 사용한다(만약 사용할 수 없다면 대신에 아래의 2회 샘플링 방식을 사용해도 좋다).

표 6.14(B) 까다로운 검사의 2회 샘플링 방식(주 샘플링표)

샘플 문자	샘플	샘플 크기	누계 샘플 크기	0.010	0.015	0.025	0.040	0.065	0.10	0.15	0.25	0.40	0.65	1.0	1.5	2.5	4.0	6.5	10	15	25	40	65	100	150	250	400	650	1000
				합격 품질 수준, AQL, 부적합품 퍼센트 및 100 아이템당 부적합수																									
				Ac Re	Ac Re	Ac Re	Ac Re	Ac Re	Ac Re	Ac Re	Ac Re	Ac Re	Ac Re	Ac Re	Ac Re	Ac Re	Ac Re	Ac Re	Ac Re	Ac Re	Ac Re	Ac Re	Ac Re	Ac Re	Ac Re	Ac Re	Ac Re	Ac Re	Ac Re
A				↓	↓	↓	↓	↓	↓	↓	↓	↓	↓	↓	↓	↓	↓	↓	↓	↓	↓	*	*	*	*	*	*	*	*
B	제1 제2	2 2	2 4	↓	↓	↓	↓	↓	↓	↓	↓	↓	↓	↓	↓	↓	↓	*	↓	↓	0 2 1 2	0 3 3 4	1 3 4 5	2 5 6 7	4 7 10 11	6 10 15 16	9 14 23 24	15 20 34 35	23 29 52 53
C	제1 제2	3 3	3 6	↓	↓	↓	↓	↓	↓	↓	↓	↓	↓	↓	↓	↓	*	↓	↓	0 2 1 2	0 3 3 4	1 3 4 5	2 5 6 7	4 7 10 11	6 10 15 16	9 14 23 24	15 20 34 35	23 29 52 53	↑
D	제1 제2	5 5	5 10	↓	↓	↓	↓	↓	↓	↓	↓	↓	↓	↓	↓	*	↓	↓	0 2 1 2	0 3 3 4	1 3 4 5	2 5 6 7	4 7 10 11	6 10 15 16	9 14 23 24	15 20 34 35	23 29 52 53	↑	↑
E	제1 제2	8 8	8 16	↓	↓	↓	↓	↓	↓	↓	↓	↓	↓	↓	*	↓	↓	0 2 1 2	0 3 3 4	1 3 4 5	2 5 6 7	4 7 10 11	6 10 15 16	9 14 23 24	15 20 34 35	23 29 52 53	↑	↑	↑
F	제1 제2	13 13	13 26	↓	↓	↓	↓	↓	↓	↓	↓	↓	↓	*	↓	↓	0 2 1 2	0 3 3 4	1 3 4 5	2 5 6 7	4 7 10 11	6 10 15 16	9 14 23 24	↑	↑	↑	↑	↑	↑
G	제1 제2	20 20	20 40	↓	↓	↓	↓	↓	↓	↓	↓	↓	*	↓	↓	0 2 1 2	0 3 3 4	1 3 4 5	2 5 6 7	4 7 10 11	6 10 15 16	9 14 23 24	↑	↑	↑	↑	↑	↑	↑
H	제1 제2	32 32	32 64	↓	↓	↓	↓	↓	↓	↓	↓	*	↓	↓	0 2 1 2	0 3 3 4	1 3 4 5	2 5 6 7	4 7 10 11	6 10 15 16	9 14 23 24	↑	↑	↑	↑	↑	↑	↑	↑
J	제1 제2	50 50	50 100	↓	↓	↓	↓	↓	↓	↓	*	↓	↓	0 2 1 2	0 3 3 4	1 3 4 5	2 5 6 7	4 7 10 11	6 10 15 16	9 14 23 24	↑	↑	↑	↑	↑	↑	↑	↑	↑
K	제1 제2	80 80	80 160	↓	↓	↓	↓	↓	↓	*	↓	↓	0 2 1 2	0 3 3 4	1 3 4 5	2 5 6 7	4 7 10 11	6 10 15 16	9 14 23 24	↑	↑	↑	↑	↑	↑	↑	↑	↑	↑
L	제1 제2	125 125	125 250	↓	↓	↓	↓	↓	*	↓	↓	0 2 1 2	0 3 3 4	1 3 4 5	2 5 6 7	4 7 10 11	6 10 15 16	9 14 23 24	↑	↑	↑	↑	↑	↑	↑	↑	↑	↑	↑
M	제1 제2	200 200	200 400	↓	↓	↓	↓	*	↓	↓	0 2 1 2	0 3 3 4	1 3 4 5	2 5 6 7	4 7 10 11	6 10 15 16	9 14 23 24	↑	↑	↑	↑	↑	↑	↑	↑	↑	↑	↑	↑
N	제1 제2	315 315	315 630	↓	↓	↓	*	↓	↓	0 2 1 2	0 3 3 4	1 3 4 5	2 5 6 7	4 7 10 11	6 10 15 16	9 14 23 24	↑	↑	↑	↑	↑	↑	↑	↑	↑	↑	↑	↑	↑
P	제1 제2	500 500	500 1000	↓	↓	*	↓	↓	0 2 1 2	0 3 3 4	1 3 4 5	2 5 6 7	4 7 10 11	6 10 15 16	9 14 23 24	↑	↑	↑	↑	↑	↑	↑	↑	↑	↑	↑	↑	↑	↑
Q	제1 제2	800 800	800 1600	↓	*	↓	↓	0 2 1 2	0 3 3 4	1 3 4 5	2 5 6 7	4 7 10 11	6 10 15 16	9 14 23 24	↑	↑	↑	↑	↑	↑	↑	↑	↑	↑	↑	↑	↑	↑	↑
R	제1 제2	1250 1250	1250 2500	*	↑	↓	0 2 1 2	0 3 3 4	1 3 4 5	2 5 6 7	4 7 10 11	6 10 15 16	9 14 23 24	↑	↑	↑	↑	↑	↑	↑	↑	↑	↑	↑	↑	↑	↑	↑	↑
S	제1 제2	2000 2000	2000 4000			0 2 1 2																							

비고 ↓ 화살표 아래의 최초의 샘플링 방식을 사용한다. 만약 샘플크기가 로트 크기 이상이면 전수 검사한다.
↑ 화살표 위의 최초의 샘플링 방식을 사용한다.
Ac 합격 판정개수, Re 불합격 판정개수, * 대응하는 1회 샘플링 방식을 사용한다(만약 사용할 수 있다면 대신에 아래의 2회 샘플링 방식을 사용해도 좋다.)

표 6.14(C) 수월한 검사의 2회 샘플링 방식(주 샘플링표)

샘플 문자	샘플	샘플 크기	누계 샘플 크기	합격 품질 수준, AQL, 부적합품 퍼센트 및 100 아이템당 부적합수																									
				0.010	0.015	0.025	0.040	0.065	0.10	0.15	0.25	0.40	0.65	1.0	1.5	2.5	4.0	6.5	10	15	25	40	65	100	150	250	400	650	1000
				Ac Re	Ac Re	Ac Re	Ac Re	Ac Re	Ac Re	Ac Re	Ac Re	Ac Re	Ac Re	Ac Re	Ac Re	Ac Re	Ac Re	Ac Re	Ac Re	Ac Re	Ac Re	Ac Re	Ac Re	Ac Re	Ac Re	Ac Re	Ac Re	Ac Re	Ac Re
A				↓	↓	↓	↓	↓	↓	↓	↓	↓	↓	↓	↓	↓	↓	*	↓	↓	*	*	*	*	*	*	*	*	*
B				↓	↓	↓	↓	↓	↓	↓	↓	↓	↓	↓	↓	↓	*	↑	↓	↓	*	*	*	*	*	*	*	*	*
C				↓	↓	↓	↓	↓	↓	↓	↓	↓	↓	↓	↓	*	↑	↓	↓	*	*	*	*	*	*	*	*	*	↑
D	제1	5	5	↓	↓	↓	↓	↓	↓	↓	↓	↓	↓	↓	*	↑	↓	↓	0 2	0 3	1 3	2 4	3 6	4 7	5 9	7 11	11 16	↑	↑
	제2	5	10	↓	↓	↓	↓	↓	↓	↓	↓	↓	↓	↓	*	↑	↓	↓	1 2	3 4	4 5	5 6	7 8	10 11	12 13	18 19	26 27	↑	↑
E	제1	8	8	↓	↓	↓	↓	↓	↓	↓	↓	↓	↓	*	↑	↓	↓	0 2	0 3	1 3	2 4	3 6	4 7	5 9	7 11	11 16	↑	↑	↑
	제2	8	16	↓	↓	↓	↓	↓	↓	↓	↓	↓	↓	*	↑	↓	↓	1 2	3 4	4 5	5 6	7 8	10 11	12 13	18 19	26 27	↑	↑	↑
F	제1	13	13	↓	↓	↓	↓	↓	↓	↓	↓	↓	*	↑	↓	↓	0 2	0 3	1 3	2 4	3 6	4 7	5 9	↑	↑	↑	↑	↑	↑
	제2	13	26	↓	↓	↓	↓	↓	↓	↓	↓	↓	*	↑	↓	↓	1 2	3 4	4 5	5 6	7 8	10 11	12 13	↑	↑	↑	↑	↑	↑
G	제1	20	20	↓	↓	↓	↓	↓	↓	↓	↓	*	↑	↓	↓	0 2	0 3	1 3	2 4	3 6	4 7	5 9	↑	↑	↑	↑	↑	↑	↑
	제2	20	40	↓	↓	↓	↓	↓	↓	↓	↓	*	↑	↓	↓	1 2	3 4	4 5	5 6	7 8	10 11	12 137	↑	↑	↑	↑	↑	↑	↑
H	제1	32	32	↓	↓	↓	↓	↓	↓	↓	*	↑	↓	↓	0 2	0 3	1 3	2 4	3 6	4 7	5 9	↑	↑	↑	↑	↑	↑	↑	↑
	제2	32	64	↓	↓	↓	↓	↓	↓	↓	*	↑	↓	↓	1 2	3 4	4 5	5 6	7 8	10 11	12 13	↑	↑	↑	↑	↑	↑	↑	↑
J	제1	50	50	↓	↓	↓	↓	↓	↓	*	↑	↓	↓	0 2	0 3	1 3	2 4	3 6	4 7	5 9	↑	↑	↑	↑	↑	↑	↑	↑	↑
	제2	50	100	↓	↓	↓	↓	↓	↓	*	↑	↓	↓	1 2	3 4	4 5	5 6	7 8	10 11	12 13	↑	↑	↑	↑	↑	↑	↑	↑	↑
K	제1	80	80	↓	↓	↓	↓	↓	*	↑	↓	↓	0 2	0 3	1 3	2 4	3 6	4 7	5 9	↑	↑	↑	↑	↑	↑	↑	↑	↑	↑
	제2	80	160	↓	↓	↓	↓	↓	*	↑	↓	↓	1 2	3 4	4 5	5 6	7 8	10 11	12 137	↑	↑	↑	↑	↑	↑	↑	↑	↑	↑
L	제1	125	125	↓	↓	↓	↓	*	↑	↓	↓	0 2	0 3	1 3	2 4	3 6	4 7	5 9	↑	↑	↑	↑	↑	↑	↑	↑	↑	↑	↑
	제2	125	250	↓	↓	↓	↓	*	↑	↓	↓	1 2	3 4	4 5	5 6	7 8	10 11	12 13	↑	↑	↑	↑	↑	↑	↑	↑	↑	↑	↑
M	제1	200	200	↓	↓	↓	*	↑	↓	↓	0 2	0 3	1 3	2 4	3 6	4 7	5 9	↑	↑	↑	↑	↑	↑	↑	↑	↑	↑	↑	↑
	제2	200	400	↓	↓	↓	*	↑	↓	↓	1 2	3 4	4 5	5 6	7 8	10 11	12 13	↑	↑	↑	↑	↑	↑	↑	↑	↑	↑	↑	↑
N	제1	315	315	↓	↓	*	↑	↓	↓	0 2	0 3	1 3	2 4	3 6	4 7	5 9	↑	↑	↑	↑	↑	↑	↑	↑	↑	↑	↑	↑	↑
	제2	315	630	↓	↓	*	↑	↓	↓	1 2	3 4	4 5	5 6	7 8	10 11	12 13	↑	↑	↑	↑	↑	↑	↑	↑	↑	↑	↑	↑	↑
P	제1	500	500	↓	*	↑	↓	↓	0 2	0 3	1 3	2 4	3 6	4 7	5 9	↑	↑	↑	↑	↑	↑	↑	↑	↑	↑	↑	↑	↑	↑
	제2	500	1000	↓	*	↑	↓	↓	1 2	3 4	4 5	5 6	7 8	10 11	12 13	↑	↑	↑	↑	↑	↑	↑	↑	↑	↑	↑	↑	↑	↑
Q	제1	800	800	*	↑	↑	↓	0 2	0 3	1 3	2 4	3 6	4 7	5 9	↑	↑	↑	↑	↑	↑	↑	↑	↑	↑	↑	↑	↑	↑	↑
	제2	800	1600	*	↑	↑	↓	1 2	3 4	4 5	5 6	7 8	10 11	12 13	↑	↑	↑	↑	↑	↑	↑	↑	↑	↑	↑	↑	↑	↑	↑
R	제1	1250	1250	↑	↑	↑	0 2	0 3	1 3	2 4	3 6	4 7	5 9	↑	↑	↑	↑	↑	↑	↑	↑	↑	↑	↑	↑	↑	↑	↑	↑
	제2	1250	2500	↑	↑	↑	1 2	3 4	4 5	5 6	7 8	10 11	12 13	↑	↑	↑	↑	↑	↑	↑	↑	↑	↑	↑	↑	↑	↑	↑	↑

비고 ↓ 화살표 아래의 최초의 샘플링 방식을 사용한다. 만약 샘플크기가 로트 크기 이상이면 전수 검사한다.

↑ 화살표 위의 최초의 샘플링 방식을 사용한다.

Ac 합격 판정개수

Re 불합격 판정개수

* 대응하는 1회 샘플링 방식을 사용한다(만약 사용할 수 있다면 대신에 아래의 2회 샘플링 방식을 사용해도 좋다).

표 6.15(A) 보통 검사의 다회 샘플링 방식(주 샘플링표)

샘플 문자	샘플	샘플 크기	누계 샘플 크기	합격 품질 수준, AQL, 부적합품 퍼센트 및 100 아이템당 부적합수																									
				0.010	0.015	0.025	0.040	0.065	0.10	0.15	0.25	0.40	0.65	1.0	1.5	2.5	4.0	6.5	10	15	25	40	65	100	150	250	400	650	1000
				Ac Re	Ac Re	Ac Re	Ac Re	Ac Re	Ac Re	Ac Re	Ac Re	Ac Re	Ac Re	Ac Re	Ac Re	Ac Re	Ac Re	Ac Re	Ac Re	Ac Re	Ac Re	Ac Re	Ac Re	Ac Re	Ac Re	Ac Re	Ac Re	Ac Re	Ac Re
A				↓	↓	↓	↓	↓	↓	↓	↓	↓	↓	↓	↓	↓	↓	*	↓	↓	↓	*	*	*	*	*	*	*	*
B				↓	↓	↓	↓	↓	↓	↓	↓	↓	↓	↓	↓	↓	*	↑	↓	↓	++	++	++	++	++	++	++	++	++
C				↓	↓	↓	↓	↓	↓	↓	↓	↓	↓	↓	↓	*	↑	↓	↓	++	++	++	++	++	++	++	++	++	↑
D	제1	2	2	↓	↓	↓	↓	↓	↓	↓	↓	↓	↓	↓	*	↑	↓	# 2	# 2	# 3	# 4	0 4	0 5	1 7	2 9	4 12	6 16	↑	↑
	제2	2	4															0 2	0 3	0 3	1 5	1 6	3 8	4 10	7 14	11 19	17 27		
	제3	2	6															0 2	0 3	1 4	2 6	3 8	6 10	8 13	13 19	19 27	29 38		
	제4	2	8															0 2	1 3	2 5	4 7	5 9	9 12	12 17	20 25	28 34	40 48		
	제5	2	10															1 2	3 4	4 5	6 7	9 10	12 13	18 19	26 27	37 38	56 57		
E	제1	3	3	↓	↓	↓	↓	↓	↓	↓	↓	↓	↓	*	↑	↓	# 2	# 2	# 3	# 4	0 4	0 5	1 7	2 9	4 12	6 16	↑	↑	↑
	제2	3	6														0 2	0 3	0 3	1 5	1 6	3 8	4 10	7 14	11 19	17 27			
	제3	3	9														0 2	0 3	1 4	2 6	3 8	6 10	8 13	13 19	19 27	29 38			
	제4	3	12														0 2	1 3	2 5	4 7	5 9	9 12	12 17	20 25	28 34	40 48			
	제5	3	15														1 2	3 4	4 5	6 7	9 10	12 13	18 19	26 27	37 38	56 57			
F	제1	5	5	↓	↓	↓	↓	↓	↓	↓	↓	↓	*	↑	↓	# 2	# 2	# 3	# 4	0 4	0 5	1 7	2 9	↑	↑	↑	↑	↑	↑
	제2	5	10													0 2	0 3	0 3	1 5	1 6	3 8	4 10	7 14						
	제3	5	15													0 2	0 3	1 4	2 6	3 8	6 10	8 13	13 19						
	제4	5	20													0 2	1 3	2 5	4 7	5 9	9 12	12 17	20 25						
	제5	5	25													1 2	3 4	4 5	6 7	9 10	12 13	18 19	26 27						
G	제1	8	8	↓	↓	↓	↓	↓	↓	↓	↓	*	↑	↓	# 2	# 2	# 3	# 4	0 4	0 5	1 7	2 9	↑	↑	↑	↑	↑	↑	↑
	제2	8	16												0 2	0 3	0 3	1 5	1 6	3 8	4 10	7 14							
	제3	8	24												0 2	0 3	1 4	2 6	3 8	6 10	8 13	13 19							
	제4	8	32												0 2	1 3	2 5	4 7	5 9	9 12	12 17	20 25							
	제5	8	40												1 2	3 4	4 5	6 7	9 10	12 13	18 19	26 27							

비고 ↓ 화살표 아래의 최초의 샘플링 방식을 사용한다. 만약 샘플크기가 로트 크기 이상이면 전수 검사한다.
↑ 화살표 위의 최초의 샘플링 방식을 사용한다.
Ac 합격 판정개수
Re 불합격 판정개수
* 대응하는 1회 샘플링 방식을 사용한다(만약 사용할 수 있다면 대신에 아래의 2회 샘플링 방식을 사용해도 좋다).
++ 대응하는 2회 샘플링 방식을 사용한다(만약 사용할 수 있다면 대신에 아래의 다회 샘플링 방식을 사용해도 좋다).
# 이 샘플 크기에서는 합격의 판정을 할 수 없다.

표 6.15(A) 보통 검사의 다회 샘플링 방식(주 샘플링표) [계속 1]

샘플 문자	샘플	샘플 크기	누계 샘플 크기	합격 품질 수준, AQL, 부적합품 퍼센트 및 100 아이템당 부적합수																									
				0.010	0.015	0.025	0.040	0.065	0.10	0.15	0.25	0.40	0.65	1.0	1.5	2.5	4.0	6.5	10	15	25	40	65	100	150	250	400	650	1000
				Ac Re	Ac Re	Ac Re	Ac Re	Ac Re	Ac Re	Ac Re	Ac Re	Ac Re	Ac Re	Ac Re	Ac Re	Ac Re	Ac Re	Ac Re	Ac Re	Ac Re	Ac Re	Ac Re	Ac Re	Ac Re	Ac Re	Ac Re	Ac Re	Ac Re	Ac Re
H	제1	13	13	↓	↓	↓	↓	↓	↓	↓	*	↑	↓	# 2	# 2	# 3	# 4	0 4	0 5	1 7	2 9	↑	↑	↑	↑	↑	↑	↑	↑
	제2	13	26											0 2	0 3	0 3	1 5	1 6	3 8	4 10	7 14								
	제3	13	39											0 2	0 3	1 4	2 6	3 8	6 10	8 13	13 19								
	제4	13	52											0 2	1 3	2 5	4 7	5 9	9 12	12 17	20 25								
	제5	13	65											1 2	3 4	4 5	6 7	9 10	12 13	18 19	26 27								
J	제1	20	20	↓	↓	↓	↓	↓	↓	*	↑	↓	# 2	# 2	# 3	# 4	0 4	0 5	1 7	2 9	↑	↑	↑	↑	↑	↑	↑	↑	↑
	제2	20	40										0 2	0 3	0 3	1 5	1 6	3 8	4 10	7 14									
	제3	20	60										0 2	0 3	1 4	2 6	3 8	6 10	8 13	13 19									
	제4	20	80										0 2	1 3	2 5	4 7	5 9	9 12	12 17	20 25									
	제5	20	100										1 2	3 4	4 5	6 7	9 10	12 13	18 19	26 27									
K	제1	32	32	↓	↓	↓	↓	↓	*	↑	↓	# 2	# 2	# 3	# 4	0 4	0 5	1 7	2 9	↑	↑	↑	↑	↑	↑	↑	↑	↑	↑
	제2	32	64									0 2	0 3	0 3	1 5	1 6	3 8	4 10	7 14										
	제3	32	96									0 2	0 3	1 4	2 6	3 8	6 10	8 13	13 19										
	제4	32	128									0 2	1 3	2 5	4 7	5 9	9 12	12 17	20 25										
	제5	32	160									1 2	3 4	4 5	6 7	9 10	12 13	18 19	26 27										
L	제1	50	50	↓	↓	↓	↓	*	↑	↓	# 2	# 2	# 3	# 4	0 4	0 5	1 7	2 9	↑	↑	↑	↑	↑	↑	↑	↑	↑	↑	↑
	제2	50	100								0 2	0 3	0 3	1 5	1 6	3 8	4 10	7 14											
	제3	50	150								0 2	0 3	1 4	2 6	3 8	6 10	8 13	13 19											
	제4	50	200								0 2	1 3	2 5	4 7	5 9	9 12	12 17	20 25											
	제5	50	250								1 2	3 4	4 5	6 7	9 10	12 13	18 19	26 27											
M	제1	80	80	↓	↓	↓	*	↑	↓	# 2	# 2	# 3	# 4	0 4	0 5	1 7	2 9	↑	↑	↑	↑	↑	↑	↑	↑	↑	↑	↑	↑
	제2	80	160							0 2	0 3	0 3	1 5	1 6	3 8	4 10	7 14												
	제3	80	240							0 2	0 3	1 4	2 6	3 8	6 10	8 13	13 19												
	제4	80	320							0 2	1 3	2 5	4 7	5 9	9 12	12 17	20 25												
	제5	80	400							1 2	3 4	4 5	6 7	9 10	12 13	18 19	26 27												

비고 ↓ 화살표 아래의 최초의 샘플링 방식을 사용한다. 만약 샘플크기가 로트 크기 이상이면 전수 검사한다.

↑ 화살표 위의 최초의 샘플링 방식을 사용한다.

Ac 합격 판정개수

Re 불합격 판정개수

* 대응하는 1회 샘플링 방식을 사용한다(만약 사용할 수 있다면 대신에 아래의 2회 샘플링 방식을 사용해도 좋다.).

++ 대응하는 2회 샘플링 방식을 사용한다(만약 사용할 수 있다면 대신에 아래의 다회 샘플링 방식을 사용해도 좋다.).

\# 이 샘플 크기에서는 합격의 판정을 할 수 없다.

표 6.15(A) 보통 검사의 다회 샘플링 방식(주 샘플링표) [계속 2]

샘플 문자	샘플	샘플 크기	누계 샘플 크기	0.010	0.015	0.025	0.040	0.065	0.10	0.15	0.25	0.40	0.65	1.0	1.5	2.5	4.0	6.5	10	15	25	40	65	100	150	250	400	650	1000
				Ac Re	Ac Re	Ac Re	Ac Re	Ac Re	Ac Re	Ac Re	Ac Re	Ac Re	Ac Re	Ac Re	Ac Re	Ac Re	Ac Re	Ac Re	Ac Re	Ac Re	Ac Re	Ac Re	Ac Re	Ac Re	Ac Re	Ac Re	Ac Re	Ac Re	Ac Re
N	제1	125	125	↓	↓	*	↑	↓	# 2	# 2	# 3	# 4	0 4	0 5	1 7	2 9	↑	↑	↑	↑	↑	↑	↑	↑	↑	↑	↑	↑	↑
	제2	125	250						0 2	0 3	0 3	1 5	1 6	3 8	4 10	7 14													
	제3	125	375						0 2	0 3	1 4	2 6	3 8	6 10	8 13	13 19													
	제4	125	500						0 2	1 3	2 5	4 7	5 9	9 12	12 17	20 25													
	제5	125	625						1 2	3 4	4 5	6 7	9 10	12 13	18 19	26 27													
P	제1	200	200	↓	*	↑	↓	# 2	# 2	# 3	# 4	0 4	0 5	1 7	2 9	↑	↑	↑	↑	↑	↑	↑	↑	↑	↑	↑	↑	↑	↑
	제2	200	400					0 2	0 3	0 3	1 5	1 6	3 8	4 10	7 14														
	제3	200	600					0 2	0 3	1 4	2 6	3 8	6 10	8 13	13 19														
	제4	200	800					0 2	1 3	2 5	4 7	5 9	9 12	12 17	20 25														
	제5	200	1000					1 2	3 4	4 5	6 7	9 10	12 13	18 19	26 27														
Q	제1	315	315	*	↑	↓	# 2	# 2	# 3	# 4	0 4	0 5	1 7	2 9	↑	↑	↑	↑	↑	↑	↑	↑	↑	↑	↑	↑	↑	↑	↑
	제2	315	630				0 2	0 3	0 3	1 5	1 6	3 8	4 10	7 14															
	제3	315	945				0 2	0 3	1 4	2 6	3 8	6 10	8 13	13 19															
	제4	315	1260				0 2	1 3	2 5	4 7	5 9	9 12	12 17	20 25															
	제5	315	1575				1 2	3 4	4 5	6 7	9 10	12 13	18 19	26 27															
R	제1	500	500	↑	↑	# 2	# 2	# 3	# 4	0 4	0 5	1 7	2 9	↑	↑	↑	↑	↑	↑	↑	↑	↑	↑	↑	↑	↑	↑	↑	↑
	제2	500	1000			0 2	0 3	0 3	1 5	1 6	3 8	4 10	7 14																
	제3	500	1500			0 2	0 3	1 4	2 6	3 8	6 10	8 13	13 19																
	제4	500	2000			0 2	1 3	2 5	4 7	5 9	9 12	12 17	20 25																
	제5	500	2500			1 2	3 4	4 5	6 7	9 10	12 13	18 19	26 27																

(상단 공통 머리글: 합격 품질 수준, AQL, 부적합품 퍼센트 및 100 아이템당 부적합수)

비 고
- ↓ 화살표 아래의 최초의 샘플링 방식을 사용한다. 만약 샘플 크기가 로트 크기 이상이면 전수 검사한다.
- ↑ 화살표 위의 최초의 샘플링 방식을 사용한다.
- Ac 합격 판정개수
- Re 불합격 판정개수
- * 대응하는 1회 샘플링 방식을 사용한다(만약 사용할 수 있다면 대신에 아래의 2회 샘플링 방식을 사용해도 좋다.)
- ++ 대응하는 2회 샘플링 방식을 사용한다(만약 사용할 수 있다면 대신에 아래의 다회 샘플링 방식을 사용해도 좋다.).
- # 이 샘플 크기에서는 합격의 판정을 할 수 없다.

표 6.15(B) 까다로운 검사의 다회 샘플링 방식(주 샘플링표)

샘플 문자	샘플	샘플 크기	누계 샘플 크기	합격 품질 수준, AQL, 부적합품 퍼센트 및 100 아이템당 부적합수																									
				0.010	0.015	0.025	0.040	0.065	0.10	0.15	0.25	0.40	0.65	1.0	1.5	2.5	4.0	6.5	10	15	25	40	65	100	150	250	400	650	1000
				Ac Re	Ac Re	Ac Re	Ac Re	Ac Re	Ac Re	Ac Re	Ac Re	Ac Re	Ac Re	Ac Re	Ac Re	Ac Re	Ac Re	Ac Re	Ac Re	Ac Re	Ac Re	Ac Re	Ac Re	Ac Re	Ac Re	Ac Re	Ac Re	Ac Re	Ac Re
A				↓	↓	↓	↓	↓	↓	↓	↓	↓	↓	↓	↓	↓	↓	↓	↓	↓	↓	*	*	*	*	*	*	*	*
B				↓	↓	↓	↓	↓	↓	↓	↓	↓	↓	↓	↓	↓	↓	*	↓	↓	++	++	++	++	++	++	++	++	++
C				↓	↓	↓	↓	↓	↓	↓	↓	↓	↓	↓	↓	↓	*	↓	↓	++	++	++	++	++	++	++	++	++	↑
D	제1 제2 제3 제4 제5	2 2 2 2 2	2 4 6 8 10	↓	↓	↓	↓	↓	↓	↓	↓	↓	↓	↓	↓	*	↓	↓	# 2 0 2 0 2 0 2 1 2	# 2 0 3 0 3 1 3 3 4	# 3 0 3 1 4 2 5 4 5	# 4 1 5 2 6 4 7 6 7	0 4 2 7 4 9 6 11 10 11	0 6 3 9 7 12 11 15 15 16	1 8 6 12 11 17 16 22 23 24	3 10 10 17 17 24 25 31 34 35	8 15 16 25 26 35 38 45 52 53	↑	↑
E	제1 제2 제3 제4 제5	3 3 3 3 3	3 6 9 12 15	↓	↓	↓	↓	↓	↓	↓	↓	↓	↓	↓	*	↓	↓	# 2 0 2 0 2 0 2 1 2	# 2 0 3 0 3 1 3 3 4	# 3 0 3 1 4 2 5 4 5	# 4 1 5 2 6 4 7 6 7	0 4 2 7 4 9 6 11 10 11	0 6 3 9 7 12 11 15 15 16	1 8 6 12 11 17 16 22 23 24	3 10 10 17 17 24 25 31 34 35	6 15 16 25 26 35 38 45 52 53	↑	↑	↑
F	제1 제2 제3 제4 제5	5 5 5 5 5	5 10 15 20 25	↓	↓	↓	↓	↓	↓	↓	↓	↓	↓	*	↓	↓	# 2 0 2 0 2 0 2 1 2	# 2 0 3 0 3 1 3 3 4	# 3 0 3 1 4 2 5 4 5	# 4 1 5 2 6 4 7 6 7	0 4 2 7 4 9 6 11 10 11	0 6 3 9 7 12 11 15 15 16	1 8 6 12 11 17 16 22 23 24	↑	↑	↑	↑	↑	↑
G	제1 제2 제3 제4 제5	8 8 8 8 8	8 16 24 32 40	↓	↓	↓	↓	↓	↓	↓	↓	↓	*	↓	↓	# 2 0 2 0 2 0 2 1 2	# 2 0 3 0 3 1 3 3 4	# 3 0 3 1 4 2 5 4 5	# 4 1 5 2 6 4 7 6 7	0 4 2 7 4 9 6 11 10 11	0 6 3 9 7 12 11 15 15 16	1 8 6 12 11 17 16 22 23 24	↑	↑	↑	↑	↑	↑	↑

비고
- ↓ 화살표 아래의 최초의 샘플링 방식을 사용한다. 만약 샘플 크기가 로트 크기 이상이면 전수 검사한다.
- ↑ 화살표 위의 최초의 샘플링 방식을 사용한다.
- Ac 합격 판정개수
- Re 불합격 판정개수
- * 대응하는 1회 샘플링 방식을 사용한다(만약 사용할 수 있다면 대신에 아래의 2회 샘플링 방식을 사용해도 좋다.)
- ++ 대응하는 2회 샘플링 방식을 사용한다(만약 사용할 수 있다면 대신에 아래의 다회 샘플링 방식을 사용해도 좋다.).
- \# 이 샘플 크기에서는 합격의 판정을 할 수 없다.

표 6.15(B) 까다로운 검사의 다회 샘플링 방식(주 샘플링표) [계속 1]

샘플 문자	샘플	샘플 크기	누계 샘플 크기	합격 품질 수준, AQL, 부적합품 퍼센트 및 1000아이템당 부적합수																									
				0.010	0.015	0.025	0.040	0.065	0.10	0.15	0.25	0.40	0.65	1.0	1.5	2.5	4.0	6.5	10	15	25	40	65	100	150	250	400	650	1000
				Ac Re	Ac Re	Ac Re	Ac Re	Ac Re	Ac Re	Ac Re	Ac Re	Ac Re	Ac Re	Ac Re	Ac Re	Ac Re	Ac Re	Ac Re	Ac Re	Ac Re	Ac Re	Ac Re	Ac Re	Ac Re	Ac Re	Ac Re	Ac Re	Ac Re	Ac Re
H	제1	13	13	↓	↓	↓	↓	↓	↓	↓	↓	*	↓	↓	# 2	# 2	# 3	# 4	0 4	0 6	1 8	↑	↑	↑	↑	↑	↑	↑	↑
	제2	13	26												0 2	0 3	0 3	1 5	2 7	3 9	6 12								
	제3	13	39												0 2	0 3	1 4	2 6	4 9	7 12	11 17								
	제4	13	52												0 2	1 3	2 5	4 7	6 11	11 15	16 22								
	제5	13	65												1 2	3 4	4 5	6 7	10 11	15 16	23 24								
J	제1	20	20	↓	↓	↓	↓	↓	↓	↓	*	↓	↓	# 2	# 2	# 3	# 4	0 4	0 6	1 8	↑	↑	↑	↑	↑	↑	↑	↑	↑
	제2	20	40											0 2	0 3	0 3	1 5	2 7	3 9	6 12									
	제3	20	60											0 2	0 3	1 4	2 6	4 9	7 12	11 17									
	제4	20	80											0 2	1 3	2 5	4 7	6 11	11 15	16 22									
	제5	20	100											1 2	3 4	4 5	6 7	10 11	15 16	23 24									
K	제1	32	32	↓	↓	↓	↓	↓	↓	*	↓	↓	# 2	# 2	# 3	# 4	0 4	0 6	1 8	↑	↑	↑	↑	↑	↑	↑	↑	↑	↑
	제2	32	64										0 2	0 3	0 3	1 5	2 7	3 9	6 12										
	제3	32	96										0 2	0 3	1 4	2 6	4 9	7 12	11 17										
	제4	32	128										0 2	1 3	2 5	4 7	6 11	11 15	16 22										
	제5	32	160										1 2	3 4	4 5	6 7	10 11	15 16	23 24										
L	제1	50	50	↓	↓	↓	↓	↓	*	↓	↓	# 2	# 2	# 3	# 4	0 4	0 6	1 8	↑	↑	↑	↑	↑	↑	↑	↑	↑	↑	↑
	제2	50	100									0 2	0 3	0 3	1 5	2 7	3 9	6 12											
	제3	50	150									0 2	0 3	1 4	2 6	4 9	7 12	11 17											
	제4	50	200									0 2	1 3	2 5	4 7	6 11	11 15	16 22											
	제5	50	250									1 2	3 4	4 5	6 7	10 11	15 16	23 24											
M	제1	80	80	↓	↓	↓	↓	*	↓	↓	# 2	# 2	# 3	# 4	0 4	0 6	1 8	↑	↑	↑	↑	↑	↑	↑	↑	↑	↑	↑	↑
	제2	80	160								0 2	0 3	0 3	1 5	2 7	3 9	6 12												
	제3	80	240								0 2	0 3	1 4	2 6	4 9	7 12	11 17												
	제4	80	320								0 2	1 3	2 5	4 7	6 11	11 15	16 22												
	제5	80	400								1 2	3 4	4 5	6 7	10 11	15 16	23 24												

비고
- ↓ 화살표 아래의 최초의 샘플링 방식을 사용한다. 만약 샘플 크기가 로트 크기 이상이면 전수 검사한다.
- ↑ 화살표 위의 최초의 샘플링 방식을 사용한다.
- Ac 합격 판정개수
- Re 불합격 판정개수
- * 대응하는 1회 샘플링 방식을 사용한다(만약 사용할 수 있다면 대신에 아래의 2회 샘플링 방식을 사용해도 좋다.)
- ++ 대응하는 2회 샘플링 방식을 사용한다(만약 사용할 수 있다면 대신에 아래의 다회 샘플링 방식을 사용해도 좋다.).
- # 이 샘플 크기에서는 합격의 판정을 할 수 없다.

표 6.15(B) 까다로운 검사의 다회 샘플링 방식(주 샘플링표) [계속 2]

샘플 문자	샘플	샘플 크기	누계 샘플 크기	합격 품질 수준, AQL, 부적합품 퍼센트 및 100아이템당 부적합수																									
				0.010	0.015	0.025	0.040	0.065	0.10	0.15	0.25	0.40	0.65	1.0	1.5	2.5	4.0	6.5	10	15	25	40	65	100	150	250	400	650	1000
				Ac Re	Ac Re	Ac Re	Ac Re	Ac Re	Ac Re	Ac Re	Ac Re	Ac Re	Ac Re	Ac Re	Ac Re	Ac Re	Ac Re	Ac Re	Ac Re	Ac Re	Ac Re	Ac Re	Ac Re	Ac Re	Ac Re	Ac Re	Ac Re	Ac Re	Ac Re
N	제1	125	125	↓	↓	↓		↓	↓	# 2	# 2	# 3	# 4	0 4	0 6	1 8	↑	↑	↑	↑	↑	↑	↑	↑	↑	↑	↑	↑	↑
	제2	125	250	↓	↓	↓		↓	↓	0 2	0 3	0 3	1 5	2 7	3 9	6 12	↑	↑	↑	↑	↑	↑	↑	↑	↑	↑	↑	↑	↑
	제3	125	375	↓	↓	↓	*	↓	↓	0 2	0 3	1 4	2 6	4 9	7 12	11 17	↑	↑	↑	↑	↑	↑	↑	↑	↑	↑	↑	↑	↑
	제4	125	500	↓	↓	↓		↓	↓	0 2	1 3	2 5	4 7	6 11	11 15	16 22	↑	↑	↑	↑	↑	↑	↑	↑	↑	↑	↑	↑	↑
	제5	125	625	↓	↓	↓		↓	↓	1 2	3 4	4 5	6 7	10 11	15 16	23 24	↑	↑	↑	↑	↑	↑	↑	↑	↑	↑	↑	↑	↑
P	제1	200	200	↓	↓		↓	↓	# 2	# 2	# 3	# 4	0 4	0 6	1 8	↑	↑	↑	↑	↑	↑	↑	↑	↑	↑	↑	↑	↑	↑
	제2	200	400	↓	↓		↓	↓	0 2	0 3	0 3	1 5	2 7	3 9	6 12	↑	↑	↑	↑	↑	↑	↑	↑	↑	↑	↑	↑	↑	↑
	제3	200	600	↓	↓	*	↓	↓	0 2	0 3	1 4	2 6	4 9	7 12	11 17	↑	↑	↑	↑	↑	↑	↑	↑	↑	↑	↑	↑	↑	↑
	제4	200	800	↓	↓		↓	↓	0 2	1 3	2 5	4 7	6 11	11 15	16 22	↑	↑	↑	↑	↑	↑	↑	↑	↑	↑	↑	↑	↑	↑
	제5	200	1000	↓	↓		↓	↓	1 2	3 4	4 5	6 7	10 11	15 16	23 24	↑	↑	↑	↑	↑	↑	↑	↑	↑	↑	↑	↑	↑	↑
Q	제1	315	315	↓		↓	↓	# 2	# 2	# 3	# 4	0 4	0 6	1 8	↑	↑	↑	↑	↑	↑	↑	↑	↑	↑	↑	↑	↑	↑	↑
	제2	315	630	↓		↓	↓	0 2	0 3	0 3	1 5	2 7	3 9	6 12	↑	↑	↑	↑	↑	↑	↑	↑	↑	↑	↑	↑	↑	↑	↑
	제3	315	945	↓	*	↓	↓	0 2	0 3	1 4	2 6	4 9	7 12	11 17	↑	↑	↑	↑	↑	↑	↑	↑	↑	↑	↑	↑	↑	↑	↑
	제4	315	1260	↓		↓	↓	0 2	1 3	2 5	4 7	6 11	11 15	16 22	↑	↑	↑	↑	↑	↑	↑	↑	↑	↑	↑	↑	↑	↑	↑
	제5	315	1575	↓		↓	↓	1 2	3 4	4 5	6 7	10 11	15 16	23 24	↑	↑	↑	↑	↑	↑	↑	↑	↑	↑	↑	↑	↑	↑	↑
R	제1	500	500		↑	↓	# 2	# 2	# 3	# 4	0 4	0 6	1 8	↑	↑	↑	↑	↑	↑	↑	↑	↑	↑	↑	↑	↑	↑	↑	↑
	제2	500	1000		↑	↓	0 2	0 3	0 3	1 5	2 7	3 9	6 12	↑	↑	↑	↑	↑	↑	↑	↑	↑	↑	↑	↑	↑	↑	↑	↑
	제3	500	1500	*	↑	↓	0 2	0 3	1 4	2 6	4 9	7 12	11 17	↑	↑	↑	↑	↑	↑	↑	↑	↑	↑	↑	↑	↑	↑	↑	↑
	제4	500	2000		↑	↓	0 2	1 3	2 5	4 7	6 11	11 15	16 22	↑	↑	↑	↑	↑	↑	↑	↑	↑	↑	↑	↑	↑	↑	↑	↑
	제5	500	2500		↑	↓	1 2	3 4	4 5	6 7	10 11	15 16	23 24	↑	↑	↑	↑	↑	↑	↑	↑	↑	↑	↑	↑	↑	↑	↑	↑
S	제1	800	800			# 2																							
	제2	800	1600			0 2																							
	제3	800	2400			0 2																							
	제4	800	3200			0 2																							
	제5	800	4000			1 2																							

비고 ↓ 화살표 아래의 최초의 샘플링 방식을 사용한다. 만약 샘플 크기가 로트 크기 이상이면 전수 검사한다.
↑ 화살표 위의 최초의 샘플링 방식을 사용한다.
Ac 합격 판정개수
Re 불합격 판정개수
* 대응하는 1회 샘플링 방식을 사용한다(만약 사용할 수 있다면 대신에 아래의 2회 샘플링 방식을 사용해도 좋다.)
++ 대응하는 2회 샘플링 방식을 사용한다(만약 사용할 수 있다면 대신에 아래의 다회 샘플링 방식을 사용해도 좋다.).
# 이 샘플 크기에서는 합격의 판정을 할 수 없다.

표 6.15(C) 수월한 검사의 다회 샘플링 방식(주 샘플링표)

샘플 문자	샘플	샘플 크기	누계 샘플 크기	합격 품질 수준, AQL, 부적합품 퍼센트 및 100아이템당 부적합수																									
				0.010	0.015	0.025	0.040	0.065	0.10	0.15	0.25	0.40	0.65	1.0	1.5	2.5	4.0	6.5	10	15	25	40	65	100	150	250	400	650	1000
				Ac Re	Ac Re	Ac Re	Ac Re	Ac Re	Ac Re	Ac Re	Ac Re	Ac Re	Ac Re	Ac Re	Ac Re	Ac Re	Ac Re	Ac Re	Ac Re	Ac Re	Ac Re	Ac Re	Ac Re	Ac Re	Ac Re	Ac Re	Ac Re	Ac Re	Ac Re
A				↓	↓	↓	↓	↓	↓	↓	↓	↓	↓	↓	↓	↓	↓	*	↓	↓	*	*	*	*	*	*	*	*	*
B				↓	↓	↓	↓	↓	↓	↓	↓	↓	↓	↓	↓	↓	*	↑	↓	↓	*	*	*	*	*	*	*	*	*
C				↓	↓	↓	↓	↓	↓	↓	↓	↓	↓	↓	↓	*	↑	↓	↓	*	*	*	*	*	*	*	*	*	↑
D				↓	↓	↓	↓	↓	↓	↓	↓	↓	↓	↓	*	↑	↓	↓	++	++	++	++	++	++	++	++	++	↑	↑
E				↓	↓	↓	↓	↓	↓	↓	↓	↓	↓	*	↑	↓	↓	++	++	++	++	++	++	++	++	++	↑	↑	↑
F	제1	2	2	↓	↓	↓	↓	↓	↓	↓	↓	↓	*	↑	↓	↓	# 2	# 2	# 3	# 3	0 4	0 4	0 5	↑	↑	↑	↑	↑	↑
	제2	2	4														0 2	0 3	0 3	1 4	1 6	2 7	3 8						
	제3	2	6														0 2	0 3	1 4	2 5	2 7	4 9	6 10						
	제4	2	8														0 2	1 3	2 5	3 5	4 8	6 11	9 12						
	제5	2	10														1 2	3 4	4 5	5 6	7 8	10 11	12 13						
G	제1	3	3	↓	↓	↓	↓	↓	↓	↓	↓	*	↑	↓	↓	# 2	# 2	# 3	# 3	0 4	0 4	0 5	↑	↑	↑	↑	↑	↑	↑
	제2	3	6													0 2	0 3	0 3	1 4	1 6	2 7	3 8							
	제3	3	9													0 2	0 3	1 4	2 5	2 7	4 9	6 10							
	제4	3	12													0 2	1 3	2 5	3 5	4 8	6 11	9 12							
	제5	3	15													1 2	3 4	4 5	5 6	7 8	10 11	12 13							
H	제1	5	5	↓	↓	↓	↓	↓	↓	↓	*	↑	↓	↓	# 2	# 2	# 3	# 3	0 4	0 4	0 5	↑	↑	↑	↑	↑	↑	↑	↑
	제2	5	10											0 2	0 3	0 3	1 4	1 6	2 7	3 8									
	제3	5	15											0 2	0 3	1 4	2 5	2 7	4 9	6 10									
	제4	5	20											0 2	1 3	2 5	3 5	4 8	6 11	9 12									
	제5	5	25											1 2	3 4	4 5	5 6	7 8	10 11	12 13									

비고
↓ 화살표 아래의 최초의 샘플링 방식을 사용한다. 만약 샘플 크기가 로트 크기 이상이면 전수 검사한다.
↑ 화살표 위의 최초의 샘플링 방식을 사용한다.
Ac 합격 판정개수, Re 불합격 판정개수
* 대응하는 1회 샘플링 방식을 사용한다(만약 사용할 수 있다면 대신에 아래의 2회 샘플링 방식을 사용해도 좋다.)
++ 대응하는 2회 샘플링 방식을 사용한다(만약 사용할 수 있다면 대신에 아래의 다회 샘플링 방식을 사용해도 좋다.).
\# 이 샘플 크기에서는 합격의 판정을 할 수 없다.

표 6.15(C) 수월한 검사의 다회 샘플링 방식(주 샘플링표) [계속 1]

샘플 문자	샘플	샘플 크기	누계 샘플 크기	0.010	0.015	0.025	0.040	0.065	0.10	0.15	0.25	0.40	0.65	1.0	1.5	2.5	4.0	6.5	10	15	25	40	65	100	150	250	400	650	1000
				합격 품질 수준, AQL, 부적합품 퍼센트 및 100 아이템당 부적합수																									
				Ac Re	Ac Re	Ac Re	Ac Re	Ac Re	Ac Re	Ac Re	Ac Re	Ac Re	Ac Re	Ac Re	Ac Re	Ac Re	Ac Re	Ac Re	Ac Re	Ac Re	Ac Re	Ac Re	Ac Re	Ac Re	Ac Re	Ac Re	Ac Re	Ac Re	Ac Re
J	제1 제2 제3 제4 제5	8 8 8 8 8	8 16 24 32 40	↓	↓	↓	↓	↓	↓	*	↑	↓	↓	# 2 0 2 0 2 0 2 1 2	# 2 0 3 0 3 1 3 3 4	# 3 0 3 1 4 2 5 4 5	# 3 1 4 2 5 3 5 5 6	0 4 1 6 2 7 4 8 7 8	0 4 2 7 4 9 6 11 10 11	0 5 3 8 6 10 9 12 12 13	↑	↑	↑	↑	↑	↑	↑	↑	↑
K	제1 제2 제3 제4 제5	13 13 13 13 13	13 26 39 52 65	↓	↓	↓	↓	↓	*	↑	↓	↓	# 2 0 2 0 2 0 2 1 2	# 2 0 3 0 3 1 3 3 4	# 3 0 3 1 4 2 5 4 5	# 3 1 4 2 5 3 5 5 6	0 4 1 6 2 7 4 8 7 8	0 4 2 7 4 9 6 11 10 11	0 5 3 8 6 10 9 12 12 13	↑	↑	↑	↑	↑	↑	↑	↑	↑	↑
L	제1 제2 제3 제4 제5	20 20 20 20 20	20 40 60 80 100	↓	↓	↓	↓	*	↑	↓	↓	# 2 0 2 0 2 0 2 1 2	# 2 0 3 0 3 1 3 3 4	# 3 0 3 1 4 2 5 4 5	# 3 1 4 2 5 3 5 5 6	0 4 1 6 2 7 4 8 7 8	0 4 2 7 4 9 6 11 10 11	0 5 3 8 6 10 9 12 12 13	↑	↑	↑	↑	↑	↑	↑	↑	↑	↑	↑
N	제1 제2 제3 제4 제5	32 32 32 32 32	32 64 96 128 160	↓	↓	↓	*	↑	↓	↓	# 2 0 2 0 2 0 2 1 2	# 2 0 3 0 3 1 3 3 4	# 3 0 3 1 4 2 5 4 5	# 3 1 4 2 5 3 5 5 6	0 4 1 6 2 7 4 8 7 8	0 4 2 7 4 9 6 11 10 11	0 5 3 8 6 10 9 12 12 13	↑	↑	↑	↑	↑	↑	↑	↑	↑	↑	↑	↑

비고 ↓ 화살표 아래의 최초의 샘플링 방식을 사용한다. 만약 샘플 크기가 로트 크기 이상이면 전수 검사한다.
↑ 화살표 위의 최초의 샘플링 방식을 사용한다.
Ac 합격 판정개수
Re 불합격 판정개수
* 대응하는 1회 샘플링 방식을 사용한다(만약 사용할 수 있다면 대신에 아래의 2회 샘플링 방식을 사용해도 좋다.)
++ 대응하는 2회 샘플링 방식을 사용한다(만약 사용할 수 있다면 대신에 아래의 다회 샘플링 방식을 사용해도 좋다.).
\# 이 샘플 크기에서는 합격의 판정을 할 수 없다.

표 6.15(C) 수월한 검사의 다회 샘플링 방식(주 샘플링표) [계속 2]

샘플 문자	샘플	샘플 크기	누계 샘플 크기	합격 품질 수준, AQL, 부적합품 퍼센트 및 100아이템당 부적합수																									
				0.010	0.015	0.025	0.040	0.065	0.10	0.15	0.25	0.40	0.65	1.0	1.5	2.5	4.0	6.5	10	15	25	40	65	100	150	250	400	650	1000
				Ac Re	Ac Re	Ac Re	Ac Re	Ac Re	Ac Re	Ac Re	Ac Re	Ac Re	Ac Re	Ac Re	Ac Re	Ac Re	Ac Re	Ac Re	Ac Re	Ac Re	Ac Re	Ac Re	Ac Re	Ac Re	Ac Re	Ac Re	Ac Re	Ac Re	Ac Re
N	제1	50	50	↓	↓	*	↑	↓	↓	# 2	# 2	# 3	# 3	0 4	0 4	0 5	↑	↑	↑	↑	↑	↑	↑	↑	↑	↑	↑	↑	↑
	제2	50	100							0 2	0 3	0 3	1 4	1 6	2 7	3 8													
	제3	50	150							0 2	0 3	1 4	2 5	2 7	4 9	6 10													
	제4	50	200							0 2	1 3	2 5	3 5	4 8	6 11	9 12													
	제5	50	250							1 2	3 4	4 5	5 6	7 8	10 11	12 13													
P	제1	80	80	↓	*	↑	↓	↓	# 2	# 2	# 3	# 3	0 4	0 4	0 5	↑	↑	↑	↑	↑	↑	↑	↑	↑	↑	↑	↑	↑	↑
	제2	80	160						0 2	0 3	0 3	1 4	1 6	2 7	3 8														
	제3	80	240						0 2	0 3	1 4	2 5	2 7	4 9	6 10														
	제4	80	320						0 2	1 3	2 5	3 5	4 8	6 11	9 12														
	제5	80	400						1 2	3 4	4 5	5 6	7 8	10 11	12 13														
Q	제1	125	125	*	↑	↑	↓	# 2	# 2	# 3	# 3	0 4	0 4	0 5	↑	↑	↑	↑	↑	↑	↑	↑	↑	↑	↑	↑	↑	↑	↑
	제2	125	250					0 2	0 3	0 3	1 4	1 6	2 7	3 8															
	제3	125	375					0 2	0 3	1 4	2 5	2 7	4 9	6 10															
	제4	125	500					0 2	1 3	2 5	3 5	4 8	6 11	9 12															
	제5	125	625					1 2	3 4	4 5	5 6	7 8	10 11	12 13															
R	제1	200	200	↑	↑	↑	# 2	# 2	# 3	# 3	0 4	0 4	0 5	↑	↑	↑	↑	↑	↑	↑	↑	↑	↑	↑	↑	↑	↑	↑	↑
	제2	200	400				0 2	0 3	0 3	1 4	1 6	2 7	3 8																
	제3	200	600				0 2	0 3	1 4	2 5	2 7	4 9	6 10																
	제4	200	800				0 2	1 3	2 5	3 5	4 8	6 11	9 12																
	제5	200	1000				1 2	3 4	4 5	5 6	7 8	10 11	12 13																

비고
- ↓ 화살표 아래의 최초의 샘플링 방식을 사용한다. 만약 샘플 크기가 로트 크기 이상이면 전수 검사한다.
- ↑ 화살표 위의 최초의 샘플링 방식을 사용한다.
- Ac 합격 판정개수
- Re 불합격 판정개수
- * 대응하는 1회 샘플링 방식을 사용한다(만약 사용할 수 있다면 대신에 아래의 2회 샘플링 방식을 사용해도 좋다.)
- ++ 대응하는 2회 샘플링 방식을 사용한다(만약 사용할 수 있다면 대신에 아래의 다회 샘플링 방식을 사용해도 좋다.).
- # 이 샘플 크기에서는 합격의 판정을 할 수 없다.

표 6.16(A) 보통 검사의 1회 샘플링 방식(보조적 주 샘플링표)

샘플 문자	샘플 크기	합격 품질 수준, AQL, 부적합품 퍼센트 및 100 아이템당 부적합수																									
		0.010	0.015	0.025	0.040	0.065	0.10	0.15	0.25	0.40	0.65	1.0	1.5	2.5	4.0	6.5	10	15	25	40	65	100	150	250	400	650	1000
		Ac Re	Ac Re	Ac Re	Ac Re	Ac Re	Ac Re	Ac Re	Ac Re	Ac Re	Ac Re	Ac Re	Ac Re	Ac Re	Ac Re	Ac Re	Ac Re	Ac Re	Ac Re	Ac Re	Ac Re	Ac Re	Ac Re	Ac Re	Ac Re	Ac Re	Ac Re
A	2														⇩	0 1	1/3	1/2	1 2	2 3	3 4	5 6	7 8	10 11	14 15	21 22	30 31
B	3													⇩	0 1	1/3	1/2	1 2	2 3	3 4	5 6	7 8	10 11	14 15	21 22	30 31	44 45
C	5												⇩	0 1	1/3	1/2	1 2	2 3	3 4	5 6	7 8	10 11	14 15	21 22	30 31	44 45	⇧
D	8											⇩	0 1	1/3	1/2	1 2	2 3	3 4	5 6	7 8	10 11	14 15	21 22	30 31	44 45	⇧	
E	13										⇩	0 1	1/3	1/2	1 2	2 3	3 4	5 6	7 8	10 11	14 15	21 22	30 31	44 45	⇧		
F	20									⇩	0 1	1/3	1/2	1 2	2 3	3 4	5 6	7 8	10 11	14 15	21 22	⇧	⇧	⇧			
G	32								⇩	0 1	1/3	1/2	1 2	2 3	3 4	5 6	7 8	10 11	14 15	21 22	⇧						
H	50							⇩	0 1	1/3	1/2	1 2	2 3	3 4	5 6	7 8	10 11	14 15	21 22	⇧							
J	80						⇩	0 1	1/3	1/2	1 2	2 3	3 4	5 6	7 8	10 11	14 15	21 22	⇧								
K	125					⇩	0 1	1/3	1/2	1 2	2 3	3 4	5 6	7 8	10 11	14 15	21 22	⇧									
L	200				⇩	0 1	1/3	1/2	1 2	2 3	3 4	5 6	7 8	10 11	14 15	21 22	⇧										
M	315			⇩	0 1	1/3	1/2	1 2	2 3	3 4	5 6	7 8	10 11	14 15	21 22	⇧											
N	500		⇩	0 1	1/3	1/2	1 2	2 3	3 4	5 6	7 8	10 11	14 15	21 22	⇧												
P	800	⇩	0 1	1/3	1/2	1 2	2 3	3 4	5 6	7 8	10 11	14 15	21 22	⇧													
Q	1250	0 1	1/3	1/2	1 2	2 3	3 4	5 6	7 8	10 11	14 15	21 22	⇧														
R	2000	1/3	1/2	1 2	2 3	3 4	5 6	7 8	10 11	14 15	21 22	⇧															

비고 ⇩ 화살표 아래의 최초의 샘플링 방식을 사용한다. 만약 샘플크기가 로트 크기 이상이면 전수 검사한다.
⇧ 화살표 위의 최초의 샘플링 방식을 사용한다.
Ac 합격 판정개수
Re 불합격 판정개수

표 6.16(B) 까다로운 검사의 1회 샘플링 방식(보조적 주 샘플링표)

샘플 문자	샘플 크기	합격 품질 수준, AQL, 부적합품 퍼센트 및 100 아이템당 부적합수																									
		0.010	0.015	0.025	0.040	0.065	0.10	0.15	0.25	0.40	0.65	1.0	1.5	2.5	4.0	6.5	10	15	25	40	65	100	150	250	400	650	1000
		Ac Re	Ac Re	Ac Re	Ac Re	Ac Re	Ac Re	Ac Re	Ac Re	Ac Re	Ac Re	Ac Re	Ac Re	Ac Re	Ac Re	Ac Re	Ac Re	Ac Re	Ac Re	Ac Re	Ac Re	Ac Re	Ac Re	Ac Re	Ac Re	Ac Re	Ac Re
A	2	↓	↓	↓	↓	↓	↓	↓	↓	↓	↓	↓	↓	↓	↓	↓	0 1	1/3	1/2	1 2	2 3	3 4	5 6	8 9	12 13	18 19	27 28
B	3	↓	↓	↓	↓	↓	↓	↓	↓	↓	↓	↓	↓	↓	↓	0 1	1/3	1/2	1 2	2 3	3 4	5 6	8 9	12 13	18 19	27 28	41 42
C	5	↓	↓	↓	↓	↓	↓	↓	↓	↓	↓	↓	↓	↓	0 1	1/3	1/2	1 2	2 3	3 4	5 6	8 9	12 13	18 19	27 28	41 42	↑
D	8	↓	↓	↓	↓	↓	↓	↓	↓	↓	↓	↓	↓	0 1	1/3	1/2	1 2	2 3	3 4	5 6	8 9	12 13	18 19	27 28	41 42	↑	↑
E	13	↓	↓	↓	↓	↓	↓	↓	↓	↓	↓	↓	0 1	1/3	1/2	1 2	2 3	3 4	5 6	8 9	12 13	18 19	27 28	41 42	↑	↑	↑
F	20	↓	↓	↓	↓	↓	↓	↓	↓	↓	↓	0 1	1/3	1/2	1 2	2 3	3 4	5 6	8 9	12 13	18 19	↑	↑	↑	↑	↑	↑
G	32	↓	↓	↓	↓	↓	↓	↓	↓	↓	0 1	1/3	1/2	1 2	2 3	3 4	5 6	8 9	12 13	18 19	↑	↑	↑	↑	↑	↑	↑
H	50	↓	↓	↓	↓	↓	↓	↓	↓	0 1	1/3	1/2	1 2	2 3	3 4	5 6	8 9	12 13	18 19	↑	↑	↑	↑	↑	↑	↑	↑
J	80	↓	↓	↓	↓	↓	↓	↓	0 1	1/3	1/2	1 2	2 3	3 4	5 6	8 9	12 13	18 19	↑	↑	↑	↑	↑	↑	↑	↑	↑
K	125	↓	↓	↓	↓	↓	↓	0 1	1/3	1/2	1 2	2 3	3 4	5 6	8 9	12 13	18 19	↑	↑	↑	↑	↑	↑	↑	↑	↑	↑
L	200	↓	↓	↓	↓	↓	0 1	1/3	1/2	1 2	2 3	3 4	5 6	8 9	12 13	18 19	↑	↑	↑	↑	↑	↑	↑	↑	↑	↑	↑
M	315	↓	↓	↓	↓	0 1	1/3	1/2	1 2	2 3	3 4	5 6	8 9	12 13	18 19	↑	↑	↑	↑	↑	↑	↑	↑	↑	↑	↑	↑
N	500	↓	↓	↓	0 1	1/3	1/2	1 2	2 3	3 4	5 6	8 9	12 13	18 19	↑	↑	↑	↑	↑	↑	↑	↑	↑	↑	↑	↑	↑
P	800	↓	↓	0 1	1/3	1/2	1 2	2 3	3 4	5 6	8 9	12 13	18 19	↑	↑	↑	↑	↑	↑	↑	↑	↑	↑	↑	↑	↑	↑
Q	1250	↓	0 1	1/3	1/2	1 2	2 3	3 4	5 6	8 9	12 13	18 19	↑	↑	↑	↑	↑	↑	↑	↑	↑	↑	↑	↑	↑	↑	↑
R	2000	0 1	1/3	1/2	1 2	2 3	3 4	5 6	8 9	12 13	18 19	↑	↑	↑	↑	↑	↑	↑	↑	↑	↑	↑	↑	↑	↑	↑	↑

비고 ↓ 화살표 아래의 최초의 샘플링 방식을 사용한다. 만약 샘플 크기가 로트 크기 이상이면 전수 검사한다.
↑ 화살표 위의 최초의 샘플링 방식을 사용한다.
Ac 합격 판정개수
Re 불합격 판정개수

표 6.16(C) 수월한 검사의 1회 샘플링 방식(보조적 주 샘플링표)

샘플 문자	샘플 크기	합격 품질 수준, AQL, 부적합품 퍼센트 및 100 아이템당 부적합수																									
		0.010	0.015	0.025	0.040	0.065	0.10	0.15	0.25	0.40	0.65	1.0	1.5	2.5	4.0	6.5	10	15	25	40	65	100	150	250	400	650	1000
		Ac Re	Ac Re	Ac Re	Ac Re	Ac Re	Ac Re	Ac Re	Ac Re	Ac Re	Ac Re	Ac Re	Ac Re	Ac Re	Ac Re	Ac Re	Ac Re	Ac Re	Ac Re	Ac Re	Ac Re	Ac Re	Ac Re	Ac Re	Ac Re	Ac Re	Ac Re
A	2														⇩	0 1	1/3	1/2	1 2	2 3	3 4	5 6	7 8	10 11	14 15	21 22	30 31
B	2													⇩	0 1	1/5	1/3	1/2	1 2	2 3	3 4	5 6	7 8	10 11	14 15	21 22	30 31
C	2												⇩	0 1	1/5	1/3	1/2	1 2	2 3	3 4	4 5	6 7	8 9	10 11	14 15	21 22	⇧
D	3											⇩	0 1	1/5	1/3	1/2	1 2	2 3	3 4	4 5	6 7	8 9	10 11	14 15	21 22	⇧	
E	5										⇩	0 1	1/5	1/3	1/2	1 2	2 3	3 4	4 5	6 7	8 9	10 11	14 15	21 22	⇧		
F	8									⇩	0 1	1/5	1/3	1/2	1 2	2 3	3 4	4 5	6 7	8 9	10 11	⇧	⇧	⇧			
G	13								⇩	0 1	1/5	1/3	1/2	1 2	2 3	3 4	4 5	6 7	8 9	10 11	⇧						
H	50							⇩	0 1	1/5	1/3	1/2	1 2	2 3	3 4	4 5	6 7	8 9	10 11	⇧							
J	32						⇩	0 1	1/5	1/3	1/2	1 2	2 3	3 4	4 5	6 7	8 9	10 11	⇧								
K	50					⇩	0 1	1/5	1/3	1/2	1 2	2 3	3 4	4 5	6 7	8 9	10 11	⇧									
L	80				⇩	0 1	1/5	1/3	1/2	1 2	2 3	3 4	4 5	6 7	8 9	10 11	⇧										
M	125			⇩	0 1	1/5	1/3	1/2	1 2	2 3	3 4	4 5	6 7	8 9	10 11	⇧											
N	200		⇩	0 1	1/5	1/3	1/2	1 2	2 3	3 4	4 5	6 7	8 9	10 11	⇧												
P	315	⇩	0 1	1/5	1/3	1/2	1 2	2 3	3 4	4 5	6 7	8 9	10 11	⇧													
Q	500	0 1	1/5	1/3	1/2	1 2	2 3	3 4	4 5	6 7	8 9	10 11	⇧														
R	800	1/5	1/3	1/2	1 2	2 3	3 4	4 5	6 7	8 9	10 11	⇧															

비고 ⇩ 화살표 아래의 최초의 샘플링 방식을 사용한다. 만약 샘플 크기가 로트 크기 이상이면 전수 검사한다.
⇧ 화살표 위의 최초의 샘플링 방식을 사용한다.
Ac 합격 판정개수
Re 불합격 판정개수

6.3 LQ 지표형 샘플링 검사(KS A/ISO 2859-2)

6.3.1 적용범위 및 분야

(1) 적용범위

이 규격은 LQ에 따른 계수값 합부 판정 샘플링 검사의 샘플링 방식 및 샘플링 검사 절차에 대하여 규정한다. 또한 이 규격은 KS A/ISO 2859-1과 병용이 가능하고, KS A/ISO 2859-1의 전환 규칙이 적용되지 않을 때, 예를 들면 로트가 고립 상태에 있을 때 사용한다.

이 규격의 샘플링 방식은 한계 품질(LQ)의 표준값을 지표로 한 샘플링 방식을 제시한다. LQ에서의 소비자 위험은 통상은 10% 미만, 나빠도 13% 미만이다.

KS A/ISO 2859-1에는 다음과 같이 규정되어 있다. 만일 시리즈의 로트가 전환 규칙의 적용을 허락할 정도로 길지 않으면, 결정된 AQL 하에서 소비자 위험 품질이 지정 값을 넘지 않도록 샘플링 방식을 선택하는 것이 바람직한 경우가 있다. 따라서 소비자 위험 품질(CRQ)과 소비자 위험을 선택함으로써 샘플링 방식을 선택할 수 있다.

고립 상태의 로트에 대한 샘플링 방식 선택 절차의 상세한 것은 KS A/ISO 2859-2에 제시되어 있다.

(2) 적용 분야

이 규격에서는 실무에서 적용되는 2가지 상황에 대하여 절차를 규정한다.

- 절차 A : 공급자와 소비자 양쪽 모두가 로트를 고립 상태로 간주하는 것을 바라는 경우에 사용하는 절차이다. 표는 소비자 위험 및 생산자 위험 모두에 대하여 유한 로트에서의 랜덤 샘플링을 기초로 한다. 절차 B를 사용한다는 특별한 지시가 없는 경우에는 절차 A를 사용한다.
- 절차 B : 공급자는 로트가 연속 시리즈의 하나로 간주되는 것을 바라고 있으나, 소비자는 로트를 고립 상태로 받아들인다고 생각하는 경우에 사용하는 절차이다.

한계 품질의 소비자 위험에 대해서는 유한 로트에서의 랜덤 샘플링을 기초로 하나, 생산자 위험은 공정에서의 랜덤 샘플링을 기초로 하고 있고, OC 곡선의 수치도

표 6.17에 나타냈다. 사용하는 샘플링 방식은 KS A/ISO 2859-1에서 이용할 수 있는 샘플을 방식에서 선택한 것이므로, 소비자가 고립 상태의 로트로서 받아들일 뿐이다. 연속 시리즈의 로트로 할 것인가에 관계없이 생산자는 같은 절차를 유지할 수 있다.

[참고 1] 이 규격의 주목적은 KS A/ISO 2859-1을 보충하는 것이다. 또 KS 샘플링 검사 규격 체계의 국제 일치성 개선을 위해서 KS A 3105(계수 선별형 샘플링 검사)는 폐지되었으나, 이 규격은 KS A 3105의 대체로 사용할 수 있다.

6.3.2 샘플링 방식의 선택

(1) 샘플링 검사 절차의 선택

절차 A는 샘플링 검사의 결과에 대하여 초기하 분포를 기초로 하고 있으나, 절차 A 샘플링 방식 중 합격 판정개수가 0이 아닌 경우 이항 분포에 근사하다.

절차 A는 합격 판정개수가 0인 샘플링 방식을 포함하고 샘플 크기는 초기하 분포에 기초하고 있으나, 절차 B에서는 합격 판정개수가 0인 샘플링 방식은 포함하지 않고 전수 검사로 한다.

절차 A의 종합적 효과는 한계 품질이 8% 미만인 경우에는 검사 수준 I과 비슷하다. 한계 품질이 8% 보다 큰 경우에는 검사 수준 II와 비슷하다. 또 한계 품질이 8%인 경우에는 이 2개 검사 수준의 중간에 있다. 절차 B는 검사 수준의 선택에 큰 유연성이 있다.

양쪽의 절차에서 한계 품질(LQ)은 제출된 로트 중 실제의 부적합품 퍼센트로서 취급하고, 또 이 한계 품질에서의 합격 확률은 절차 A에 대해서는 표 6.17-D1, 절차 B에 대해서는 표 6.17-B1~B10에 제시되어 있다. 만일 제조가 연속 시리즈의 로트로 간주된다면 이들이 전부 동일 소비자에게 갈 것인가에 관계없이 절차 B가 적절한 절차이다. 만약 로트가 단일 로트라면 절차 A가 적절한 절차이고, 또 샘플링 방식의 일부로서 $Ac=0$의 샘플링 방식이 요구된다면 절차 A를 사용한다.

(2) 절차 A(표 6.17-A를 사용한다)

샘플링 방식은 로트 크기 및 한계 품질(LQ)로부터 구해진다. 지정된 로트 크기 및 현재 품질의 값을 지표로 하여 부표 6.17-A에서 샘플 크기(n) 및 합격 판정개수(Ac)를 구한다.

1차적인 지표는 한계 품질(LQ)이다. 생산자/공급자는 그 품질 수준에서 합격 확률에 대한 기준이 필요하다. 생산자 위험점에 관한 정보는 표 6.17-D1에 있다. 또 $Ac = 0$의 샘플링 방식에 대하여 비교적 좋은 로트의 합격 확률 정보는 표 6.17-D2에 있다.

(3) 절차 B(표 6.17-B를 사용한다)

샘플링 방식은 로트 크기, 한계 품질(LQ) 및 검사 수준에서 구할 수 있다(특별한 지정이 없으면 검사 수준 II를 사용한다) 규정된 한계 품질에 표 6.17-B1 ~ B10 중에서 적절한 표를 선택한다. 각 표 중에서 지정된 로트 크기 및 검사 수준을 지표로 하여 샘플 크기(n) 및 합격 판정개수(Ac)를 구한다.

1차적인 지표는 한계 품질(LQ)이나, 생산자/공급자는 그 품질 수준에서 합격 확률에 대한 기준을 정한다. 각 표 중에는 등가의 AQL 및 OC 곡선의 정보가 주어진다. OC 곡선은 KS A/ISO 2859-1에서 사용하는 샘플 문자 및 합격 판정개수를 지표로 한다.

표 6.17-B1 ~ B10에 주어진 OC 곡선은 이항 분포(또는 포아송 분포)를 기초로 하지만 실제의 검사 특성은 더욱 판별력이 좋다. 즉 표에 표시된 확률이 0.90% 이상인 곳에서는 실제의 확률이 더 크고, 0.10% 미만인 곳에서는 실제의 확률이 더 작다.

(4) 샘플링 검사 절차를 위한 척도의 선택

1) 한계 품질(LQ)

AQL이 생산자에 대하여 샘플링 검사에서 대부분의 경우에 합격하는 품질 수준의 기준을 주는 것과는 달리, LQ는 소비자에게 합격 로트의 진정한 품질에 대하여 신뢰할 수 있는 기준을 주는 것은 아니다. 이 때문에 LQ는 바람직한 품질의 최저 3배라는 현실적인 선택을 하는 것이 좋다.

이렇게 하면 생산자 및 공급자 양자에게 바람직한 품질의 로트에 대한 정보를 줄 수 있고, 적어도 합격 판정개수가 3, 5, 10 및 18의 샘플링 방식의 경우에는 제출 로트에 대한 합격 확률을 타당한 값으로 할 수 있다.

합격 판정개수가 1인 샘플링 방식의 경우에 로트 품질은 LQ의 0.1배보다 좋은 값이어야 하고, 합격 판정개수가 0인 샘플링 방식의 경우에 로트 품질은 완벽하거나 또는 합격 확률이 95% 이상이 되는 값이어야 한다.

이 한계 품질의 값은 1조의 표준값에만 한정되고 있고, 샘플링 방식은 이 표준값으로 사용하게 되어 있다. 한계 품질로서 표준값이 아닌 값이 이미 규정되어 있는 경우에 이 샘플링 방식을 도입하려고 할 때에는, 샘플링 방식을 찾을 때 사용하는 한계 품질(LQ)의 표준값은 표 6.17-C의 제 3열에 있는 한계 품질(LQ)의 비표준값을 포함한 구간에 대응하는 것을 사용하면 좋다. 표 6.17-C의 제 2열에는 표 6.17-B1 ~ B10 중 샘플링 방식의 소비자 위험 품질(CRQ)로 소비자 위험 10%에 대한 값의 정보를 포함한다.

보기 …❶ 한계 품질이 이미 3.5%로 규정되어 있다. 이것은 표준값이 아니므로 표 6.17-C를 사용하여 표준값으로 변환한다. 3.5%는 2.50% < LQ < 4.00%의 범위 내에 있으므로 한계 품질(LQ)의 표준값은 이에 대응하는 값 3.15%로 한다.

2) 검사 수준

KS A/ISO 2859-1의 절차에는 샘플 크기가 커질수록 소비자 보호가 좋아지지만, 이 규격에 소비자 보호는 거의 일정하게 유지되고 있고, 샘플 크기가 커질수록 생산자에 대하여 공정평균에 여유를 허락하게 된다.

만일 샘플링 검사의 비용이 생산자 부담이라면 검사 수준은 주로 생산자의 관심사이다. 따라서 공정평균이 한계 품질보다 훨씬 낮으면(품질이 좋으면) 작은 샘플 크기를 사용할 수 있을 것이다.

역으로 만일 소비자가 한계 품질보다도 실제로 품질 쪽에 관심이 있거나 또는 샘플링 검사의 비용이 소비자 부담이라면 높은 검사 수준(특히 검사 수준 III)은 반드시 유리하지는 않다.

(5) 합격 및 불합격에 대응하는 규칙

① 샘플링 : 샘플링 검사 방식이 결정되면 지정된 샘플 아이템을 로트에서 임의로 뽑고, 샘플의 모든 아이템을 검사한다.

② 합격 : 샘플 중에서 발견된 부적합품의 수(또는 부적합의 총수)가 샘플링 검사 방식에서 지정된 합격 판정개수(A_C) 이하이면 로트는 합격이 된다.

③ 부적합품 : 로트가 합격이 된 경우에도 도중에 발견된 부적합품은 샘플의 일부든 아니든 불합격으로 한다.

④ 불합격 및 재 제출 : 만일 샘플 중에서 발견된 부적합품의 수가 합격 판정개수(A_C)보다 큰 로트는 불합격으로 한다. 불합격 로트는 조건을 만족하지 않는 한 다시 제출해서는 안 된다.

a) 소관 권한자가 동의했다.

b) 로트 중의 전 아이템을 재점검 또는 재시험하고, 모든 부적합품이 제거되고, 또는 적합품으로 치환되거나 모든 부적합이 수정되었다.

만일 불합격 로트의 재 제출에 소관 권한자가 동의한 경우 소관 권한자는 합부판정 검사의 방법(LQ 또는 검사 수준)에 대하여 전체를 검사할 것인가 부적합이 있는 등급의 검사 또는 불합격의 원인이 된 것만 검사할 것인가를 결정한다.

(6) 2회 및 다회 샘플링 방식

표 6.17-D3 및 표 6.17-D4에는 표 6.17-B1-B10에 주어진 1회 샘플링 방식에 대응하는 KS A/ISO 2859-1의 것과 일치하고 있다. 또 합격·불합격 판정개수의 패턴은 대응하는 1회 샘플링 방식의 합격 판정개수로 표시한다. 절차 A 및 절차 B의 샘플링 방식 중 합격 판정개수가 0이 아닌 것은 같은 OC곡선이므로 절차 A에서 사용되는 2회 및 다회 샘플링 방식을 대응하는 1회 샘플링 방식 대신에 사용할 수 있다. 사용자는 2회 및 다회 샘플링 방식의 실시에 대해서는 KS A/ISO 2859-1을 참조하면 좋다.

(7) 이 규격의 사용법 설명을 위한 보기

1) 절차 A의 보기

어떤 소비자가 판매를 계획하는 조립식 책장 키트에 첨부하기 위한 10개 나사의 팩 세트를 구입하고 있다. 세트 중에는 정확히 10개의 나사가 들어 있어야 한다. 나사의 개수가 부족한 팩이 1% 이하일 때에는 합격시키지만 불완전한 팩이 훨씬 높은 경우에는 불합격시키고 싶다. 생산 계획은 5000키트로 로트 크기는 1250이다. 공급자는 절차 A에서 한계 품질의 표준값 3.15%를 사용하는 것에 합의하였다. 로트 크기 1250에 대하여 표 6.17-A에서 구하면 샘플링 방식은 $n=125$, $Ac=1$이다.

다음으로 공급자는 5000키트 전체에 필요한 팩 전체를 단일한 로트로서 공급하고 싶다고 제안하였다. 새로운 샘플링 방식은 $n=200$, $Ac=3$이다. 단일 로트쪽이 시험하는 아이템의 비율이 적어지지만, 그래도 이 샘플링 방식에서는 부적합품 퍼센트가 3.15%라는 나쁜 로트에 대해서는 불합격의 확률은 높은 확률이 유지된다. 한편 품질이 1%인 로트의 합격 확률은 64%에서 86%로 증가하고 있다.

2) 절차 B의 보기

같은 소비자가 조립식 책장 키트의 목제 제품 구입을 희망하고 있다. 이 부품은 플라스틱으로 피복된 표준 크기의 칩보드 판넬이다. 공급자는 이 판넬을 정상적으로 생산한다. 용품점으로부터 공급의 통상적인 흐름에서는 1,250키트에 대하여 필요한 7,500매의 판넬을 1로트로 간주한다.

품질 체크에 의하면 플라스틱의 표면 홈은 확률 2.5%로 발생한다. 책장 키트의 생산 공정 중에 표면 홈이 있는 판넬은 제거할 수 있으므로 다소의 혼입은 허용할 수 있으나, 만일 5%의 판넬에 표면 홈이 있으면 생산에 문제가 발생한다는 결론을 내렸다.

소비자와 공급자는 절차 B가 적절하다고 합의하고, 한계 품질의 표준값 5.0% 검사 수준 S-4를 선택하였다. 로트 크기 7,500에 대하여 선택된 샘플링 방식은 표 6.17-B6에서 $n = 80$, $A_C = 1$이다.

이 샘플링 방식에서는 현상의 공정평균에 대한 합격 확률은 50%를 잘라 버린다. 불합격 로트는 사용 전에 전수 검사하는 것으로 하고 있으므로 불합격 확률이 이렇게 높으면 검사 비용은 희망선을 넘게 된다.

검사 수준 III을 선택하면 샘플링 방식은 $n = 315$, $A_C = 10$이 된다. 현상의 공정평균에서 생산한 로트에서도 합격 확률은 80%보다 커진다.

공급자의 공정평균이 좋아서, 예를 들면 1%이면 검사 수준 S-4에서도 같은 정도의 합격 확률을 얻을 수 있다. 이 보기에서 품질이 좋은 공급자라면 같은 한계 품질의 판정 기준에 합치하는 것에 샘플 크기를 줄여서라도 해 갈 수 있다는 것을 알 수 있다.

6.3.3 KS A/ISO 2859-1과의 병용성

(1) 병용성 일반

이 규격에서는 계수값 샘플링 방식에 고유한 확률의 제약하에서 LQ 지표의 샘플링 방식을 표 6.17-A 및 표 6.17-B에 표준화하고 있으나, 이들의 대부분은 KS A/ISO 2859-1 중 기존 AQL 지표의 샘플링 방식에서 합리적으로 선택한 것이다. 합격·불합격의 판정 규칙도 유사하고, 로트 크기의 범주는 KS A/ISO 2859-1과 같게 하고 있다.

(2) 절차 A(표 6.17-A 참조)

단일 특수 로트에서 샘플링 비율(n/N)이 비교적 큰 경우에는 초기하 분포를 사용할 필요가 있다. 이 결과 표 6.17-A에는 39종류의($A_C = 0$) 샘플링 방식을 추가하고 있으나, 이들의 샘플링 방식에 대한 OC 곡선의 데이터는 표 6.17-D2에 있다. 표 6.17-A 중 나머지 80종류의 샘플링 방식은 KS A/ISO 2859-1에서 받아들인 것이다.

(3) 절차 B(표 6.17-B 참조)

표 6.17-B 중의 모든 샘플링 방식은 KS A/ISO 2859-1에서 받아들인 것이지만, 지정된 한계 품질(LQ)에서의 소비자 위험을 맞추고(통상 10% 이하) 있다. KS A/ISO 2859-1의 검사 수준도 받아들이고 있으나, $A_C = 0$의 샘플링 방식은 표 6.17-B에는 포함되어 있지 않다. 그것은 만일 $A_C = 0$인 샘플링 방식의 사용이 필요한 경우에는 표 6.17-A를 사용할 수 있기 때문이다. 이상의 관계를 보충하기 위해서 표 6.17-D5 ~D6이 주어져 있다.

표 6.17-A 한계품질(LQ)을 지표로 하는 1회 샘플링 방식(절차 A, 주 샘플링표)

로트 크기		한계 품질(LQ)(부적합품 퍼센트)									
		0.50	0.80	1.25	2.0	3.15	5.0	8.0	12.5	20.0	31.5
16 ~ 25	n Ac	*	*	*	*	*	*	17([1]) 0	13 0	9 0	6 0
26 ~ 50	n Ac	*	*	*	*	*	28([1]) 0	22 0	15 0	10 0	6 0
51 ~ 90	n Ac	*	*	*	50 0	44 0	34 0	24 0	16 0	10 0	8 0
91 ~ 150	n Ac	*	*	90 0	80 0	55 0	38 0	26 0	18 0	13 0	13 1
151 ~ 280	n Ac	200([1]) 0	170([1]) 0	130 0	95 0	65 0	42 0	28 0	20 0	20 1	13 1
281 ~ 500	n Ac	280 0	220 0	155 0	105 0	80 0	50 0	32 0	32 1	20 1	20 3
501 ~ 1200	n Ac	380 0	255 0	170 0	125 0	125 1	80 1	50 1	32 1	32 3	32 5
1201 ~ 3 200	n Ac	430 0	280 0	200 0	200 1	125 1	125 3	80 3	50 3	50 5	50 10
3 201 ~ 10 000	n Ac	450 0	315 0	315 1	200 1	200 3	200 5	125 5	80 5	80 10	80 18
10 001 ~ 35 000	n Ac	500 0	500 1	315 1	315 3	315 5	315 10	200 10	125 10	125 18	80 18
35 001 ~ 150 000	n Ac	800 1	500 1	500 3	500 5	500 10	500 18	315 18	200 18	125 18	80 18
150 001 ~ 500 000	n Ac	800 1	800 3	800 5	800 10	800 18	500 18	315 18	200 18	125 18	80 18
500 001 이상	n Ac	1 250 3	1 250 5	1 250 10	1 250 18	800 18	500 18	315 18	200 18	125 18	80 18

주([1]) 만약 샘플 크기가 로트 크기 이상이면 전수 검사한다.

비고 * 전수 검사하는(한계 품질은 로트 중 부적합품 개수가 1 미만인 것을 의미하거나 또는 적용할 수 있는 샘플링 방식이 없다.)

표 6.17-B1 한계 품질 0.50%에 대한 1회 샘플링 방식(절차 B, 주 샘플링 표)

검사 수준에 대한 로트 크기					KS A ISO 2859-1의 1회 샘플링 방식 (보통 검사)			샘플 문자	합격 확률(%)의 특정값에 대응하는 공정 품질의 값[1](부적합품 퍼센트)					각 검사 수준에 대한 한계 품질(LQ)에서의 소비자 위험(β_{LQ})의 최대값[1]		
S-1 ~ S-3	S-4	I	II	III	AQL	n	Ac		95.0	90.0	50.0	10.0	5.0	S-1 ~ I	II	III
801[3] 이상	801[3] 이상	801[3] 이상	801[3] ~ 500 000	801[3] ~ 150 000	0.065	800	1	P	0.044 4	0.066 5	0.210	0.485	0.592	9.1	9.1	9.1
			500 001 이상	150 001 ~ 500 000	0.10	1 250	3	Q	0.109	0.140	0.294	0.534	0.619		13.0	13.0
				500 001 이상	0.10	2 000	5	R	0.131	0.158	0.283	0.463	0.525			6.7

주 [1] 공정 품질의 값은 2항 분포에 기초한다.
[2] 초기하 분포에 의한 소비자 위험의 정확한 값은 로트 크기에 따라서 바뀐다. 여기서는 각 검사 수준의 최대값을 부여한다.
[3] 801 미만의 로트에 대해서는 전수 검사한다.

OC 곡선 (OC 곡선은 1회 샘플링 방식에 대한 것이다. 샘플 문자 및 A_C로 식별한다.)

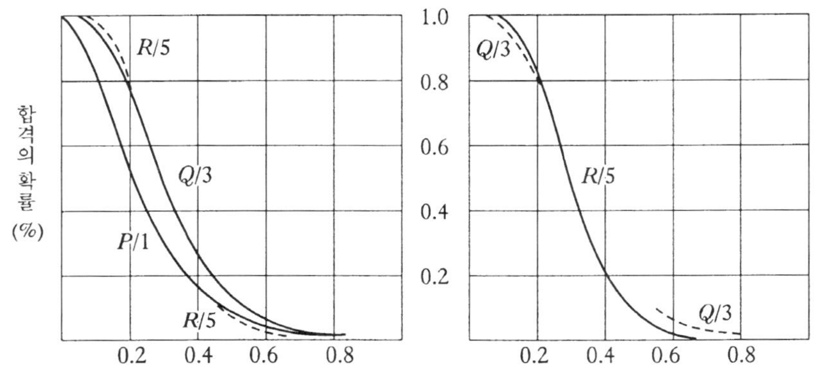

표 6.17-B2 한계 품질 0.80%에 대한 1회 샘플링 방식(절차 B, 주 샘플링 표)

검사 수준에 대한 로트 크기					KS A ISO 2859-1의 1회 샘플링 방식 (보통 검사)			샘플 문자	합격 확률(%)의 특정값에 대응하는 공정 품질의 값(1)(부적합품 퍼센트)					각 검사 수준에 대한 한계 품질(LQ)에서의 소비자 위험(β_{LQ})의 최대값(1)		
S-1 ~ S-3	S-4	I	II	III	AQL	n	Ac		95.0	90.0	50.0	10.0	5.0	S-1 ~ I	II	III
501(3) 이상	501(3) 이상	501(3) 이상	501(3) ~ 150 000	501(3) ~ 35 000	0.10	500	1	N	0.071 1	0.106	0.335	0.776	0.945	9.1	9.1	9.1
			150 001 ~ 500 000	35 001 ~ 150 000	0.15	800	3	P	0.171	0.218	0.459	0.833	0.966		11.8	11.8
			500 001 이상	150 001 ~ 500 000	0.15	1 250	5	Q	0.209	0.252	0.453	0.741	0.839		6.6	6.6

주 (1) 공정 품질의 값은 2항 분포에 기초한다.
(2) 초기하 분포에 의한 소비자 위험의 정확한 값은 로트 크기에 따라서 바뀐다. 여기서는 각 검사 수준의 최대값을 부여한다.
(3) 501 미만의 로트에 대해서는 전수 검사한다.

OC 곡선(OC 곡선은 1회 샘플링 방식에 대한 것이다. 샘플 문자 및 A_C로 식별한다.)

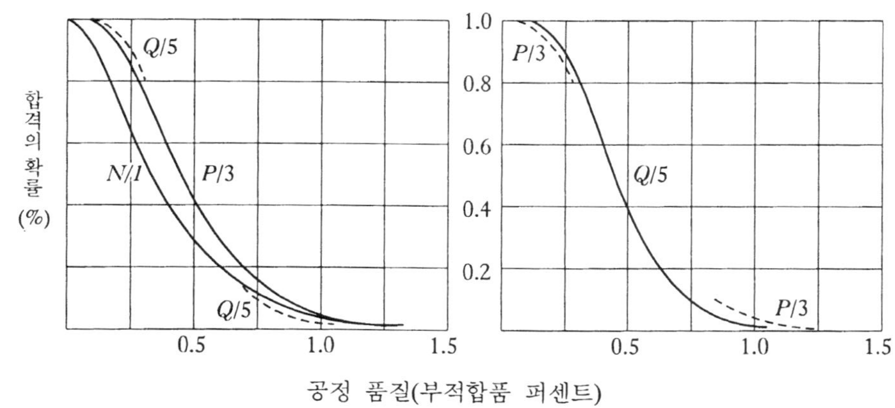

표 6.17-B3 한계 품질 1.25%에 대한 1회 샘플링 방식(절차 B, 주 샘플링 표)

검사 수준에 대한 로트 크기					KS A ISO 2859-1의 1회 샘플링 방식 (보통 검사)			샘플 문자	합격 확률(%)의 특정값에 대응하는 공정 품질의 값(1)(부적합품 퍼센트)					각 검사 수준에 대한 한계 품질(LQ)에서의 소비자 위험(β_{LQ})의 최대값(1)		
S-1 ~ S-3	S-4	I	II	III	AQL	n	Ac		95.0	90.0	50.0	10.0	5.0	S-1 ~ I	II	III
316(3) 이상	316(3) 이상	316(3) 이상	316(3) ~ 35 000	316(3) ~ 10 000	0.10	315	1	M	0.113	0.169	0.532	1.23	1.50	9.5	9.5	9.1
			35 001 ~ 150 000	10 001 ~ 350 000	0.25	500	3	N	0.274	0.349	0.734	1.33	1.54	12.9	12.9	12.9
			150 001 500 000	35 001 ~ 150 000	0.25	800	5	P	0.327	0.394	0.708	1.16	1.31		6.6	6.6
			500 001 이상	150 001 이상	0.40	1250	10	Q	0.494	0.562	0.853	1.23	1.35		9.0	9.0

주 (1) 공정 품질의 값은 2항 분포에 기초한다.
(2) 초기하 분포에 의한 소비자 위험의 정확한 값은 로트 크기에 따라서 바뀐다. 여기서는 각 검사 수준의 최대값을 부여한다.
(3) 316 미만의 로트에 대해서는 전수 검사한다.

OC 곡선(OC 곡선은 1회 샘플링 방식에 대한 것이다. 샘플 문자 및 A_C로 식별한다.)

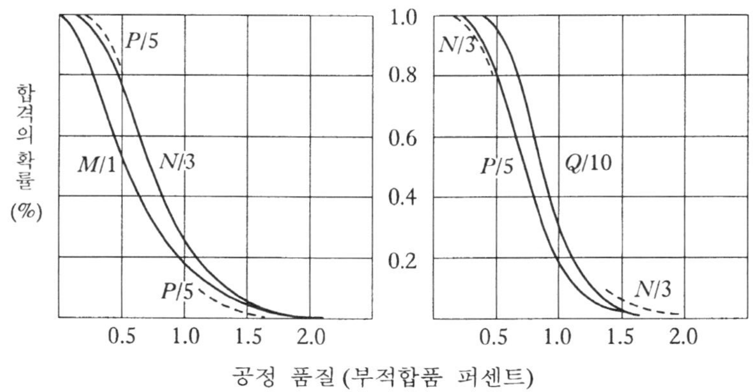

표 6.17-B4 한계 품질 2.00%에 대한 1회 샘플링 방식(절차 B, 주 샘플링 표)

검사 수준에 대한 로트 크기					KS A ISO 2859-1의 1회 샘플링 방식 (보통 검사)			샘플 문자	합격 확률(%)의 특정값에 대응하는 공정 품질의 값(1)(부적합품 퍼센트)					각 검사 수준에 대한 한계 품질(LQ)에서의 소비자 위험(β_{LQ})의 최대값(1)		
S-1 ~ S-3	S-4	I	II	III	AQL	n	Ac		95.0	90.0	50.0	10.0	5.0	S-1 ~ I	II	III
201(3) 이상	201(3) 이상	201(3) ~ 150 000	201(3) ~ 10 000	201(3) ~ 3 200	0.25	200	1	L	0.178	0.266	0.838	1.93	2.35	8.9	8.9	8.3
		150 001 ~ 500 000	10 001 ~ 35 000	3 201 ~ 10 000	0.40	315	3	M	0.435	0.555	1.16	2.11	2.44	12.4	12.4	12.0
		500 001 이상	35 001 ~ 150 000	10 001 ~ 35 000	0.40	500	5	N	0.524	0.632	1.13	1.85	2.09	6.5	6.5	6.5
			150 001 이상	35 001 이상	0.65	800	10	P	0.773	0.879	1.33	1.92	2.11		7.5	7.5

주 (1) 공정 품질의 값은 2항 분포에 기초한다.
(2) 초기하 분포에 의한 소비자 위험의 정확한 값은 로트 크기에 따라서 바뀐다. 여기서는 각 검사 수준의 최대값을 부여한다.
(3) 201 미만의 로트에 대해서는 전수 검사한다.

OC 곡선 (OC 곡선은 1회 샘플링 방식에 대한 것이다. 샘플 문자 및 A_C로 식별한다.)

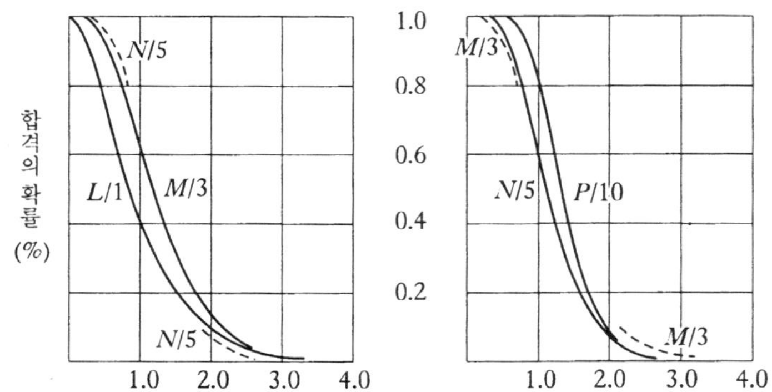

공정 품질(부적합품 퍼센트)

표 6.17-B5 한계 품질 3.15%에 대한 1회 샘플링 방식(절차 B, 주 샘플링 표)

검사 수준에 대한 로트 크기					KS A ISO 2859-1의 1회 샘플링 방식 (보통 검사)			샘플 문자	합격 확률(%)의 특정값에 대응하는 공정 품질의 값(1)(부적합품 퍼센트)					각 검사 수준에 대한 한계 품질(LQ)에서의 소비자 위험(β_{LQ})의 최대값(1)		
S-1 ~ S-3	S-4	I	II	III	AQL	n	Ac		95.0	90.0	50.0	10.0	5.0	S-1 ~ I	II	III
126(3)이상	126(3) 이상	126(3) ~ 35000	126(3) ~ 3200	126(3) ~ 1200	0.40	125	1	K	0.285	0.426	1.34	3.08	3.74	9.3	8.5	7.4
		35001 ~ 150000	3201 ~ 10000	1201 ~ 3200	0.65	200	3	L	0.686	0.875	1.83	3.31	3.83	12.2	12.2	11.0
		150001 ~ 500000	10001 ~ 35000	3201 ~ 10000	0.65	315	5	M	0.830 0.833	1.00 1.00	1.80 1.80	2.94 2.92	3.34 3.31	7.0 6.7	7.0 6.7	6.7 6.4
		500001 이상	35001 이상	10001 이상	1.00	500	10	N	1.24	1.41	2.13	3.06	3.37	8.3	8.3	8.3

주 (1) 공정 품질의 값은 2항 분포에 기초한다.
(2) 초기화 분포에 의한 소비자 위험의 정확한 값은 로트 크기에 따라서 바뀐다. 여기서는 각 검사 수준의 최대값을 부여한다.
(3) 126 미만의 로트에 대해서는 전수 검사한다.

OC 곡선 (OC 곡선은 1회 샘플링 방식에 대한 것이다. 샘플 문자 및 A_C로 식별한다.)

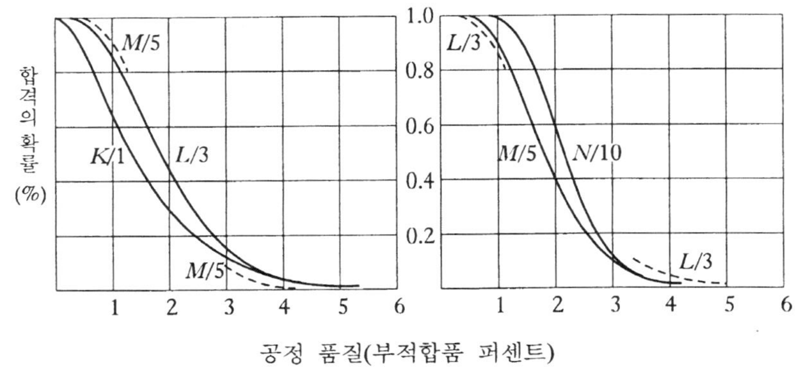

표 6.17-B6 한계 품질 5.00%에 대한 1회 샘플링 방식(절차 B, 주 샘플링 표)

검사 수준에 대한 로트 크기					KS A ISO 2859-1의 1회 샘플링 방식 (보통 검사)			샘플 문자	합격 확률(%)의 특정값에 대응하는 공정 품질의 값[1](부적합품 퍼센트)					각 검사 수준에 대한 한계 품질(LQ)에서의 소비자 위험(β_{LQ})의 최대값[1]		
S-1 ~ S-3	S-4	I	II	III	AQL	n	Ac		95.0	90.0	50.0	10.0	5.0	S-1 ~ I	II	III
81[3]	81[3] ~ 500000	81[3] ~ 10000	81[3] ~ 1200	81[3] ~ 500	0.65	80	1	J	0.446	0.667	2.09	4.78	5.79	8.6	7.9	6.9
	500001 이상	10001 ~ 35000	1201 ~ 3200	501 ~ 1200	1.00	125	3	K	1.10	1.40	2.93	5.27	6.09	12.4	11.9	11.0
		35001 ~ 150000	3201 ~ 10000	1201 ~ 3200	1.00	200	5	L	1.31	1.58	2.83	4.59	5.18	6.2	6.2	5.7
		150001 이상	10001 이상	3201이상	1.50	315	10	M	1.97	2.24	3.38	4.85	5.33	8.1	8.1	8.1

주 [1] 공정 품질의 값은 2항 분포에 기초한다.
[2] 초기하 분포에 의한 소비자 위험의 정확한 값은 로트 크기에 따라서 바뀐다. 여기서는 각 검사 수준의 최대값을 부여한다.
[3] 81 미만의 로트에 대해서는 전수 검사한다.

OC 곡선 (OC 곡선은 1회 샘플링 방식에 대한 것이다. 샘플 문자 및 A_C로 식별한다.)

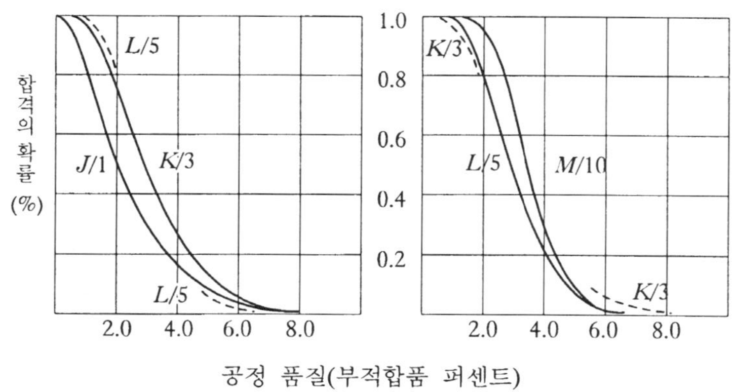

표 6.17-B7 한계 품질 8.00%에 대한 1회 샘플링 방식(절차 B, 주 샘플링 표)

검사 수준에 대한 로트 크기					KS A ISO 2859-1의 1회 샘플링 방식 (보통 검사)			샘플 문자	합격 확률(%)의 특정값에 대응하는 공정 품질의 값(1)(부적합품 퍼센트)					각 검사 수준에 대한 한계 품질(LQ)에서의 소비자 위험(β_{LQ})의 최대값(1)		
S-1 ~ S-3	S-4	I	II	III	AQL	n	Ac		95.0	90.0	50.0	10.0	5.0	S-1 ~ I	II	III
51(3)	51(3) ~ 350000	51(3) ~ 3200	51(3) ~ 500	51(3) ~ 280	1.00	50	1	H	0.715	1.07	3.33	7.56	9.14	8.3	7.2	6.3
	35001 ~ 500000	3201 ~ 10000	501 ~ 1200	281 ~ 500	1.50	80	3	J	1.73	2.20	4.57	8.16	9.14	10.9	10.1	8.9
	500001 이상	10001 ~ 35000	1201 ~ 3200	501 ~ 1200	1.50	125	5	K	2.11	2.54	4.52	7.29	8.23	5.9	5.6	5.0
		35001 이상	3201 이상	1201 이상	2.50	200	10	L	3.11	3.54	5.33	7.60	8.33	6.9	6.9	6.9

주 (1) 공정 품질의 값은 2항 분포에 기초한다.
(2) 초기하 분포에 의한 소비자 위험의 정확한 값은 로트 크기에 따라서 바뀐다. 여기서는 각 검사 수준의 최대값을 부여한다.
(3) 51 미만의 로트에 대해서는 전수 검사한다.

OC 곡선 (OC 곡선은 1회 샘플링 방식에 대한 것이다. 샘플 문자 및 A_C로 식별한다.)

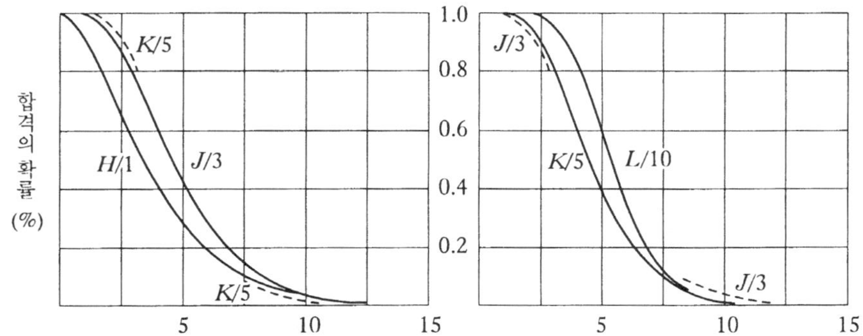

공정 품질(부적합품 퍼센트)

표 6.17-B8 한계 품질 12.5%에 대한 1회 샘플링 방식(절차 B, 주 샘플링 표)

검사 수준에 대한 로트 크기						KS A ISO 2859-1의 1회 샘플링 방식 (보통 검사)			샘플 문자	합격 확률(%)의 특정값에 대응하는 공정 품질의 값(1)(부적합품 퍼센트)					각 검사 수준에 대한 한계 품질(LQ)에서의 소비자 위험(β_{LQ})의 최대값(1)		
S-1 ~ S-2	S-3	S-4	I	II	III	AQL	n	Ac		95.0	90.0	50.0	10.0	5.0	S-1 ~ I	II	III
33(3)	33(3) ~ 500000	33(3) ~ 10000	33(3) ~ 1200	33(3) ~ 280	33(3) ~ 150	1.50	32	1	G	1.12	1.67	5.19	11.6	14.0	7.8	6.6	4.3
	500001 이상	10001 ~ 35000	1201 ~ 3200	281 ~ 500	151 ~ 280	2.50	50	3	H	2.78	3.53	7.29	12.9	14.8	11.4	10.1	9.1
		35001 ~ 500000	3201 ~ 10000	501 ~ 1200	281 ~ 500	2.50	80	5	J	3.32	3.99	7.06	11.3	12.7	5.5	4.9	4.1
		500001 이상	10001 이상	1201 이상	501 이상	4.00	125	10	K	5.01	5.69	8.51	12.1	13.2	7.7	7.7	7.7

주 (1) 공정 품질의 값은 2항 분포에 기초한다.
(2) 초기하 분포에 의한 소비자 위험의 정확한 값은 로트 크기에 따라서 바뀐다. 여기서는 각 검사 수준의 최대값을 부여한다.
(3) 33 미만의 로트에 대해서는 전수 검사한다.

OC 곡선(OC 곡선은 1회 샘플링 방식에 대한 것이다. 샘플 문자 및 A_C로 식별한다.)

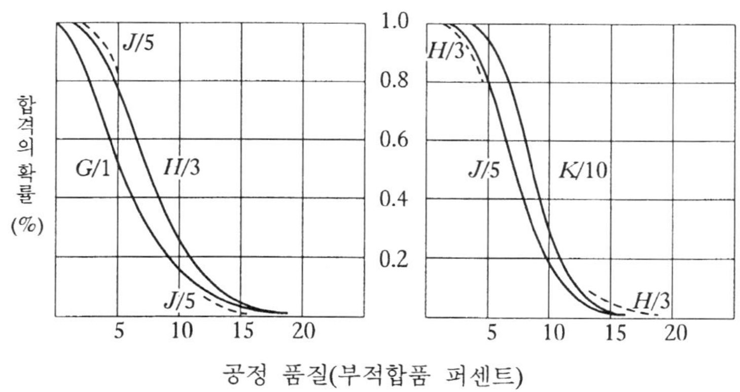

표 6.17-B9 한계 품질 20.0%에 대한 1회 샘플링 방식(절차 B, 주 샘플링 표)

검사 수준에 대한 로트 크기						KS A ISO 2859-1의 1회 샘플링 방식 (보통 검사)			샘플 문자	합격 확률(%)의 특정값에 대응하는 공정 품질의 값[1](부적합품 퍼센트)					각 검사 수준에 대한 한계 품질(LQ)에서의 소비자 위험(β_{LQ})의 최대값[1]		
S-1 ~ S-2	S-3	S-4	I	II	III	AQL	n	Ac		95.0	90.0	50.0	10.0	5.0	S-1 ~ I	II	III
21 [3] 이상	21 [3] ~ 35 000	21 [3] ~ 1200	21[3] ~ 500	21[3] ~ 150	21[3] ~ 90	2.50	20	1	F	1.81	2.69	8.25	18.1	21.6	6.9	5.6	4.8
	35 001 ~ 이상	1201 ~ 35 000	501 ~ 1200	151 ~ 280	91 ~ 150	4.00	32	3	G	4.38	5.56	11.4	19.7	22.5	9.3	8.0	6.8
	500 001 이상	10 001 ~ 35000	1201 ~ 3200	281 ~ 500	151 ~ 280	4.00	50	5	H	2.36	6.43	11.3	17.8	19.9	4.8	4.0	3.4
		35001 이상	3201 이상	501 이상	281 이상	6.50	80	10	J	7.91	8.95	13.3	18.6	20.3	5.6	5.6	5.6

주 [1] 공정 품질의 값은 2항 분포에 기초한다.
[2] 초기하 분포에 의한 소비자 위험의 정확한 값은 로트 크기에 따라서 바뀐다. 여기서는 각 검사 수준의 최대값을 부여한다.
[3] 33 미만의 로트에 대해서는 전수 검사한다.

OC 곡선 (OC 곡선은 1회 샘플링 방식에 대한 것이다. 샘플 문자 및 A_C로 식별한다.)

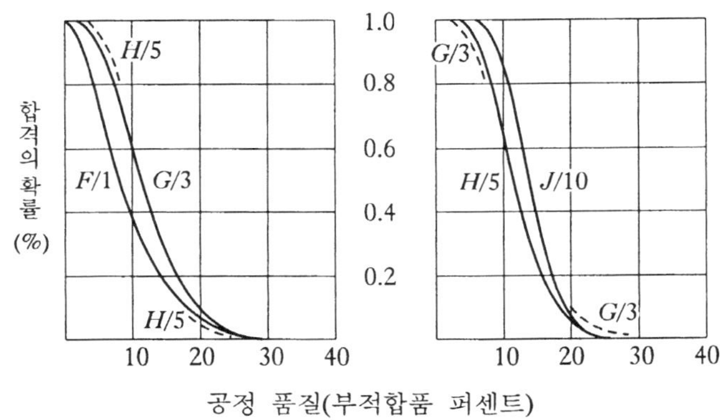

표 6.17-B10 한계 품질 31.5%에 대한 1회 샘플링 방식(절차 B, 주 샘플링 표)

검사 수준에 대한 로트 크기						KS A ISO 2859-1의 1회 샘플링 방식 (보통 검사)			샘플 문자	합격 확률(%)의 특정값에 대응하는 공정 품질의 값(¹)(부적합품 퍼센트)					각 검사 수준에 대한 한계 품질(LQ)에서의 소비자 위험(β_{LQ})의 최대값(¹)		
S-1 ~ S-2	S-3	S-4	I	II	III	AQL	n	Ac		95.0	90.0	50.0	10.0	5.0	S-1 ~ I	II	III
14 (³) 이상	14(³) ~ 3200	14(³) ~ 500	14(³) ~ 280	14(³) ~ 90	14(³) ~ 50	4.00	13	1	E	2.81	4.17	12.6	26.8	31.6	5.1	3.9	2.1
	3201 ~ 35000	501 ~ 1 200	281 ~ 500	91 ~ 150	51 ~ 90	6.50	20	3	F	7.14	9.02	18.1	30.4	34.4	8.3	7.1	5.9
	35001 ~ 500 000	1 201 ~ 10 000	501 ~ 1200	151 ~ 280	91 ~ 150	6.50	32	5	G	8.50	10.2	17.5	27.1	30.1	3.5	2.8	2.2
	500 001 이상	10 001 이상	1201 이상	281 이상	151 이상	6.50	50	10	H	12.9	14.5	21.2	29.1	31.6	5.1	5.1	5.1

주 (¹) 공정 품질의 값은 2항 분포에 기초한다.
(²) 초기하 분포에 의한 소비자 위험의 정확한 값은 로트 크기에 따라서 바뀐다. 여기서는 각 검사 수준의 최대값을 부여한다.
(³) 14 미만의 로트에 대해서는 전수 검사한다.

OC 곡선 (OC 곡선은 1회 샘플링 방식에 대한 것이다. 샘플 문자 및 A_C로 식별한다.)

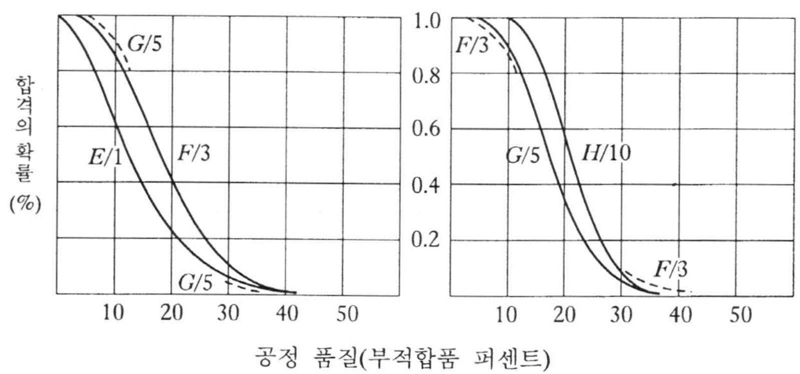

표 6.17-C 한계 품질(LQ)과 소비자 위험 품질(CRQ)과의 관계 및 한계 품질(LQ)의 비우선의 우선값으로의 전환

한계 품질(LQ)의 우선 값 (부적합품 퍼센트)	표 6.17 B1~B10 중 소비자 위험 품질 (CRQ)의 구간(β=10%) (부적합품 퍼센트)	한계 품질(LQ)의 비우선 값을 포함한 구간 (부적합품 퍼센트)
0.50	0.463~0.534	0.40 ≤ LQ < 0.65
0.80	0.741~0.833	0.65 ≤ LQ < 1.00
1.25	1.16~1.33	1.00 ≤ LQ < 1.50
2.00	1.85~2.11	1.50 ≤ LQ < 2.50
3.15	2.92~3.31	2.50 ≤ LQ < 4.00
5.00	4.59~5.27	4.00 ≤ LQ < 6.50
8.00	7.29~8.16	6.50 ≤ LQ < 10.0
12.5	11.3~12.9	10.0 ≤ LQ < 15.0
20.0	17.8~19.7	15.0 ≤ LQ < 25.0
31.5	27.1~30.4	25.0 ≤ LQ < 40.0

비고 이 규격의 샘플링 방식은 한계 품질(LQ)의 우선값과 함께 사용하는 것을 전제로 하고 있다. 만일 한계 품질(LQ)의 비우선 값이 이미 규정되어 있는 곳에 이 규격을 도입하는 경우에는 한계 품질(LQ)의 비우선 값을 포함한 구간과의 관계를 이용하여 전환한다.

표 6.17-D1 절차 A에 대한 샘플링 방식 특성의 정리

표 각 난의 내용은 오른쪽과 같다.

샘플 크기/합격 판정개수(n/Ac) 생산자 위험 품질(PRQ)(부적합품 퍼센트)	LQ에서의 소비자 위험(β_{LQ})% 생산자 위험(α)(%)([1])

로트 크기	한계 품질(LQ)(부적합품 퍼센트)									
	0.50	0.80	1.25	2.00	3.15	5.00	8.00	12.5	20.0	31.5
16 ~ 25	전수 검사	전수 검사	전수 검사	전수 검사	전수 검사	전수 검사	17/0 9.3 0.0 0.0	13/0 8.2 0.0 0.0	9/0 8.2 0.0 0.0	6/0 7.9 0.0 0.0
26 ~ 50	전수 검사	전수 검사	전수 검사	전수 검사	전수 검사	28/0 8.5 0.0 0.0	22/0 8.9 0.0 0.0	15/0 9.0 0.0 0.0	10/0 8.3 0.0 0.0	6/0 9.0 0.0 0.0
51 ~ 90	전수 검사	전수 검사	전수 검사	50/0 ([2]) 0.0 0.0	44/0 9.4 0.0 0.0	34/0 10.3 0.0 0.0	24/0 9.8 0.0 0.0	16/0 9.4 0.0 0.0	10/0 9.4 0.0 0.0	8/0 4.2 0.0 0.0
91 ~ 150	전수 검사	전수 검사	90/0 0.0 0.0 0.0	80/0 9.9 0.0 0.0	55/0 10.0 0.0 0.0	38/0 10.3 0.0 0.0	26/0 9.2 0.0 0.0	18/0 7.7 0.0 0.0	13/0 4.8 0.0 0.0	13/1 4.5 2.67 3.8
151 ~ 280	200/0 0.0 0.0 0.0	170/0 10.2 0.0 0.0	130/0 9.5 0.0 0.0	95/0 8.9 0.0 0.0	65/0 9.0 0.0 0.0	42/0 9.7 0.0 0.0	28/0 8.5 0.0 0.0	20/0 6.2 0.0 0.0	20/0 6.2 0.0 0.0	13/1 4.8 2.86 4.8
281 ~ 500	280/0 8.9 0.0 0.0	220/0 9.7 0.0 0.0	155/0 9.5 0.0 0.0	105/0 9.2 0.0 0.0	80/0 6.1 0.0 0.0	50/0 6.7 0.0 0.0	32/0 6.3 0.0 0.0	32/1 7.1 1.00 3.5	20/1 6.5 1.80 4.6	20/3 8.0 7.20 4.8
501 ~ 1200	380/0 10.0 0.0 0.0	255/0 9.8 0.0 0.0	170/0 10.0 0.0 0.0	125/0 6.9 0.0 0.0	125/1 8.1 0.250 3.0	80/1 7.9 0.417 3.8	50/1 7.8 0.667 4.1	32/1 7.5 1.08 4.5	32/3 9.0 4.42 4.9	32/5 3.3 8.58 5.0
1201 ~ 3200	430/0 9.9 0.0 0.0	280/0 9.5 0.0 0.0	200/0 7.4 0.0 0.0	200/1 8.3 0.188 4.9	125/1 8.8 0.281 4.6	125/3 11.9 1.13 5.0	80/3 10.6 1.75 5.0	50/3 11.4 2.78 5.0	50/5 4.8 5.36 5.0	50/10 5.1 12.86 5.0
3201 ~ 10000	450/0 9.9 0.0 0.0	315/0 7.6 0.0 0.0	315/1 9.1 0.110 4.5	200/1 8.9 0.178 5.0	200/3 12.2 0.686 5.0	200/5 6.2 1.31 5.0	125/5 5.9 2.11 5.0	80/5 5.5 3.32 5.0	80/10 5.6 7.91 5.0	80/18 5.0 16.5 5.0
10001 ~ 35000	500/0 8.0 0.0 0.0	500/1 9.1 0.0711 5.0	315/1 9.5 0.113 5.0	315/3 12.4 0.435 5.0	315/5 6.7 0.833 5.0	315/10 8.1 1.97 5.0	200/10 6.9 3.11 5.0	125/10 7.7 5.01 5.0	125/18 6.9 10.19 5.0	80/18 5.0 16.15 5.0
35001 ~ 150000	800/1 9.1 0.0444 5.0	500/1 9.1 0.0711 5.0	500/3 12.9 0.274 5.0	500/5 6.5 0.524 5.0	500/10 8.3 1.24 5.0	500/18 8.6 2.50 5.0	315/18 7.7 3.99 5.0	200/18 7.8 6.31 5.0	125/18 6.9 10.19 5.0	80.18 5.0 16.15 5.0
150001 ~ 500000	800/1 9.1 0.0444 5.0	800/3 11.8 0.171 5.0	800/5 6.6 0.327 5.0	800/10 7.5 0.773 5.0	800/18 8.2 1.56 5.0	500/18 8.6 2.50 5.0	315/18 7.7 3.99 5.0	200/18 7.8 6.31 5.0	125/18 6.9 10.19 5.0	80/18 5.0 16.15 5.0
500001 이상	1250/3 13.0 0.109 5.0	1250/5 6.6 0.209 5.0	1250/10 9.0 0.494 5.0	1250/18 9.0 1.00 5.0	800/18 8.2 1.56 5.0	500/18 8.6 2.50 5.0	315/18 7.7 3.99 5.0	200/18 7.8 6.31 5.0	125/18 6.9 10.19 5.0	80/18 5.0 16.15 5.0

주 ([1]) 주어진 소비자 위험은 로트 크기의 범위 내에서 LQ의 로트에 대한 최대값이다. 주어진 생산자 위험은 생산자 위험 품질의 로트에 대한 로트 크기 범위 내에서의 최대값이다.

([2]) 로트 크기가 이 범위 내에 있을 때 LQ의 로트는 존재하지 않는다. 부적합품 개수가 정수가 되는 일은 없기 때문이다.

표 6.17-D2 Ac=0의 샘플링 방식 OC 곡선에 대한 초기하 분포의 데이터 예(절차 A)

LQ=0.50

N=200			N=430		
	로트크기			로트크기	
	201	280		1201	3200
R	Pa	Pa	R	Pa	Pa
1	0.5	28.6	1	64.2	86.6
2	0.0	8.1	2	41.2	74.9
3	0.0	2.3	3	26.4	64.9
4	0.0	0.6	4	10.9	48.6
5	0.0	0.2	5	4.4	36.4
6	0.0	0.0	6	0.1	9.9
7	0.0	0.0	7	0.0	4.8
n=280			n=450		
	로트크기			로트크기	
	281	500		3201	10000
R	Pa	Pa	R	Pa	Pa
1	0.4	44.0	1	85.9	95.5
2	0.0	19.3	2	73.9	91.2
3	0.0	8.5	3	63.5	87.1
4	0.0	3.7	15	10.3	50.1
5	0.0	1.6	20	4.8	39.8
6	0.0	0.7	50	0.0	9.9
7	0.0	0.3	65	0.0	5.0
n=380			n=500		
	로트크기			로트크기	
	501	3200		10001	35000
R	Pa	Pa	R	Pa	Pa
1	24.2	68.3	1	95.0	98.6
2	5.8	46.7	2	90.3	97.2
3	1.4	31.9	3	85.7	95.8
4	0.3	21.8	45	9.9	52.3
5	0.1	14.8	58	5.1	43.4
6	0.0	10.1	160	0.0	10.0
8	0.0	4.7	206	0.0	5.1

LQ=0.80

N=170			N=280		
	로트크기			로트크기	
	171	280		1201	3200
R	Pa	Pa	R	Pa	Pa
1	0.6	39.3	1	76.7	91.3
2	0.0	15.3	2	58.8	83.3
3	0.0	6.0	3	45.1	76.0
4	0.0	2.3	9	9.1	43.8
5	0.0	0.9	11	5.3	36.5
6	0.0	0.3	25	0.1	10.0
7	0.0	0.1	33	0.0	4.8
n=220			n=315		
	로트크기			로트크기	
	281	500		3201	10000
R	Pa	Pa	R	Pa	Pa
1	21.7	56.0	1	90.2	96.9
2	4.7	31.3	2	81.3	93.8
3	1.0	17.5	3	73.3	90.8
4	0.2	9.7	22	10.2	49.4
5	0.0	5.4	29	4.9	39.5
6	0.0	3.0	72	0.1	9.9
7	0.0	1.7	93	0.0	0.0
n=255					
	로트크기				
	501	1200			
R	Pa	Pa			
1	49.1	78.8			
2	24.1	62.0			
3	11.8	48.8			
4	5.7	38.4			
5	2.8	30.2			
10	0.1	9.1			
13	0.0	4.4			

LQ=1.25

N=90			N=170		
	로트크기			로트크기	
	91	150		501	1200
R	Pa	Pa	R	Pa	Pa
1	1.1	40.0	1	66.1	85.8
2	0.0	15.8	2	43.6	73.7
3	0.0	6.2	3	28.7	63.2
4	0.0	2.4	6	8.2	39.9
5	0.0	0.9	7	5.4	34.2
6	0.0	0.4	15	0.2	10.0
7	0.0	0.1	19	0.0	5.4
n=130			n=200		
	로트크기			로트크기	
	151	280		1201	3200
R	Pa	Pa	R	Pa	Pa
1	13.9	53.6	1	83.3	93.8
2	1.9	28.6	2	69.5	87.9
3	0.2	15.2	3	57.9	82.4
4	0.0	8.1	13	9.2	43.1
5	0.0	4.3	16	5.3	35.5
6	0.0	2.3	35	0.2	10.3
7	0.0	1.2	46	0.0	5.0
n=155					
	로트크기				
	281	500			
R	Pa	Pa			
1	44.8	69.0			
2	20.0	47.6			
3	8.9	32.8			
4	3.9	22.5			
5	1.7	15.5			
6	0.8	10.6			
8	0.1	5.0			

LQ=2.00

N=50			N=105		
	로트크기			로트크기	
	51	90		281	500
R	Pa	Pa	R	Pa	Pa
1	2.0	44.4	1	62.6	79.0
2	0.0	19.5	2	39.1	62.4
3	0.0	8.4	3	24.4	49.2
4	0.0	3.6	5	9.4	30.6
5	0.0	1.5	6	5.8	24.1
6	0.0	0.6	10	0.8	9.2
7	0.0	0.2	13	0.2	4.5
n=80			n=125		
	로트크기			로트크기	
	91	150		501	1200
R	Pa	Pa	R	Pa	Pa
1	12.1	46.7	1	75.0	89.6
2	1.3	21.6	2	56.3	80.2
3	1.0	9.9	3	42.2	71.9
4	0.0	4.5	8	9.9	41.4
5	0.0	2.0	10	5.5	33.1
6	0.0	0.9	21	0.2	9.7
7	0.0	0.4	27	0.0	5.0
n=95					
	로트크기				
	151	280			
R	Pa	Pa			
1	37.1	66.1			
2	13.6	43.6			
3	4.9	28.7			
4	1.8	18.8			
5	0.6	12.4			
6	0.2	8.1			
7	0.1	5.3			

LQ=3.15

N=44			N=80		
	로트크기			로트크기	
	51	90		281	500
R	Pa	Pa	R	Pa	Pa
1	13.7	51.1	1	71.5	84.0
2	1.6	25.8	2	51.1	70.5
3	0.2	12.9	3	36.4	59.2
4	0.0	6.4	7	9.3	29.3
5	0.0	3.1	9	4.7	20.5
6	0.0	1.5	13	1.1	10.1
7	0.0	0.7	17	0.3	4.9
n=55					
	로트크기				
	91	150			
R	Pa	Pa			
1	39.6	63.3			
2	15.4	40.0			
3	5.9	25.1			
4	2.2	15.7			
5	0.8	9.8			
6	0.3	6.1			
7	0.1	3.8			
n=65					
	로트크기				
	151	0			
R	Pa	Pa			
1	57.0	76.8			
2	32.3	58.9			
3	18.2	45.1			
4	10.2	34.5			
5	5.7	26.4			
9	0.5	8.9			
10	0.2	5.1			

비고 샘플 크기는 각 난의 최상단에 표시한다. 모든 샘플링 방식에 대하여 Ac=0이다.
R은 로트 중 부적합품의 개수로, 로트의 합격 확률(Pa)은 로트 크기의 구간 내에서의 최소값 및 최대값에 대한 값을 %로 표시한다.

표 6.17-D2 Ac=0의 샘플링 방식 OC 곡선에 대한 초기하 분포의 데이터 예(절차 A) [계속 1]

LQ=5.00

R	Pa	Pa	R	Pa	Pa
n=28	로트크기		n=42	로트크기	
	29	50		151	280
R	Pa	Pa	R	Pa	Pa
1	3.4	44.0	1	72.2	85.0
2	0.0	18.0	2	52.0	72.2
3	0.0	7.9	3	37.3	61.3
4	0.0	3.2	7	9.7	31.6
5	0.0	1.2	9	4.8	22.6
6	0.0	0.5	14	0.8	9.7
7	0.0	0.2	19	0.1	4.1
n=34	로트크기		n=50	로트크기	
	51	90		281	500
R	Pa		R	Pa	Pa
1	33.3	62.2	1	82.2	90.0
2	10.7	38.5	2	67.5	81.0
3	3.3	23.6	3	55.4	72.9
4	1.0	14.4	12	9.0	27.8
5	0.3	8.7	15	4.9	20.1
6	0.1	5.2	21	1.4	10.4
7	0.0	3.1	29	0.2	4.3
n=28	로트크기				
	91	150			
R	Pa	Pa			
1	58.2	74.7			
2	33.7	55.6			
3	19.3	41.3			
4	11.0	30.7			
5	6.2	22.7			
8	1.0	9.0			
10	0.3	4.8			

LQ=8.00

R	Pa	Pa	R	Pa	Pa
n=17	로트크기		n=26	로트크기	
	18	25		91	150
R	Pa	Pa	R	Pa	Pa
1	5.6	32.0	1	71.4	82.7
2	0.0	9.3	2	50.8	68.2
3	0.0	2.4	3	36.0	56.3
4	0.0	0.6	7	8.6	25.6
5	0.0	0.1	9	4.1	17.1
6	0.0	0.0	13	0.9	7.5
7	0.0	0.0	16	0.2	4.0
n=22	로트크기		n=28	로트크기	
	26	50		151	280
R	Pa	Pa	R	Pa	Pa
1	15.4	56.0	1	81.5	90.0
2	1.8	30.9	2	66.3	81.0
3	0.2	16.7	3	53.8	72.8
4	0.0	8.9	11	9.6	30.7
5	0.0	4.6	15	3.9	19.7
6	0.0	2.4	22	0.7	8.9
7	0.0	1.2	28	0.2	4.5
n=24	로트크기		n=32	로트크기	
	51	90		281	500
R	Pa	Pa	R	Pa	Pa
1	52.9	73.3	1	88.6	93.6
2	27.5	53.6	2	78.5	87.6
3	14.0	39.0	3	69.5	82.0
4	7.0	28.2	19	9.3	27.8
5	3.4	20.3	25	4.2	18.3
7	0.8	10.4	34	1.2	9.7
10	0.1	3.7	45	0.3	4.4

LQ=1.25

R	Pa	Pa	R	Pa	Pa
n=13	로트크기		n=18	로트크기	
	16	25		91	150
R	Pa	Pa	R	Pa	Pa
1	18.8	48.0	1	80.2	88.0
2	2.5	22.0	2	64.2	77.4
3	0.2	9.6	3	51.2	68.0
4	0.0	3.9	11	7.5	23.3
5	0.0	1.5	14	3.5	15.3
6	0.0	0.5	18	1.2	8.6
7	0.0	0.2	24	0.2	3.5
n=15	로트크기		n=20	로트크기	
	26	50		151	280
R	Pa	Pa	R	Pa	Pa
1	42.3	70.0	1	86.8	92.9
2	16.9	48.6	2	75.2	86.2
3	6.3	33.4	3	65.1	80.0
4	2.2	22.7	16	9.0	29.5
5	0.7	15.3	21	4.0	19.8
6	0.2	10.2	31	0.7	8.8
7	0.0	2.8	41	0.1	3.7
n=16	로트크기				
	51	90			
R	Pa	Pa			
1	68.6	82.2			
2	46.7	67.4			
3	31.4	55.2			
6	9.0	29.8			
8	3.7	19.4			
12	0.5	8.0			
15	0.1	4.0			

LQ=20.0

R	Pa	Pa	R	Pa	Pa
n=9	로트크기		n=13	로트크기	
	16	150		91	150
R	Pa	Pa	R	Pa	Pa
1	43.8	64.0	1	85.7	91.3
2	17.5	40.0	2	73.3	83.4
3	6.3	24.3	3	62.6	76.0
4	1.9	14.4	15	8.0	23.9
5	0.5	8.2	19	3.7	15.9
6	0.1	4.5	25	1.1	8.4
7	0.0	2.4	33	0.2	3.4
n=10	로트크기				
	26	50			
R	Pa	Pa			
1	61.5	80.0			
2	36.9	63.7			
3	21.5	50.4			
4	12.2	39.7			
6	3.5	24.2			
10	0.2	8.3			
14	0.0	2.5			
n=10	로트크기				
	51	90			
R	Pa	Pa			
1	80.4	88.9			
2	64.3	78.9			
3	51.2	69.9			
11	6.6	25.2			
14	2.7	16.7			
20	0.3	6.9			
25	0.0	3.1			

LQ=31.5

R	Pa	Pa
n=6	로트크기	
	16	25
R	Pa	Pa
1	62.5	76.0
2	37.5	57.0
3	21.4	42.1
5	5.8	21.9
6	2.6	15.3
8	0.3	7.0
11	0.0	1.7
n=6	로트크기	
	26	50
R	Pa	Pa
1	76.9	88.0
2	58.5	77.2
3	43.8	67.6
8	8.1	33.0
11	2.2	20.5
18	0.0	5.7
24	0.0	1.4
n=8	로트크기	
	51	90
R	Pa	Pa
1	84.3	91.1
2	70.8	82.9
3	59.3	75.4
14	6.1	24.3
18	2.2	15.4
25	0.2	6.5
32	0.0	2.5

비고 샘플 크기는 각 난의 최상단에 표시한다. 모든 샘플링 방식에 대하여 Ac=0이다.
R은 로트 중 부적합품의 개수로, 로트의 합격 확률(Pa)은 로트 크기의 구간 내에서의 최소값 및 최대값에 대한 값을 %로 표시한다.

표 6.17-D3 2회 및 다회 샘플링 방식에 대한 누계 샘플 크기

샘플링 검사형식	샘플	KS A / ISO 2859-1의 샘플 문자											
		E	F	G	H	J	K	L	M	N	P	Q	R
1회		13	20	32	50	80	125	200	315	500	800	1250	2000
2회	제 1	8	13	20	32	50	80	125	200	315	500	800	1250
	제 2	16	26	40	64	100	160	250	400	630	1000	1575	2500
다회	제 1	3	5	8	13	20	32	50	80	125	200	315	500
	제 2	6	10	16	26	40	64	100	160	250	400	630	1000
	제 3	9	15	24	39	60	96	150	240	375	600	945	1500
	제 4	12	20	32	52	80	128	200	320	500	800	1260	2000
	제 5	15	25	40	65	100	160	250	400	625	1000	1575	2500

비고 2회 및 다회 샘플링 방식에 대해서는 표에 표시되어 있는 것은 누계 샘플 크기이다. 각각의 경우에 매회 제 1 샘플과 같은 크기의 샘플이 필요하다. 결과를 누계하여 부표 D4에 표시하는 합격 판정개수 및 불합격 판정개수와 비교한다(6. 참조).

표 6.17-D4 1회, 2회 및 다회 샘플링 방식에 대한 합격 판정개수 및 불합격 판정개수

샘플링 검사 형식	각 회의 샘플 크기의 근사값([1])	대응하는 1회 샘플링 방식의 합격 판정개수([2])									
		1		3		5		10		18	
		Ac	Re	Ac	Re	Ac	Re	Ac	Re	Ac	Re
1회	n_0	1	2	3	4	5	6	10	11	18	19
2회	$0.63n_0$	0	2	1	4	2	5	5	9	9	14
	$0.63n_0$	1	2	4	5	6	7	12	13	23	24
다회	$0.25n_0$	#	2	#	3	#	4	0	5	1	8
	$0.25n_0$	0	2	0	3	1	5	3	8	6	12
	$0.25n_0$	0	2	1	4	2	6	6	10	11	17
	$0.25n_0$	0	2	2	5	4	7	9	12	16	22
	$0.25n_0$	1	2	4	5	6	7	12	13	23	24
판별력 (CRQ / PRQ)		10.9		4.89		3.55		2.50		([2])	
AQL에서의 합격의 확률(%) (절차 B)		90.9		96.1		98.3		98.6		([2])	

주 ([1]) 각 회의 샘플 크기는 근사값이다. 정확한 값은 샘플 문자에 대응하여 부표 D3에 있다.
([2]) 이 합격 판정개수는 절차 A에만 사용한다.

비 고 # 이 샘플 크기로 합격의 판정은 불가능하다.

표 6.17-D5 KS A/ISO 2859-1의 로트 크기 및 AQL와 LQ 값의 대응(절차 B)

로트 크기	사용하는 샘플 문자([1])	샘플 크기	한계 품질(LQ)에 대응하는 KS A ISO 2859-1의 AQL값([2])									
			0.50	0.80	1.25	2.00	3.15	5.00	8.00	12.5	20.0	31.5
			한계 품질(LQ)									
2 ~ 90	I / II → E	13										↓
91 ~ 150	I / II → E	13									↓	4.00
151 ~ 280	I / II → F	20								↓	2.50	6.50
281 ~ 500	I / II → G	32							↓	1.50	4.00	6.50
501 ~ 1 200	I / II → H	50						↓	1.00	2.50	4.00	10.0
1 201 ~ 3 200	I / II → J	80					↓	0.65	1.50	2.50	6.50	↑
3 201 ~ 10 000	I / II → K	125				↓	0.40	1.00	1.50	4.00	↑	
10 001 ~ 35 000	I / II → L	200			↓	0.25	0.65	1.00	2.50	↑		
35 001 ~ 150 000	I / II → M	315		↓	0.15	0.40	0.65	1.50	↑			
150 001 ~ 500 000	I / II → N	500	↓	0.10	0.25	0.40	1.00	↑				
500 001 이상	I / II → P	800	0.065	0.15	0.25	0.25	↑					
	→ Q	1250	0.10	0.15	0.40	↑						
	R	2000	0.10	↑	↑							

주([1]) 대응하는 로트 크기 및 샘플 크기는 검사 수준에 기초하여 결정한다. 사용하는 샘플 문자는 검사 수준이 표시된 화살표에 의해 표시된다. 통상 검사 수준 I에서는 1단상, 검사 수준 II에서는 1 단하가 된다.

주([2]) 선택한 샘플 문자와 LQ의 조합에 대해서 AQL값이 표시되지 않은 경우에는 화살표가 표시되어 있으나, 화살표가 아래쪽을 향하면 샘플 크기를 증가시키고, 화살표가 위쪽을 향하면 샘플 크기를 감소시키는 것을 의미한다. 사용하는 샘플 문자, 샘플 크기 및 AQL 값의 조합은 화살표의 앞끝의 난에 대응한다. 이 샘플 크기가 로트 크기를 넘으면 그 로트는 전수 검사한다.

표 6.17-D6 로트 크기와 샘플 문자의 대응(절차 B)

로트 크기	특별 검사 수준			통상 검사 수준		
	S-1, S-2	S-3	S-4	I	II	III
2 ~ 50	E	E	E	E	E	E
51 ~ 90	E	E	E	E	E	F
91 ~ 150	E	E	E	E	F	G
151 ~ 280	E	E	E	E	G	H
281 ~ 500	E	E	E	F	H	J
501 ~ 1 200	E	E	F	G	J	K
1 201 ~ 3 200	E	E	G	H	K	L
3201 ~ 10 000	E	F	G	J	L	M
10 001 ~ 35 000	E	F	H	K	M	N
35 001 ~ 150 000	E	G	I	L	N	P
150 001 ~ 500 000	E	G	J	M	P	Q
500 001 이상	E	H	K	N	Q	R

비고 : 샘플 문자는 표 6.17-D5 중의 적절한 행을 표시한다. 샘플 문자는 사용하는 샘플 크기를 직접 표시한다고는 할 수 없다. 샘플 크기는 한계 품질에 따라서도 바뀌기 때문이다. 예를 들면, 검사 수준 S-1 및 S-2에서 샘플 크기는 로트 크기에 무관하나, 한계 품질에 따라서는 13에서 800까지 바뀐다.

6.4 스킵 로트 샘플링 검사(KS A/ISO 2859-3)

6.4.1 스킵 로트 샘플링 검사의 개요

(1) 적용범위

이 규격은 제출된 제품에 대한 검사 노력의 감소를 도모하는 일반적인 계수값 스킵 로트 샘플링 검사절차에 대하여 규정한다. 이 규격은 공급자가 모든 면에서 그 품질을 효과적으로 관리하는 능력이 있는 것을 실증하고, 요구 조건에 합치하는 로트를 계속적으로 생산하는 경우에 적용할 수 있다.

검사는 공급자 또는 구입자의 검사 장소에서 행해지는 경우도 있고, 생산 공정의 조작 경계에서 행해지는 경우도 있다. 이 스킵로트 절차는 KS A/ISO 2859-1에 기술된 로트별 계수값 샘플링 방식과 함께 사용하도록 설계되어 있다.

각 제품은 각각 고유의 환경과 특성값을 가지므로 공급자와 검사 책임자가 그 제품 고유의 필요성과 환경에 따라서 적절한 옵션을 선택할 수 있도록 한다.

여기에서 설정된 절차는 다음과 같은 검사에 적용할 수 있다. 다만, 이들에 한정된 것은 아니다.

a) 최종 아이템, 예를 들면 완성품 또는 서브 어셈블리 제품
b) 부분품 및 원재료
c) 서비스
d) 공정 중의 자재·원료
e) 보관 중의 보급품
f) 데이터 또는 기록
g) 관리 절차

이 절차는 연속적 시리즈의 로트 또는 배치(batch)에 사용하는 것을 의도한 것으로, 고립 상태의 로트에 대해 사용해서는 안 된다.

이 규격은 검사 특성값이 KS A/ISO 2859-1에 설정되어 있는 계수값의 경우에만 사용할 수 있다. 검사하는 특성값의 수가 복수일 때 사용하는 스킵 로트 절차는 조합하여 사용하는 KS A/ISO 2859-1의 절차에 사용되는 원칙과 같은 원칙에 따른다.

이 규격은 스킵 로트 절차는 KS A/ISO 2859-1의 절차가 통상 검사수준 I, II 또는 III 하에서 보통 검사 또는 수월한 검사 혹은 보통 검사와 수월한 검사의 조합인 경우에만 실시된다. 다회 샘플링 보통 검사에서는 자격 심사 단계의 경우에만 사용할 수 있다. 합격 판정개수의 0의 1회 샘플링 방식은 이 규격에서는 사용하지 않도록 권고하고 있다.

[비고] 1. 수월한 검사는 KS A/ISO 2859-1의 특징의 하나로, 보통 검사보다 작은 샘플 크기를 사용할 수 있다.
2. 수월한 검사는 제품이 로트별 검사 상태에 있을 때 사용할 수 있으나, 스킵 로트 검사 또는 스킵 로트 중단의 상태에 있을 때에는 사용할 수 없다.
3. 스킵 로트 샘플링 검사는 수월한 검사보다 비용적으로 유리한 경우에는 수월한 검사 대신에 사용할 수 있다.

중요한 것은 사람의 안전에 관계하는 제품 특성의 검사에는 이 스킵 로트 절차를 적용하지 않는다.

(2) 용어 정의

1) 스킵 로트 검사(skip-lot inspection)

연속하여 제출된 로트 일부 로트를 검사 없이 합격으로 하는 합부 판정 샘플링 절차로, 직전 로트의 샘플링 검사 결과가 정해진 기준을 선택 했을 때 적용한다.

검사해야 할 로트는 "스킵 로트 빈도"라는 소정의 빈도에 따라서 임의로 선택한다. 예를 들면 스킵 로트 빈도가 1/2이라는 것은 검사하는 로트 비율의 장기간 평균이 50%라는 것을 의미한다.

2) 로트별 검사(lot-by-lot inspection)

시리즈의 로트로서 제출되는 제품에 대한 검사로 샘플은 각 로트에서 임의로 선택하여 검사된다. 그때 KS A/ISO 2859-1에 표시하는 AQL 지표의 계수값 샘플링 검사 절차를 사용한다.

3) 실질적 연속 생산(essentially continuous production)

안정된 생산 빈도 하에서 생산으로 공급자와 소관 권한자 양쪽이 합의한 생산 빈도가 적어도 1로트의 제품이 검사에 제출되면 생산은 실질적으로 연속한다고 생각한다. 만일 생산 빈도가 규정되어 있어야 하고, 적어도 매월 1로트가 제출되어야 한다. 생산 빈도는 공급자와 소관 권한자 양쪽이 합의하여야 한다. 다른 사람에게 출하 및 유사한 성질의 제품에 대하여 "실질적 연속"으로 생각하는가는 공급자와 소관 권한자의 합의에 따라서 결정한다.

(3) 공급자 및 제품의 자격 심사

1) 공급자의 자격심사는 다음의 각 항을 만족하여야 한다.

① 제품 품질과 설계 변경을 관리하기 위한 문서화된 시스템을 갖추고, 유지하는 것. 이 시스템에는 공급자에 따른 각 생산 로트의 검사와 검사 결과의 기록이 포함되어 있는 것을 전제로 한다.

② 품질 수준의 이동을 검출 수정하고, 또 품질의 저하를 초래하는 공정의 변화를 감시할 능력이 있는 시스템을 설치하여야 한다. 이 시스템 적용의 책임을 가진 공급자 쪽 요원은 적용되는 규격, 시스템 및 절차에 대하여 명확히 이해를 하여야 한다.

③ 품질의 저하를 초래할 우려가 있는 조직 변경이 없어야 한다.

2) 제품의 자격심사는 다음의 각 항을 만족하여야 한다.

① 안정된 설계에 따른 것이어야 한다.

② 공급자와 소관 권한자 양쪽이 합의한 기간, 실질적 연속 생산의 상태에서 제조되어 온 것으로 한다. 만일 기간의 규정이 없으면 6개월로 한다. 샘플의 승인을 위하여 생산이 중지된 경우에는 승인되고, 생산 개시부터의 기간만을 포함하고, 실질적 연속 생산은 제조 또는 조립 공정의 안정화 요소로 생각된다.

③ 제품에 대한 심사 기간 중, 통상 검사 수준 I, II 또는 III에서 보통 검사 또는 수월한 검사 혹은 보통 검사와 수월한 검사의 조합이 적용되어야 한다. 자격심사 중에 1로트라도 까다로운 검사를 적용받은 제품은 스킵 로트 검사를 받을 자격이 없다.

④ 공급자와 소관 권한자 양쪽이 합의한 안정 기간 중 AQL 또는 그보다 좋은 품질이 유지되어야 한다. 만일 이 기간의 규정이 없으면 이 기간은 6개월로 한다.

⑤ 다음의 품질 요구 사항을 만족하여야 한다.

(a) 직전의 10로트 이상이 합격되어야 한다.
누계 샘플 크기에 대한 표 6.18의 요구 사항이 10로트로서 만족시키려면 10로트 이상이 필요하다.

(b) 직전의 10로트 또는 그 이상의 로트에 대하여 표 6.18의 요구 사항이 각각 만족되어야 한다.

(c) 최근의 각 2로트에 대하여 표 6.19의 요구 사항이 각각 만족되어야 한다.
만일 2회 또는 다회 샘플링 방식을 사용하고 있을 때 위의 b), c)의 절차에서는 제 1샘플의 결과만을 사용한다.

3) 제품의 자격 심사의 예

예를 들면, 자격을 취득한 생산자가 상기의 (a), (b) 및 (c)를 만족하는 콘덴서를 생산하는 경우를 생각한다. 그 제품이 AQL=0.65%로 검사되고, 연속 10로트가 합격하고, 누계 샘플 크기가 1,400개로, 그 10로트에서 합계 4개의 불합격품이 발견된 것으로 가정한다.

표 6.18에서 불합격품의 합계가 4개에 대한 최소 누계 샘플 크기가 1,306개이다. 합계 샘플 크기 1,400은 이 최소 누계 샘플 크기를 넘으므로 표 6.18의 판정 기준은 만족한다. 그리고 최근의 2로트는 샘플 크기는 125개로, 샘플 중 불합격품은 각각

1개라고 생각한다. 표 6.19에서 샘플 크기 125에 대한 불합격품의 허용값은 1개이므로 표 6.19의 판정 기준을 만족한다. 따라서 이 제품은 품질 요구 사항을 만족하고, 스킵 로트 검사의 자격을 취득한다.

6.4.2 스킵 로트 절차

제품과 공급자의 자격심사에 의하여 적합하게 생산되면 스킵로트 검사에 적격이다. 스킵 로트절차 구조의 개요를 그림 6.5에 표시한다. 이 절차에는 3개의 기본적 상태가 존재한다.

① 상태 1 : 로트별 검사
② 상태 2 : 스킵 로트 검사
③ 상태 3 : 스킵 로트 중단

어느 제품에 대한 검사의 절차는 상태 1, 즉 로트별 검사에서 시작한다. 공급자와 제품이 스킵 로트 검사의 자격을 취득했을 때에는 상태 2, 즉 스킵 로트 검사로 옮겨 간다. 스킵 로트 검사는 일반적으로 중단되어 상태 3으로 옮겨 가는 경우가 있다. 한편 상태 2 또는 상태 3에서 그 제품이 스킵 로트 검사의 자격을 상실하는 경우도 있다. 이 경우에 절차는 상태 1로 되돌리고, 그 제품은 또 한 번 공급자 자격심사 및 제품 자격심사의 요구 사항을 모두 만족하여야 한다.

이 스킵 로트 절차에서 상태 1, 2 및 3의 전 기간 중 개개의 로트에 대해서 사용하는 합격 및 불합격의 판정 기준은 KS A/ISO 2859-1 : 1989의 보통 검사에 대한 것으로, 표 6.13(A)(1회 샘플링) 또는 표 6.14(A)(2회 샘플링) 중에서 적절한 AQL과 샘플 크기의 조합에서 주어진다.

(1) 스킵 로트 검사의 초기 빈도 결정

그림 6.6에는 스킵 로트 검사의 초기 빈도 결정을 위하여 사용하는 절차를 정리한다. 이 빈도의 결정에는 최근 10로트 또는 그것을 초과하는 데이터를 사용한다. 이들의 데이터는 검사한 아이템의 수와 샘플 중에서 발견된 불합격품 또는 불합격의 수에 대한 경과 기록이다. 만일 샘플 크기가 충분히 크지 않고, 표 6.18의 최소 누계 샘플 크기를 만족할 수 없을 때는 다음에 규정하는 요구 사항에 합격하기 위해서 10로트보다 많은 데이터가 필요하다.

① 1/2(제출된 2로트 중에서 1로트를 검사한다)

② 1/3(제출된 3로트 중에서 1로트를 검사한다)

③ 1/4(제출된 4로트 중에서 1로트를 검사한다)

만일 자격 취득에 필요한 로트수가 20를 초과하는 경우는 1/2의 초기 빈도를 사용한다.

만일 자격 취득에 필요한 로트수가 20 이하이고 동시에 이들의 로트 전부가 표 6.19의 요구 사항을 만족하는 경우에는 1/4의 초기 빈도를 사용한다.

만일 자격 취득에 필요한 로트수가 20 이하이고 동시에 이들의 로트 전부가 표 6.19의 요구 사항을 만족하지 않는 경우에는 1/3의 초기 빈도를 사용한다.

소관 권한자는 이 초기 빈도를 승인하여야 한다.

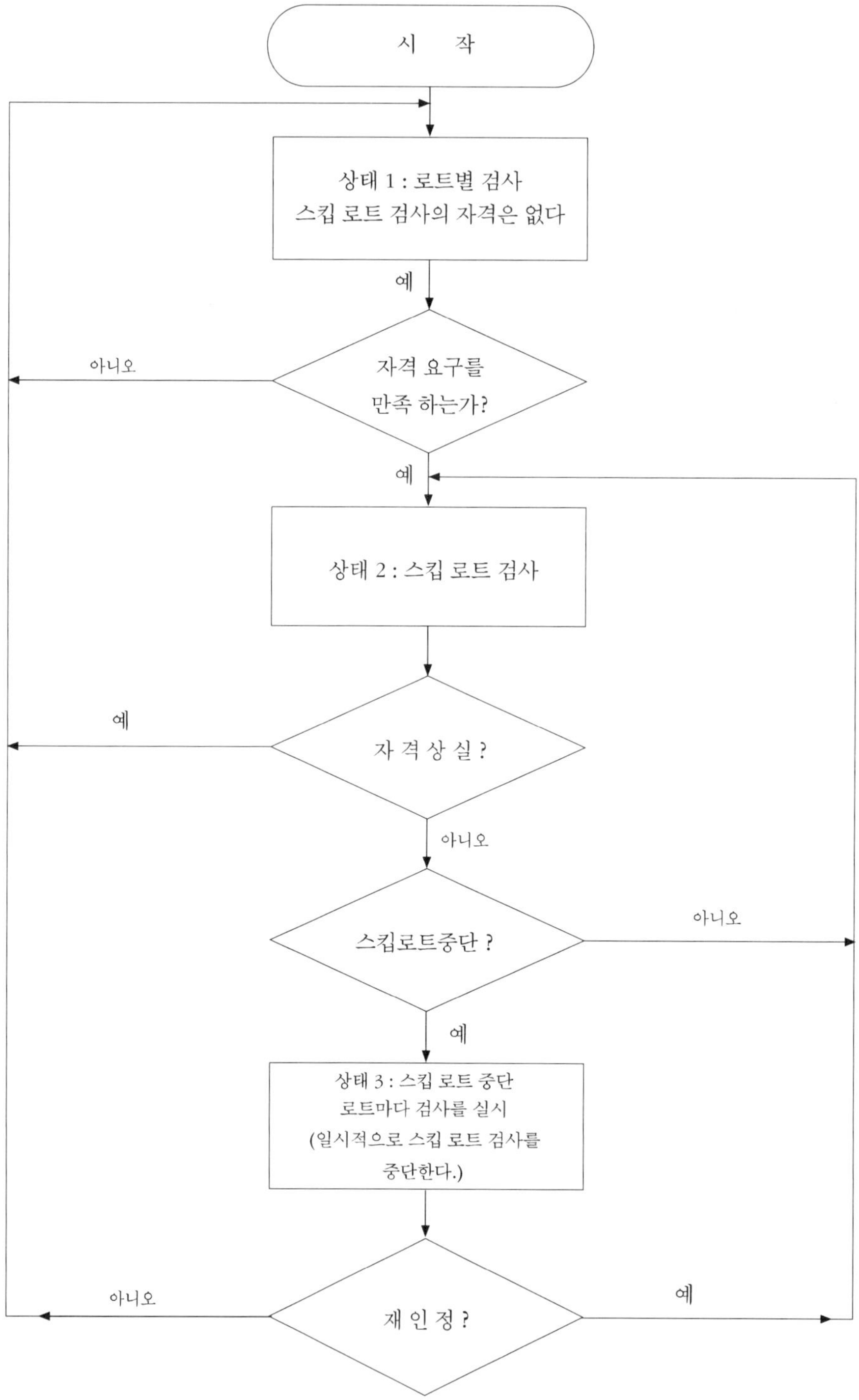

그림 6.5 스킵 로트 절차의 기본 구조

(2) 초기 빈도 결정의 예

1) 사례 1

최초의 10로트로 제품이 자격을 취득하고, 또 로트 크기는 1,250~9,500 사이에 있었다고 가정한다. 이들 로트에 대한 샘플 크기는 125 또는 200으로, 각 샘플 중에서의 불합격품은 항상 1 또는 0이었다. 따라서 10로트 모두가 표 6.19의 AQL=0.65에 대한 요구 사항을 만족한다. 즉, 초기 빈도는 1/4이다.

2) 사례 2

최초의 로트가 샘플 크기 125 중에서 불합격품 2개를 포함하였다고 가정한다. 즉, 이 로트에 대해서는 표 6.19의 요구 사항은 만족되지 않는다. 또, 최초의 10로트에서 제품이 자격을 취득했다고 가정한다. 이 경우, 초기 빈도는 1/3이다.

3) 사례 3

제 3 로트 및 제 11 로트가 불합격이었지만, 제 21 로트에서 제품이 자격을 취득했다고 가정한다. 이 경우, 자격 취득에 필요한 로트수가 20을 초과하는 것으로 초기 빈도는 1/2이다.

(3) 검사 빈도의 감소

1) 검사 빈도

① 1/2(제출되는 2로트 중에서 1로트를 검사한다)
② 1/3(제출되는 3로트 중에서 1로트를 검사한다)
③ 1/4(제출되는 4로트 중에서 1로트를 검사한다)
④ 1/5(제출되는 5로트 중에서 1로트를 검사한다)

또한, 1/5이라는 빈도는 초기 빈도로서는 사용할 수 없다.

2) 빈도 변경 조건

이 양쪽 모두가 만족되면 검사의 빈도는 다음의 낮은 빈도로 옮겨도 좋다(예를 들면, 1/3에서 1/4로).

① 현행의 상태 2(스킵 로트 검사)에 있어서 직전의 빈도 변경 이후에 연속 10로트 이상의 스킵 로트 검사를 받아 합격하고, 그들 로트에서의 데이터가 표 6.18의 요구 이상이어야 한다.

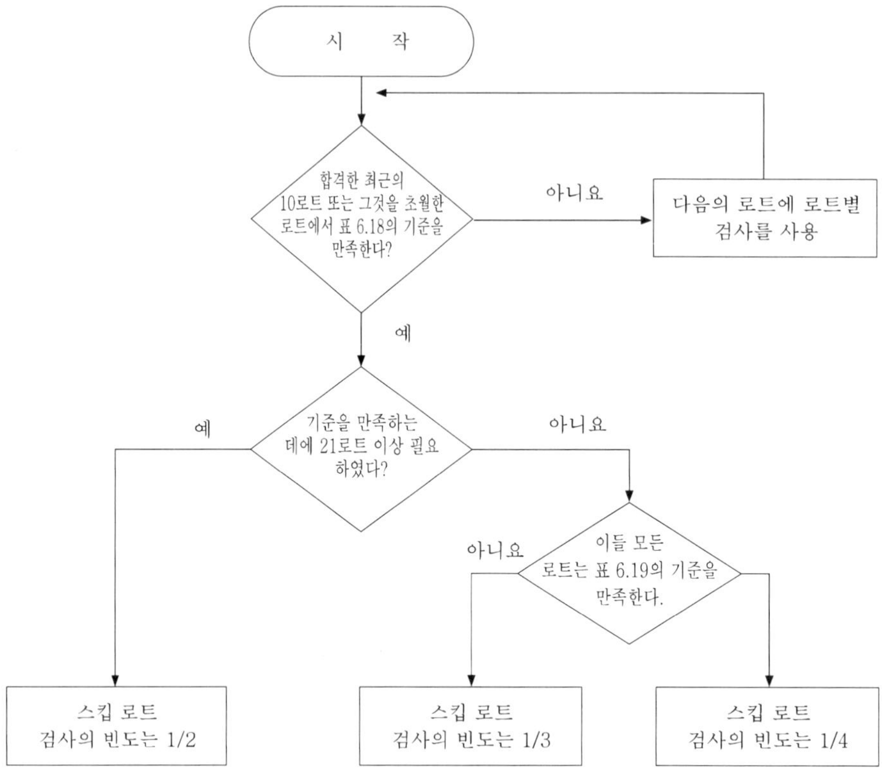

그림 6.6 스킵 로트 검사 빈도의 초기값 결정

② 소관 권한자가 이 빈도 이행을 승인하여야 한다.

2회 샘플링 방식을 채용하는 경우에는 제 1샘플의 결과만을 계산에 사용한다. 그림 6.7은 스킵 로트 절차를 표시하는 흐름도이다. 이 흐름도는 제품의 자격을 취득과정, 초기 검사 빈도 결정과정 및 검사 빈도의 변경과정에 대하여 나타냈다. 또 이 그림은 중단 절차, 자격 재심사의 절차 및 자격 상실도 아울러 표시한다.

사례 1과 같은 초기 빈도가 1/4의 경우이다. 다음의 10로트는, 누계 샘플 크기는 1,625로 불합격품의 합계수가 5라고 한다. 불합격품 수=5 및 AQL=0.65에 대한 샘플 크기는 125 및 200이고, 각 샘플 중의 불합격품은 각각 1이라고 한다. 따라서 이들의 로트는 표 6.19의 요구 사항을 만족한다.

즉, 검사 빈도를 1/5로 해도 좋다.

(4) 로트 선택 및 검사의 절차(상태 2 및 상태 3)

상태 2 스킵 로트 검사기간 중 검사해야 할 로트는 조직적 절차에 따라서 선택하여야 한다. 만일 이 기간이 규정되어 있지 않으면 이 기간은 2개월로 한다. 상태 2 및 상태 3의 기간 중에 제출되는 로트의 평균 크기는 자격 심사 기간 중의 평균 로트 크기와 같은 정도인 것이 바람직하다.

KS A/ISO 2859-1에 규정되어 있는 보통 검사 및 통상 검사 수준 I, II 또는 III는 그대로 유효하다.

상태 2 스킵 로트 검사기간 중 검사해야 할 로트는 그 확률이 요구되는 스킵로트 검사 빈도와 같아지도록 선택하여야 한다. 중요한 것은 검사 상태로 신청하기까지는 어떤 로트를 검사해야 하는가 공급자로서는 알 수 없다는 것이다. 공급자의 품질 보증 시스템에는 각 생산 로트의 검사 실시 및 검사 결과의 기록이 포함된다고 생각한다.

상태 2 및 상태 3의 기간 중 검사된 전 로트에 대하여 검사한 아이템 수 및 각 샘플 중에서 발견된 불합격품 또는 불합격 수의 경과 기록은 스킵 로트 일지에 기록하여야 한다.

공급자가 행한 검사는 스킵 로트의 상태에 영향을 끼쳐서는 안 된다. 예를 들면, 예정 시간에 맞추기 위해서 부적합 로트 상당을 합부 판정 없이 합격으로 하는 것에 소관 권한자가 동의하는 경우도 있다.

이 규격에 표시하는 절차의 목적에 대해서는 이와 같은 로트는 존재하지 않았던 것으로 취급한다. 그러나 만일 검사 기능이 검사하여 로트를 불합격으로 한 후에 소관 권한자가 불합격품을 받아들인 경우, 그 검사 결과는 사용한다.

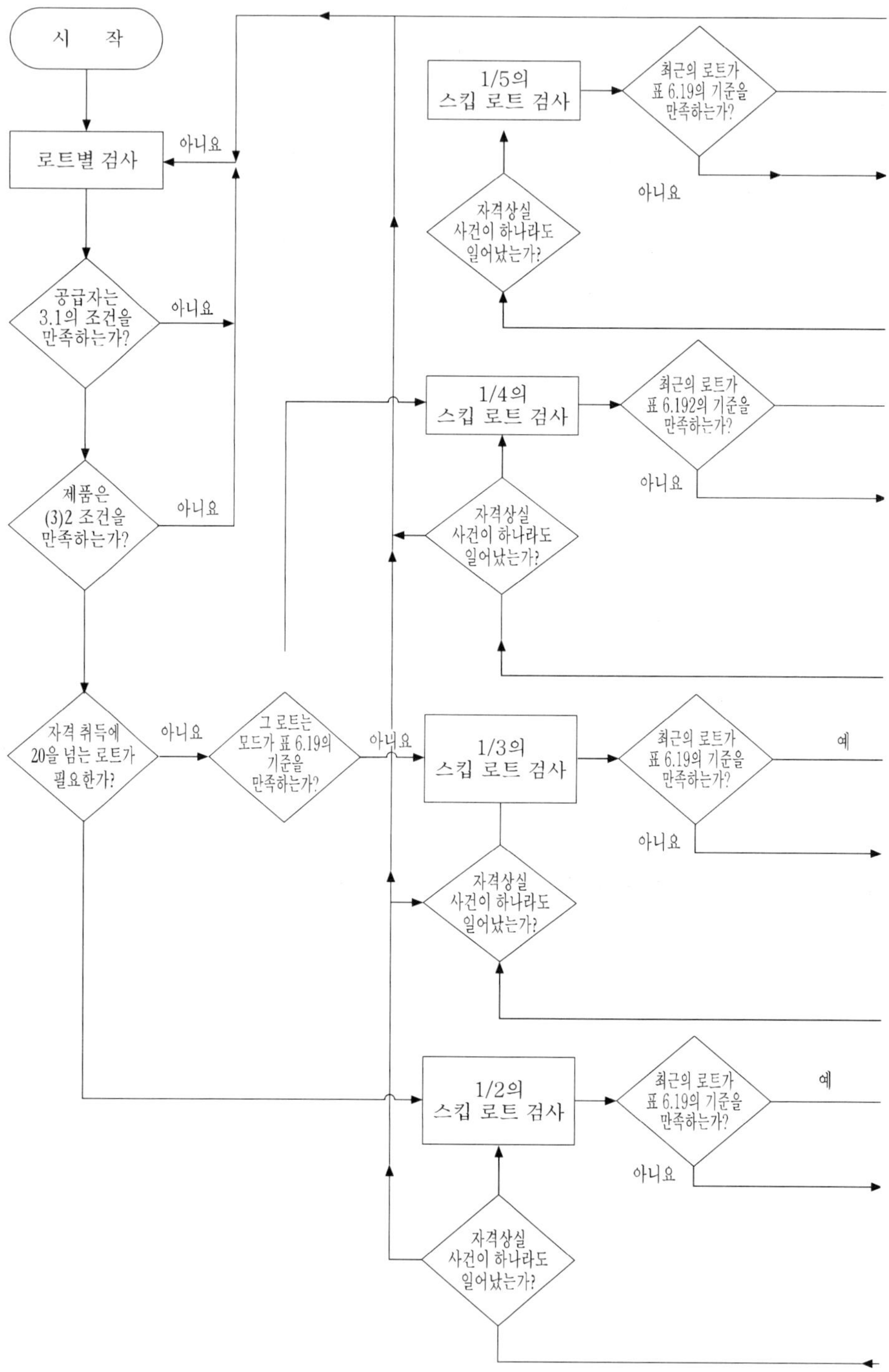

그림 6.7 스킵 로트 순서의 플로우 차트(다음 장 계속)

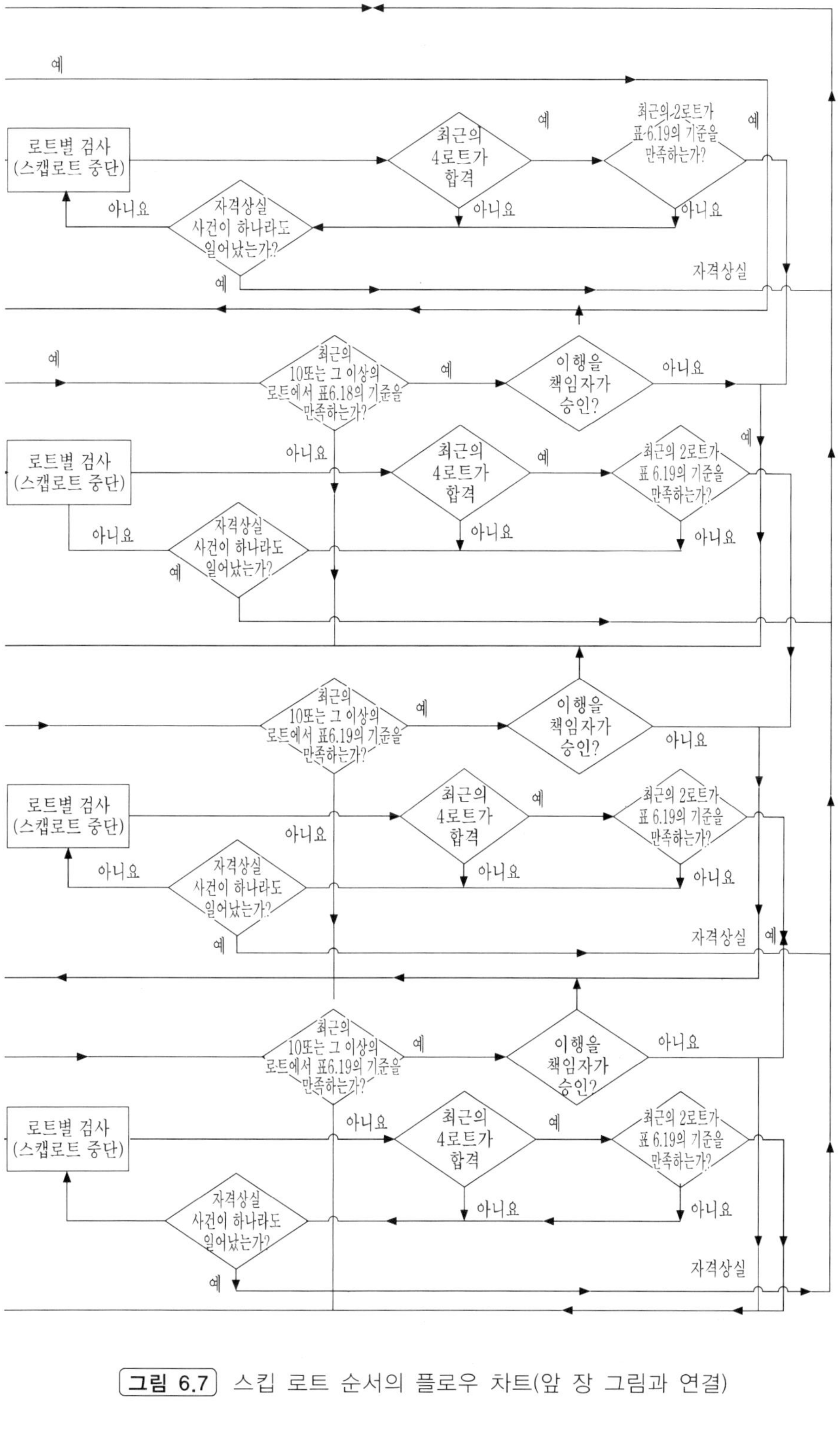

그림 6.7 스킵 로트 순서의 플로우 차트(앞 장 그림과 연결)

(5) 중단의 절차

스킵 로트 검사 기간 중 다음의 조건 중 어느 쪽이나 또는 양쪽이 발생한 경우에는 스킵 로트 검사를 중단하고 로트별 검사를 적용하여야 한다.

① 검사한 최후의 로트에서 데이터가 표 6.19의 판정 기준에 합치하지 않았다(비고 참조).
② 2회 샘플링 방식을 사용하여 제 2 샘플이 필요해졌다[이것은 2회 샘플링 방식에 대하여 상기 ①)과 동등하다.

비 고 만일 이들의 데이터가 KS A/ISO 2859-1의 불합격 판정개수 이상이면 이 로트는 불합격이다. 만일 2회 샘플링 방식을 사용할 때는 제 1샘플의 결과만을 사용한다.

(6) 자격 재심사의 절차

① 만일 스킵 로트 검사가 중단된 상태 3의 기간 중에 연속 4로트가 합격하고(재제출 로트를 제외한다). 최근 연속 2로트가 양쪽 모두 표 6.19의 요구사항을 만족한다면 스킵 로트 검사로 되돌아와도 좋다. 2회 샘플링 방식을 사용하는 때는 제 2 샘플의 결과만을 사용한다. 만일 중단 이전의 검사 빈도가 1/2이 아니면 다음에 높은 빈도로(예를 들면 1/4에서 1/3으로) 이행하여야 한다. 그렇지 않으면 1/2의 빈도로 되돌아와야 한다.
② 빈도가 1/5에 도달한 후에 1로트가 불합격으로 되었다고 한다. 불합격 로트가 표 6.19의 요구 사항을 만족하는 것은 있을 수 없으므로, 스킵 로트 검사는 중단된다. 여기서 상태 3의 기간 중에 연속 4로트가 합격하고, 또 최근 2로트에 대한 샘플 크기는 각각 125로 하고, 각 샘플 중의 불합격품은 각각 1로 한다. 이 제품은 빈도 1/4의 스킵 로트 검사의 자격을 다시 준다.

(7) 자격 상실

① 다음 중 어느 하나라도 발생하면 그 제품은 스킵 로트 검사의 자격을 상실하고 로트별 검사로 되돌아온다.

(a) 상태 3에서 1로트가 불합격이 되었다.
(b) 상태 3에서 10로트 안에 자격을 재취득하지 않았다.

(c) 공급자와 소관 권한자 양쪽이 합의한 기간에 생산 활동이 없었다(만일 이 기간에 대한 합의가 없으면 2개월로 한다).

(d) 공급자가 문서화되고, 승인된 품질 관리 절차를 현저히 이탈하였다. 또는 공급자가 공급자 및 제품 자격심사, 기타 요구 사항을 만족하지 않았다.

(e) 소관 권한자가 로트별 검사로 되돌아오는 것을 희망한다(예를 들면, 고객으로부터 고충을 듣고 확인하고, 제품 또는 서비스의 품질에 중대한 영향이 있는 것을 알았다. 또는 상태 2 및 상태 3 사이의 이행이 단기간에 2회 이상 일어났다).

자격 상실의 이유는 문서화해 두며, 위의 항목이 하나 이상 발생하였으므로 로트별 검사로 되돌아오면 자격 심사를 위한 요구 사항이 다시 적용된다.

② 상태 3에서 최초의 3로트는 합격이 되었으나, 제 4 로트가 불합격이 되었다고 가정한다. 이 경우 절차는 상태 1로 옮긴다.

(8) 공급자의 책임

공급자는 제조 방법 또는 검사 방법의 변경, 또는 그 제품 생산에 관련하는 공구, 게이지 또는 원재료의 개량, 혹은 시방 변경을 실시했을 때는 검사 기능에 통지하여야 한다.

공급자는 불합격 로트를 발견하고, 소정의 조직적 절차에 따른 준비가 필요해졌을 때는 즉시 검사 기능에 통지하여야 한다. 그 로트는 소정의 조직적 절차에 따라서 소관 권한자가 합격 승인을 하기까지 보류해 두어야 한다. 이 절차 하에서 합격이 된 로트는 스킵 로트 검사 절차의 목적에 대해서는 존재하지 않은 것으로 취급한다.

공급자는 원재료가 새로운 리스트 번호, 도면 번호 또는 시방서에 따라서 최초로 제조되었을 때는 언제라도 검사 기능에 통지하여야 한다.

공급자는 검사 기능이 검사했는가에 관계없이 출하한 모든 로트에 대한 검사 데이터를 검사 기능이 이용할 수 있도록 해 두어야 한다.

공급자는 시방서 번호, 리스트 또는 도면 번호, 계약 또는 구입 주문 번호, 고객, 목적지, 출하량을 포함한 리스트를 검사 기능에 공급하여야 한다. 검사 기능이 검사하지 않은 로트를 출하할 때 공급자는 출하 일자를 기록하고, 출하품에 스킵 로트 절차의 검사 기능의 검사 없이 출하한 제품인 것을 표시하는 스탬프를 찍어야 한다.

(9) 검사 기능 및 소관 권한자의 책임

검사 기능은 스킵 로트 검사가 KS A/ISO 2859-1에 정해져 있는 수월한 검사보다 비용적으로 유리한가를 결정하기 위해서 생산, 검사 및 제품에 관한 모든 요소를 재조사하여야 한다.

스킵 로트가 수월한 검사보다 비용적으로 유리하다고 결정하고, 요구 사항을 합치하면 검사 기능은 소관 권한자에게 문서로 통지하고, 그 제품에 대해서 스킵 로트 검사를 추천하여야 한다. 거기에는 다음과 같은 정보를 포함한다.

① 품질 이력
② 제조 기간
③ 공급자의 현행 품질 관리 절차의 사본 및 그 절차에 대한 공급자의 능력 정리. 공급자의 검사, 시험 방법 및 모든 특성값을 관리하는 능력에 대한 평가에는 특별한 주의를 기울여야 한다.
④ 스킵 로트 검사의 도입 희망 시기
⑤ 초기 빈도의 희망값

초기 책임자는 그 제품의 최종 용도 및 그 안전상의 관점을 재조사하고, 그 제품이 스킵 로트 검사의 자격을 취득해도 좋은가를 판정하여야 한다. 소관 권한자는 공급된 정보를 재조사하고, 그 공급자가 제품 품질의 전면적 관리를 하는가를 판정하여야 한다. 소관 권한자는 스킵 로트 검사의 개시 일자를 결정하여야 한다.

검사 기능은 공급자와 소관 권한자가 합의한 빈도로 공급자의 품질 관리 시스템을 재조사하여야 한다. 빈도의 합의가 없으면 6개월마다 1회 재조사하여야 한다. 이 재조사의 목적은 공급자가 그 품질 관리 절차를 이해하고, 또 그에 따르고 있는가를 판정하는 것이다. 만일 불충분한 곳이 있으면 조직적 채널을 통하여 소관 권한자에게 통지하여야 한다. 스킵 로트 검사를 중지하는가의 여부는 소관 권한자가 결정한다.

정기적으로 검사 기능은 공정 간 검사를 실시하여야 한다.

(10) 스킵 로트 절차의 특성

1) 스킵 로트 절차

스킵로트의 절차는 다량의 불합격품의 합격을 막도록 설계되어 있다. 이 절차는 스킵 로트 검사의 자격 취득은 공정 평균이 AQL값의 반과 같거나 그보다 좋다고 가정하여 개발되었다.

2) 만일 품질이 AQL값과 같거나 그보다 나쁜 경우

만일 품질이 AQL값과 같거나 그보다 나쁜 경우에, 최초의 10로트에서 스킵 로트 검사의 자격을 취득하는 기회는 7.5% 이하이다. 품질이 AQL값과 같거나 또는 그보다 나쁠 때는 스킵 로트 검사 자격 취득까지의 로트 수 기대값은 품질이 AQL값의 반일 때보다 훨씬 크다. 주어진 AQL에 대해서 다음 빈도로 이행까지 로트 수의 기대값은 자격 취득까지 로트 수의 기대값과 같다.

만일 스킵 로트 절차가 상태 2(스킵 로트 검사)에 있고, 품질이 AQL값의 2배이면 스킵 로트 중단까지의 검사 로트 수는 평균하여 4로트 이하일 것이다. 만일 불합격품 퍼센트가 AQL값의 반이면 스킵 로트 중단까지 평균하여 15로트 이상이 검사될 것이다.

품질이 AQL값의 1/2과 같거나 또는 그보다 나쁜 경우에는 상태 3(스킵 로트 중단)에서 스킵 로트 검사로 되돌아 올 확률은 30% 이하이다. 또 품질이 AQL값의 3배이면 스킵 로트 검사로 되돌아 올 확률은 10% 이하이다.

표 6.18 스킵 로트 검사 적용을 위한 최소 누계 샘플 크기

불합격품 또는 불합격	합격 품질 수준(AQL)([1]) [불합격품 퍼센트([2]) 또는 100단위당 불합격수]												
	0.1	0.15	0.25	0.4	0.65	1.0	1.5	2.5	4.0	6.5	10	15	25
	최소 누계 샘플 크기												
0	2 660	1 740	1 040	650	400	260	174	104	65	40	26	17	10
1	4 250	2 840	1 700	1 070	654	425	284	170	107	65	43	28	17
2	5 740	3 830	2 300	1 440	883	574	383	230	144	88	57	38	23
3	7 140	4 760	2 860	1 790	1 098	714	476	286	179	110	71	48	29
4	8 490	5 660	3 400	2 120	1 306	849	566	340	212	131	85	57	34
5	9 800	6 530	3 920	2 450	1 508	980	653	392	245	151	98	65	39
6	11 090	7 390	4 440	2 770	1 706	1 109	739	444	277	171	111	74	44
7	12 360	8 240	4 940	3 090	1 902	1 236	824	494	309	190	124	82	49
8	13 610	9 070	5 440	3 400	2 094	1 361	907	544	340	209	136	91	54
9	14 850	9 900	5 940	3 710	2 285	1 485	990	594	371	229	149	99	59
10	16 080	10 720	6 430	4 020	2 474	1 608	1 072	643	402	247	161	107	64
11	17 290	11 530	6 920	4 320	2 660	1 729	1 153	692	432	266	173	115	69
12	18 500	12 330	7 400	4 630	2 846	1 850	1 233	740	463	285	185	123	74
13	19 700	13 130	7 880	4 930	3 031	1 970	1 313	788	493	303	197	131	79
14	20 890	13 930	8 360	5 220	3 214	2 089	1 393	836	522	321	209	139	84
15	22 080	14 720	8 830	5 520	3 397	2 208	1 472	883	552	340	221	147	88
16	23 260	15 500	9 300	5 820	3 578	2 326	1 550	930	582	358	233	155	93
17	24 430	16 290	9 770	6 110	3 758	2 443	1 629	977	611	376	244	163	98
18	25 600	17 070	10 240	6 400	3 938	2 560	1 707	1 024	640	394	256	171	102
19	26 760	17 840	10 700	6 690	4 117	2 676	1 784	1 070	669	412	268	178	107
20	27 930	18 620	11 170	6 980	4 297	2 793	1 862	1 117	698	430	279	186	112
n([2])	1 170	780	490	290	180	117	78	47	29	18	12	8	5

주 ([1]) 불합격품 퍼센트는 10 이하의 AQL에 적합하다.

([2]) 각각의 추가 불합격품 또는 불합격은 20의 최소 샘플 크기에 n을 더한다.
예를 들면, AQL이 1%이고 22의 불합격품 또는 불합격이 발견되었을 때, 최소 누계 샘플 크기는 다음에 의하여 구해진다.

$$(2\times 117)+2\ 793=3\ 027$$

표 6.19 스킵 로트 검사의 개시, 계속, 재개를 위한 합격 판정수

샘플 크기	합격 품질 수준(AQL)([1]) [불합격품 퍼센트([2]) 또는 100단위당 부적합 품수]												
	0.1	0.15	0.25	0.4	0.65	1.0	1.5	2.5	4.0	6.5	10	15	25
	합격 판정수												
2								→	→	0	→	0	1
3							→	→	0	→	0	1	1
5						→	→	0	→	0	1	1	2
8					→	→	0	→	0	1	1	2	3
13				→	→	0	→	0	1	1	2	3	5
20			→	→	0	→	0	1	1	2	3	5	7
32		→	→	0	→	0	1	1	2	3	5	7	11
50	→	→	0	→	0	1	1	2	3	5	7	11	17
80	→	0	→	0	1	1	2	3	5	7	11	17	
125	0	→	0	1	1	2	3	5	7	11	17		
200	→	0	1	1	2	3	5	7	11	17			
315	0	1	1	2	3	5	7	11	17				
500	1	1	2	3	5	7	11	17					
800	1	2	3	5	7	11	17						
1 250	2	3	5	7	11	17							
2 000	3	5	7	11	17								

주 ([1]) 엄격하지 않은 검사에 의하여 화살표 표시한 Ac=0을 나타낸다.
([2]) 부적합품 퍼센트 10 이하의 AQL에 적용한다.

비 고 : 이 스킵 로트 합격 판정수는 ISO 2859-1에 주어진 각각의 로트에 대한 합부 판정 기준과 혼동해서는 안 된다.

연/습/문/제

1. 어떤 전기기기 부품의 수입검사를 위하여 KS A 2859-1를 적용하기로 하였다. AQL=0.65%, 로트의 크기 1,000으로 검사수준 II에 대한 1회 샘플링 보통 검사의 샘플링 방식을 구하시오.

2. 로트의 크기 N=500, AQL=4%에 대하여 KS A 2859-1를 적용키로 하였다. 검사수준 I, 까다로운 검사, 2회 샘플링 검사 방식을 구하시오.

3. 크기 1,000의 로트에 대하여 AQL=4%, 검사수준 III, 수월한 검사, 다회 샘플링 검사를 적용하기로 하였다. 샘플링 검사 방식을 구하시오.

4. KS A 2859-1를 적용하는 경우 다음 로트의 크기 300, 1,000, 5.000과 AQL=1.0, AQL=4.0에 대하여 각 조합의 1회 샘플링 방식을 구하시오(단, 검사수준은 II로 한다).

로트의 크기		300									1,000									5,000								
검사의 엄격도		보통 검사			까다로운 검사			수월한 검사			보통 검사			까다로운 검사			수월한 검사			보통 검사			까다로운 검사			수월한 검사		
샘플링 방식		n	Ac	Re	n	Ac	Re	n	Ac	Re	n	Ac	Re	n	Ac	Re	n	Ac	Re	n	Ac	Re	n	Ac	Re	n	Ac	Re
AQL (%)	1.0																											
	4.0																											

5. 어떤 외주 부품 수입에 대하여 KS A 2859-1을 실시하고 있다. 로트의 크기는 항상 2,000이다. AQL=1.5%, 검사수준 II, 2회 샘플링 검사이다.

(1) 샘플링 방식을 구하시오.

(2) 최초의 연속 10로트의 검사기록은 다음과 같다.

로트 번호	엄격도	검사개수			부적합품 수			판정
		제1	제2	누계	제1	제2	누계	합격
1	보통 검사	80		80	2	—	2	합격
2	보통 검사	80	80	160	3	1	4	합격
3	보통 검사	80	80	160	3	2	5	합격
4	보통 검사	80		80	1	—	1	합격
5	보통 검사	80		80	2	—	2	합격
6	보통 검사	80	80	160	4	2	6	합격
7	보통 검사	80	65	145	3	4	7	불합격
8	보통 검사	80		80	1	—	1	합격
9	보통 검사	80		80	1	—	1	합격
10	보통 검사	80	80	160	3	—	3	합격

① 로트번호 7번에서 불합격으로 되어 있는데 그 후에도 보통 검사를 하고 있다. 이렇게 하여도 좋은가?

② 7번 로트는 왜 제 2시료를 80개로 하지 않았는가?

③ 공정평균을 구하시오.

6. 어느 공장에서 생산계획이 15000개로 로트의 크기를 1500개로 하여 KS A 2859-2 절차 A에서 한계품질(LQ)의 표준값 2.0%를 사용키로 합의하였다. 샘플링 방식을 구하시오.

7. 스킵 로트 샘플링검사 방식 상태 1에서 상태 2로 가기 위한 조건을 기술하시오.

Chapter

07 검사의 실시

7.1 검사규격

검사의 중요한 목적은 제품의 품질을 보증하는 것이다. 이 목적을 달성하기 위해서는 검사 실시의 구체적인 방법이 검사규격으로서 명확하게 규정되어 있어야 한다. 제품에 대한 요구 조건이 도면이나 사양서에 표시되어 있는 경우에도 반드시 전 항목을 전수 검사하는 것은 아니고 기술적·경제적 측면에서 검사하는 항목마다 전수 검사, 샘플링 검사, 무시험 검사 중에서 결정할 필요가 있다.

실제로 검사를 실시하는 경우에는 시간, 비용 및 공수(工數)가 한정되어 있기 때문에 검사를 확실하게 효율적으로 하기 위해서는 검사규격은 검사원의 주관에 따라 판단이 좌우되지 않도록 하는 내용이 필요하다. 그리고 검사결과를 활용하는 것까지도 고려하여 검사규격을 작성하는 것이 바람직스럽기 때문에 충분한 제조공정의 지식이 필요하다.

검사규격으로서 규정하여야 할 중요한 항목을 열거하면 다음과 같다.

① 구입검사, 공정간검사, 최종검사 등의 구분
② 검사단위
③ 검사항목(요약하면 부적합 항목의 계급구분)
④ 품질판정기준(규격치, 한도견본 등을 포함)
⑤ 검사 방식
⑥ 검사로트
⑦ 시료의 샘플링 방법

⑧ 로트의 판정기준
⑨ 특성값의 시험·측정의 조건, 방법
⑩ 시험·측정의 순서
⑪ 합격 또는 불합격 로트의 처치
⑫ 검사에서 발견된 부적합품의 처치
⑬ 재검사의 실시조건
⑭ 검사기록을 쓰는 방법과 결과의 연락처·연락방법

검사규격의 내용을 될 수 있는 한 구체적으로 나타내어 누구나 쉽게 이행할 수 있도록 하는 것이 바람직스러우며 필요하면 도면이나 사진 등을 병용하여 설명하면 좋다.

또 검사규격을 기본으로 하여 실제로 검사원이 작업하는 순서를 구체적으로 나타낸 것을 검사작업표준이라고 하지만 검사가 계획대로 실시되기 위해서는 검사규격뿐만 아니라 검사작업표준도 중요하다.

7.2 검사결과의 활용

검사는 부적합품이나 나쁜 로트가 다음 공정에 들어가거나, 소비자에게 불만을 주는 것을 방지하기 위하여 실시할 뿐만 아니라 검사의 결과 얻어진 데이터를 해석함으로써 제조공정의 개선, 물품 사용자에 대한 정보제공, 검사 자체의 합리화 등에 대하여 문제점을 시사하고 해결의 동기를 주는 것이다.

검사결과의 활용의 예로서 좋은 로트의 합격률(또는 로트의 불합격률)에만 관심을 두는 경우가 있다. 확실하게 요구품질에 대한 보증행위로서 검사가 하나의 수단이 되기 때문에 제조공정에서는 검사의 합격률 향상을 당면 목표로 생각하는 것은 당연한 일로 생각할 수 있다. 그러나 그것은 합격률이 별로 좋지 않은 시점이라면 몰라도 합격률이 좋아진 시점에서는 그 합격이란 상태가 진실로 제조공정이 안정상태라고 판단할 수 있는 것은 아니다.

(1) 제조공정의 개선

품질은 몇 개의 공정을 거친 결과로서 얻어지는 것이며, 그 결과에 대하여 검사에서는 적합, 부적합을 판정하고 있기 때문에 검사를 아무리 엄격하게 하여도 이미 만들어진 부적합품은 어떻게 할 수 없다. 다만 제거하거나 재가공의 처치만 남아 있을 뿐이다. 그러나 결과를 앉아서 기다리기만 한 검사였다면 사후관리라는 비난을 면치 못할 것이다.

품질의 요인에 따라 제조공정에 대하여 무언가 조처를 취하고, 이것에서 만들어진 품질이 필연적으로 적합품이 되도록 선수관리를 지향해야만 검사가 품질관리시스템의 일환이 되는 것이다. 이를 위해서는 또 품질이 어떠한 상태에 있는가를 파악함으로써 시작되며, 데이터의 수집은 공정에 대한 정보획득에 극히 효과적이다. 이와 같이 수집된 데이터를 활용함으로써 검사가 계획-실사-검토-조처의 관리 사이클의 일부가 되는 것이다.

검사데이터에서 제조공정의 상태를 추정할 때에는 1회 검사결과만으로는 안되고 적어도 10로트 이상에 대하여 통계적으로 처리하고 아래 각 항목에서의 같은 문제점을 파악함으로써 시작된다.

① 품질특성의 분포는 어떻게 되어 있는가? 또 시계열적인 측면에서 안정되어 있는가?
② 공정능력은 충분한가?
③ 공정평균 부적합품률은 어떻게 되어 있는가?
④ 로트 부적합품률은 시계열적으로 어떠한 변화를 하고 있는가?
⑤ 부적합이 나오는 데는 규칙이 있는가 아니면 랜덤한가?
⑥ 어느 검사항목이 문제인가 특정의 검사항목에 부적합이 편중되어 발생하고 있지 않은가?
⑦ 검사에서 발견된 부적합 내용과 공정 중에서 발견된 부적합 내용 사이에는 관계가 있는가?

이상의 데이터 정리방법으로는 공정의 조건 등에서 층별을 적절하게 한다. 파레토그림, 산점도, 히스토그램, 그래프, 관리도 등을 적절히 사용하여 보기 쉬운 형태로 정보를 정리하면 좋다. 또 이와 같은 정보의 정리방법은 표준화하는 것이 좋고, 10로트마다 또는 1개월분을 나누어 정리한 검사월보 등을 사용하는 현장도 있다.

제조공정의 품질수준으로서 공정평균 부적합품률이나 로트 내, 로트간의 변동 상황에 대한 추정, 검정, 상관분석 등을 통하여 실용상 필요한 정보를 얻기 위해서는 다음과 같이 한다.

① 최근에 연속되는 10로트 이상의 검사데이터를 사용한다.

② 각 로트의 초회검사의 결과를 이용한다. 즉 불합격된 로트의 재검사 데이터는 이용하지 않는다.

③ 불합격 로트라도 초회검사의 데이터는 추정을 위한 데이터로서 이용한다(초회검사의 불합격로트라도 예외는 아니다).

④ 로트의 합격·불합격에 관계없이 분명하게 다른 생산조건에서 만든 로트의 데이터는 이용하지 않는다.

⑤ 2회, 다회 샘플링 검사의 경우는 원칙적으로 제 1시료의 검사데이터를 이용한다.

(2) 물품 사용자에 대한 정보제공

제조공정에 있어서 품질에 중대한 영향을 미치는 것으로 재료·부품을 들 수 있다. 제조공정에서는 사용하는 재료·부품의 수입규격을 고려하여 제조 조건을 정하고 있기 때문에 특히 엄격한 품질이 요구되어 있는 경우에는 재료·부품의 품질상태에 따라서 공정을 조절하는 쪽이 경제적인 경우도 있다. 이와 같은 경우의 검사데이터는 귀중한 정보원이 된다.

또 제조공정 등에서 공정이상이 발생할 경우라도 재료·부품의 검사데이터가 분명하면 원인파악에 큰 도움이 되어 신속하게 조처를 취할 수 있다.

많은 부품이 조립가공이나 공정이 긴 제품 생산의 경우, 제품의 로트에서 부품의 로트나 도중 공정의 검사성적 등을 한 눈에 알 수 있는 카드시스템과 같은 검사이력을 정리하는 것이 바람직하다.

이와 같이 정리함으로써 다음에 품질사고가 일어날 경우 사고품에 대한 설명, 회수 및 제조물책임 방어 등에도 유용하게 활용할 수 있다.

(3) 검사의 합리화

샘플링 검사 방식이나 검사항목 등은 당초에 한정된 수량의 시험결과와 기술정보에 따라 요구품질에 대하여 대체로 타당하다고 판단된 것으로 설정하는 것이 보통이다. 그러므로 생산단계에서 얻어지는 대량의 검사데이터를 활용하고 당초의 설정에 대하여 보다 정확하고 합리적인 개선이 필요하다.

7.3 검사관리

검사의 실시결과에 대해서는 적당한 주기를 설정하여 검사의 판정 정밀도, 시료시험에 의한 측정오차의 관리, 물품사용자의 만족도 등에 대하여 체크하고 검사가 만족스럽게 진행되고 있는가 어떤가를 파악하고, 필요하면 수정 처치를 하여 검사의 질을 향상시킬 필요가 있다.

(1) 검사의 판정 정밀도

동일 물품의 검사에 대하여는 누가 언제 하여도 동일한 판정결과가 나오는 것이 바람직스럽다. 검사데이터가 산포하는 요인으로서 다음 몇 가지의 요인에 주의할 필요가 있다.

① 검사원이 표준조건과 절차를 지키지 않는다.
② 검사원의 컨디션(condition)이 나쁘다.
③ 검사원의 교육훈련이 부족하다.
④ 계측기류나 한도견본의 관리가 나쁘다.
⑤ 검사환경이 악화되어 있다.

이상과 같은 일이 일어나지 않도록 항상 주의할 필요가 있고 특히 검사원의 교육·훈련에 대하여 계획적으로 실시하는 일과 검사에 적성이 맞지 않는 자의 배치 전환의 실시 등은 중요하다.

(2) 검사원의 표준 준수

표준이 확정되어 있지 않으면 검사결과가 산포하는 것은 당연하지만 표준이 있는데도 지키지 않는다면 문제이다.

표준은 사람에 따른 개인차를 작게 할 수 있으므로 작성된 데이터는 때때로 체크하든가 검사 실시 상황을 순회하여 확인하는 것이 필요하다.

(3) 검사원의 컨디션

컨디션으로서는 일상의 건강관리에도 있지만 검사환경이 나빠서 피로하기 쉬운 것도 흔한 원인이다. 또 검사설비로서 조명이 어두워서 측정치를 읽기가 어렵다든가, 시험대가 안정되어 있는 않는 등 필요 이상으로 검사원이 신경을 쓰게 하여 정신적 피로를 주어서 잘못된 판정을 초래하는 경우도 있다.

(4) 검사원의 교육·훈련의 적절한 실시

교육·훈련은 측정의 정확성, 판정의 정밀도 등을 향상시키는데 필요하다. 아무리 표준을 완전하게 정비하여도 이것을 확실하게 실행할 수 있는 지식과 기능이 없으면 개인차나 검사의 과오는 막지 못한다. 사람에 따라서는 아무리 교육·훈련을 하여도 본질적으로 적성이 맞지 않는 사람이 있기 때문에 검사원으로서 자질을 충분히 고려하여 적정 배치를 한 후 교육·훈련을 실시해야 한다.

연/습/문/제

1. 검사규격으로서 규정하여야 할 중요한 항목을 열거하시오.

2. 검사결과의 활용에 대하여 설명하시오.

3. 검사관리에 대하여 설명하시오.

참고문헌

1. 고복수, 샘플링 검사, 보성출판사, 1994
2. 이영식, 샘플링 검사, 이한출판사, 2003
3. 박해근 외 9명, 품질경영론, 형설, 2007
4. 한국표준협회, 산업표준화 및 관계법규, 한국표준협회, 2005
5. __________, 한국산업규격 KS A 3102
6. __________, 한국산업규격 KS A 3103
7. __________, 한국산업규격 KS A 3104
8. __________, 한국산업규격 KS A 8422
9. __________, 한국산업규격 KS A 8423
10. __________, 한국산업규격 KS A 2859-0
11. __________, 한국산업규격 KS A 2859-1
12. __________, 한국산업규격 KS A 2859-2
13. __________, 한국산업규격 KS A 2859-3
14. D. A. Besterfield, Quality Control, Prentice Hall, 1990
15. D. C. Montgomery, Introduction to Statistical Quality Control, 1991
16. J. Banks, Principle of Quality Control, Wiley & Sons, Inc. 1988
17. B. B. G. Dale & F. M. Gryna, Jr. Quality Planning and Analysis, Mcgraw.Hill, 1970
18. J. M. Juran & I. J. Detoro, Total Quality Management, Addison Wesley, 1992
19. A. R. Tenner & I. J. Detoro, Total Quality Management, Addison Wesley, 1992
20. 武藤時宗, 品質管理の技術, 日刊工業新聞社, 1977
21. 日本規格協會, 品質管理 JIS Handbook, 2006

Appendix

부록

1. 정규분포표

2. t 분포표

3-1 F 분포표(0.05, 0.01%)

3-2 F 분포표(0.025, 0.005%)

부표 1. 정규분포표

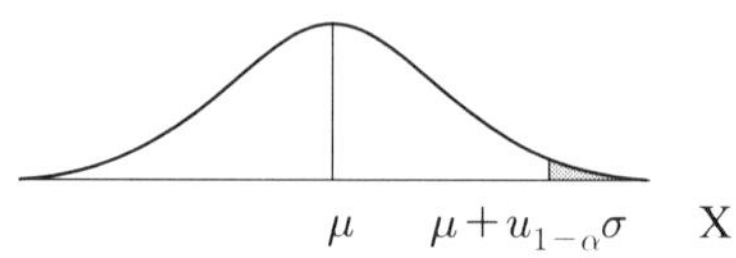

x가 $\mu+u_{1-\alpha}\sigma$ 이상의 값이 될 확률 (빗금확률면적 α를 의미함)

u	.00	.01	.02	.03	.04	.05	.06	.07	.08	.09
0.0	.5000	.4960	.4920	.4880	.4840	.4801	.4761	.4721	.4681	.4641
0.1	.4602	.4562	.4522	.4483	.4443	.4404	.4364	.4325	.4286	.4247
0.2	.4207	.4168	.4129	.4090	.4052	.4013	.3974	.3936	.3897	.3859
0.3	.3821	.3783	.3745	.3707	.3669	.3632	.3594	.3557	.3520	.3483
0.4	.3446	.3409	.3372	.3336	.3300	.3264	.3228	.3192	.3156	.3121
0.5	.3085	.3050	.3015	.2981	.2946	.2912	.2877	.2843	.2810	.2776
0.6	.2743	.2709	.2676	.2643	.2611	.2578	.2546	.2514	.2483	.2451
0.7	.2420	.2389	.2358	.2327	.2297	.2266	.2236	.2206	.2177	.2148
0.8	.2119	.2090	.2061	.2033	.2005	.1977	.1949	.1922	.1894	.1867
0.9	.1841	.1814	.1788	.1762	.1736	.1711	.1685	.1660	.1635	.1611
1.0	.1587	.1562	.1539	.1515	.1492	.1469	.1446	.1423	.1401	.1379
1.1	.1357	.1335	.1314	.1292	.1271	.1251	.1230	.1210	.1190	.1170
1.2	.1151	.1131	.1112	.1093	.1075	.1056	.1038	.1020	.1003	.0985
1.3	.0968	.0951	.0934	.0918	.0901	.0885	.0869	.0853	.0838	.0823
1.4	.0808	.0793	.0778	.0764	.0749	.0735	.0721	.0708	.0694	.0681
1.5	.0668	.0655	.0643	.0630	.0618	.0606	.0594	.0582	.0571	.0559
1.6	0.548	.0537	.0526	.0516	.0505	.0495	.0485	.0475	.0465	.0455
1.7	.0446	.0436	.0427	.0418	.0409	.0401	.0392	.0384	.0375	.0367
1.8	.0359	.0351	.0344	.0336	.0329	.0322	.0314	.0307	.0301	.0294
1.9	.0287	.0281	.0274	.0268	.0262	.0256	.0250	.0244	.0239	.0233
2.0	.0228	.0222	.0217	.0212	.0207	.0202	.0197	.0192	.0188	.0183
2.1	.0179	.0174	.0170	.0166	.0162	.0158	.0154	.0150	.0146	.0143
2.2	.0139	.0136	.0132	.0129	.0125	.0122	.0119	.0116	.0113	.0110
2.3	.0107	.0104	.0102	.0099	.0096	.0094	.0091	.0089	.0087	.0084
2.4	.0082	.0080	.0078	.0075	.0073	.0071	.0069	.0068	.0066	.0064
2.5	.0062	.0060	.0059	.0057	.0055	.0054	.0052	.0051	.0049	.0048
2.6	$.0^{2}4661$	$.0^{2}4527$	$.0^{2}4396$	$.0^{2}4269$	$.0^{2}4145$	$.0^{2}4025$	$.0^{2}3907$	$.0^{2}3793$	$.0^{2}3681$	$.0^{2}3573$
2.7	$.0^{2}3467$	$.0^{2}3364$	$.0^{2}3264$	$.0^{2}3167$	$.0^{2}3072$	$.0^{2}2980$	$.0^{2}2890$	$.0^{2}2803$	$.0^{2}2718$	$.0^{2}2635$
2.8	$.0^{2}2555$	$.0^{2}2477$	$.0^{2}2401$	$.0^{2}2327$	$.0^{2}2250$	$.0^{2}2180$	$.0^{2}2118$	$.0^{2}2052$	$.0^{2}1988$	$.0^{2}1920$
2.9	$.0^{2}1866$	$.0^{2}1807$	$.0^{2}1750$	$.0^{2}1695$	$.0^{2}1041$	$.0^{2}1589$	$.0^{2}1538$	$.0^{2}1489$	$.0^{2}1441$	$.0^{2}1395$
3.0	$.0^{2}1350$	$.0^{2}1306$	$.0^{2}1264$	$.0^{2}1223$	$.0^{2}1183$	$.0^{2}1144$	$.0^{2}1107$	$.0^{2}1070$	$.0^{2}1035$	$.0^{2}1001$
3.1	$.0^{3}9676$	$.0^{3}9351$	$.0^{3}9043$	$.0^{3}8740$	$.0^{3}8447$	$.0^{3}8104$	$.0^{3}7888$	$.0^{3}7622$	$.0^{3}7364$	$.0^{3}7114$
3.2	$.0^{3}6871$	$.0^{3}6637$	$.0^{3}6410$	$.0^{3}6190$	$.0^{3}5976$	$.0^{3}5770$	$.0^{3}5571$	$.0^{3}5377$	$.0^{3}5190$	$.0^{3}5009$
3.3	$.0^{3}4834$	$.0^{3}4665$	$.0^{3}4501$	$.0^{3}4342$	$.0^{3}4189$	$.0^{3}4041$	$.0^{3}3897$	$.0^{3}3758$	$.0^{3}3624$	$.0^{3}3495$
3.4	$.0^{3}3369$	$.0^{3}3248$	$.0^{3}3131$	$.0^{3}3018$	$.0^{3}2909$	$.0^{3}2803$	$.0^{3}2701$	$.0^{3}2602$	$.0^{3}2507$	$.0^{3}2415$
3.5	$.0^{3}2326$	$.0^{3}2241$	$.0^{3}2158$	$.0^{3}2078$	$.0^{3}2001$	$.0^{3}1926$	$.0^{3}1854$	$.0^{3}1785$	$.0^{3}1718$	$.0^{3}1653$

부표 2. t 분포표

양쪽의 경우 (빗금확률면적 $\alpha/2$)　　　　한쪽의 경우 (빗금확률면적 α)

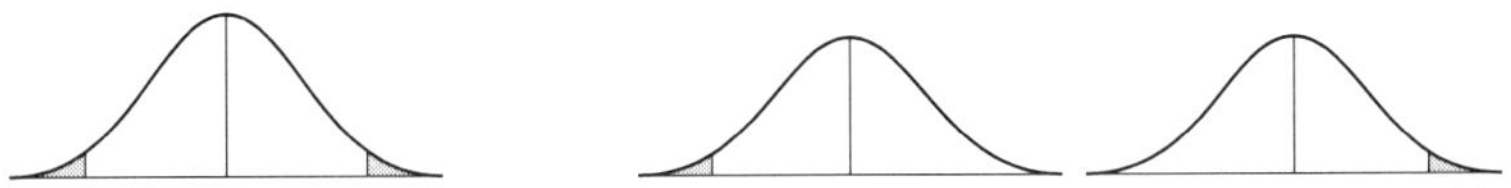

$t_{\alpha/2}(\nu)$　$t_{1-\alpha/2}(\nu)$　　$t_{\alpha}(\nu)$　　$t_{1-\alpha}(\nu)$

t 분포의 상측분위점 $t_{1-\alpha}(\nu)$의 표

ν \ $1-\alpha$	0.75	0.80	0.85	0.90	0.95	0.975	0.99	0.995	0.9995
1	1.000	1.376	1.963	3.078	6.314	12.706	31.821	63.657	636.619
2	0.816	1.061	1.386	1.886	2.920	4.303	6.965	9.925	31.598
3	0.765	0.978	1.250	1.638	2.353	3.182	4.541	5.841	12.941
4	0.741	0.941	1.109	1.533	2.132	2.776	3.747	4.604	8.610
5	0.727	0.920	1.156	1.476	2.015	2.571	3.365	4.032	6.859
6	0.718	0.906	1.134	1.440	1.943	2.447	3.143	3.707	5.959
7	0.711	0.896	1.119	1.415	1.895	2.365	2.998	3.499	5.405
8	0.706	0.889	1.108	1.397	1.860	2.306	2.896	3.355	5.041
9	0.703	0.883	1.100	1.383	1.833	2.262	2.821	3.250	4.781
10	0.700	0.879	1.093	1.372	1.812	2.228	2.764	3.169	4.587
11	0.697	0.876	1.088	1.363	1.796	2.201	2.718	3.106	4.437
12	0.695	0.873	1.083	1.356	1.782	2.179	2.681	3.055	4.318
13	0.694	0.870	1.079	1.350	1.771	2.160	2.650	3.012	4.221
14	0.692	0.868	1.076	1.345	1.761	2.145	2.624	2.977	4.140
15	0.691	0.866	1.074	1.341	1.753	2.131	2.602	2.947	4.073
16	0.690	0.865	1.071	1.337	1.746	2.120	2.583	2.921	4.015
17	0.689	0.863	1.069	1.333	1.740	2.110	2.567	2.898	3.965
18	0.688	0.862	1.067	1.330	1.734	2.101	2.552	2.878	3.922
19	0.688	0.861	1.066	1.328	1.729	2.093	2.539	2.861	3.883
20	0.687	0.860	1.064	1.325	1.725	2.086	2.528	2.845	3.850
21	0.686	0.859	1.063	1.323	1.721	2.080	2.518	2.831	3.819
22	0.686	0.858	1.061	1.321	1.717	2.074	2.508	2.819	3.792
23	0.685	0.858	1.060	1.319	1.714	2.069	2.500	2.807	3.767
24	0.685	0.857	1.059	1.318	1.711	2.064	2.492	2.797	3.745
25	0.684	0.856	1.058	1.316	1.708	2.060	2.485	2.787	3.725
26	0.684	0.856	1.058	1.315	1.706	2.056	2.479	2.779	3.707
27	0.684	0.855	1.057	1.314	1.703	2.052	2.473	2.771	3.690
28	0.683	0.855	1.056	1.313	1.701	2.048	2.467	2.763	3.674
29	0.683	0.854	1.055	1.311	1.699	2.045	2.462	2.756	3.659
30	0.683	0.854	1.055	1.310	1.697	2.042	2.457	2.750	3.646
40	0.681	0.851	1.050	1.303	1.684	2.021	2.423	2.704	3.551
60	0.679	0.848	1.046	1.296	1.671	2.000	2.390	2.660	3.460
120	0.677	0.845	1.041	1.289	1.658	1.980	2.358	2.617	3.373
∞	0.674	0.842	1.036	1.282	1.645	1.960	2.326	2.576	3.291

부표 3-1. *F* 분포표 (0.05, 0.01%) 한쪽의 경우 (빗금확률면적 α)

F 분포 상측 분위점 $F_{1-\alpha}(\nu_1, \nu_2)$의 표 (단, $F_{\alpha}(\nu_1, \nu_2) = 1/F_{1-\alpha}(\nu_1, \nu_2)$이다)

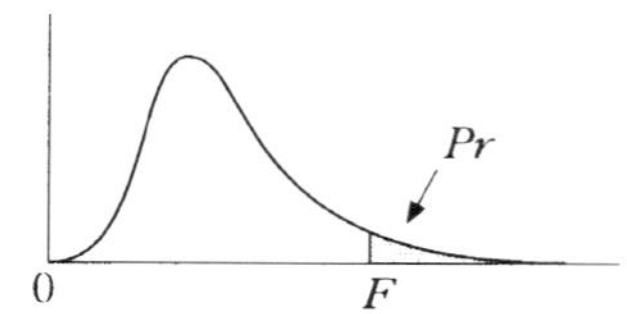

ν_2 \ ν_1	1	2	3	4	5	6	7	8	9	10	12	15	20	30	40	60	120	∞	ν_1 / ν_2
1	161.45	199.50	215.71	224.58	230.16	233.99	236.77	238.88	240.54	241.88	243.90	245.95	248.02	250.10	251.14	252.20	253.25	254.32	1
	4052.18	**4999.34**	**5403.53**	**5624.26**	**5763.96**	**5858.95**	**5928.33**	**5980.95**	**6022.40**	**6055.93**	**6106.68**	**6156.97**	**6208.66**	**6260.35**	**6286.43**	**6312.97**	**6339.51**	**6365.59**	
2	18.51	19.00	19.16	19.25	19.30	19.33	19.35	19.37	19.38	19.40	19.41	19.43	19.45	19.46	19.47	19.48	19.49	19.50	2
	98.50	**99.00**	**99.16**	**99.25**	**99.30**	**99.33**	**99.36**	**99.38**	**99.39**	**99.40**	**99.42**	**99.43**	**99.45**	**99.47**	**99.48**	**99.48**	**99.49**	**99.50**	
3	10.13	9.55	9.28	9.12	9.01	8.94	8.89	8.85	8.81	8.79	8.74	8.70	8.66	8.62	8.59	8.57	8.55	8.53	3
	34.12	**30.82**	**29.46**	**28.71**	**28.24**	**27.91**	**27.67**	**27.49**	**27.34**	**27.23**	**27.05**	**26.87**	**26.69**	**26.50**	**26.41**	**26.32**	**26.22**	**26.13**	
4	7.71	6.94	6.59	6.39	6.26	6.16	6.09	6.04	6.00	5.96	5.91	5.86	5.80	5.75	5.72	5.69	5.66	5.63	4
	21.20	**18.00**	**16.69**	**15.98**	**15.52**	**15.21**	**14.98**	**14.80**	**14.66**	**14.55**	**14.37**	**14.20**	**14.02**	**13.84**	**13.75**	**13.65**	**13.56**	**13.46**	
5	6.61	5.79	5.41	5.19	5.05	4.95	4.88	4.82	4.77	4.74	4.68	4.62	4.56	4.50	4.46	4.43	4.40	4.37	5
	16.26	**13.27**	**12.06**	**11.39**	**10.97**	**10.67**	**10.46**	**10.29**	**10.16**	**10.05**	**9.89**	**9.72**	**9.55**	**9.38**	**9.29**	**9.20**	**9.11**	**9.02**	
6	5.99	5.14	4.76	4.53	4.39	4.28	4.21	4.15	4.10	4.06	4.00	3.94	3.87	3.81	3.77	3.74	3.70	3.67	6
	13.75	**10.92**	**9.78**	**9.15**	**8.75**	**8.47**	**8.26**	**8.10**	**7.98**	**7.87**	**7.72**	**7.56**	**7.40**	**7.23**	**7.14**	**7.06**	**6.97**	**6.88**	
7	5.59	4.74	4.35	4.12	3.97	3.87	3.79	3.73	3.68	3.64	3.57	3.51	3.44	3.38	3.34	3.30	3.27	3.23	7
	12.25	**9.55**	**8.45**	**7.85**	**7.46**	**7.19**	**6.99**	**6.84**	**6.72**	**6.62**	**6.47**	**6.31**	**6.16**	**5.99**	**5.91**	**5.82**	**5.74**	**5.65**	
8	5.32	4.46	4.07	3.84	3.69	3.58	3.50	3.44	3.39	3.35	3.28	3.22	3.15	3.08	3.04	3.01	2.97	2.93	8
	11.26	**8.65**	**7.59**	**7.01**	**6.63**	**6.37**	**6.18**	**6.03**	**5.91**	**5.81**	**5.67**	**5.52**	**5.36**	**5.20**	**5.12**	**5.03**	**4.95**	**4.86**	
9	5.12	4.26	3.86	3.63	3.48	3.37	3.29	3.23	3.18	3.14	3.07	3.01	2.94	2.86	2.83	2.79	2.75	2.71	9
	10.56	**8.02**	**6.99**	**6.42**	**6.06**	**5.80**	**5.61**	**5.47**	**5.35**	**5.26**	**5.11**	**4.96**	**4.81**	**4.65**	**4.57**	**4.48**	**4.40**	**4.31**	
10	4.96	4.10	3.71	3.48	3.33	3.22	3.14	3.07	3.02	2.98	2.91	2.85	2.77	2.70	2.66	2.62	2.58	2.54	10
	10.04	**7.56**	**6.55**	**5.99**	**5.64**	**5.39**	**5.20**	**5.06**	**4.94**	**4.85**	**4.71**	**4.56**	**4.41**	**4.25**	**4.17**	**4.08**	**4.00**	**3.91**	
11	4.84	3.98	3.59	3.36	3.20	3.09	3.01	2.95	2.90	2.85	2.79	2.72	2.65	2.57	2.53	2.49	2.45	2.40	11
	9.65	**7.21**	**6.22**	**5.67**	**5.32**	**5.07**	**4.89**	**4.74**	**4.63**	**4.54**	**4.40**	**4.25**	**4.10**	**3.94**	**3.86**	**3.78**	**3.69**	**3.60**	
12	4.75	3.89	3.49	3.26	3.11	3.00	2.91	2.85	2.80	2.75	2.69	2.62	2.54	2.47	2.43	2.38	2.34	2.30	12
	9.33	**6.93**	**5.95**	**5.41**	**5.06**	**4.82**	**4.64**	**4.50**	**4.39**	**4.30**	**4.16**	**4.01**	**3.86**	**3.70**	**3.62**	**3.54**	**3.45**	**3.36**	
13	4.67	3.81	3.41	3.18	3.03	2.92	2.83	2.77	2.71	2.67	2.60	2.53	2.46	2.38	2.34	2.30	2.25	2.21	13
	9.07	**6.70**	**5.74**	**5.21**	**4.86**	**4.62**	**4.44**	**4.30**	**4.19**	**4.10**	**3.96**	**3.82**	**3.66**	**3.51**	**3.43**	**3.34**	**3.25**	**3.17**	
14	4.60	3.74	3.34	3.11	2.96	2.85	2.76	2.70	2.65	2.60	2.53	2.46	2.39	2.31	2.27	2.22	2.18	2.13	14
	8.86	**6.51**	**5.56**	**5.04**	**4.69**	**4.46**	**4.28**	**4.14**	**4.03**	**3.94**	**3.80**	**3.66**	**3.51**	**3.35**	**3.27**	**3.18**	**3.09**	**3.00**	
15	4.54	3.68	3.29	3.06	2.90	2.79	2.71	2.64	2.59	2.54	2.48	2.40	2.33	2.25	2.20	2.16	2.11	2.07	15
	8.68	**6.36**	**5.42**	**4.89**	**4.56**	**4.32**	**4.14**	**4.00**	**3.89**	**3.80**	**3.67**	**3.52**	**3.37**	**3.21**	**3.13**	**3.05**	**2.96**	**2.87**	

부표 3-1. **이어서**

ν_2 \ ν_1	1	2	3	4	5	6	7	8	9	10	12	15	20	30	40	60	120	∞	ν_2
16	4.49	3.63	3.24	3.01	2.85	2.74	2.66	2.59	2.54	2.49	2.42	2.35	2.28	2.19	2.15	2.11	2.06	2.01	16
	8.53	**6.23**	**5.29**	**4.77**	**4.44**	**4.20**	**4.03**	**3.89**	**3.78**	**3.69**	**3.55**	**3.41**	**3.26**	**3.10**	**3.02**	**2.93**	**2.84**	**2.75**	
17	4.45	3.59	3.20	2.96	2.81	2.70	2.61	2.55	2.49	2.45	2.38	2.31	2.23	2.15	2.10	2.06	2.01	1.96	17
	8.40	**6.11**	**5.19**	**4.67**	**4.34**	**4.10**	**3.93**	**3.79**	**3.68**	**3.59**	**3.46**	**3.31**	**3.16**	**3.00**	**2.92**	**2.83**	**2.75**	**2.65**	
18	4.41	3.55	3.16	2.93	2.77	2.66	2.58	2.51	2.46	2.41	2.34	2.27	2.19	2.11	2.06	2.02	1.97	1.92	18
	8.29	**6.01**	**5.09**	**4.58**	**4.25**	**4.01**	**3.84**	**3.71**	**3.60**	**3.51**	**3.37**	**3.23**	**3.08**	**2.92**	**2.84**	**2.75**	**2.66**	**2.57**	
19	4.38	3.52	3.13	2.90	2.74	2.63	2.54	2.48	2.42	2.38	2.31	2.23	2.16	2.07	2.03	1.98	1.93	1.88	19
	8.18	**5.93**	**5.01**	**4.50**	**4.17**	**3.94**	**3.77**	**3.63**	**3.52**	**3.43**	**3.30**	**3.15**	**3.00**	**2.84**	**2.76**	**2.67**	**2.58**	**2.49**	
20	4.35	3.49	3.10	2.87	2.71	2.60	2.51	2.45	2.39	2.35	2.28	2.20	2.12	2.04	1.99	1.95	1.90	1.84	20
	8.10	**5.85**	**4.94**	**4.43**	**4.10**	**3.87**	**3.70**	**3.56**	**3.46**	**3.37**	**3.23**	**3.09**	**2.94**	**2.78**	**2.69**	**2.61**	**2.52**	**2.42**	
21	4.32	3.47	3.07	2.84	2.68	2.57	2.49	2.42	2.37	2.32	2.25	2.18	2.10	2.01	1.96	1.92	1.87	1.81	21
	8.02	**5.78**	**4.87**	**4.37**	**4.04**	**3.81**	**3.64**	**3.51**	**3.40**	**3.31**	**3.17**	**3.03**	**2.88**	**2.72**	**2.64**	**2.55**	**2.46**	**2.36**	
22	4.30	3.44	3.05	2.82	2.66	2.55	2.46	2.40	2.34	2.30	2.23	2.15	2.07	1.98	1.94	1.89	1.84	1.78	22
	7.95	**5.72**	**4.82**	**4.31**	**3.99**	**3.76**	**3.59**	**3.45**	**3.35**	**3.26**	**3.12**	**2.98**	**2.83**	**2.67**	**2.58**	**2.50**	**2.40**	**2.31**	
23	4.28	3.42	3.03	2.80	2.64	2.53	2.44	2.37	2.32	2.27	2.20	2.13	2.05	1.96	1.91	1.86	1.81	1.76	23
	7.88	**5.66**	**4.76**	**4.26**	**3.94**	**3.71**	**3.54**	**3.41**	**3.30**	**3.21**	**3.07**	**2.93**	**2.78**	**2.62**	**2.54**	**2.45**	**2.35**	**2.26**	
24	4.26	3.40	3.01	2.78	2.62	2.51	2.42	2.36	2.30	2.25	2.18	2.11	2.03	1.94	1.89	1.84	1.79	1.73	24
	7.82	**5.61**	**4.72**	**4.22**	**3.90**	**3.67**	**3.50**	**3.36**	**3.26**	**3.17**	**3.03**	**2.89**	**2.74**	**2.58**	**2.49**	**2.40**	**2.31**	**2.21**	
25	4.24	3.39	2.99	2.76	2.60	2.49	2.40	2.34	2.28	2.24	2.16	2.09	2.01	1.92	1.87	1.82	1.77	1.71	25
	7.77	**5.57**	**4.68**	**4.18**	**3.85**	**3.63**	**3.46**	**3.32**	**3.22**	**3.13**	**2.99**	**2.85**	**2.70**	**2.54**	**2.45**	**2.36**	**2.27**	**2.17**	
26	4.23	3.37	2.98	2.74	2.59	2.47	2.39	2.32	2.27	2.22	2.15	2.07	1.99	1.90	1.85	1.80	1.75	1.69	26
	7.72	**5.53**	**4.64**	**4.14**	**3.82**	**3.59**	**3.42**	**3.29**	**3.18**	**3.09**	**2.96**	**2.81**	**2.66**	**2.50**	**2.42**	**2.33**	**2.23**	**2.13**	
27	4.21	3.35	2.96	2.73	2.57	2.46	2.37	2.31	2.25	2.20	2.13	2.06	1.97	1.88	1.84	1.79	1.73	1.67	27
	7.68	**5.49**	**4.60**	**4.11**	**3.78**	**3.56**	**3.39**	**3.26**	**3.15**	**3.06**	**2.93**	**2.78**	**2.63**	**2.47**	**2.38**	**2.29**	**2.20**	**2.10**	
30	4.17	3.32	2.92	2.69	2.53	2.42	2.33	2.27	2.21	2.16	2.09	2.01	1.93	1.84	1.79	1.74	1.68	1.62	30
	7.56	**5.39**	**4.51**	**4.02**	**3.70**	**3.47**	**3.30**	**3.17**	**3.07**	**2.98**	**2.84**	**2.70**	**2.55**	**2.39**	**2.30**	**2.21**	**2.11**	**2.01**	
40	4.08	3.23	2.84	2.61	2.45	2.34	2.25	2.18	2.12	2.08	2.00	1.92	1.84	1.74	1.69	1.64	1.58	1.51	40
	7.31	**5.18**	**4.31**	**3.83**	**3.51**	**3.29**	**3.12**	**2.99**	**2.89**	**2.80**	**2.66**	**2.52**	**2.37**	**2.20**	**2.11**	**2.02**	**1.92**	**1.80**	
60	4.00	3.15	2.76	2.53	2.37	2.25	2.17	2.10	2.04	1.99	1.92	1.84	1.75	1.65	1.59	1.53	1.47	1.39	60
	7.08	**4.98**	**4.13**	**3.65**	**3.34**	**3.12**	**2.95**	**2.82**	**2.72**	**2.63**	**2.50**	**2.35**	**2.20**	**2.03**	**1.94**	**1.84**	**1.73**	**1.60**	
120	3.92	3.07	2.68	2.45	2.29	2.18	2.09	2.02	1.96	1.91	1.83	1.75	1.66	1.55	1.50	1.43	1.35	1.25	120
	6.85	**4.79**	**3.95**	**3.48**	**3.17**	**2.96**	**2.79**	**2.66**	**2.56**	**2.47**	**2.34**	**2.19**	**2.03**	**1.86**	**1.76**	**1.66**	**1.53**	**1.38**	
∞	3.84	3.00	2.60	2.37	2.21	2.10	2.01	1.94	1.88	1.83	1.75	1.67	1.57	1.46	1.39	1.32	1.22	1.00	∞
	6.636	**4.61**	**3.78**	**3.32**	**3.02**	**2.80**	**2.64**	**2.51**	**2.41**	**2.32**	**2.18**	**2.04**	**1.88**	**1.70**	**1.59**	**1.47**	**1.32**	**1.00**	
ν_2 \ ν_1	1	2	3	4	5	6	7	8	9	10	12	15	20	30	40	60	120	∞	ν_1 \ ν_2

부표 3-2. ***F* 분포표** (0.025, 0.005%) 한쪽의 경우 (빗금확률면적 α)

F 분포 상측 분위점 $F_{1-\alpha}(\nu_1, \nu_2)$의 표 (단, $F_{\alpha}(\nu_1, \nu_2) = 1/F_{1-\alpha}(\nu_1, \nu_2)$이다)

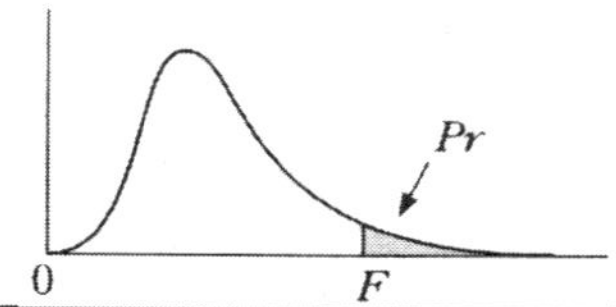

ϕ_2 \ ν_1	1	2	3	4	5	6	7	8	9	10	12	15	20	30	40	60	120	∞	γ_1 / ν_2
1	647.79	799.48	864.15	899.60	921.83	937.11	948.20	956.64	963.28	968.63	976.72	984.87	993.08	1001.40	1005.60	1009.79	1014.04	1018.26	1
	—	—	—	—	—	—	—	—	—	—	—	—	—	—	—	—	—	—	
2	38.51	39.00	39.17	39.25	39.30	39.33	39.36	39.37	39.39	39.40	39.41	39.43	39.45	39.46	39.47	39.48	39.49	39.50	2
	198.50	**199.01**	**199.16**	**199.24**	**199.30**	**199.33**	**199.36**	**199.38**	**199.39**	**199.39**	**199.42**	**199.43**	**199.45**	**199.48**	**199.48**	**199.48**	**199.49**	**199.51**	
3	17.44	16.04	15.44	15.10	14.88	14.73	14.62	14.54	14.47	14.42	14.34	14.25	14.17	14.08	14.04	13.99	13.95	13.90	3
	55.55	**49.80**	**47.47**	**46.20**	**45.39**	**44.84**	**44.43**	**44.13**	**43.88**	**43.68**	**43.39**	**43.08**	**42.78**	**42.47**	**42.31**	**42.15**	**41.99**	**41.83**	
4	12.22	10.65	9.98	9.60	9.36	9.20	9.07	8.98	8.90	8.84	8.75	8.66	8.56	8.46	8.41	8.36	8.31	8.26	4
	31.33	**26.28**	**24.26**	**23.15**	**22.46**	**21.98**	**21.62**	**21.35**	**21.14**	**20.97**	**20.70**	**20.44**	**20.17**	**19.89**	**19.75**	**19.61**	**19.47**	**19.32**	
5	10.01	8.43	7.76	7.39	7.15	6.98	6.85	6.76	6.68	6.62	6.52	6.43	6.33	6.23	6.18	6.12	6.07	6.02	5
	22.78	**18.31**	**16.53**	**15.56**	**14.94**	**14.51**	**14.20**	**13.96**	**13.77**	**13.62**	**13.38**	**13.15**	**12.90**	**12.66**	**12.53**	**12.40**	**12.27**	**12.14**	
6	8.81	7.26	6.60	6.23	5.99	5.82	5.70	5.60	5.52	5.46	5.37	5.27	5.17	5.07	5.01	4.96	4.90	4.85	6
	18.63	**14.54**	**12.92**	**12.03**	**11.46**	**11.07**	**10.79**	**10.57**	**10.39**	**10.25**	**10.03**	**9.81**	**9.59**	**9.36**	**9.24**	**9.12**	**9.00**	**8.88**	
7	8.07	6.54	5.89	5.52	5.29	5.12	4.99	4.90	4.82	4.76	4.67	4.57	4.47	4.36	4.31	4.25	4.20	4.14	7
	16.24	**12.40**	**10.88**	**10.05**	**9.52**	**9.16**	**8.89**	**8.68**	**8.51**	**8.38**	**8.18**	**7.97**	**7.75**	**7.53**	**7.42**	**7.31**	**7.19**	**7.08**	
8	7.57	6.06	5.42	5.05	4.82	4.65	4.53	4.43	4.36	4.30	4.20	4.10	4.00	3.89	3.84	3.78	3.73	3.67	8
	14.69	**11.04**	**9.60**	**8.81**	**8.30**	**7.95**	**7.69**	**7.50**	**7.34**	**7.21**	**7.01**	**6.81**	**6.61**	**6.40**	**6.29**	**6.18**	**6.06**	**5.95**	
9	7.21	5.71	5.08	4.72	4.48	4.32	4.20	4.10	4.03	3.96	3.87	3.77	3.67	3.56	3.51	3.45	3.39	3.33	9
	13.61	**10.11**	**8.72**	**7.96**	**7.47**	**7.13**	**6.88**	**6.69**	**6.54**	**6.42**	**6.23**	**6.03**	**5.83**	**5.62**	**5.52**	**5.41**	**5.30**	**5.19**	
10	6.94	5.46	4.83	4.47	4.24	4.07	3.95	3.85	3.78	3.72	3.62	3.52	3.42	3.31	3.26	3.20	3.14	3.08	10
	12.83	**9.43**	**8.08**	**7.34**	**6.87**	**6.54**	**6.30**	**6.12**	**5.97**	**5.85**	**5.66**	**5.47**	**5.27**	**5.07**	**4.97**	**4.86**	**4.75**	**4.64**	
11	6.72	5.26	4.63	4.28	4.04	3.88	3.76	3.66	3.59	3.53	3.43	3.33	3.23	3.12	3.06	3.00	2.94	2.88	11
	12.23	**8.91**	**7.60**	**6.88**	**6.42**	**6.10**	**5.86**	**5.68**	**5.54**	**5.42**	**5.24**	**5.05**	**4.86**	**4.65**	**4.55**	**4.45**	**4.34**	**4.23**	
12	6.55	5.10	4.47	4.12	3.89	3.73	3.61	3.51	3.44	3.37	3.28	3.18	3.07	2.96	2.91	2.85	2.79	2.72	12
	11.75	**8.51**	**7.23**	**6.52**	**6.07**	**5.76**	**5.52**	**5.35**	**5.20**	**5.09**	**4.91**	**4.72**	**4.53**	**4.33**	**4.23**	**4.12**	**4.01**	**3.90**	
13	6.41	4.97	4.35	4.00	3.77	3.60	3.48	3.39	3.31	3.25	3.15	3.05	2.95	2.84	2.78	2.72	2.66	2.60	13
	11.37	**8.19**	**6.93**	**6.23**	**5.79**	**5.48**	**5.25**	**5.08**	**4.94**	**4.82**	**4.64**	**4.46**	**4.27**	**4.07**	**3.97**	**3.87**	**3.76**	**3.65**	
14	6.30	4.86	4.24	3.89	3.66	3.50	3.38	3.29	3.21	3.15	3.05	2.95	2.84	2.73	2.67	2.61	2.55	2.49	14
	11.06	**7.92**	**6.68**	**6.00**	**5.56**	**5.26**	**5.03**	**4.86**	**4.72**	**4.60**	**4.43**	**4.25**	**4.06**	**3.86**	**3.76**	**3.66**	**3.55**	**3.44**	
15	6.20	4.77	4.15	3.80	3.58	3.41	3.29	3.20	3.12	3.06	2.96	2.86	2.76	2.64	2.59	2.52	2.46	2.40	15
	10.80	**7.70**	**6.48**	**5.80**	**5.37**	**5.07**	**4.85**	**4.67**	**4.54**	**4.42**	**4.25**	**4.07**	**3.88**	**3.69**	**3.59**	**3.48**	**3.37**	**3.26**	

부표 3-2. 이어서

ν_2 \ ν_1	1	2	3	4	5	6	7	8	9	10	12	15	20	30	40	60	120	∞	ν_1 / ν_2
16	6.12	4.69	4.08	3.73	3.50	3.34	3.22	3.12	3.05	2.99	2.89	2.79	2.68	2.57	2.51	2.45	2.38	2.32	16
	10.58	**7.51**	**6.30**	**5.64**	**5.21**	**4.91**	**4.69**	**4.52**	**4.38**	**4.27**	**4.10**	**3.92**	**3.73**	**3.54**	**3.44**	**3.33**	**3.22**	**3.11**	
17	6.04	4.62	4.01	3.66	3.44	3.28	3.16	3.06	2.98	2.92	2.82	2.72	2.62	2.50	2.44	2.38	2.32	2.25	17
	10.38	**7.35**	**6.16**	**5.50**	**5.07**	**4.78**	**4.56**	**4.39**	**4.25**	**4.14**	**3.97**	**3.79**	**3.61**	**3.41**	**3.31**	**3.21**	**3.10**	**2.98**	
18	5.98	4.56	3.95	3.61	3.38	3.22	3.10	3.01	2.93	2.87	2.77	2.67	2.56	2.44	2.38	2.32	2.26	2.19	18
	10.22	**7.21**	**6.03**	**5.37**	**4.96**	**4.66**	**4.44**	**4.28**	**4.14**	**4.03**	**3.86**	**3.68**	**3.50**	**3.30**	**3.20**	**3.10**	**2.99**	**2.87**	
19	5.92	4.51	3.90	3.56	3.33	3.17	3.05	2.96	2.88	2.82	2.72	2.62	2.51	2.39	2.33	2.27	2.20	2.13	19
	10.07	**7.09**	**5.92**	**5.27**	**4.85**	**4.56**	**4.34**	**4.18**	**4.04**	**3.93**	**3.76**	**3.59**	**3.40**	**3.21**	**3.11**	**3.00**	**2.89**	**2.78**	
20	5.87	4.46	3.86	3.51	3.29	3.13	3.01	2.91	2.84	2.77	2.68	2.57	2.46	2.35	2.29	2.22	2.16	2.09	20
	9.94	**6.99**	**5.82**	**5.17**	**4.76**	**4.47**	**4.26**	**4.09**	**3.96**	**3.85**	**3.68**	**3.50**	**3.32**	**3.12**	**3.02**	**2.92**	**2.81**	**2.69**	
21	5.83	4.42	3.82	3.48	3.25	3.09	2.97	2.87	2.80	2.73	2.64	2.53	2.42	2.31	2.25	2.18	2.11	2.04	21
	9.83	**6.89**	**5.73**	**5.09**	**4.68**	**4.39**	**4.18**	**4.01**	**3.88**	**3.77**	**3.60**	**3.43**	**3.24**	**3.05**	**2.95**	**2.84**	**2.73**	**2.61**	
22	5.79	4.38	3.78	3.44	3.22	3.05	2.93	2.84	2.76	2.70	2.60	2.50	2.39	2.27	2.21	2.14	2.08	2.00	22
	9.73	**6.81**	**5.65**	**5.02**	**4.61**	**4.32**	**4.11**	**3.94**	**3.81**	**3.70**	**3.54**	**3.36**	**3.18**	**2.98**	**2.88**	**2.77**	**2.66**	**2.55**	
23	5.75	4.35	3.75	3.41	3.18	3.02	2.90	2.81	2.73	2.67	2.57	2.47	2.36	2.24	2.18	2.11	2.04	1.97	23
	9.63	**6.73**	**5.58**	**4.95**	**4.54**	**4.26**	**4.05**	**3.88**	**3.75**	**3.64**	**3.47**	**3.30**	**3.12**	**2.92**	**2.82**	**2.71**	**2.60**	**2.48**	
24	5.72	4.32	3.72	3.38	3.15	2.99	2.87	2.78	2.70	2.64	2.54	2.44	2.33	2.21	2.15	2.08	2.01	1.94	24
	9.55	**6.66**	**5.52**	**4.89**	**4.49**	**4.20**	**3.99**	**3.83**	**3.69**	**3.59**	**3.42**	**3.25**	**3.06**	**2.87**	**2.77**	**2.66**	**2.55**	**2.43**	
25	5.69	4.29	3.69	3.35	3.13	2.97	2.85	2.75	2.68	2.61	2.51	2.41	2.30	2.18	2.12	2.05	1.98	1.91	25
	9.48	**6.60**	**5.46**	**4.84**	**4.43**	**4.15**	**3.94**	**3.78**	**3.64**	**3.54**	**3.37**	**3.20**	**3.01**	**2.82**	**2.72**	**2.61**	**2.50**	**2.38**	
26	5.66	4.27	3.67	3.33	3.10	2.94	2.82	2.73	2.65	2.59	2.49	2.39	2.28	2.16	2.09	2.03	1.95	1.88	26
	9.41	**6.54**	**5.41**	**4.79**	**4.38**	**4.10**	**3.89**	**3.73**	**3.60**	**3.49**	**3.33**	**3.15**	**2.97**	**2.77**	**2.67**	**2.56**	**2.45**	**2.33**	
27	5.63	4.24	3.65	3.31	3.08	2.92	2.80	2.71	2.63	2.57	2.47	2.36	2.25	2.13	2.07	2.00	1.93	1.85	27
	9.34	**6.49**	**5.36**	**4.74**	**4.34**	**4.06**	**3.85**	**3.69**	**3.56**	**3.45**	**3.28**	**3.11**	**2.93**	**2.73**	**2.63**	**2.52**	**2.41**	**2.29**	
30	5.57	4.18	3.59	3.25	3.03	2.87	2.75	2.65	2.57	2.51	2.41	2.31	2.20	2.07	2.01	1.94	1.87	1.79	30
	9.18	**6.35**	**5.24**	**4.62**	**4.23**	**3.95**	**3.74**	**3.58**	**3.45**	**3.34**	**3.18**	**3.01**	**2.82**	**2.63**	**2.52**	**2.42**	**2.30**	**2.18**	
40	5.42	4.05	3.46	3.13	2.90	2.74	2.62	2.53	2.45	2.39	2.29	2.18	2.07	1.94	1.88	1.80	1.72	1.64	40
	8.83	**6.07**	**4.98**	**4.37**	**3.99**	**3.71**	**3.51**	**3.35**	**3.22**	**3.12**	**2.95**	**2.78**	**2.60**	**2.40**	**2.30**	**2.18**	**2.06**	**1.93**	
60	5.29	3.93	3.34	3.01	2.79	2.63	2.51	2.41	2.33	2.27	2.17	2.06	1.94	1.82	1.74	1.67	1.58	1.48	60
	8.49	**5.79**	**4.73**	**4.14**	**3.76**	**3.49**	**3.29**	**3.13**	**3.01**	**2.90**	**2.74**	**2.57**	**2.39**	**2.19**	**2.08**	**1.96**	**1.83**	**1.69**	
120	5.15	3.80	3.23	2.89	2.67	2.52	2.39	2.30	2.22	2.16	2.05	1.94	1.82	1.69	1.61	1.53	1.43	1.31	120
	8.18	**5.54**	**4.50**	**3.92**	**3.55**	**3.28**	**3.09**	**2.93**	**2.81**	**2.71**	**2.54**	**2.37**	**2.19**	**1.98**	**1.87**	**1.75**	**1.61**	**1.43**	
∞	5.02	3.69	3.12	2.79	2.57	2.41	2.29	2.19	2.11	2.05	1.94	1.83	1.71	1.57	1.48	1.39	1.27	1.00	∞
	7.88	**5.30**	**4.28**	**3.72**	**3.35**	**3.09**	**2.90**	**2.74**	**2.62**	**2.52**	**2.36**	**2.19**	**2.00**	**1.79**	**1.67**	**1.53**	**1.36**	**1.00**	

Answer

연습문제 해답

제 1 장 연습문제 해답

1. 검사의 정의에 대해 기술하시오.
   〈풀이〉 교재 P.1 검사의 정의 참조

2. 검사의 목적을 설명하시오.
   〈풀이〉 교재 P.2 검사의 목적 참조

3. 검사와 품질관리의 차이점을 설명하시오.
   〈풀이〉 교재 P.3 검사와 품질관리 참조

4. 검사의 비용에 대해 설명하시오.
   〈풀이〉 교재 P.8~P.10 참조하여 무검사 비용, 전수검사 비용 및 샘플링검사 비용에 대하여 기술한다.

5. 검사의 조직과 업무에 대해 설명하시오.
   〈풀이〉 검사의 조직으로 검사고 또는 검사부서를 스텝에 넣는 경우 엄정하게 측정, 시험하여 적합, 부적합 판정을 할 수 있으나 검사 정보의 신속한 피드백에 난점이있다. 반면에 라인에 넣는 경우 검사결과는 신속하게 피드백하여 신속한 대책 및 시정이 가능하나 라인의 인간관계에서 판정이 엄정하지 못한 경우가 있다. 검사부서를 스텝에 넣는 경우와 라인에 넣는 경우로서 규모와 업종에 따라 수입검사와 출하검사는 스텝에 공정 검사는 라인 넣는 경우도 있다.

6. 다음 검사의 종류에 대해 간단히 요약하시오.

〈풀이〉

① 검사가 행하여지는 목적에 의한 분류 교재 P.16 참조

② 검사가 행하여지는 장소에 의한 분류 교재 P.17 참조

③ 검사의 성질에 의한 분류 교재 P.21 참조

④ 검사하는 방법에 의한 분류 교재 P.21 참조

⑤ 검사항목에 의한 분류 교재 P.23 참조

7. 크기가 1,000개인 로트에 대하여 전수검사를 한다면 개당 검사비용이 15원이고, 무검사로 통과시킨다면 부적합품 발생으로 인한 손실비용이 개당 300원이다. 이 경우 임계부적합품률을 구하시오.

〈풀이〉 임계부적합품률$(p_b) = \dfrac{15}{300} = 0.05$

8. 어느 공정의 임계부적합품률이 10%로 알려져 있다. 이 공정에서 부적합품으로 인한 1개당 손실비용은 1,200원 인 경우, 제품 한개당 검사비용은 얼마인가?

〈풀이〉 $p_b = 0.1,\ b = 1200$ 원, $a = ?$ 원

$a = 0.1 \times 1200 = 120$ 원

9. 검사가 실시되는 목적에 의한 분류가 아닌 것은 ?

① 공정검사 ② 최종검사 ③ 출하검사 ④ 출장검사

〈풀이〉 ④

제 2 장 연습문제 해답

1. 15kg이 들어있는 화학약품이 30상자 입하되었다. 약품의 순도를 조사하기 위하여 5상자를 랜덤하게 선정하여 각각의 상자에서 6인크리먼트씩 랜덤하게 샘플링하였다. (단, 1인크리먼트는 15g이다.)

① 약품의 순도는 종래의 실적에서 상자간의 산포 $\sigma_b = 0.20\%$, 상자내의 산포 $\sigma_w = 0.35\%$ 임을 알고 있을 때 샘플링의 정밀도$(\alpha = 0.05)$를 구하여라.

〈풀이〉

$$\beta_{\bar{x}} = \pm u_{(0.975)} \sqrt{(1-\frac{m}{M})\frac{\sigma_b^2}{m} + (1-\frac{n}{N})\frac{\sigma_w^2}{mn}}$$

$$= 1.96 \sqrt{(1-\frac{5}{30})\frac{0.20^2}{5} + (1-\frac{6}{\frac{15000}{15}})\frac{0.35^2}{5 \times 6}}$$

$$=\pm 0.204(\%)$$

② 각각의 상자에서 채취한 인크리먼트는 다음에 혼합 축분하고, 반복 2회의 분석을 하였다면 이 경우 순도에 대한 모평균의 추정정밀도($\alpha=0.05$)를 구하시오. (단 축분의 산포 $\sigma_R=0.10\%$, 분석의 산포$\sigma_M=0.15\%$로 알려지고 있다).

〈풀이〉

$$\beta_{\bar{x}}=\pm u_{(0.975)}\sqrt{(1-\frac{m}{M})\frac{\sigma_b^2}{m}+(1-\frac{n}{N})\frac{\sigma_w^2}{mn}+\sigma_R^2+\frac{\sigma_M^2}{2}}$$

$$=\pm 1.96\sqrt{0.0108+0.10^2+\frac{0.15^2}{2}}$$

$$=\pm 0.351(\%)$$

③ 금후에도 같은 약품이 입하되었을 때 인크리먼트 총수 30을 유지하고, 같은 모양의 축분, 분석을 계속할 경우 가장 정밀도가 좋은 샘플링은 무엇인가, 그 경우 모평균의 추정정밀도 ($\alpha=0.05$)는 어느 정도 될 것인가?

〈풀이〉

2단계 샘플링의 식에서 가장 정밀도가 좋은 $m\times n=30$의 제한으로 $m=30$, $n=1$의 비례샘플링이다.

$$\beta_{\bar{x}}=1.96\sqrt{(1-\frac{1}{\frac{15000}{15}})\frac{0.35^2}{30\times 1}+0.10^2+\frac{0.15^2}{2}}$$

$$=0.312(\%)$$

2. 계측기 조립용 부품을 매월 1000조(組)를 구입할 때, 1상자에 100조(組)를 넣어서 10상자를 보내오고 있다. 종래 이 부품의 특성치는 상자간의 산포는 $\sigma_b=0.74(db)$, 상자내의 산포 $\sigma_w=0.48(db)$로 안정되고 있다. 다음에 이 부품의 수입은 샘플링 정밀도 $\beta_{\bar{x}}=\pm 0.25(db)$, $\alpha=0.05$ 로 로트의 평균값을 추정하고 싶다.

〈풀이〉

이 경우

가. 랜덤 샘플링

$$\pm 0.25=\pm u_{(0.975)}\frac{\sigma}{\sqrt{n}}=1.96\sqrt{\frac{\sigma_b^2+\sigma_w^2}{n}}$$

$$\pm 0.25=1.96\sqrt{\frac{0.48^2+0.74^2}{n}}$$

$n\Im E48$

로트 내의 1000조에서 랜덤하게 48조를 샘플링한다.

나. 층별비례샘플링

2단계 샘플링의 식에서 $\beta_{\bar{x}} = 0.25, N = 100, m = 10, \sigma_b = 0.74,$

$\sigma_W = 0.48$을 대입하면

$$\pm 0.25 = 1.96\sqrt{(1-\frac{n}{100})\frac{0.48^2}{10n}}$$

$$n = 1.43 ≒ 2$$

각 상자로부터 랜덤하게 2조를 샘플링한다. 총시료수는 20이다.

다. 취락샘플링에 따른 샘플링을 설계하고, 가장 유리한 샘플링과 그 시료를 구하면

취락샘플링의 경우

$$\pm 0.25 = 1.96\sqrt{(1-\frac{m}{10})\frac{0.74^2}{m}}$$

$$\therefore m = 7.7 ≒ 8$$

10상자로부터 랜덤하게 8상자를 샘플링하고 8상자를 모두 전수검사 한다. 따라서 가장 유리한 샘플링검사는 층별 비례샘플링으로 총 시료수는 20조이다.

3. 음향기기의 조립공정이 있다. 조립능력은 100대/1인 이다. 20인이 1반(班)으로 1일 제작수를 1로트로 하고 있다. 최근의 공정능력을 조사하기 위하여 6인을 랜덤하게 선발하여 조립된 것으로부터 5대씩 샘플링하여 다음의 데이터를 얻었다. 다음 질문에 답하시오. 단, 1일을 군(群)으로 하여 $n = 5$의 관리도는 과거 1개월 이상 관리상태에 있으며, 관리도 계수표에서 $n = 5$일 때 $d_2 = 2.326$, $d_3 = 0.864$이고, $n = 2$일 때 $d_2 = 2.128$이다.

〈데이터〉

인수	데	이	터		
1	51.0	49.7	49.9	50.8	50.5
2	51.1	50.8	50.2	51.5	51.4
3	51.9	51.6	51.1	51.5	51.4
4	52.0	51.8	50.8	51.4	51.0
5	50.0	51.4	50.5	49.8	50.7
6	50.8	49.6	49.9	50.4	50.3

① 사람에 따라 분산은 같다고 할 수 있는가?

〈풀이〉

가. R관리도를 이용하여 등분산의 간이검정을 한다.

$$R_1 = 1.3,\ R_2 = 1.3,\ R_3 = 0.8,\ R_4 = 1.2,\ R_5 = 1.6,\ R_6 = 1.2$$

$$\overline{R} = \frac{7.4}{6} = 1.23,$$

$$UCL = D_4\overline{R} = 2.115 \times 1.23 = 2.61 > R_1 \sim R_6$$

$R_1 \sim R_6$의 모두가 UCL보다 작으므로 산포에 유의차가 없다고 할 수 있다($\alpha = 0.03\%$).

나. 만일 5%로 하고 싶으면 2σ관리한계선을 구한다.

$$UCL = \left(1 + 2\frac{d_3}{d_2}\right)\overline{R} = \left(1 + \frac{0.864}{2.326}\right)1.23 = 2.14 > R_1 \sim R_6$$

결론은 같다.

② 조립공원내의 산포 σ_w와 공원간의 산포 σ_b하루내의 산포(로트내의 산포) σ를 추정하시오.

〈풀이〉

공원내의 산포 $\sigma_w = \dfrac{\overline{R}}{d_2(n=5)} = \dfrac{1.23}{2.326} = 0.529$

공원간의 산포는 $\overline{x}$의 이동범위를 이용하면,

$\overline{x_1} = 50.38,\ \overline{x_2} = 51.00,\ \overline{x_3} = 51.50,$

$\overline{x_4} = 50.40,\ \overline{x_5} = 50.54,\ \overline{x_6} = 50.20$

$\overline{R_{S1}} = 0.62,\ \overline{R_{S2}} = 0.50, \overline{R_{S3}} = 0.10,\ \overline{R_{S4}} = 0.86,\ \overline{R_{S5}} = 0.34$

$$\overline{R_S} = \frac{\sum R_S}{5} = \frac{2.42}{5} = 0.484$$

$$\sigma_{\overline{x}} = \frac{\overline{R_S}}{d_2(n=2)} = \frac{0.484}{1.128} = 0.429$$

$\sigma_{\overline{x}}^2 = \sigma_b^2 + \dfrac{\sigma_w^2}{n}$ 식에 $\sigma_{\overline{x}} = 0.429, \sigma_w = 0.529,\ n = 5$를 대입하면 다음과 같다.

$$\sigma_b^2 = 0.429 - \frac{0.529^2}{5} = 0.128$$

$\sigma_b = 0.358$ 로트내의 산포는

$$\sigma = \sqrt{\sigma_b^2 + \sigma_w^2} = \sqrt{0.358^2 + 0.529^2}$$

$$= \sqrt{0.408} = 0.639$$

③ 동일 제품의 특성을 매일 반복하여 측정하여 다음의 데이터를 얻었다. 측정정밀도를 추정하시오.

〈데이터〉

50.3	50.7	50.8	50.5	50.6	50.2	50.4	50.5

〈풀이〉

상기의 데이터를 $n=4, k=2$로 나누어서

50.3	50.7	50.8	50.5

50.6	50.2	50.4	50.5

$R_1=0.5, R_2=0.4$에서 $\overline{R}=0.45$이다.

$$\sigma_M=\frac{\overline{R}}{d_2(n=4)}=\frac{0.45}{2.059}=0.219$$

④ 측정정밀도를 제외한 제조에 의한 산포를 구하시오.

〈풀이〉

제조에 의한 산포는 $\sigma=\sqrt{\sigma^2-\sigma_M^2}=\sqrt{0.639^2-0.219^2}=0.600$

제 3 장 연습문제 해답

1. 전수검사와 샘플링 검사의 특징을 비교하시오.
〈풀이〉 교재 p.67 전수검사와 샘플링 검사의 특징 참조

2. 계수·계량 샘플링 검사의 특징을 비교하시오.
〈풀이〉 교재 p.68 계수·계량 샘플링 검사의 특징 참조

3. 다음 샘플링 검사의 형식에 대하여 간단히 요약하시오.
〈풀이〉

가. 1회 샘플링 검사

1회 샘플링 검사는 로트로부터 샘플링한 단 1회의 시료를 검사하여 판정기준과 비교하여 로트의 합격·불합격 판정을 하고 검사를 종료한다.

나. 2회 샘플링 검사

2회 샘플링 검사는 로트로부터 1회 샘플링한 시료를 검사하여 제1회 검사의 판정기준과 비교하여 로트의 합격·불합격 판정을 하고 검사를 종료할 수 있으나 로트를 합격·불합격으로 판정할 수 없는 경우에는 제2회

의 시료를 샘플링하여 제2회 검사의 판정기준과 비교하여 로트의 합격·불합격 판정하고 검사를 종료한다.

다. 다회 샘플링 검사

제 1회 시료에서 판정이 내려지지 않을 때에는 다시 제2회 또는 제3회 이상의 시료를 샘플링하여 판정기준과 비교하여 판정하는 것을 다회 샘플링 검사라고 한다.

라. 축차 샘플링 검사

축차 샘플링 검사는 로트로부터 시료를 1개씩 또는 일정 개수씩 시험하면서 누계성적을 매번 판정기준과 비교하여 로트의 합격·불합격·검사속행의 3가지 중 어느 하나를 판정하는 검사형식이다.

4. 다음 샘플링 검사의 형태에 대해 특징을 설명하시오.

〈풀이〉

가. 규준형 샘플링 검사

교재 참조 : 생산자 보증으로 좋은 로트를 제출하는 생산자에게는 좋은 로트가 불합격될 확률을 5% 이내로 보증하고, 소비자 보증으로 나쁜 로트가 합격하는 확률을 10%이내 보증함으로써 생산자와 소비자를 동시에 보호하는 검사방식이다.

나. 조정형 샘플링 검사

납품업자가 다수인 경우 납품성적에 따라 보통검사, 까다로운 검사, 수월한 검사를 적용하는 검사방식으로 로트의 품질로서 합격품질수준(acceptable quality level)을 정하고, 이 수준보다 좋은 품질의 로트를 제출하는 한 거의 합격하는 것을 공급자에게 보증한다.

5. $n=50$, $c=2$인 OC 곡선을 그리고 생산자위험 α와 소비자위험 β를 설명하시오.

〈풀이〉

부적합품률에 따른 합격 확률

p%	$L_{(p)}$	p%	$L_{(p)}$	p%	$L_{(p)}$
0	1.000	7	0.311	14	0.022
1	0.986	8	0.226	15	0.014
2	0.922	9	0.161	16	0.009
3	0.811	10	0.112	17	0.006
4	0.677	11	0.076	18	0.003
5	0.541	12	0.054	19	0.002
6	0.416	13	0.034	20	0.001

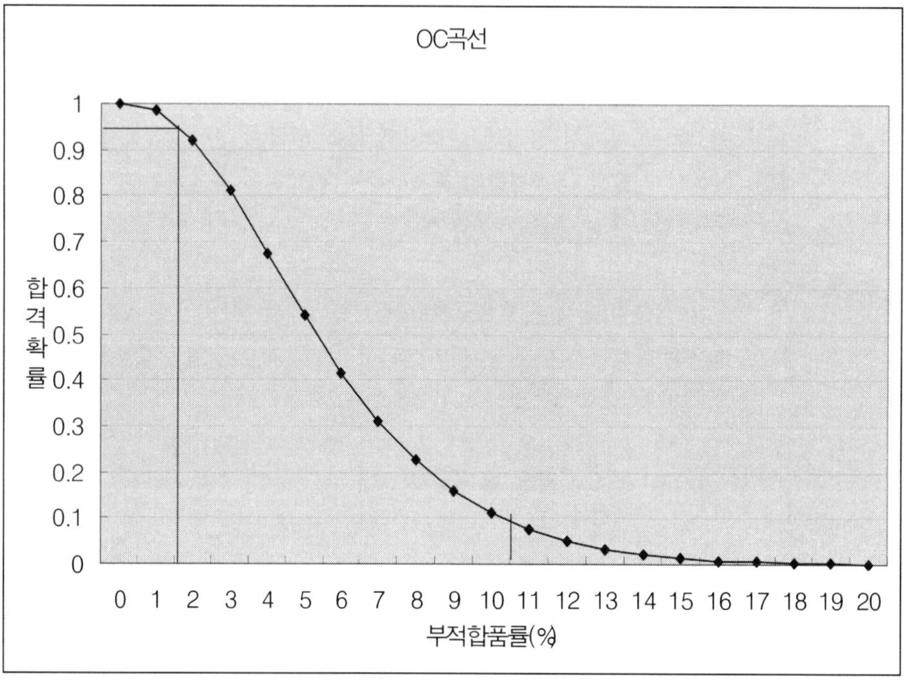

상기의 그림에서 생산자위험 α는 부적합품률 1.6% 부근에서 합격확률이 95%정도이고, 소비자위험 β는 부적합품률 10%에서 합격확률이 10%로 나타났다.

6. OC곡선의 성질을 간단히 요약하시오.

〈풀이〉

OC 곡선은 샘플링방식에서 로트의 크기 N, 시료의 크기 n 및 합격판정개수 c가 변함에 따라 여러 가지 모양의 곡선으로 변화하며, 부적합품률에 따른 합격확률을 알 수 있다.

OC 곡선의 기울기를 급격하게 하면 좋은 로트와 나쁜 로트를 판별하는 능력이 좋아진다. 그러므로 샘플링 검사의 성능을 좋게 하기 위하여는 시료의 크기 n를 크게 하고 합격판정개수 c를 작게 하는 것이 필요하나 시료의 증가에 따른 검사비용 등을 고려할 필요가 있다.

제 4 장 연습문제 해답

1. 다음의 각 항에 대하여 계수 규준형 1회 샘플링 검사 방식을 구하시오

$(\alpha = 0.05, \beta = 0.10)$.

〈풀이〉

	$p_0(\%)$	$p_1(\%)$	n	c
①	0.2	2.0	200	1
②	1.5	8.0	80	3
③	0.4	8.0	60	1
④	1	15.0	30	1
⑤	5	20.0	40	4
⑥	2	10.0	60	3

2. 다음의 각항에 대하여 계량 규준형 1회 샘플링 검사방식을 KS A 3103, KS A 3104를 이용하여 n과 k를 구하시오$(\alpha = 0.05, \beta = 0.10)$.

〈풀이〉

	$p_0(\%)$	$p_1(\%)$	σ기지(KS A 3103)		σ미지(KS A 3104)	
			n	k	n	k
①	1.0	10.0	8	1.74	21	1.76
②	0.5	12.5	4	1.77	12	1.81
③	5.0	20.0	13	1.19	23	1.20
④	0.1	8.0	3	2.14	11	2.19
⑤	2.0	10.0	14	1.62	34	1.63
⑥	1.5	8.0	16	1.73	40	1.74

* KS A 3103과 KS A 3104의 k값의 차이는 표를 만드는 과정에서 발생된 Rounding Errer임

3. 어떤 화공약품의 함유량이 로트의 평균으로서 0.1mg이면 합격으로 하고 이것이 0.3mg을 초과할 경우에는 불합격으로 하고 싶다. 단, 이 로트의 표준편차는 0.05mg이다. $\alpha \fallingdotseq 0.05, \beta \fallingdotseq 0.10$을 만족하는 계량 규준형 1회 샘플링 검사 방식을 설계하시오.

〈풀이〉

가. $m_0 = 0.1mg, m_1 = 0.3mg, \sigma = 0.05mg$

$$\frac{|m_1 - m_0|}{\sigma} = \frac{|0.3 - 0.1|}{0.05} = 4.0$$

나. 표 4.4의 $\dfrac{|m_1 - m_0|}{\sigma}$ 열에서 4.0을 포함하는 행을 찾아보면, 위에서 첫 번째에 2.069 이상의 행이 있다.

다. 이 행에서 $n = 2, G_0 = 1.163$ 를 구할 수 있다.

상한 합격 판정값 $\overline{X}_U = m_0 + G_0\sigma$

$$= 0.1 + 1.163 \times 0.05 = 0.1582mg$$

시료 2개를 샘플링하여 측정한 결과 2개의 평균값이 0.1582mg 이하인 경우에는 로트를 합격으로 하고, 평균값이 0.1582mg을 초과하는 경우에는 로트를 불합격시킨다.

4. 어떤 원료의 주성분 함유량을 분석하여 평균값이 85.0% 이상의 것을 합격으로 하고, 83.0%이하의 것은 불합격으로 하고 싶다. $\alpha \fallingdotseq 0.05, \beta \fallingdotseq 0.10$를 만족하는 계량 규준형 1회 샘플링 검사 방식을 구하여라(단, 이 원료 주성분의 산포는 $\sigma = 1.2\%$ 임을 알고 있다).

〈풀이〉

가. $m_0 = 85.0\%$, $m_1 = 83.0\%$, $\sigma = 1.2\%$

$$\frac{m_0 - m_1}{\sigma} = \frac{85 - 83}{1.2} = 1.667$$

나. 표 4.4의 $\dfrac{|m_1 - m_0|}{\sigma}$ 열에서 1.667를 포함하는 행을 찾아 나가면, 위에서 3번째에 1.463~1.689의 행이 있다.

다. 이 행에서 $n = 4$, $G_0 = 0.822$을 구할 수 있다.

하한 합격 판정값 $\overline{X}_L = m_0 - G_0\sigma = 85 - 0.822 \times 1.2 = 84.01\%$

시료 2개를 샘플링하여 측정한 결과 4개의 평균값이 84.01% 이상인 경우에는 로트를 합격으로 하고, 평균값이 84.01%을 미만인 경우에는 로트를 불합격시킨다.

5. 어떤 로트의 제품치수의 표준편차는 2.5㎜이다. $m_0 = 30$㎜의 이상의 것을 합격시키고 싶지만, $m_1 = 25$㎜ 이하인 로트는 불합격시키고 싶다. 샘플링 검사 방식을 설계하시오.(단, $\sigma = 5$㎜이며,$\alpha = 0.05, \beta = 0.10$이다).

〈풀이〉

가. $m_0 = 30mm, m_1 = 25mm, \sigma = 2.5mm$

$$\frac{m_0 - m_1}{\sigma} = \frac{30 - 25}{2.5} = 2.000$$

나. 표 4.4의 $\dfrac{|m_1 - m_0|}{\sigma}$ 열에서 2.000를 포함하는 행을 찾아 나가면, 위에서 2번째에 1.690~2.068의 행이 있다.

다. 이 행에서 $n = 3$, $G_0 = 0.950$을 구할 수 있다.

하한 합격 판정값 $\overline{X}_L = m_0 - G_0\sigma = 30 - 0.950 \times 2.5 = 27.63$㎜

시료 9개를 샘플링하여 측정한 결과 3개의 평균값이 27.63㎚ 이상인 경우에는 로트를 합격으로 하고, 평균값이 27.63㎚ 미만인 경우에는 로트를 불합격시킨다.

6. 정하여진 p_0, p_1에 의해(표 4.5)에서 $n=5$, $k=1.99$를 구하였다. 이 경우 계량규준형 1회 샘플링 검사를 하기 위하여 시료 5개를 샘플링하여 다음과 같은 측정값을 얻었다. (단, $\alpha=0.05, \beta=0.10$)
데이터 : 42.5, 43.4, 46.0, 44.5, 43.0 (Ω)
전기부품의 저항값이 45Ω 이상으로 규정되어 있다. 로트의 표준편차가 1.5Ω이라 하면 이 로트는 합격이 되겠는가?

〈풀이〉

가. $S_L=45$, $n=5$, $k=1.99$

나. $\bar{x}=\dfrac{42.5+43.4+46.0+44.5+43.0}{0}=\dfrac{219.4}{5}=43.88$

다. $\overline{X}_L=S_L+k\sigma=45+1.99\times1.5=47.99\Omega$

라. $\bar{x}=43.88<\overline{X_L}=47.99$이므로 로트를 불합격시킨다.

7. 절삭가공된 어떤 제품의 치수는 50.0±2.0(mm)로 정하여져 있다. 또 과거의 데이터에서 $\sigma=0.3$(mm)의 정규분포를 하고, R관리도가 안정상태이다. 다음 질문에 답하시오.
① $p_0=1.0\%$, $p_1=8.0\%$ $(\alpha\fallingdotseq0.05, \beta\fallingdotseq0.10)$를 만족하는 계량 규준형 1회 샘플링 검사 방식을 구하시오.

〈풀이〉

가. $S_U=52$, $S_L=48$, $\sigma=0.3$

나. $\dfrac{S_U-S_L}{\sigma}=\dfrac{52-48}{0.3}=13.33$이므로, 표 4.7에서 $p_0=1\%$에 대한 판정값은 6.4이므로, 다음 순서로 진행된다.

다. 표 4.5에서 $p_0=1\%$를 포함하는 행[0.91~1.12(%)]과 $p_1=10\%$를 포함하는 열[7.11~9.00(%)]이 만나는 칸에서 $[n=10, k=1.81]$을 구한다.

라. 이 칸에서 $n=10, k=1.81$를 얻어 상한 합격 판정값 $\overline{X}_U$와 하한 합격 판정값 $\overline{X}_L$를 구하면 다음과 같다.

$\overline{X}_U=S_U-k\sigma=52-1.81\times0.3=51.46$

$\overline{X}_L=S_L+k\sigma=48+1.81\times0.3=48.54$

마. 시료 10개를 샘플링하여 측정한 평균값 $\bar{x}$값이 $\overline{X}_L\leqq\bar{x}\leqq\overline{X}_U$이면 로트를 합격시키고, 그렇지 않으면 로트를 불합격시킨다.

② ①의 보증품위를 계수 규준형 샘플링 검사로 실시한다면 시료의 크기는 얼마인가?

〈풀이〉

표 4.2 에서 $p_0 = 1.0\%$, $p_1 = 8.0\%$ ($\alpha \fallingdotseq 0.05, \beta \fallingdotseq 0.10$) 시료의 크기는 $n = 60$

제 5 장 연습문제 해답

1. 계수 축차 샘플링 검사에서 $h_A = 1.445$, $h_R = 1.885$, $g = 0.110$일 때 $n < n_t$조건에서의 합격판정선을 구하시오.

〈풀이〉

합격 판정선 $(0\ ; -h_A)$ 및 $(n_{cum},\ gn_{cum} - h_A)$를 지나는 선임

$\therefore$ 합격판정선은 $(0\ ; -1.445)$ 및 $(n_{cum},\ 0.110n_{cum} - 1.445)$지나는 선

2. 계수 축차 샘플링 검사에서 $h_A = 1.445$, $h_R = 1.885$, $g = 0.110$일 때 누계 샘플 크기의 중지값 n_t를 구하시오.

〈풀이〉

가. 축차 샘플링 방식 및 등가의 1회 샘플링 방식의 샘플 사이즈 n_0를 아는 경우

$n_t = 1.5n_0$ 구한값에서 가장 가까운 정수로 끝어 올림하여 구한다.

나. 등가의 1회 샘플링 방식의 샘플 사이즈를 모르는 경우는 부적합품률 검사의 경우 구한 값을 끝올림하여 정수로 구한다.

$$n_t = \frac{2h_A h_R}{g(1-g)} = \frac{2 \times 1.445 \times 1.885}{0.110(1-0.110)} = 55.64 = 56$$

다. 100항목당 부적합수 검사의 경우 n_t는 구한 값을 가장 가까운 끝올림하여 정수로 구한다.

$$n_t = \frac{2h_A h_R}{g} = \frac{2 \times 1.445 \times 1.885}{0.110} = 49.5 = 50$$

3. 계량 축차 샘플링 검사에서 $S_U = 100, \sigma = 2.5$이고, $PRQ = 0.5\%$, $CRQ = 6.3\%$일 때 KS A 8423 표에서 $h_A = 2.153$, $h_R = 2.764$, $g = 2.053$ 및 $n_t = 13$이다. 시료 5번째 합부를 판정하기 위한 합격판정치와 불합격판정치를 구하시오.

〈풀이〉

가. 합격판정치 $A = g\sigma\ n_{cum} + h_A\sigma$

$A = 2.053 \times 2.5 \times 5 + 2.153 \times 2.5 = 31.045$

나. 불합격 판정치 $R = g\sigma\ n_{cum} - h_R\sigma$

$R = 2.053 \times 2.5 \times 5 - 2.764 \times 2.5 = 31.045 = 18.753$

4. 어떤 기계 부품의 치수에 대하여 규격이 20±0.05mm로 규정되어 있다. 생산은 안정되어 있고 로트 내의 치수의 분포는 정규 분포에 따르며, 로트 내의 표준 편차는 $\sigma = 0.015mm$이다. 연결식 양쪽 규격에서 $PRQ = 0.25\%$, $CRQ = 3.15\%$이라는 특성을 가진 계량 축차 샘플링 방식을 사용하도록 정해졌다.
$\alpha = 0.05, \beta = 0.10.$일 경우 표 5.8에서 이 축차 샘플링 방식의 파라미터는 다음과 같다.

$h_A = 2.375, h_R = 3.049, g = 2.333,\ n_t = 16$

다음 표를 작성하시오.
〈풀이〉

n_{cum}	Xmm	y	$R^{(L)}$	$A^{(L)}$	Y	$A^{(U)}$	$R^{(U)}$
1	20.01	0.06	-	-	0.06	-	-
2	19.98	0.03	-	-	0.09	-	-
3	20.03	(가)	(나)	0.1406	(다)	(라)	0.2407

가. 양쪽 규격의 경우, $y = x - L = 20.03 - 195.00 = 0.08$

나. 하측 불합격 판정치 $R^{(L)} = g\sigma n_{cum} + h_R\sigma$

$R^{(L)} = 2.333 \times 0.015 \times 3 - 3.049 \times 0.015 = 0.0593$

다. $Y = 0.09 + 0.08 = 0.17$

라. 상측 합격 판정치 $A^{(U)} = (U - L - g\sigma)n_{cum} - h_A\sigma$

$A^{(U)} = (205 - 195 - 2.333) \times 3 - 2.375 \times 0.015 = 0.1594$

5. 굵기가 16㎜의 PVC파이프에 관한 수압검사를 계량 축차 샘플링검사 방식을 설계하고 싶다, 단, 이때 상한규격 $S_U = 100kg/cm^2$이며, 이 제품의 산포는 $\sigma = 9kg/cm^2$로 알고 있다. $PRQ = 1\%$, $CRQ = 8\%$에 대한 누계샘플크기의 중지값(n_t)와 이 때의 합격판정값(A_t)을 구하시오.($\alpha ≒ 0.05, \beta ≒ 0.10$).

〈풀이〉

$$h_A = 2.444, h_R = 3.137, g = 1.866, \ n_t = 17$$

가. $n_t = 17$

나. $A_t = 1.866 \times 9 \times 17 = 285.498$

제 6 장 연습문제 해답

1. 어떤 전기기기 부품의 수입검사를 위하여 KS A 2859-1를 적용하기로 하였다. AQL=0.65%, 로트의 크기 1,000으로 검사수준 II에 대한 1회 샘플링 보통검사의 샘플링 방식을 구하시오.

〈풀이〉

가. 표 6.12 샘플문자에서 N=1,000과 검사수준 II의 교차점에서 J를 구한다.

나. 표 6.13(A) 보통검사의 1회 샘플링검사표에서 시료문자 J행에서 시료크기 80과 AQL 0.65와 교차점에서 합격판정개수 $A_c = 1$, 불합격 판정개수 $R_e = 2$를 구한다.

시료문자 K, AQL 0.65일 때 1회 샘플링 보통검사 방식

로트의 크기 N	시료의 크기 n	합격 판정개수A_c	불합격 판정개수R_e
1,000	80	1	2

따라서 1회 샘플링 보통검사의 샘플링 방식은$n = 80$, $A_c = 1$, $R_e = 2$ 이다.

2. 로트의 크기 N=500, AQL=4%에 대하여 KS A 2859-1를 적용키로 하였다. 검사수준 I, 까다로운 검사, 2회 샘플링 검사 방식을 구하시오.

〈풀이〉

가. 표 6.12 샘플문자에서 N=500과 검사수준 I의 교차점에서 F를 구한다.

나. 2회 샘플링 방식은 KS A/ISO 2859-1의 표 6.14(B)에서 다음과 같다.

시료문자 F, AQL 4%일 때 2회 샘플링 까다로운 검사 방식

로트의 크기 N	시료의 크기 n		합격 판정개수A_c	불합격 판정개수R_e
500	1회	13	0	2
	2회	13	1	2

3. 크기 1,000의 로트에 대하여 AQL=4%, 검사수준 Ⅲ, 수월한 검사, 다회 샘플링 검사를 적용하기로 하였다. 샘플링 검사 방식을 구하시오.

〈풀이〉

가. 표 6.12 샘플문자에서 N=1,000과 검사수준 Ⅲ의 교차점에서 K를 구한다.

나. 다회 샘플링 방식은 KS A/ISO 2859-1의 표 6.15(C)에서 다음과 같다.

〈풀이〉

샘플 문자 K, AQL 4%일 때 다회 샘플링 수월한 검사 방식

로트의 크기 N	회수	시료의 크기 n	시료의 누계	합격 판정개수 A_c	불합격 판정개수 R_e
1,000	1회	13	13	#	4
	2회	13	26	1	6
	3회	13	39	2	7
	4회	13	52	4	8
	5회	13	65	7	8
비고 #은 이 누계 샘플 크기에서는 합격 판정은 할 수 없는 것을 의미한다.					

4. KS A 2859-1를 적용하는 경우 다음 로트의 크기 300, 1,000, 5.000과 AQL=1.0, AQL=4.0에 대하여 각 조합의 1회 샘플링 방식을 구하시오 단, 검사수준은 Ⅱ로 한다).

〈풀이〉

로트의 크기		300									1,000									5,000								
검사의 엄격도		보통검사			까다로운 검사			수월한 검사			보통검사			까다로운 검사			수월한 검사			보통검사			까다로운 검사			수월한 검사		
샘플링 방식		n	Ac	Re	n	Ac	Re	n	Ac	Re	n	Ac	Re	n	Ac	Re	n	Ac	Re	n	Ac	Re	n	Ac	Re	n	Ac	Re
AQL(%)	1.0	50	1	2	80	1	2	20	1	2	80	2	3	80	1	2	32	1	2	200	5	6	200	3	4	80	3	4
	4.0	50	5	6	50	3	4	20	3	4	80	7	8	80	5	6	32	4	5	200	14	15	200	12	13	80	8	9

5. 어떤 외주 부품 수입에 대하여 KS A 2859-1을 실시하고 있다. 로트의 크기는 항상 2,000이다. AQL=1.5%, 검사수준 Ⅱ, 2회 샘플링 검사이다.

(1) 샘플링 방식을 구하시오.

〈풀이〉

시료문자 K, AQL 1.5%일 때 2회 샘플링 보통검사 방식

로트의 크기 N	시료의 크기 n		합격 판정개수 A_c	불합격 판정개수 R_e
2,000	1회	80	2	5
	2회	80	6	7

(2) 최초의 연속 10로트의 검사기록은 다음과 같다.

로트 번호	엄격도	검사개수			부적합품수			판정
		제1	제2	누계	제1	제2	누계	합격
1	보통검사	80		80	2	—	2	합격
2	보통검사	80	80	160	3	1	4	합격
3	보통검사	80	80	160	3	2	5	합격
4	보통검사	80		80	1	—	1	합격
5	보통검사	80		80	2	—	2	합격
6	보통검사	80	80	160	4	2	6	합격
7	보통검사	80	65	145	3	4	7	불합격
8	보통검사	80		80	1	—	1	합격
9	보통검사	80		80	1	—	1	합격
10	보통검사	80	80	160	3	—	3	합격

① 로트번호 7번에서 불합격으로 되어 있는데 그 후에도 보통검사를 하고 있다. 이렇게 하여도 좋은가?

〈풀이〉

최초검사에서 연속 5로트 중 2로트가 불합격되지 않았기 때문에 계속 보통검사를 진행하여야 한다.

② 7번 로트는 왜 제2시료를 80개로 하지 않았는가?

〈풀이〉

제2시료 검사 도중에 누적부적합품수가 불합격 판정개수에 도달하였기 때문이다.

③ 공정평균을 구하시오.

〈풀이〉

가. 총부적합품수 $\sum n = 1,185 \sum r = 32$

나. $\bar{p} = \dfrac{32}{1185} = 0.027$

6. 어느 공장에서 생산계획이 15000개로 로트의 크기를 1500개로 하여 KS A 2859-2 절차 A에서 한계품질(LQ)의 표준값 2.0%를 사용키로 합의하였다. 샘플링 방식을 구하시오.

〈풀이〉

표 6.17-A에서 로트의 크기 1,500를 포함하는 행과 한계품질 2.0%의 교차점에서 구한다.

$n = 200, Ac = 1$

7. 스킵로트 샘플링검사 방식 상태 1에서 상태2로 가기 위한 조건을 기술하시오.

〈풀이〉

가. 직전의 10로트 이상이 연속 합격하여야 한다.
단, 중간에 불합격은 있을 수 있으나 까다로운 검사로 전환되면 자격이 상실된다.

나. 직전의 10로트 이상의 로트에서 나타난 부적합품수(또는 부적합수)에 따른 누계 샘플크기가 〈표 6.18〉의 요구사항이 각각 만족하여야 한다.

다. 최근 2로트가 〈표 6.19〉의 요구사항을 만족하는 경우

제 7 장 연습문제 해답

1. 검사규격으로서 규정하여야 할 중요한 항목을 열거하시오.

〈풀이〉

검사규격으로서 규정하여야 할 중요한 항목을 열거하면 다음과 같다.

① 구입검사, 공정간검사, 최종검사 등의 구분
② 검사단위
③ 검사항목(요약하면 부적합 항목의 계급구분)
④ 품질판정기준(규격치, 한도견본 등을 포함)
⑤ 검사 방식
⑥ 검사로트
⑦ 시료의 샘플링 방법
⑧ 로트의 판정기준
⑨ 특성값의 시험·측정의 조건, 방법
⑩ 시험·측정의 순서
⑪ 합격 또는 불합격 로트의 처치
⑫ 검사에서 발견된 부적합품의 처치

⑬ 재검사의 실시조건

⑭ 검사기록을 쓰는 방법과 결과의 연락처·연락방법

2. 검사결과의 활용에 대하여 설명하시오.

〈풀이〉

교재 p. 290~p.292를 참조하여 다음 사항을 기술한다.

가. 제조공정의 개선

나. 후공정 및 고객에 대하여 정보 제공

다. 검사의 합리화

3. 검사관리에 대하여 설명하시오.

〈풀이〉

검사의 실시결과에 대해서는 적당한 주기를 설정하여 검사의 판정 정밀도, 시료시험에 위한 측정오차의 관리, 물품사용자의 만족도 등에 대하여 체크하고 검사가 만족하게 진행되고 있는가 어떤가를 파악하고, 필요하면 수정 처치를 하여 검사의 질을 향상시킬 필요가 있다.

Index

찾아보기

고복수

건국대학교 공업경영학과 공학사
건국대학교 대학원 공학박사
한국품질경영학회 이사
한국품질경영학회 충청지회장
한국보전공학회 이사
한국지식시스템학회 이사
품질관리 기사
자동차정비산업기사
자동차 정비기능사
현 : 한밭대학교 산업경영공학과 교수

개정판
품질검사론

2008년 3월 10일 초 판 발행
2009년 3월 2일 개정판 발행

저 자 / 고복수
발행자 / 오판근
발행처 / 교우사

주 소 / 서울 동대문구 제기2동 148-19
전 화 / 925-2861(대), 편집부 / 925-2825
팩 스 / 925-2860
E-mail / kw2861 @ empal.com
http: // www. kyowoo. co. kr
등록 / 1994. 3. 24 제6-0256호

ISBN 978-89-8172-736-9 (93320)

값 **19,000**원